清华大学中国车用能源研究中心

CHINA AUTOMOTIVE ENERGY RESEARCH CENTER
TSINGHUA UNIVERSITY

中国车用能源展望 2012

China Automotive Energy Outlook 2012

清华大学中国车用能源研究中心 著

科学出版社

北京

内 容 简 介

本书围绕中国车用能源可持续发展的问题，从能源、环境、经济、技术、产业领导力和政策多个方面，对中国车用能源可持续转型之路进行了系统、深入的分析和研究；对中国车用能源的多条技术路线进行了全生命周期分析，建立了中国车用能源发展的五个情景——参考情景、电动汽车发展情景、燃料电池汽车发展情景、生物燃料发展情景和综合政策情景；对车用能源需求管理，汽车燃油经济性提高，电动汽车、燃料电池汽车和2代生物燃料等技术措施在中国车用能源可持续转型中的作用进行了定量的分析和评估，在此基础上提出了促进中国车用能源可持续转型的政策与制度建议。

本书可供相关政府部门、汽车及能源行业管理和工程技术人员，以及大专院校相关专业师生参考。

图书在版编目（CIP）数据

中国车用能源展望2012/清华大学中国车用能源研究中心著 . —北京：科学出版社，2012

ISBN 978-7-03-032796-3

Ⅰ. 中… Ⅱ. 清… Ⅲ. 汽车燃料－研究－中国－2012 Ⅳ. U473

中国版本图书馆CIP数据核字（2011）第233887号

责任编辑：李　敏　刘　超／责任校对：林青梅

责任印制：钱玉芬／封面设计：王　浩

科学出版社 出版

北京东黄城根北街16号

邮政编码：100717

http：//www.sciencep.com

中国科学院印刷厂 印刷

科学出版社发行　各地新华书店经销

*

2012年2月第　一　版　开本：787×1092　1/16

2012年2月第一次印刷　印张：23 1/4

字数：550 000

定价：128.00元

（如有印装质量问题，我社负责调换）

《中国车用能源展望 2012》专家指导委员会

主　任　何建坤　清华大学教授、国家气候变化专家委员会副主任、中国能源研究会副理事长、清华大学低碳经济研究院院长、清华大学中国车用能源研究中心管委会主任

副主任　欧阳明高　清华大学汽车工程系教授、清华大学学术委员会副主任、汽车安全与节能国家重点实验室主任、国家 863 计划节能与新能源汽车重大项目专家组组长、中国汽车工程学会副理事长

成　员　倪维斗　清华大学热能工程系教授、中国工程院院士

陈清泰　国务院发展研究中心研究员、原党组书记、原副主任

刘燕华　国务院参事、科学技术部原副部长

石定寰　国务院参事、科学技术部原秘书长、中国可再生能源学会理事长

冯　飞　国务院发展研究中心研究员、产业经济部部长

Michael Q. Wang　美国能源部 Argonne 国家实验室交通研究中心资深科学家

Kevin Wale　通用汽车（中国）公司总裁兼总经理

陈志鑫　上海汽车集团股份有限公司执行副总裁

王赞基　清华大学电机工程与应用电子技术系教授、清华大学低碳能源实验室常务副主任、清华大学中国车用能源研究中心主任

李　政　清华大学热能工程系教授、主任，清华－BP清洁能源教育与研究中心主任、清华大学中国车用能源研究中心副主任

贺克斌　清华大学环境学院教授、清华大学研究生院常务副院长

张希良　清华大学核能与新能源技术研究院能源系统分析研究室教授、主任，清华大学中国车用能源研究中心执行主任

《中国车用能源展望2012》研究撰写组

组　　长　张希良

副组长　王贺武

成　　员　（以姓氏笔画为序）

王贺武	王赞基	邓　学	付　峰	朱桂萍
刘　培	刘广建	杜玖玉	李　政	李伟起
汪晓健	张　婷	张旭明	张建赟	张希良
张继宏	欧训民	欧阳明高	周　喆	赵丽丽
郝　翰	姚志良	贺克斌	柴麒敏	高　丹
黄海燕	常世彦	麻林巍	蒋晓隆	鲁宗相
潘玲颖	霍　红			

技术协调　欧训民

《中国车用能源展望2012》各章执笔人

第1章　引论　张希良

第2章　汽车发展与污染控制　霍　红　姚志良　贺克斌

第3章　中国汽车保有量及交通服务量情景分析　王贺武　郝　翰　欧阳明高

第4章　汽车动力系统技术　王贺武　杜玖玉　欧阳明高

第5章　石油基液体燃料　李　政　付　峰　麻林巍　刘　培　周　喆　张建赟　蒋晓隆

第6章　天然气基车用燃料　麻林巍　高　丹　李伟起　李　政

第7章　煤基液体燃料　刘　培　麻林巍　刘广建　潘玲颖　李　政

第8章　生物液体燃料　常世彦　赵丽丽　张　婷　张希良

第9章　车用电力能源　朱桂萍　鲁宗相　王赞基

第10章　车用氢能路径分析　王贺武　黄海燕　邓　学　欧阳明高

第11章　车用燃料技术路线全生命周期能耗及温室气体排放　欧训民　张希良

第12章　车用能源情景分析　张希良　欧训民　张继宏　柴麒敏　郝　翰　霍　红　何建坤

第13章　政策建议：中国车用能源可持续转型之路　张希良　欧训民

前　言

能源安全和气候变化已成为当前国际政治、经济和环境领域的热点问题。在现代化进程中，中国将长期面临保障能源安全和减缓气候变化带来的挑战。中国能源未来发展的道路会对全球能源市场和应对气候变化格局产生广泛而重大的影响。

目前，中国已成为全球汽车市场增长最快的地区之一，也已成为全球最大的汽车消费国和生产国。车用能源问题已成为中国能源–环境–经济问题中的一个核心问题。中国车用能源问题十分复杂，涉及能源、环境、经济、技术、社会、政策和管理体制等多个方面。

认识中国车用能源问题和提出解决方案需要开展系统、深入的多学科综合研究。为此，清华大学整合本校核能与新能源技术研究院、汽车工程系、热能工程系、电机工程与应用电子技术系和环境学院的研究资源，于2008年成立了清华大学中国车用能源研究中心（以下简称中心），现有各类研究人员30余名。中心的使命是创造和传播可持续车用能源知识，研究开发车用能源系统综合评价方法和评估模型，为中国及世界可持续车用能源体系的建立提供技术方案与政策建议。目前中心主要的合作伙伴包括国家能源局、工业和信息化部、科学技术部、国家自然科学基金委员会、通用汽车（中国）公司、上海汽车集团股份有限公司、中国石油天然气股份有限公司、壳牌石油公司等。

中心自成立以来，受国家能源局、工业和信息化部、科学技术部等政府部门的委托，围绕中国车用能源可持续发展的问题，从能源、环境、经济、技术、产业领导力和政策多个方面，对中国车用能源可持续转型之路进行了系统、深入的分析和研究，对中国车用能源的多条技术路线进行了全生命周期分析，建立了中国车用能源发展的五个情景——参考情景、电动汽车发展情景、燃料电池汽车发展情景、生物燃料发展情景和综合政策情景；利用情景分析的方法，对车用能源需求管理，汽车燃油经济性提高，电动汽车、燃料电池汽车和2代生物燃料等技术在中国车用能源可持续转型中的作用进行了定量分析评估，在此基础上提出了促进中国车用能源可持续转型的政策与制度建议。本书总结了中心的这些研究工作，展示了取得的研究成果。

中心研究工作得到国家能源局、工业和信息化部、科学技术部、通用汽车（中国）公司和上海汽车集团股份有限公司的大力支持。本书相关研究同时得到了国家重点基础研究发展计划（973）项目（2010CB955600）、国家科技支撑计划项目（2007BAC03A04）、国家社会科学基金重大项目（09&ZD029）、国家自然科学基金项目（71041003、71041028和71103109）、教育部人文社会科学重点研究基地重大项目（2009JJD790029）、科学技术部国际科技合作计划项目（2010DFA72760）和北京市优秀博士学位论文指导教师人文社科项目（20111000301）的资助。中心顾问委员会对中心的研究工作给出了方向性的指导，为本书提出了很多具有建设性的建议。在此一并表示感谢。

清华大学中国车用能源研究中心管委会主任

2012年1月

目录

第1章 引 论

能源安全和气候变化已成为当前国际政治、经济和环境领域的热点问题。在现代化过程中，中国将长期面临保障能源安全和减缓气候变化带来的挑战。中国能源未来发展的道路会对全球能源市场和应对气候变化格局产生广泛而重大的影响。目前，中国已成为全球汽车市场增长最快的地区之一，也已成为全球最大的汽车消费国和生产国。车用能源问题已成为中国能源和环境问题中的一个核心问题。

1.1 车用能源的影响因素

根据影响因素作用机制的特点，把影响车用能源发展的主要因素划分为四大类：经济发展、人口地理、技术进步和公共政策。

1.1.1 经济发展

一个国家的汽车保有量和车用能源消费量首先是由该国汽车的交通运输服务需求量大小决定的，而交通运输服务需求量又是由该国的经济规模总量、经济结构和产业结构等宏观经济特征决定的。一般说来，一个国家的经济规模大，汽车交通服务需求就大，车用能源消费量也越大。也就是说，在一定时期内，经济规模、汽车的交通运输服务需求量和车用能源消费量三者之间呈现很强的正相关。实践表明，自改革开放以来，中国经济规模、汽车交通运输服务需求量和车用能源消费量之间正是呈现很强的正相关关系。到21世纪中叶，中国才能基本实现现代化，成为一个收入水平中等偏上的中等发达国家。在未来相当长的时期，中国经济仍然处在成长期，GDP的增长率是中国汽车交通运输服务需求的关键驱动因素。

1.1.2 人口地理

除了经济规模和发展水平外，一个国家的人口地理特征也是影响该国汽车交通运输服务需求大小及车用能源消费量的关键因素。一个国家主要的人口地理特征体现在人口数量、人口构成、国土面积、城市化率、城市化模式和交通运输基础设施条件等。美国国土面积广阔，城市群分散，高速公路网高度发达，乘用车保有率高，达到每千人785辆；日本国土面积狭小，人口密度高，城市密集，乘用车保有率比美国低得多，每千人只有450辆；加拿大、德国、英国和法国的乘用车保有率介于以上两者之间。因此，人口增长率、人口密度、城市化率及模式和交通运输基础设施发展模式也是中国汽车交通运输服务需求和车用能源需求的关键驱动因素。

1.1.3 技术进步

未来汽车技术和能源技术进步会对车用能源的发展产生深刻的影响。汽车节能技术的创新和推广会不断提高汽车的燃油经济性和降低包括二氧化碳在内的污染物排放水平。纯电动和燃料电池等新能源汽车技术的进步，除了会大幅度地提高汽车的燃油经济性和降低污染物排放外，也会带来车用能源转换及储存技术、车用能源基础设施建设和汽车产业本身的深刻变革。生物基替代能源技术进步也会改变中国车用能源供应结构。需要指出的是，未来车用能源技术进步和市场渗透率有很大的不确定性。

1.1.4 公共政策

中国车用能源发展的目标是建立可持续车用能源系统。因为国家整体利益和个体的利益在一定程度上存在着不一致性，市场机制在外部性内部化和信息供应等方面存在失灵的问题，中国可持续车用能源体系的建立需要政策干预。车用技术进步在很大程度上由政策导向决定，在宏观经济因素和人口地理因素相同的背景下，不同的政策导向在很大程度上决定着车用能源技术创新未来发展的方向和不同车用能源技术路线可能发挥的作用。

1.2 可持续车用能源系统

中国需要建立可持续车用能源系统。目前世界上还没有一个公认的可持续车用能源系统的标准定义。不同的国家，因资源禀赋、人口地理条件、经济社会发展水平、能源和交通基础设施特征以及技术创新能力等的不同，对可持续车用能源体系的定义、解释和要求也会有所不同。中国是一个人口众多、资源相对贫乏和经济快速发展的大国，目前也没有一个公认的可持续的车用能源系统的定义，但是我们可以从以下几个方面探讨和认识中国可持续车用能源系统的一些基本特征。

1）汽车交通经济：以尽量少或支付得起的成本来满足社会经济发展和个体对汽车交通服务的需求。大量的石油进口要花费大量的外汇储备和经济资源，向可持续的车用能源系统转型将带来明显的交通经济效益。

2）能源系统效率：以最小的能源资源消费来满足社会经济发展和个体对汽车交通服务的需求。理想的可持续的车用能源系统应该是，在满足相同的汽车交通服务需求的条件下，从矿井到车轮（WTW）全生命周期能耗最小的或较小的系统。

3）温室气体排放：二氧化碳是最主要的温室气体（green house gas，GHG），根据全球二氧化碳排放控制目标情景，2050年全球人均二氧化碳排放只略大于1t。控制二氧化碳排放已成为全球车用能源技术创新最主要的驱动力之一。机动车成为城市空气质量恶化的重要污染源。理想的可持续车用能源系统应该是，在满足相同的汽车交通服务需求下，WTW全生命周期二氧化碳排放和机动车污染物排放最小或较小的系统。

4）能源供应安全：中国石油资源相对贫乏，2010年石油对外依存度已接近55%，未来还会进一步升高。目前中国95%以上的车用能源消费来自石油基燃料，车用能源增长是推动中国石油对外依存度不断攀升的最主要的力量。可持续的车用能源体系应该具备有效应对国际能源市场风险的能力。从这一方面看，车用能源供应应该是多元化的，在经济可行的条件下尽量减少对国外能源资源的依赖。

5）燃料品种供需匹配：可持续车用能源体系应该不仅能保证车用能源数量上供需平衡，而且能够保证车用能源品种上匹配合理，尽量避免车用能源在品种上出现大的余缺，保证车用能源生产、运输和加注等基础设施得到科学的利用。

6）汽车工业竞争力：中国汽车产业起步较晚，在传统汽车技术和能源技术领域缺乏竞争力，但在新能源汽车领域有取得较大超越的可能性。中国新能源汽车市场具备一定的规模才能为汽车产业的升级和竞争力提升提供所需的动力。

应用可持续车用能源系统是一种理想的政策目标情景。我们认为，交通经济、能源效率、温室气体排放、能源安全性、能源品种供需匹配和工业领导力是衡量中国车用能源系统是否具有可持续性的六个最基本的标准。

1.3 本书主要内容

中国车用能源问题十分复杂，涉及能源、经济、环境、技术、社会、产业领导力以及政策等多个方面。对中国车用能源问题认识并提出解决方案需要开展系统、深入的多学科综合研究。清华大学中国车用能源研究中心受国家能源局、工业与信息化部、科学技术部等政府部门的委托，围绕中国车用能源可持续发展的问题，从能源、经济、环境、技术、产业领导力和政策多个方面，对中国车用能源可持续转型之路进行了系统和深入的分析研究，对中国车用能源的多条技术路线进行了全生命周期分析，研究提出了中国车用能源发展的五个情景——参考情景、电动汽车发展情景、燃料电池汽车发展情景、生物燃料发展情景和综合政策情景。利用情景分析的方法，对车用能源需求管理、汽车燃油经济性提高、电动汽车、燃料电池汽车和二代生物燃料等技术措施在中国车用能源可持续转型的政策与制度安排建议。本书总结和展示了清华大学中国车用能源研究中心的这些研究工作以及取得的研究成果。本书共有 13 章，第 2 章至第 13 章各章安排如下。

第 2 章　汽车发展与污染控制：阐释了中国汽车发展引发的环境问题，重点研究城市机动车与空气污染关系，分析了中国机动车污染控制措施，总结了相关挑战并对未来进行展望。

第 3 章　中国汽车保有量及交通服务量情景分析：重点对中国汽车保有量和汽车交通服务量进行预测。通过建立包括人口密度、家庭收入等因素的预测模型，对私人乘用车、公共交通车辆和其他车辆保有量进行分类预测；在未来汽车年行驶里程和载客/载货率预测的基础上，对汽车客运和货运的交通服务量进行分类预测。

第 4 章　汽车动力系统技术：对中国机动车动力系统的发展现状进行了系统的评估，包括高效清洁汽车动力技术、混合动力技术、纯电驱动技术，也介绍了这些技术在中国的技术研发和产业示范情况。

第 5 章　石油基液体燃料：围绕石油基车用能源问题，对中国石油供应链进行全方位分析，涉及石油生产、石油进口、石油炼制到油品消费等方面，并对未来发展提出一些策略性建议。

第 6 章　天然气基车用燃料：围绕车用天然气问题，对中国天然气未来供需形势和天然气动力汽车技术发展进行了评论，分析了天然气的车用潜力。

第 7 章　煤基液体燃料：在对煤基液体燃料供应链进行全方位分析基础上，对多种煤基液体燃料技术的发展进行全面、客观的评价，并在此基础上提出初步的发展政策建议。

第 8 章　生物液体燃料：在对中国生物燃料未来发展的各类资源和众多技术进行了综合，结合未来重点技术突破时点和政策情况，对未来车用生物燃料（如燃料乙醇、生物柴油）进行了多情景分析。

第 9 章　车用电力能源：围绕车用电力能源发展问题，进行了电力系统发展的现状及未来发展情景分析，论述了影响电力系统发展的若干关键因素，并评估了电能作为车用化石能源的替代能源的可能性，进行了可行的技术路线展望。

第 10 章　车用氢能路径分析：围绕氢能车用和燃料电池汽车发展问题，对中国氢气生产和利用进行了全面分析，并结合燃料电池汽车技术发展，分析了未来车用氢能的来源问题。

第 11 章　车用燃料技术路线全生命周期能耗及温室气体排放：在介绍模型和阐释各条燃料和动力技术路线的相关参数的基础上，对中国车用燃料技术路线进行了基于同一计算平台的多燃料/车辆路线的全生命周期综合比较；对重点技术路线的全生命周期的能耗和碳排放情况进行了预测展望。

第 12 章　车用能源情景分析：围绕中国车用能源可持续转型之路，提出了中国车用能源未来发展的五个情景——参考情景、电动汽车发展情景、燃料电池汽车发展情景、生物燃料发展情景和综合政策情景，从能源、经济、环境、技术和产业领导力等多角度对五个情景进行了分析评估。

第 13 章　政策建议：中国车用能源可持续转型之路：对中国车用能源可持续转型之路进行了量化分析，提出了促进中国车用能源可持续转型的政策建议。

第2章 汽车发展与污染控制

2.1 汽车发展引发的环境问题

随着中国经济的快速发展和城市规模的不断扩大，以及人民生活水平的不断提高，中国机动车保有量在过去的几十年里呈现出快速增长的趋势。1978～2010年的32年间，全国机动车保有量从136万辆增长到近8000万辆（不含摩托车、低速货车和低速电动车等），年平均增长率为14%，特别是2000年以后增速更高，年平均增长率达17%。机动车数量的快速增长，为人们的生活带来了便利，提高了人们的生活质量，但同时也带来了严重的环境问题。

由于中国机动车污染控制水平较低，交通基础设施建设和规划管理发展比较缓慢，机动车单车污染物排放因子普遍高于发达国家；同时由于城市交通密度和人口集中程度较高，机动车污染物排放密度和污染物浓度都比较高，造成的危害很大。

为了控制机动车污染，中国迅速完成了汽油无铅化进程，相继颁布并实施了新车排放标准。然而，由于中国机动车污染控制起步较晚，在用车中排放控制技术相对落后的车辆仍然占较大的比例，机动车的平均排放水平要远高于欧美发达国家。此外，配套的交通基础设施建设和交通规划管理水平未能与机动车保有量的高速增长保持同步发展，交通结构不合理，造成目前很多大城市中心区主要道路长时间处于饱和状态，车辆平均行驶速度低，怠速比例高，加重了城市的空气污染。

专栏2-1 机动车污染物对人体健康和环境的影响

机动车排放的污染物主要包括一氧化碳（CO）、碳氢化合物（HC）、氮氧化物（NO_x）、细颗粒物（$PM_{2.5}$）等，这些污染物对人体健康会造成严重的危害。CO和HC是不完全燃烧的排放物，CO会降低人体血液的输氧能力，浓度低时会使人感到头疼、头晕，出现中毒；浓度高时可以致死。HC中的苯和多环芳烃物质目前被证明是致癌物质。NO_x，特别是NO_2是一种毒性很强的具有刺激性气味的红褐色气体，在浓度为

5ppm① 时就对人的呼吸系统和免疫系统有很大的危害。而 $PM_{2.5}$ 会通过呼吸沉积在人的肺部，加重呼吸系统疾病，并且由于其表面经常吸附许多有毒物质而具有很大的危害性。机动车排放出的 NO_x 与 HC 会发生光化学反应产生低空臭氧和光化学烟雾，此外 NO_x 还是酸雨的重要来源，严重危害人类健康。机动车排放颗粒物中的黑碳（black carbon，BC）会使能见度降低，还会影响气候变化。

表 2-1 是北京市 NO_2 平均浓度年际变化（北京市环境保护局，2007，2008，2010），可以看出，中心城区 NO_2 平均浓度比郊区高 31% ~44%。在交通密集的城市中心区，空气污染中机动车污染的特征十分明显。

表 2-1　北京市 NO_2 平均浓度年际变化　　（单位：μg/m³）

年份	2006	2007	2009
中心城区	69.5	67.5	59.3
外城区（除中心城区外）	63.3	61.8	57
郊区	50.4	47	45.3

注：中心城区——东城、西城；外城区——海淀、朝阳、丰台、石景山；郊区——房山、大兴、通州、门头沟、昌平、顺义、平谷、延庆、怀柔、密云

目前，机动车排放在中国城市污染物排放的分担率呈现出上升趋势。多数城市 CO、HC 的分担率超过 50%，大城市甚至达 90% 以上。在人群聚集程度最高的城市中心，机动车污染物的排放和浓度分担率达到 80% 以上，而且机动车排放分担率有继续增大的趋势，这表明机动车排放污染物已是城市大气环境的主要污染源（霍红，2005；关共凑等，2006；关共凑和余倩，2007；金小山，2009；李从庆等，2010；杨清玲等，2009）。在北京、上海和广州等机动车保有量增长迅速的城市，机动车污染已经成为大气污染的首要污染源，是城市大气污染控制的重中之重。表 2-2 为北京市 2008 年各种污染源的排放贡献（Wang et al.，2010），由表中可见，机动车是城市 NO_x 和 HC 最主要的污染源，而这些污染物是臭氧的前体物，因此机动车是导致城市空气质量恶化的首要污染源。

就全国来看，2006 年，中国机动车的 CO、NO_x 和 HC 排放量占相应污染物全国总排放量的 20% 以上。目前，对气候和人体健康均有恶劣影响的黑碳（BC）得到全世界学术界和决策部门越来越多的关注，中国机动车的 BC 排放则占全国 BC 排放总量的 10% 以上（Zhang et al.，2009）。

① 1ppm 为 1/1 000 000，体积比

表 2-2　北京市 2008 年各种污染源的排放贡献（无组织排放除外）　（单位：%）

污染源	NO_x	PM_{10}	HC
电厂	8	2	5
建材	10	45	2
化工	1	4	1
冶炼	1	14	1
工业锅炉	14	15	11
流动源	66	20	79

2.2　城市汽车污染物排放的计算

综合而言，我国城市的机动车污染水平要高于欧美国家。图 2-1 对比了北京市和几个欧美国家的人均机动车排放量（Huo et al.，2011）。目前，北京和欧美国家的人均机动车排放量处于相当的水平。但是，欧美国家的千人机动车拥有率在 600～800 辆，而北京为千人 220 辆，这说明中国的单车排放水平要远远高于欧美国家水平。另外值得注意的是，欧美国家的人均机动车污染物正在逐渐下降，其原因一方面是由于欧美国家的千人机动车拥有率已经达到饱和，另一方面，单车的排放控制水平正在逐年加强。而中国处在千人机

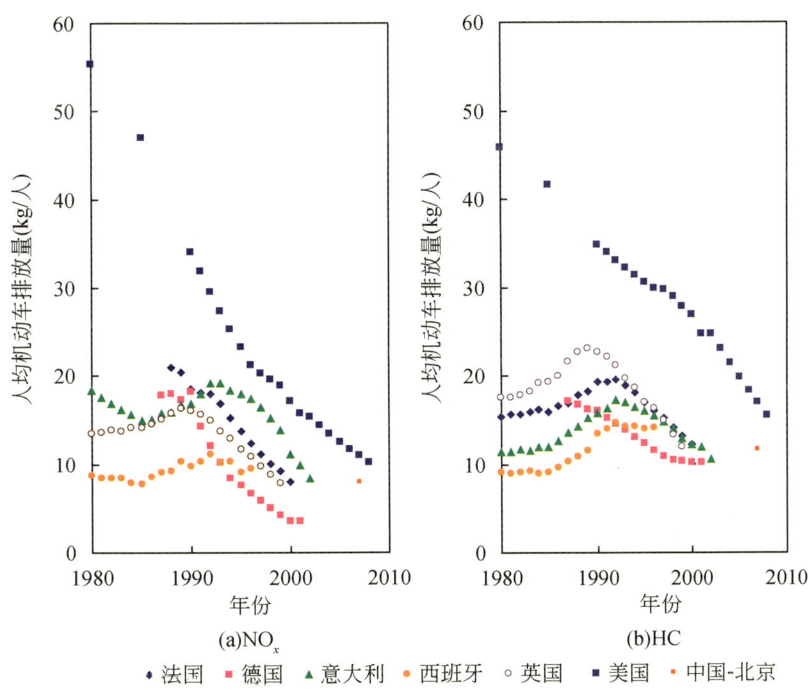

图 2-1　中国人均机动车排放和欧美等国家的比较

动车拥有率飞速增长的阶段，因此，必须采取更为严格的控制措施来抵消这种由于机动车高速增长而引起的污染物排放量的增长。机动车更新的过程非常漫长（约 15 年），因此越早实施控制措施，其效果将越明显。发展新能源汽车，可以大幅度改善城市空气质量，应尽早提上日程。

为了进一步了解中国各种类型城市机动车污染物排放的变化趋势，本研究选取了 12 个不同规模的典型城市，对机动车车型进行详细分类，统计分车型机动车保有量及注册量，并解析影响机动车活动水平与排放因子的因素，在中国现有数据的基础上构建中国城市尺度的机动车排放清单技术方法，研究机动车排放特征及演变趋势。图 2-2 为 12 个典型城市的机动车保有量及构成。

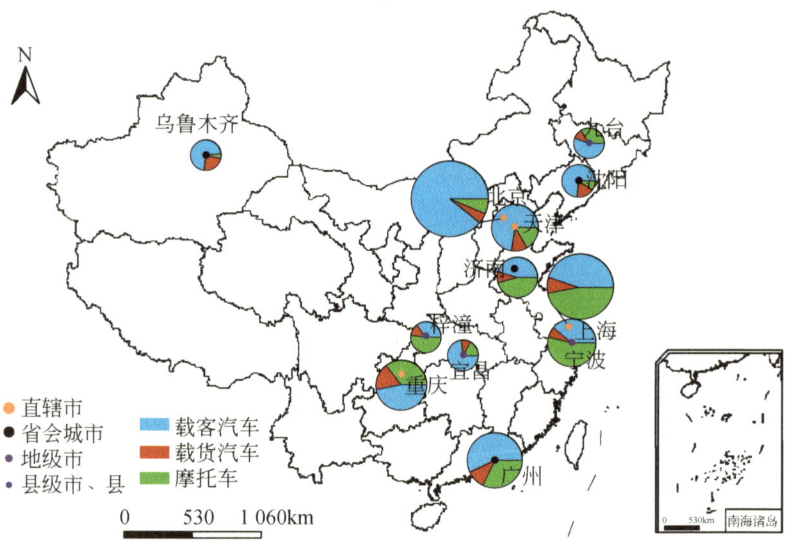

图 2-2　12 个典型城市的机动车保有量及构成

总排放量计算公式为

$$Q_i = \sum_j (P_j \times VKT_j \times EF_{i,j}) \tag{2-1}$$

式中，i 为目标污染物，包含 CO、HC、NO_x 和 PM。

j 为目标车队，即某种车型的车队，本研究分为轻型汽油客车、轻型柴油卡车、重型柴油客车、重型柴油卡车、摩托车以及其他共六类车型。

Q 为污染物的年排放总量（t）。

P 为机动车保有量（百万辆）。机动车分车型注册量采用 Huo 等（2011）总结的机动车保有量发展“积累时间序列模式”进行计算。该模式认为机动车的更新与保有量的变化是通过新车注册进入市场及旧车报废退出市场来完成的。研究中设定机动车存活率函数，即目标车型随车龄变化其保有量占新车注册当年该车型保有量的比例的变化曲线，认为目标年份中目标车型的保有量由往年的新车注册后按照存活曲线的变化规律存活到目标年份中的保有量和目标年份当年的新车注册量构成。由于中国机动车发展正处于高速增长的时期，车辆更新速度较快，且地区发展变化情况差异较大。

VKT 为机动车年均行驶里程（km）。年均行驶里程是体现机动车活动水平的一项重要指标，能够反映出机动车和交通道路的发展状况，也是能源消耗水平的一项重要指标。由于中国没有官方公布的机动车年均行驶里程的统计数据，以往研究者在计算机动车排放量时主要采用社会调查统计或者估算的方法来获取机动车的年均行驶里程数据。本研究采用以下两种方法来确定行驶里程：①设计调查问卷，对特定区域的机动车行驶特征（含行驶里程数据）进行调查统计。这种方法比较简单可行，所得到的信息也比较详细。但需要大量的调查样本以保证结果的可靠性。②通过交通管理部门直接获取机动车的行驶信息。交通管理部门提供的信息准确性可以得到保障，但获取有一定的难度。

EF 为机动车污染物的排放因子（g/km）。不同的排放标准规定了机动车各污染物不同的排放限值，所以同一车型在不同排放标准下的排放因子具有很大差异。为保障机动车排放因子及排放清单的准确性，需要得到车队中不同排放标准下车辆的保有量，从而计算得到整个车队的排放因子。排放因子计算由 IVE 模型完成。

图 2-3 显示了 1990 ~ 2009 年所选 12 个典型城市机动车污染物的变化趋势，可以看出，从全国来看，机动车 CO 和 VOC 的排放已经出现降低的迹象，但是体现柴油车排放特性的 NO_x 和 PM 排放仍然有升高的趋势。在北京和上海等大城市，由于采取了更严格的机动车排放标准，这种上升趋势比较平缓，但是在济南、宁波、重庆这些机动车保有量增长迅速但是排放措施却相对滞后的城市，NO_x 和 PM 的排放增加极为迅猛。这表明，中国城市机动车污染的焦点问题已经不再局限在北京和上海等大城市内，省会城市及地级城市所表现出来的机动车污染物迅猛增加也应该得到政府的重视。而且这类城市的数量多，因此它们对全国机动车污染物的排放趋势有着更强势的影响。

2.3　中国典型城市空气污染状况

2.3.1　北京

2008 年，北京市空气质量二级和好于二级天数达到 274 天，占全年总天数的 74.9%。大气中 SO_2、CO、NO_2 和 PM_{10} 年均浓度值分别为 0.036mg/m^3、1.4mg/m^3、0.049mg/m^3 和 0.122mg/m^3，与 2007 年相比分别降低了 23.4%、30.0%、25.8% 和 17.6%。其中，SO_2、CO 和 NO_2 浓度值均达到国家标准，PM_{10} 浓度值超过国家标准 22%。特别是在奥运会期间，北京市及周边地区实施了一系列的临时保障方案，在奥运会举办的 17 天（8 月 8 ~ 24 日）中，10 天为一级，7 天为二级。大气中的 SO_2、CO、NO_2 和 PM_{10} 浓度分别为

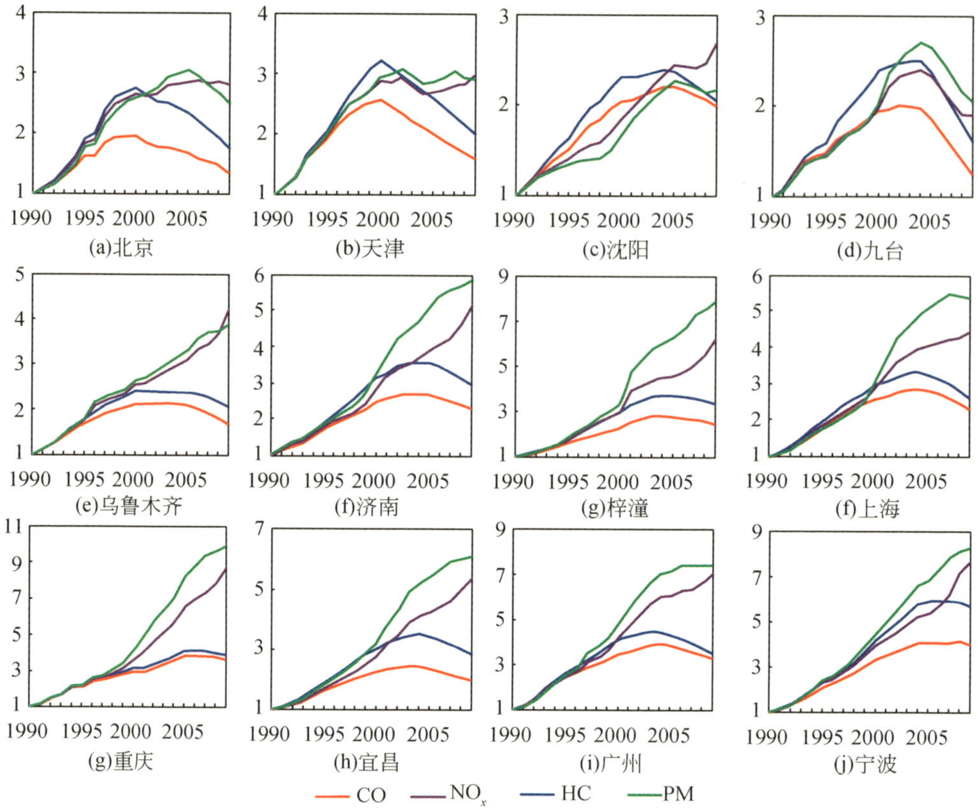

图 2-3　1990 ~2009 年典型城市机动车常规污染物排放量演变趋势

注：折线图纵轴表示以 1990 年排放量为准，逐年排放量的增长倍数；横轴表示年份

0.008mg/m^3、0.8mg/m^3、0.023mg/m^3 和 0.057mg/m^3，比 2007 年同期分别下降 46.7%、42.9%、57.4% 和 53.7%，实现了中国"绿色奥运"的庄严承诺。

对北京市 2000 ~ 2008 年各主要污染物浓度的历史变化情况进行分析（北京市环境保护局，2001 ~ 2009），如图 2-4 所示。可以看出，2008 年与 2000 年相比，SO_2、CO、NO_2

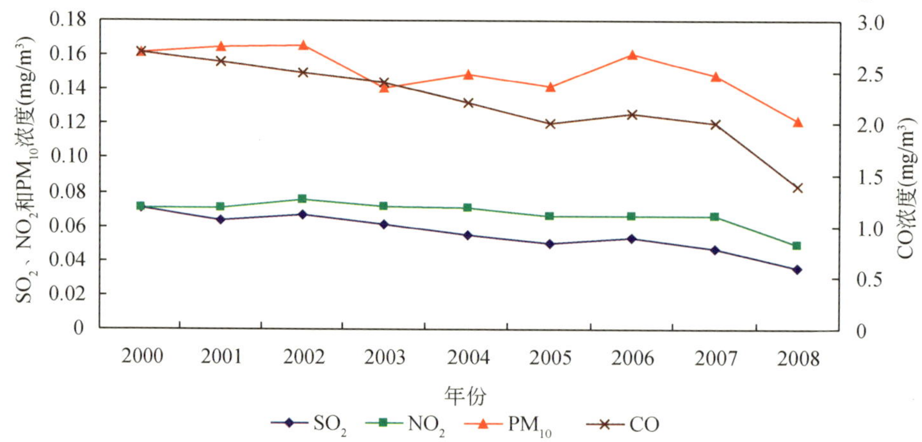

图 2-4　北京市 2000 ~2008 年 SO_2、CO、NO_2 和 PM_{10} 浓度变化趋势

和 PM_{10} 年均浓度值都有明显的下降，比 2000 年分别下降了 49.3%、48.1%、30.9% 和 24.7%。可见北京市在过去几年里空气污染的控制效果是显著的，特别是在 SO_2 和 CO 方面。但是需要注意的是 NO_2 和 PM_{10} 的控制效果还较弱，这说明北京市机动车污染对空气污染的贡献变得越来越重要，机动车污染问题还十分严峻。

2.3.2　上海

2008 年，上海市环境空气质量为优良的天数有 328 天，与 2007 年持平。全年中，首要污染物为 PM_{10} 的有 313 天，占总数的 85.5%；首要污染物为 SO_2 的有 37 天，占总数的 10.1%；首要污染物为 NO_2 的有 9 天，占总数的 2.5%；PM_{10} 和 SO_2 同为首要污染物的有 5 天，占总数的 1.4%；PM_{10} 和 NO_2 同为首要污染物的有 1 天，占总数的 0.3%；SO_2 和 NO_2 同为首要污染物的有 1 天，占总数的 0.3%。

2008 年上海市 PM_{10}、NO_2 和 SO_2 年均浓度均低于《环境空气质量标准》（GB3095—1996）二级标准中的年平均限值，其中 PM_{10} 年日均值为 0.084mg/m^3，较 2007 年下降 0.004 mg/m^3；SO_2 年日均值为 0.051 mg/m^3，较 2007 年下降 0.004 mg/m^3；NO_2 年日均值为 0.056 mg/m^3，较 2007 年上升 0.002 mg/m^3。

图 2-5 给出了上海市 2004 ~ 2008 年主要污染物浓度的历史变化趋势（上海市环境保护局，2005 ~ 2009）。从图中可以看出，2008 年与 2004 年相比，上海市 SO_2、NO_2 和 PM_{10} 三种污染物浓度分别降低 7.3%、9.7% 和 15.2%。与北京市不同的是，上海市 SO_2 污染浓度降低幅度相对较小，可能与上海市严格控制机动车保有量密切相关，这也使得上海市空气污染呈煤烟和机动车复合污染的状况。

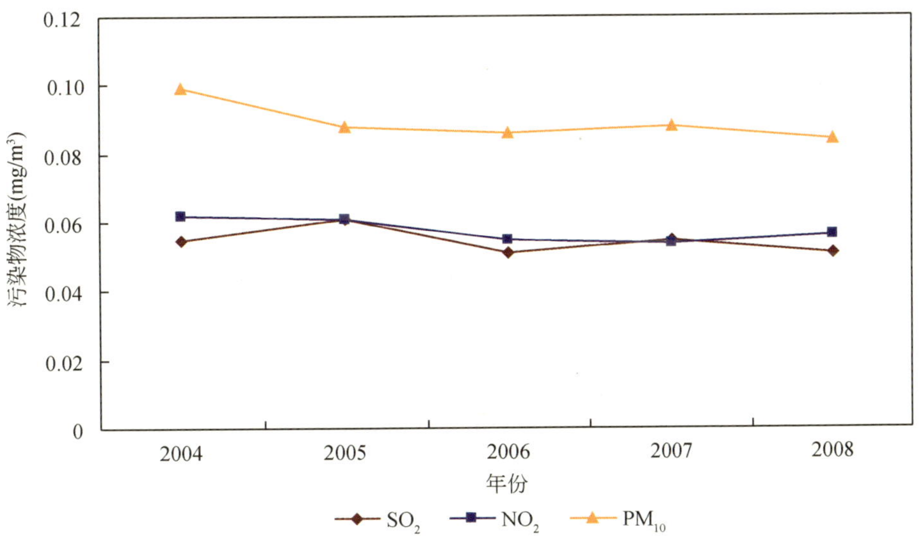

图 2-5　上海市 2004 ~ 2008 年 SO_2、NO_2 和 PM_{10} 浓度变化趋势

2.3.3 广州

2008 年，广州市环境空气质量在 2007 年持续改善的基础上进一步提高，城市环境空气质量持续得到改善。SO_2、NO_2 和 PM_{10} 年平均浓度分别为 0.046mg/m³、0.056mg/m³、0.071 mg/m³，达到国家环境空气质量二级标准要求，降尘量符合广东省推荐标准。与 2007 年相比，SO_2、NO_2 和 PM_{10} 年平均浓度分别下降 9.8%、13.8% 和 7.8%，月均降尘量下降 6.5%，空气质量优良天数占全年比例上升 3.03%。

图 2-6 给出了广州市 2001～2008 年主要污染物浓度的历史变化趋势（广州市环境保护局，2002～2009）。从图中可以看出，2001～2008 年，广州市 SO_2、NO_2 和 PM_{10} 三种污染物浓度先总体增加，然后又逐步下降，在 2004 年达最高值。2004 年，广州市 SO_2、NO_2 和 PM_{10} 的年均浓度分别为 0.077mg/m³、0.073mg/m³、0.099 mg/m³，到 2008 年，三种污染物浓度明显降低，较 2004 年分别降低 40.3%、23.3% 和 28.3%。从中可以看出，2004 年以来广州市采取的一系列控制污染的措施是有效的，特别是在燃煤污染方面，成效很显著，但其机动车污染问题日益突出，与北京的情况十分类似，机动车污染已成为城市空气污染控制的重点。

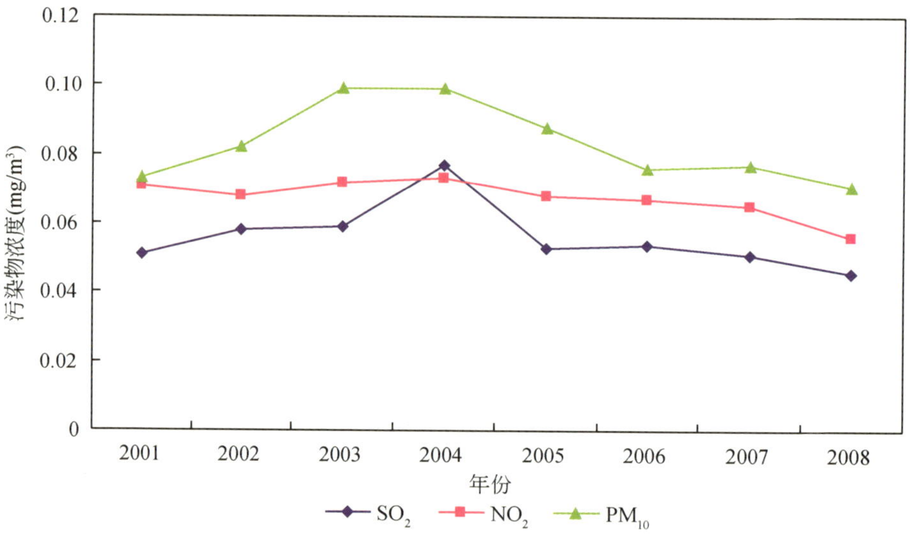

图 2-6 广州市 2001～2008 年 SO_2、NO_2 和 PM_{10} 污染物浓度变化趋势

2.4 机动车污染控制与节能措施

2.4.1 新车排放控制

为了控制机动车污染，发达国家采用了更加严格的新车排放标准的方式来应对机动车

快速发展带来的污染问题。目前，美国、日本和欧洲的汽车排放法规是当今世界三个主要法规体系，许多国家都不同程度地采用了这些法规和标准。中国目前是参照欧洲法规制定了排放标准（周伟等，2005）。

中国对机动车排放污染的控制，按国家标准的颁布和实施大致可分为四个时期。

第一时期：1989 年以前，中国对汽油车按怠速法控制 CO、HC 的排放浓度，对柴油车按自由加速烟度法控制排气烟度。从控制方法和控制水平来看，都处于初级阶段。

第二时期：自 1989 年起，从单纯的尾气污染物排放控制扩展到曲轴箱污染物排放控制，并将简单的尾气“怠速控制”扩展成初步的“工况控制”。

第三时期：1993 年，随着 GB14761 系列标准的发布与实施，中国对汽车排放污染物已经从尾气排放、曲轴箱排放到燃油蒸发排放实施了全方位的控制。

第四时期：2001 年，国家环境保护总局先后公布了 GB18352 系列《轻型汽车污染物排放限值及测量方法》（Ⅰ、Ⅱ）等国家标准，国家对汽车排放污染物开始实施“分阶段逐步加严限值”的控制政策。2001 年 4 月 16 日，国家环境保护总局与国家质量监督检验检疫总局联合发布了三项汽车污染物排放国家标准，2002 年 11 月 27 日又发布了一项汽车排放国家标准，这四项国家标准与保留的汽车排放标准一起构成了中国这一时期的汽车排放标准体系，形成了统一的覆盖了汽车排放控制各主要方面的中国汽车排放标准体系。

从 2004 年 7 月 1 日起全国范围内实施了相当于欧Ⅱ标准的国家第二阶段轻型车排放标准（简称国Ⅱ标准）。与国家第一阶段排放标准（简称国Ⅰ标准）相比，国Ⅱ标准单车排放污染物约降低了 40%，其中 CO 排放降低了 30.4%，HC 和 NO_x 降低了 55.8%。新标准的实施标志着中国的机动车污染防治进入了一个新阶段。同时国家环境保护总局还规定，所有新定型轻型车必须符合国Ⅱ标准中规定的型式核准排放限值的要求，2005 年 7 月 1 日起停止国Ⅰ标准轻型车的销售和注册登记。

从 2008 年 7 月 1 日开始，全国范围内正式全面实施了国Ⅲ标准，机动车单车各种污染物排放因子进一步得到降低。

由于面临更严峻的机动车污染问题，北京、上海和广州等大城市对机动车污染控制方面的力度更大，对于新车排放标准的实施则先于全国一步。以北京市为例，1999 年就率先实施了国Ⅰ标准，即相当于欧Ⅰ标准的排放标准限值，到 2008 年 3 月 1 日已经实施了国Ⅳ标准，并计划于 2012 年执行相当于欧Ⅴ标准的国Ⅴ标准，这将使得机动车单车污染物排放因子得到大大降低。

现行机动车排放标准的污染物减排效益相当可观。根据国际清洁交通委员会（International Council on Clean Transportation，ICCT）的测算，过去 10 年中国采取的这些措施相对于无控情景在 2010 年减少了 80% 的机动车颗粒物排放、77% 的 HC 排放、70% 的 CO 排放以及 55% 的 NO_x 排放（ICCT，2010）。

2.4.2 燃油品质

燃油组成对机动车排放有直接的影响，改变汽油（柴油）中某些组分的含量即可以改善机动车排放，而且燃油质量一经改善，立即就会产生机动车减排的效果，没有滞后性。比如许多大城市中，最大的铅污染排放源是使用含铅汽油的车辆，城市空气中的铅有90%以上来自汽车排放。汽油中的铅含量与空气中的铅浓度有明显的相关性，因此减少汽油中的铅含量，可使空气中的铅浓度明显降低。随着机动车污染物排放限值标准的不断加严，当汽车排放污染控制技术发展到一定阶段后，燃油作为一项基础条件，其品质的好坏就成为制约整个清洁汽车行动计划能否落实的关键因素。

2.4.2.1 汽油无铅化

汽油中的铅是为了提高汽油的抗爆性能而在生产时加入的。铅不仅是一种大气污染物，更为重要的是它会使尾气催化转化器和氧传感器中毒，使其功能失效。为解决铅对环境的危害问题，保证催化转化器和氧传感器长期有效地正常工作，必须采用无铅汽油。

自1996年开始，中国车用汽油中无铅汽油比例逐年增加。1990年无铅汽油占汽油总量比例为51.82%，1994年增加为56.30%，1997年为65%，1998年已占80%。汽油中平均铅含量逐年下降。根据《国务院办公厅关于限期停止生产销售使用车用含铅汽油的通知》（国办发〔1998〕129号）的要求，全国于2000年1月1日起停止生产含铅汽油，2000年7月1日起停止销售和使用含铅汽油，实现了汽油无铅化，使中国的汽油质量有了很大的改善，也使汽车尾气的深度净化成为可能。

2.4.2.2 燃料低硫化

燃料中的硫含量将会对机动车排放产生很大影响，特别是对符合国Ⅲ及以上排放标准的车辆，其影响尤为明显，会对催化剂和颗粒捕集器等后处理造成影响或者使其中毒，大大降低尾气的净化效果，使得车辆难以达到排放标准的要求。

受炼油技术的制约，2009年以前，中国全国范围内燃油中的硫含量还只是国Ⅱ标准水平，相当于欧Ⅱ标准，即汽油含硫量为350mg/kg，柴油含硫量为2000mg/kg。按计划，中国在2010年在全国范围内实施相当于欧Ⅲ标准的燃料标准，汽油硫含量降至150ppm，柴油硫含量降至350mg/kg。为了适应新车排放标准实施的要求，我国的大城市，如北京，已经于2008年开始实施了国Ⅳ标准的燃油标准，即汽油含硫量为50mg/kg，柴油含硫量为50mg/kg，并计划于2012年实施相当于欧Ⅴ标准的燃油标准；上海也已经于2009年10月1号开始实施国Ⅳ燃料标准。

专栏 2-2　提高油品质量与节油

推动油品质量提高可产生环境与节能双重效益。目前，能效更高的柴油车辆技术在中国面临的最主要的问题就是燃油品质问题。中国的车用油品质量无法满足车辆节油技术的要求。因此，提高油品质量，不仅是为了配合排放标准的顺利实施，也会推动节油技术的发展。

2.4.3　在用车排放控制管理

在用车辆的排放状况会随行驶里程增加而不断劣化，而且，如果调整不当，即使行驶里程较少的车辆也会出现排放超标严重的情况。因此，需要有一种措施来及时发现磨损、堵塞及调整不当等现象，避免车辆排放无控制地增长，保证车辆能以较好的排放状况行驶。I/M 制度通过定期检测的方式，及时发现排放状况不佳的车辆，使其有关部件得到清洗、更换或正确调整，从而使其恢复到正常工作状态。

定期的检测和维护使车辆排放控制系统的作用维持在合理水平，对机动车污染控制起到了非常重要的作用。首先，实行 I/M 制度有助于识别并调整因故障或其他机械问题而导致高排放的车辆，而这小部分高排放车辆所排放的污染物往往在总排放中占有相当大的比例。国外的相关研究表明，占车辆总数 20% 的高排放车辆贡献了车辆总排放量的 60% 以上。其次，I/M 还可用于识别故障类型、防止拆除排放控制装置。若车辆的催化转化器或氧传感器失效，CO 和 HC 的排放可增加 20 倍以上，NO_x 的排放则增加 3 ~ 5 倍。但由于它并不影响行驶性能，因此，常常不能引起驾驶员的注意。而 I/M 制度的作用正在于它可以识别出存在问题的车辆并要求它们进行修理与维护，保证机动车的排放始终处于正常的水平上，缓解其劣化的趋势，从而有效地控制机动车的排放污染。

我国一些大城市，如北京、上海等，先后实施了 I/M 制度。以北京为例，在 2003 年以前，北京市对汽油车的检测以双怠速法为主，自 2003 年 3 月开始全面采用简易工况法进行检测，根据车辆类型、技术水平和车身重量的不同采用三类排放限值；柴油车使用加载减速烟度法替代了自由加速烟度法。目前的北京市 I/M 制度网络组织形式既不同于一般意义上的建立了大规模只负责检测的检测中心的集中型制度，也不同于检测和维修合而为一的分散型制度，应当归为混合型。检测场规模相对较小，主要是集体企业和国有企业，还有公安、部队、事业单位等负责北京市所有机动车的定期年度检测；各检测站都结合交通管理安全检验并且基本都兼营调修业务。尾气检测合格后的车辆可继续进行安全检查办理登记手续，尾气检测不合格的车辆在检测场附属的维修站或独立的汽车修理厂经维修后返回检测场进行复检。I/M 制度的实施对北京市机动车排放的控制起着积极作用。

2.4.4 加速落后技术车辆淘汰

国家1997年出台的新汽车淘汰标准中，涉及污染物排放的条款规定，经修理和调整或采用排气污染控制技术后排放污染物仍超过国家排放标准的车辆应予以淘汰。对于各项指标尚能达到国家标准要求的在用车辆，非强制性地鼓励用户进行更新，或通过税费调节机制，促使旧机动车淘汰或转移出重点城市。各级环境保护和车辆管理等部门应根据上述原则，制定经济上和车辆管理上的优惠鼓励政策，切实可行地淘汰老旧机动车。并建立车辆监督管理机构，对超标的老旧机动车严格执行报废制度。

从排放性能的角度看，更新汽车发动机以达到新的排放标准，效果等同于淘汰车辆，部分发展中国家采用过这一方法来减少城市机动车的污染排放。鼓励提前将部分老车型转移出重点城市区域，更新为使用闭环三元催化净化技术的低排放新车型，可以有效地改善城市大气环境质量。各地可根据实际情况灵活地制定诸如免除更新车的部分附加税费、提供更优惠的贷款（如更新出租车）等具体的优惠鼓励办法。

在中国，达不到国Ⅰ标准的车被定为黄标车。黄标车的排放水平十分恶劣，一辆黄标车的排放相当于一辆国Ⅱ标准车辆排放的几倍甚至几十倍，对这些车辆进行淘汰将大大降低机动车的排放污染。在北京奥运期间，北京市限制黄标车在城区行驶，结果表明其排放削减效果十分显著。目前，北京市已出台了淘汰黄标车的鼓励办法，加速黄标车的淘汰。从2009年1月1日起各类黄标车全天禁止在五环路（含）以内道路行驶，2009年10月1日起黄标车禁止在六环路（含）以内行驶。这一举措对减少北京市机动车污染起着重要作用。

专栏2-3　加速淘汰落后技术车辆与节油

加速淘汰落后技术车辆同样可以产生节油效益。中国于2005年开始实施燃料经济性标准，因此车龄较大的车辆将不受标准约束。尽快使这些车辆从车队中退役，将提高车队平均的燃料经济性水平。近几年来，为了加速车队的技术更新并刺激汽车市场经济，欧洲国家和美国等均采用补贴的方式鼓励驾驶员自愿报废车辆。例如，在全球经济委靡的2009年，美国国会制定了一项“旧车换现金”的法案，对报废燃料经济性低于18mile/gal①的旧车并购买22mile/gal的新车的驾驶员给予3500～4500美元的补贴，这一措施提高了美国车队整体的燃油效率，更令美国低迷的汽车市场在2010年得到复苏。

① 1mile=1.609km；1gal=3.785L

2.4.5 发展替代燃料

1999年，中国启动了“空气净化工程——清洁汽车行动”，由科学技术部牵头，联合原国家发展计划委、原国家环境保护总局、原建设部等13个部委成立了全国清洁汽车行动协调领导小组，随后确定了北京、上海、重庆、四川等12个示范城市和地区，2005年示范城市和地区扩大到19个。2006年，国家再次启动“节能与新能源汽车”重大项目，将天然气汽车技术研发和产业化纳入到新的研发计划中，进一步推进了天然气汽车的快速发展。截至2009年年底，全国已有1000多个加气站，主要集中在气源地附近，如四川、重庆、乌鲁木齐、西安和兰州等，天然气供应方便、气价低（仅为油价的40%～50%），是压缩天然气（compressed natural gas，CNG）汽车快速发展的主要驱动力。目前，中国1/4的出租车及1/6的公交车配有天然气发动机。

此外，中国从2001年起开始试点推广使用乙醇汽油，目前已在6个省区（黑龙江、吉林、辽宁、河南、安徽和广西）以及4个省（河北、山东、江苏和湖北）的27个城市全面推广生物乙醇汽油（汽油里掺混10%的乙醇）。

专栏2-4 发展替代燃料与节油

替代燃料是否具有污染物减排效益目前还未有定论，国内外的研究者正开展测试与模拟等研究工作考察替代燃料车相对于汽油车的排放变化。但是，由于替代燃料主要从煤、天然气和生物质能源中制取，因此使用替代燃料具有可观的节油效益。

2.4.6 发展电动汽车

电动汽车以电为驱动能源，而中国的电主要来自于煤和水力，因此从生命周期的角度来看，相对于传统汽油车，电动车的使用可以减少90%以上的石油需求。而电动汽车的排放主要取决于电厂发电过程的能耗强度和污染排放水平。

专栏2-5 发展电动汽车与环境

评价电动汽车的生命周期污染物排放，首先需要考察中国燃煤电厂的污染物排放水平。燃煤火电厂的NO_x排放因子根据锅炉规模、NO_x排放控制技术和煤的质量不同而存在差别。近年来，由于大规模发电锅炉的比例增加以及低氮燃烧技术（LNB）的广泛应用，中国燃煤火电厂的平均NO_x排放因子逐渐降低，从1995年的8.9g/kg煤降低到2004年的7.4g/kg煤。LNB的NO_x去除率为30%。2005年，LNB的普及率为62%，预计 2010 年将达 77%。因为新建电厂均要求安装 LNB，预计 2030 年 LNB 的普及率将达到 90% 甚至更高，那时，燃煤火电厂的平均 NO_x 排放因子将会降低至 5g/kg 煤。选择催化还原技术（SCR）可大幅度降低 NO_x 排放。目前，中国的 SCR 普及率还非常低，估计仅为 10%。在中国，SCR 的 NO_x 去除率被报道为 40%~90%（Huo et al.，2010）。

对于车辆 NO_x 排放控制水平，在中国，国Ⅴ排放标准将在 10 年内实施，因此我们假设 2030 年车用汽油的含硫量将实现 10mg/kg（国Ⅴ油品标准）。中国目前正在实施国Ⅲ机动车排放控制标准（除了北京等已经实施国Ⅳ标准的大城市），预计国Ⅳ和国Ⅴ标准将在 10 年内实施，到 2030 年，中国机动车将达到欧Ⅵ甚至更严格的排放标准。

为了使电动车在中国更具有吸引力，政府将需要实施一些特殊的政策。政府可以指定低碳电力地区作为电动车的主要市场。一些先进发电技术（如热电联产）和污染控制技术（SCR）虽然成本很高，但是已经不存在技术障碍，政府应该采用多种经济和政策手段推动这些技术的快速普及，特别是考虑到此举还能为区域环境和人体健康带来巨大的效益。还应该指出，由于电厂的生命期比汽车长，因此电厂的技术升级要比汽车慢，所以政府需要协调电力部门和交通部门的政策以实现电动汽车向清洁的方向发展。

2.4.7 临时交通管理措施

除了常规的控制措施之外，在特殊情况下，采取临时交通管理措施可以保证良好的空气质量和交通状况。北京在 2008 年奥运会期间实施了一系列的临时交通管制措施，主要的交通管制措施包括以下几方面：

1）私人机动车实行单双号限行。

2）70% 的政府车辆在奥运会期间禁止上路。

3）6 时至 24 时，禁止卡车在六环路以内道路（不含六环路）行驶。

4）黄标车禁止在全市范围内行驶。

由于实施了以上措施，在奥运会期间，全市机动车行驶里程减少了 32%，平均速度从 25km/h 增加到 37km/h。因此，奥运会期间，北京机动车排放的 HC、CO、NO_x 和 PM_{10} 分别比奥运前减少了 55.5%、56.8%、45.7% 和 51.6%（Wu et al.，2011；Zhou et al.，2010）。

2.5 挑战与展望

如前所述，近年来我国城市大气污染状况有所改善，但污染浓度绝对值仍然很高，特别是 NO_x 排放污染还十分严重。在我国城市，特别是大城市，机动车污染已经成为城市空气污染的首要来源，需要加大力度控制机动车污染。尽管自“九五”以来，我国在机动车污染控制方面已经做了很多工作，采取了一系列的法规措施进行机动车污染的控制，并取得了一定的成效，但是这些成效在很大程度上被机动车保有量的迅速增长和交通拥堵等其他因素所抵消掉。此外，随着社会的不断进步，人们对环境的期望值也越来越高，矛盾也将越来越突出。“十二五”规划中，NO_x 首次被列为排放总量控制对象。机动车是我国 NO_x 的第二大排放源，占全国排放总量的1/4以上，因此，机动车污染控制成为实现“十二五”NO_x 控制目标的关键。2011年入秋以来北京连续数日大雾条件下的 $PM_{2.5}$ 污染引发了公众对空气质量状况的广泛关注。环保部在《环境空气质量标准》（二次征求意见稿）中已将 $PM_{2.5}$、臭氧（8小时浓度）纳入常规空气质量评价体系，并收紧了 PM_{10} 和 NO_2 等标准限值。对亚洲典型城市的研究表明：机动车排放对 $PM_{2.5}$ 的贡献达总量的20%～35%。因此，新标准的实施将对中国未来汽柴油车、替代燃料、新能源车和尾气净化等方面的战略选择产生全方位的影响。

在机动车污染控制过程中，有两个关键的因素，即活动水平和排放因子。针对此我们提出如下建议对策。

（1）大力发展公共交通

在控制机动车活动水平方面，由于很难控制机动车的保有量，因此主要的措施应是引导人们的出行方式。为此，需要大力发展清洁、便捷、便宜的公共交通，完善公共交通服务网。便宜、便捷的公共交通体系一旦发展成熟，将吸引更多的人选择公共交通，从而在一定程度上减少私家车的出行，达到控制机动车污染排放的目的。

（2）加强交通管理

作为影响机动车排放的主要因素之一，工况的改善将对降低机动车排放有着重要作用。目前，我国城市的交通管理水平还较落后，需要强化交通路口的管理，缓解交通压力，改善工况，减少机动车的排放。采用对拥堵路段实行电子自动收费和提高城市中心区停车收费等经济手段控制机动车在城区的行驶，降低机动车对城区人口密集的地方的环境危害。

（3）实施更为严格的排放和燃油标准

如前所述，目前针对汽、柴油机动车的污染问题，我国已经采取了一系列措施，取得了一定效果，下一步需要尽快实施更为严格的排放标准和燃油标准，推行欧Ⅴ和欧Ⅵ新车排放标准，以及相应的燃油标准，进一步削减汽油和柴油单车排放因子。

（4）加快替代燃料的发展

在降低汽、柴油机动车排放的同时，我们也需要寻求新的途径，比如选择其他燃料代替目前广泛使用的汽、柴油，从更多的角度控制机动车污染排放。我国在寻求汽油和柴油的替代燃料方面已经取得了一定的成绩，但还需要在科研和技术方面加大对替代燃料的投资力度，解决替代燃料应用中存在的困难和问题，尽可能地降低成本。可以预见，随着中国对城市机动车污染的控制进一步加严，以及新燃料技术水平进一步提高，替代燃料的推广和应用规模将逐渐加大，可以更大程度地缓解交通发展对石油资源和环境的压力。

参考文献

北京市环境保护局 . 2001. 2000 年北京市环境状况公报 . 北京：北京市环境保护局 .

北京市环境保护局 . 2002. 2001 年北京市环境状况公报 . 北京：北京市环境保护局 .

北京市环境保护局 . 2003. 2002 年北京市环境状况公报 . 北京：北京市环境保护局 .

北京市环境保护局 . 2004. 2003 年北京市环境状况公报 . 北京：北京市环境保护局 .

北京市环境保护局 . 2005. 2004 年北京市环境状况公报 . 北京：北京市环境保护局 .

北京市环境保护局 . 2006. 2005 年北京市环境状况公报 . 北京：北京市环境保护局 .

北京市环境保护局 . 2007. 2006 年北京市环境状况公报 . 北京：北京市环境保护局 .

北京市环境保护局 . 2008. 2007 年北京市环境状况公报 . 北京：北京市环境保护局 .

北京市环境保护局 . 2009. 2008 年北京市环境状况公报 . 北京：北京市环境保护局 .

北京市环境保护局 . 2010. 2009 年北京市环境状况公报 . 北京：北京市环境保护局 .

关共凑，余倩 . 2007. 市区机动车尾气污染特征与评价 . 广州化工，3：15-17.

关共凑等 . 2006. 佛山市禅城区机动车排放污染分担率研究 . 佛山科学技术学院学报（自然科学版），1：59-62.

广州市环境保护局 . 2002. 2001 年广州市环境状况公报 . 广州：广州市环境保护局 .

广州市环境保护局 . 2003. 2002 年广州市环境状况公报 . 广州：广州市环境保护局 .

广州市环境保护局 . 2004. 2003 年广州市环境状况公报 . 广州：广州市环境保护局 .

广州市环境保护局 . 2005. 2004 年广州市环境状况公报 . 广州：广州市环境保护局 .

广州市环境保护局 . 2006. 2005 年广州市环境状况公报 . 广州：广州市环境保护局 .

广州市环境保护局 . 2007. 2006 年广州市环境状况公报 . 广州：广州市环境保护局 .

广州市环境保护局 . 2008. 2007 年广州市环境状况公报 . 广州：广州市环境保护局 .

广州市环境保护局 . 2009. 2008 年广州市环境状况公报 . 广州：广州市环境保护局 .

霍红 . 2005. 基于交通流特征的轻型车路段排放研究 . 北京：清华大学 .

金小山 . 2009. 广州市机动车尾气污染现状及控制措施 . 汽车节能，3：20-23.

李从庆等 . 2010. 成都市机动车排放分担率研究//四川省环境科学学会 . 世界现代田园城市空气环境污染防治学术交流会论文集 .

上海市环境保护局 . 2006. 2005 年上海市环境状况公报 . 上海：上海市环境保护局 .

上海市环境保护局 . 2007. 2006 年上海市环境状况公报 . 上海：上海市环境保护局 .

上海市环境保护局 . 2008. 2007 年上海市环境状况公报 . 上海：上海市环境保护局 .

上海市环境保护局 . 2009. 2008 年上海市环境状况公报 . 上海：上海市环境保护局 .

上海市环境保护局 . 2010. 2009 年上海市环境状况公报 . 上海：上海市环境保护局 .

杨清玲等 . 2009. 重庆市主城区机动车污染分担率研究 . 西南师范大学学报（自然科学版），34（4）：173-177.

中华人民共和国国家统计局 . 2009. 中国统计摘要 2009. 北京：中国统计出版社 .

中华人民共和国环境保护部 . 2009. 2008 年中国环境状况公报 . 北京：中华人民共和国环境保护部 .

周伟 . 2005. 迈向可持续发展的未来——中国交通能源与环境政策研究 . 北京：人民交通出版社 .

Huo H, et al. 2010. Environmental implication of electric vehicles in China. Environmental Science and Technology, 44: 4856-4861.

Huo H, et al. 2011. Modeling vehicle emissions in different types of Chinese cities: importance of vehicle fleet and local features. Environmental Pollution, 159: 2954-2960.

ICCT (International Council on Clean Transportation). 2010. Overview of China's Vehicle Emission Control Program: Past Successes and Future Prospects

Wang S, et al. 2010. Quantifying the air pollutants emission reduction during the 2008 Olympic Games in Beijing. Environmental Science and Technology 44: 2490-2496.

Wu Y, et al. 2011. On-road vehicle emission control in Beijing: past, present, and future. Environmental Science and Technology, 45 (1): 147-153.

Zhang Q, et al. 2009. Asian emissions in 2006 for the NASA INTEX-B mission. 9: 5131-5153.

第 3 章 中国汽车保有量及交通服务量情景分析

3.1 历史及现状

汽车保有量及汽车交通服务量受到经济发展、人口地理、技术进步、国家政策等多方面因素的影响。改革开放以来，中国经济快速发展，GDP 总量从 1980 年的 4546 亿元增加到 2010 年的397 983亿元，年均增长率达到 10.1%。2010 年，中国人均 GDP 达到 2.99 万元，城镇居民人均可支配收入达到 1.91 万元，农村居民人均纯收入达到 0.59 万元。快速增加的经济总量和居民收入为中国汽车保有量和汽车交通服务量的提高奠定了经济基础。为促进中国汽车产业的发展，中国最早于 1994 年颁布了《汽车工业产业政策》，将汽车工业确定为中国国民经济的支柱产业，带动其他相关产业迅速发展。2004 年，为适应加入 WTO 后国内外汽车产业发展的新形势，国务院颁布实施了《汽车产业发展政策》，目标是推进汽车产业结构调整和升级，全面提高汽车产业国际竞争力，满足消费者对汽车产品日益增长的需求，促进汽车产业健康发展。2009 年，为了应对国际金融危机对中国汽车产业的影响，国务院颁布实施了《汽车产业调整和振兴规划》，在稳定汽车消费、加快结构调整、增强自主创新能力、推动产业升级方面发挥了重要的作用。

在这些因素的影响下，中国汽车保有量快速提高。如图 3-1 所示，中国汽车产量从 1990 年的 51 万辆增加到 2010 年的 1826 万辆，年均增长率达到 15.9%。由于家庭乘用车的快速普及，乘用车产销量增长最为迅速，2010 年产销量分别达到 1390 万辆和 1376 万辆，占汽车总产销量的 76%。受到全社会客运和货运交通需求增长的影响，客车和货车产销量也有了快速的增长，2010 年客车产销量分别达到 44.7 万辆和 44.3 万辆（包括客车非完整车辆），货车产销量分别达到 392 万辆和 386 万辆（包括半挂牵引车和货车非完整车辆）。

随着中国汽车工业的发展，中国汽车的进出口量也在不断增加。如图 3-2 所示，中国汽车进口量从 1998 年的 4 万辆增加到 2010 年的 81 万辆，出口量从 1998 年的 1.4 万辆增加到 2010 年的 56.7 万辆。从 2005 年开始，中国汽车出口量超过进口量。2009 年和 2010 年，受到全球金融危机的影响，中国汽车出口量有一定回落，进口量超越出口量。

本研究根据中国历年汽车产量和进出口量，可以获得中国历年汽车新注册量。如图

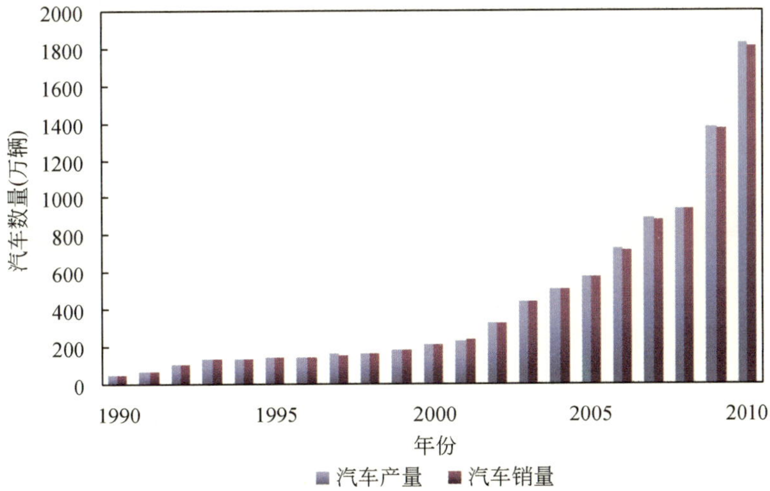

图 3-1　中国历年汽车产量和销量

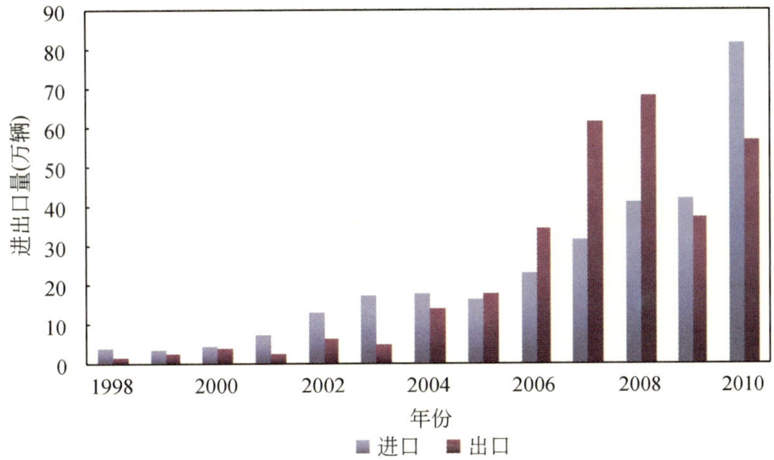

图 3-2　中国历年汽车进口和出口

3-3所示，中国汽车新注册量从 2000 年的 216 万辆增加到 2010 年的 1857 万辆。其中乘用车从 2000 年的 123 万辆增加到 2010 年的 1444 万辆；客车从 2000 年的 17 万辆增加到 2010 年的 41. 6 万辆；货车从 2000 年的 76 万辆增加到 2010 年的 371 万辆。

随着汽车产销量的增长，汽车保有量也在快速增长。本研究基于历史汽车产销及进出口数据，可以进一步获得中国 2000 ~ 2010 年汽车总注册量，见图 3-4。中国 2010 年年末汽车总注册量达到 7997 万辆（不含低速汽车，后同），比 2009 年增长 27%。2010 年中国汽车保有率达到千人 59. 6 辆，约为美国 1918 年和日本 1965 年的水平。其中乘用车 5957 万辆，占 74. 5%；客车 278 万辆，占 3. 5%；货车 1762 万辆，占 22%。相比发达国家，由于中国家庭轿车尚未大规模普及，乘用车保有量在全部汽车中所占的比例偏低。

中国汽车保有量的增长正处于起飞期，未来增长潜力巨大，很多机构和学者都对中国汽车保有量的未来发展趋势进行了预测。国内研究方面，2004 年由国家发展和改革委员会

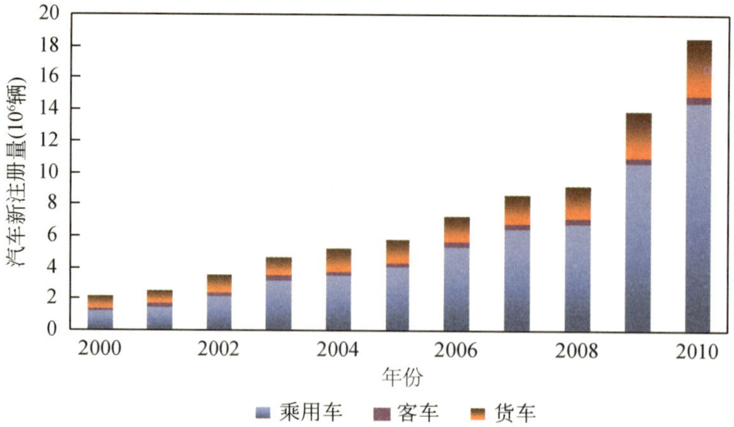

图 3-3 中国 2000 年以来汽车新注册量

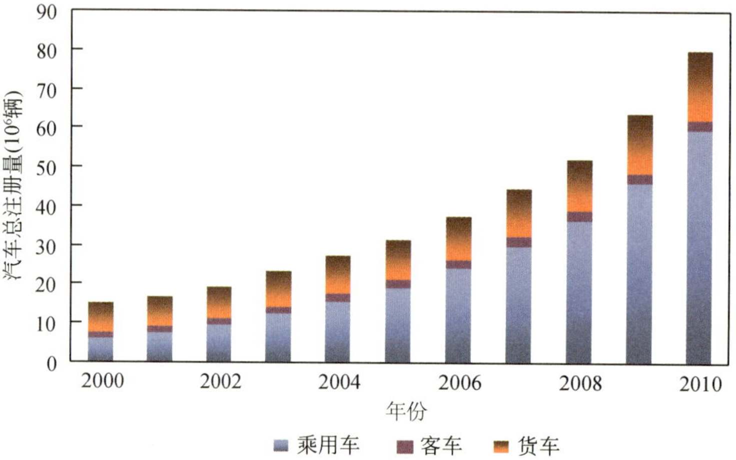

图 3-4 中国历年民用汽车总注册量

牵头进行的中国能源综合发展战略与政策研究预测中国汽车保有量在 2020 年将达到 1.1 亿辆（国家发展和改革委员会，2004）；2006 年沈中元采用基于收入分布曲线的方法，预测中国 2030 年汽车总保有量将达到 2.28 亿辆（沈中元，2006）；2009 年出版的《2050 中国能源和碳排放报告》一书中预测中国汽车保有量在 2030 年将达到 3.63 亿～3.97 亿辆，在 2050 年将达到 5.58 亿～6.05 亿辆（2050 中国能源和碳排放研究课题组，2009）。国外研究方面，2006 年美国 Argonne 实验室的 Wang 等采用 Gompertz 模型，预测中国 2030 年汽车保有量为 2.47 亿～2.87 亿辆，2050 年为 4.86 亿～6.62 亿辆；2007 年 IEA（International Energy Agency）在《世界能源展望 2007》一书中预测中国汽车保有量在 2030 年将达到 2.7 亿～4.1 亿辆；2007 年 Dargay 等（2007）采用改进的 Gompertz 模型，预测中国 2030 年汽车保有量为 3.9 亿辆；2011 年 UCDavis 的 Wang 等（2011）对以上预测结果进行了综述，认为这些研究普遍低估了中国汽车保有量的增长速度。Wang 等基于发达国家汽车保有量提高相似阶段的比较，认为中国汽车保有量在 2022 年将达到 3.32 亿～4.19 亿辆。

专栏 3-1　中国汽车保有量相关研究方法介绍

1）UCDavis 的 Wang 等：该研究首先选取了历史中有与目前中国经济水平和汽车保有量增长相似阶段的七个国家，包括日本、美国、德国、意大利、韩国、西班牙和巴西，将这些国家汽车保有率到达中国 2008 年水平（千人 37 ~ 38 辆）的年份定义为基准年，考察了这些国家在基准年之后 15 年的汽车保有率增长率，并取平均值作为中国 2008 ~ 2024 年汽车保有率的增长率。该预测方法较为简洁实用，不需要假设 GDP 或者人均收入的增长率，预测结果明显高于其他研究，从中国目前的汽车产销及保有量增速来看，该预测更接近实际情况。

2）美国 Argonne 实验室的 Wang 等：该研究采用 Gompertz 模型（一种生长模型）作为汽车保有量增长模型，该模型输入为人均 GDP，输出为汽车保有率，有三个模型参数。其中代表汽车保有率饱和值的参数设定了高饱和值、中饱和值和低饱和值三种情景，分别对应饱和值千人 600 辆、千人 500 辆和千人 400 辆汽车。其余两个参数基于中国 1978 ~ 2004 年的人均 GDP 和汽车保有率进行了回归。Dargey 等采用了类似的方法进行了预测。该方法的特点是预测结果对汽车保有率饱和值的设定、历史数据的选取以及未来经济增速的假定敏感。汽车保有率饱和值设定越高，采用的历史数据越新，未来经济增速假定越快，预测结果就越高。因此各研究之间虽然采用了同样的方法，但预测结果仍然可能相差较大。

3）日本能源经济研究所的沈中元：该研究基于居民收入分布曲线构建了中国汽车保有量的预测模型。采用对数正态分布曲线作为收入分布曲线，采用 Logistic 曲线作为汽车普及曲线，根据两者乘积的积分对汽车保有量进行预测。其中收入分布曲线和汽车普及曲线都可以根据历史数据进行参数回归。该研究采用居民收入分布作为预测基础，优点是可以在模型中体现收入水平与收入差距对于汽车普及产生的影响，但是需要对包括未来城市和农村居民的平均收入及基尼系数等在内的更多参数进行假定。

以下是几个研究的对比。

来源	预测方法	关键假定	预测结果（10^6 辆）
UCDavis（2011）	采用发达国家相似历史阶段汽车保有率增长率估计中国未来汽车保有率增长率	对相似国家的选取	2022 年：332/419
Argonne（2006）	采用生长曲线作为汽车保有量增长模型，根据历史数据对模型参数进行估计	GDP 增长率、汽车保有率饱和值	2020 年：125/130/134 2030 年：247/269/287 2050 年：486/578/662
沈中元（2006）	采用收入分布曲线和汽车普及曲线的积分对汽车保有量进行估计	居民收入增长、基尼系数变化	2030 年：228

UCDavis 的两组预测值分别基于七国平均增速和日韩两国平均增速；Argonne 的三组预测值分别为低饱和情景、中饱和情景和高饱和情景

资料来源：Wang et al.，2011；沈中元，2006

3.2　汽车交通服务量预测模型

3.2.1　模型框架

3.2.1.1　汽车分类及模型功能

不同类别的汽车在汽车保有量增长方式、汽车使用特性、汽车燃油消耗率等方面都存在着较大的差异，因此需要在模型中对汽车进行分类以便于构建相应的分析模型。目前中国汽车产销量由中国汽车工业协会发布统计数据，汽车进出口量由中国海关发布统计数据，汽车注册量由公安部交通管理部门发布统计数据，营运车辆相关统计数据由交通部进行普查和发布，这些统计数据所采用的汽车分类主要基于车型分类，但具体的分类方法各自不同。采用基于车型的分类方法能够对汽车的使用特性作出基本的描述，但是对于同一车型来说，不同的使用用途也会对汽车使用特性产生影响，比如同为乘用车，私人乘用车和城市出租车在行驶里程和保有量增长方式上都有明显的区别，因此需要对汽车进行基于车型和用途两个维度的分类。本研究按照车型和用途将汽车分为 11 类，汽车分类及描述如表 3-1 所示。其中，乘用车按照用途细分为私人乘用车、公务乘用车和城市出租车；客车按照用途分为城市公交客车、公路营运客车、非营运客车，同时按照长度分为大型客车、中型客车和轻型客车；货车按照车重及用途分为半挂牵引车、重型货车、中型货车、轻型货车和微型货车。

表 3-1　汽车分类

大类	描述	细分	细分描述
乘用车	用于载客的汽车，包括驾驶员座位在内共 9 座或者 9 座以下	私人乘用车	主要用于私人使用的乘用车
		公务乘用车	用于政府部门或者公司企业的乘用车
		城市出租车	用于城市出租的乘用车
客车	用于载客的汽车，包括驾驶员座位在内共 9 座以上	城市公交客车	用于城市公交系统的客车
		公路营运客车	用于公路营运的客车
		非营运客车	用于非营运用途的客车
货车	用于货物运输的汽车	半挂牵引车	牵引半挂车的牵引汽车
		重型货车	最大总质量大于 14t
		中型货车	最大总质量大于 6t 小于等于 14t
		轻型货车	最大总质量大于 1.8t 小于等于 6t
		微型货车	最大总质量小于等于 1.8t

汽车交通服务量预测模型由汽车保有量预测模型、乘用车交通服务量预测模型、商用

车交通服务量预测模型三个子模型组成。模型的输入参数包括：①GDP 增长、居民收入分布等经济特征量；②人口增长、城市化率提高等人口地理特征量；③汽车保有量控制、汽车交通需求管理等公共政策特征量。模型的主要功能包括：①模拟汽车保有量与宏观经济因素、人口地理因素和公共政策因素之间的关系；②预测中国未来汽车保有量和汽车交通服务量；③对影响汽车保有量和汽车交通服务量的因素进行敏感性分析。

3.2.1.2 乘用车交通服务量模型

乘用车交通服务量预测模型结构如图 3-5 所示。先根据统计年鉴获得中国历年乘用车新注册量，并将保有量按照私人乘用车、公务乘用车和城市出租车进行划分；根据乘用车存活规律模型可以获得目前中国乘用车总注册量及车龄分布；然后根据汽车保有量预测模型，基于历史乘用车总注册量对未来乘用车总注册量进行预测，基于汽车存活规律反馈计算未来新车注册量；同时结合乘用车年行驶里程调研获得乘用车交通服务量；再结合本书第 11 章对于新车燃油经济性和温室气体排放因子的设定，获得乘用车车队的油耗及温室气体排放。需要说明的是，为了结构的完整和清晰，部分集成与优化模型的内容也在本章图 3-5 和图 3-6 中表示。

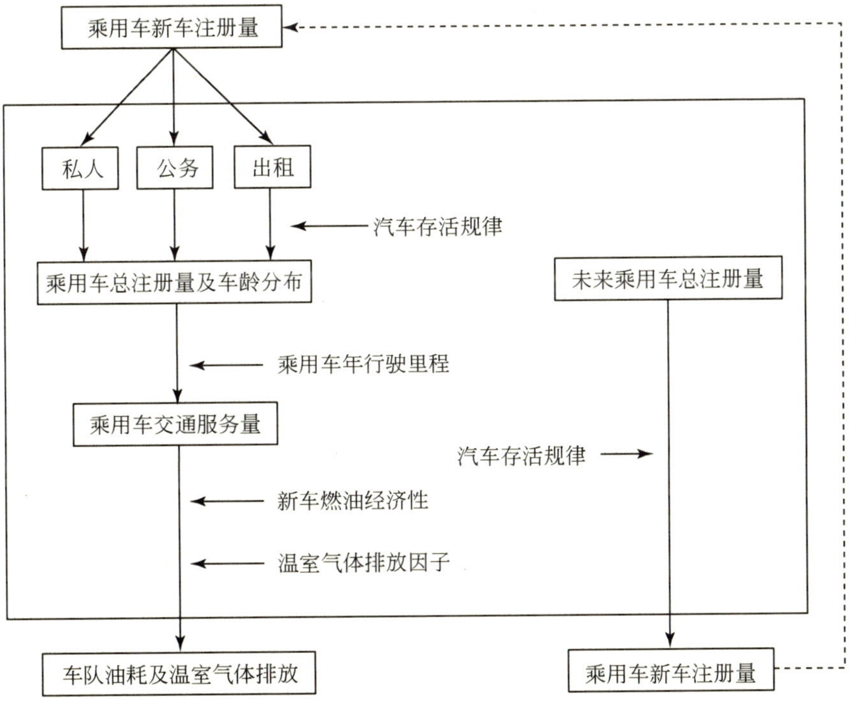

图 3-5 乘用车交通服务量预测模型

3.2.1.3 商用车交通服务量模型

商用车交通服务量预测模型结构如图 3-6 所示。先根据统计年鉴获得中国历年商用车新注册量，根据商用车存活规律模型可以获得目前中国商用车总注册量及车龄分布；与乘用车模型不同的是，商用车模型先根据单车年行驶里程和单车载客（载货）量估计历史商用车交通服务量，然后对交通服务量的未来增长进行预测；接着基于预测的交通服务量，推出未来商用车的总注册量；同时结合本书第 11 章对于新车燃油经济性和温室气体排放因子的设定，获得商用车车队的油耗及温室气体排放。

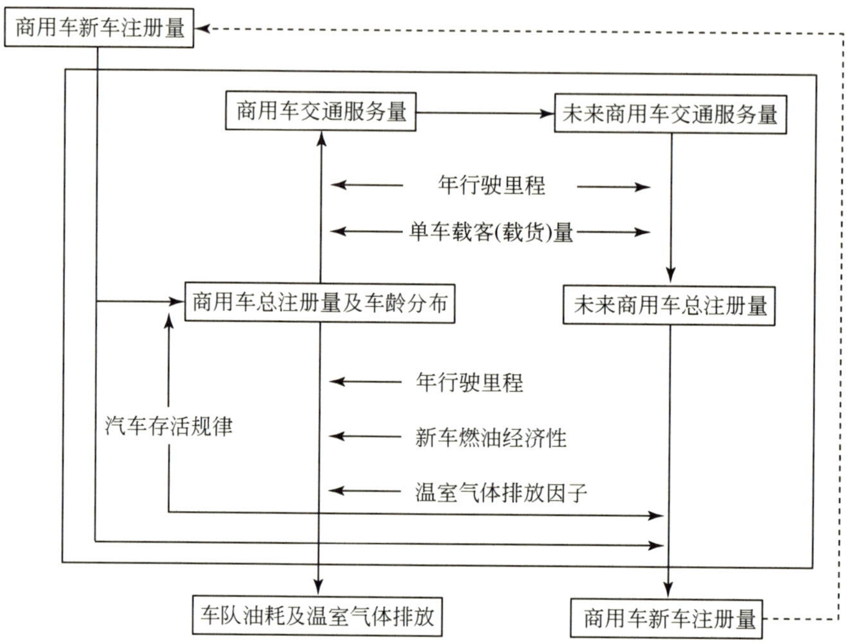

图 3-6　商用车交通服务量预测模型

3.2.1.4　模型基本假设

表 3-2 给出了本研究采用的基本宏观假设，包括 GDP 总量、人口、城市化率等。

表 3-2　基本宏观假设

年份	2010	2020	2030	2040	2050
总人口（亿）	13.6	14.4	14.7	14.7	14.6
城市化率（%）	49	63	70	74	79
城市总人口（亿）	6.7	9.1	10.3	10.9	11.5
城市平均每户人数	2.88	2.8	2.75	2.7	2.65
城市总户数（亿）	2.3	3.2	3.7	4.0	4.4
农村总人口（亿）	6.9	5.3	4.4	3.8	3.1
农村平均每户人数	3.8	3.5	3.4	3.2	3
农村总户数（亿）	1.8	1.5	1.3	1.2	1.0
GDP 总量（万亿元）（2010 年不变价）	40.1	79.0	128.6	199.6	284.3

3.2.2　汽车保有量预测模型

汽车保有量预测模型由私人乘用车保有量模型、公共交通车辆保有量模型和其他车辆保有量模型三个子模型组成。其中乘用车保有量模型将汽车保有量与居民收入分布相关联，用于预测私人乘用车的保有量增长；公共交通车辆保有量模型将汽车保有量与人口和城市化率相关联，用于预测城市公交客车和城市出租车的保有量增长；其他车辆保有量模型将汽车保有量增长与 GDP 增长相关联，用于预测包括公务乘用车、其他客车和货车在内的其余全部车辆的保有量。

3.2.2.1　私人乘用车保有量模型

（1）模型

对于私人乘用车来说，其保有量增长的主要驱动因素是居民收入水平的提高。本研究首先根据可获得的历史数据给出了中国家庭收入水平与汽车保有率的关系，分析了其中的内在规律，并对家庭收入进一步提高情况下的汽车保有率进行了假定，然后根据居民收入分布，采用式（3-1）对私人乘用车保有量进行预测。

$$\mathrm{UPV}_i = \int \mathrm{UP}_i \cdot \mathrm{ULND}_i(x) \cdot \mathrm{UPVO}_i(x)\,\mathrm{d}x \tag{3-1}$$

式中，UPV_i 为年份 i 的城市私人乘用车保有量；UP_i 为年份 i 的城市人口；ULND_i（x）为年份 i 的城市家庭收入分布密度函数在 x 处的值；UPVO_i（x）为在年份 i 家庭收入为 x 时的平均家庭汽车保有率。需要说明的是式（3-1），针对的是城市私人乘用车保有量，对于农村私人乘用车保有量，采用类似方法进行估计。

采用式（3-1）对私人乘用车保有量进行估计，首先需要获得家庭收入分布函数。国内外相关研究采用过很多函数来作为家庭收入分布函数，其中对数正态分布是经常采用的函数，其表达式如式（3-2）所示。本研究采用对数正态分布作为城市家庭可支配收入分布函数。

$$f(x;\mu,\sigma) = \frac{1}{x\sigma\sqrt{2\pi}}\exp\left(-\frac{[\ln(x)-\mu]^2}{2\sigma^2}\right) \tag{3-2}$$

式（3-2）中的两个参数 μ 和 σ 与平均家庭收入 α 及采用家庭收入分布计算的基尼系数 G 之间的关系可以采用式（3-3）和式（3-4）表示（Aitchison et al.，1963）。

$$\alpha = \exp\left(\mu + \frac{1}{2}\sigma^2\right) \tag{3-3}$$

$$G = erf\left(\frac{\sigma}{2}\right) \tag{3-4}$$

（2）数据与情景设定

《中国统计年鉴》对于中国城市和农村居民的家庭收入和汽车保有水平进行了统计，

图 3-7 是根据《中国统计年鉴》得出的在不同收入水平下的家庭汽车保有率，可以看出随着收入水平的提高，汽车保有率水平也在不断提高，且在家庭收入超过每年 5 万元以后，汽车保有率与家庭收入水平体现出较强的线性关系。另外，在同一家庭收入水平下，较晚年份的家庭汽车保有率高于较早年份达到该收入水平家庭的汽车保有率，可以归纳为三方面的原因。首先是汽车价格降低（Huo et al.，2011）。2003 年以来，中国汽车价格水平，尤其是家庭乘用车价格水平持续降低，使得同等收入水平的家庭具备了更高的汽车购买力。其次是购车的示范效应。由于目前中国汽车保有率水平较低，已经购车的家庭对于没有购车的家庭存在着较强的带动和示范效应。最后是居民收入预期。由于中国居民收入水平连续多年快速增长，居民对于未来收入有较高的预期，因此也刺激了汽车消费。同时可以看出，不同年份之间的差距逐渐减小，2009 年的曲线与 2008 年曲线相比变化不大，说明汽车价格降低、购车示范以及居民收入预期所产生的效应在不断减小。根据这一特点，我们认为在家庭汽车保有率达到户均一辆之前，汽车保有率随家庭收入的变化将沿着历史趋势线性增加；在达到户均一辆之后，汽车保有率随家庭收入增长的速率下降，并在达到户均两辆之后进入饱和状态。

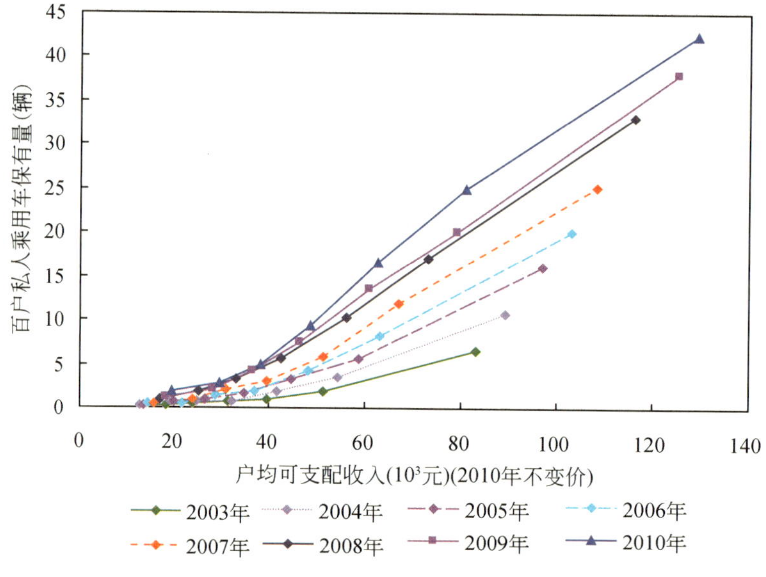

图 3-7　不同收入水平下家庭汽车保有率（历史数据）

根据以上假定，图 3-8 给出了更高户均可支配收入下的汽车保有率。可以看出，在 2010 年，在户均年收入水平达到 27.6 万元的情况下，达到户均一辆汽车的水平；在户均年收入水平达到 152 万元的情况下，达到户均两辆汽车的水平，且在此之后户均汽车数量不再随着户均收入水平的提高而提高。考虑到汽车价格变化使得相同家庭收入水平下汽车保有率随年份推移而增高，本研究假定的同一家庭收入水平下 2010 年之后年份的汽车保有率均高于 2010 年。

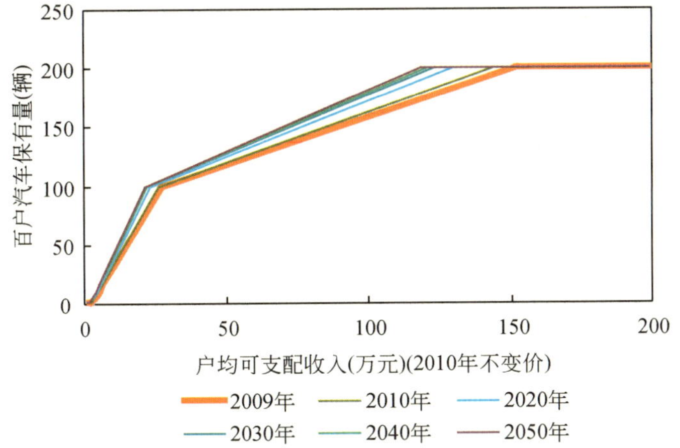

图 3-8 不同收入水平下家庭汽车保有率（包含外推部分）

通过《中国统计年鉴》中对于城市居民收入的统计数据，计算出城市家庭的平均可支配收入和基于家庭可支配收入的基尼系数，并假设中国 2010～2050 年每 10 年的家庭平均可支配收入年均增长率分别为 8%、6.8%、4.7% 和 3.4%（按照不变价），基尼系数每 10 年降低 5%。然后根据式（3-3）和式（3-4）计算出对数正态分布的特征参数，得到中国未来城市家庭可支配收入分布的设定，如图 3-9 所示。

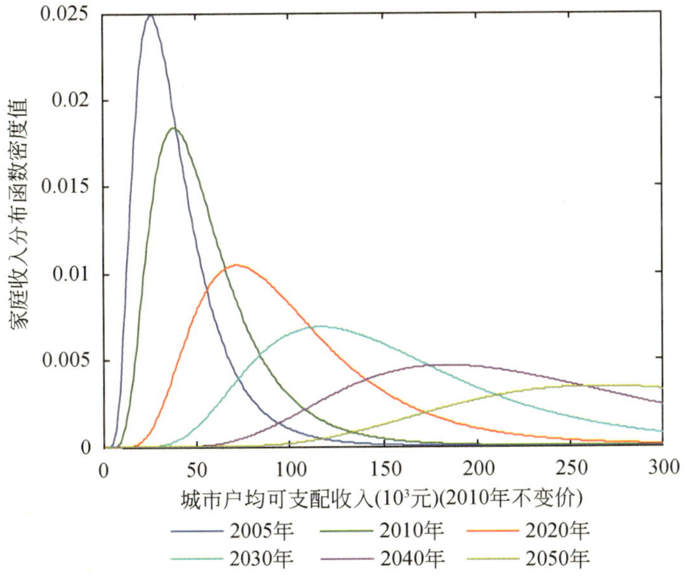

图 3-9 中国未来城市家庭收入分布预测

注：2005 年、2010 年为历史数据，2020 年之后是预测值

3.2.2.2 公共交通车辆保有量模型

（1）模型

公交客车和出租车的保有量受到城市人口、城市面积、城市经济发展水平等多方面因

素的影响，同时与城市的公交规划有密切的联系。本研究首先对中国目前地级以上城市的公共交通车辆的保有量进行了调研（中华人民共和国国家统计局，2010），并分析了公共交通车辆保有量与城市人口的内在联系，然后基于对于中国未来人口和城市化率的判断对中国未来公共交通车辆的保有量进行了预测。采用式（3-5）对城市出租车和城市公交客车的保有量进行预测。

$$UPTV_i = \sum_n UP_{i,n} \cdot VD_{i,n} \tag{3-5}$$

式中，$UPTV_i$ 为年份 i 的城市公共交通车辆保有量；$UP_{i,n}$ 为年份 i 第 n 类规模城市的城市人口（10^3 人）；$UD_{i,n}$ 为年份 i 第 n 类规模城市的公共交通车辆密度（辆/10^3 人）。

（2）数据与情景设定

图 3-10 显示了 2007 年中国地级市人口与出租车数量的对应关系，可以看出，出租车保有量整体上来说随着人口数量的增加而增加，但是在人口数量较少的城市，出租车保有量较为发散。其原因有两个方面，一方面，城市出租车的保有量受到地方政府相关交通规划的控制，地方政策不同就会导致保有量出现较大差别，很大程度上受到人为因素的影响；另一方面，在中国中南部地区的一些中小城市，摩托车（俗称摩的）保有量较高，取代了一部分出租车的功能，所以使得出租车保有量难以反映城市规模的大小。

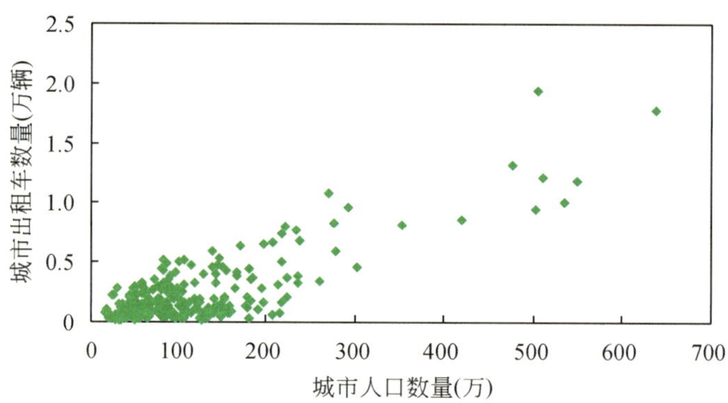

图 3-10　中国地级市出租车保有量与城市人口的关系

以图 3-10 的数据为基础，根据城市人口数量将城市分为 8 个级别，对每个级别的出租车保有密度进行计算，其结果呈现一定的规律性如图 3-11 所示，可以看出，出租车保有密度在人口数量小于 100 万的小城市较高，但随着城市人口的增加，出租车保有密度呈现出先下降再上升的特点。100 万人口以下城市出租车保有密度较高的主要原因是目前小城市缺少地铁、公交客车等大规模公交系统的支持，且私人汽车保有量较低，中长距离的出行主要依靠出租车。同时，通过 2003 年与 2007 年数据的对比，可以看出在相同的城市人口条件下，城市出租车密度随年份的变化不大，其原因一方面是由于出租车作为最先发展的公共交通方式，已经较为成熟；另一方面，由于城市出租车单位运输量能耗相对公交客车较高，地方政府对出租车采取了控制总保有量的政策。

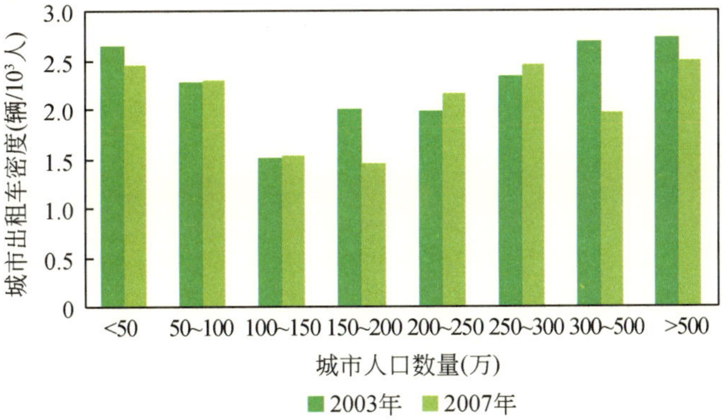

图3-11 不同规模城市的出租车保有密度

按照同样的方式对城市公交客车进行分析。图3-12显示了2007年中国地级市人口与公交客车数量的对应关系，可以看出，公交客车的保有量从整体趋势来看是随着城市人口数量的增加而增加的，但是在人口数量较少的城市，同样显示出数据比较发散的特点。其原因是，公交汽车保有量与城市公共交通系统的规划密切相关，受到较大人为因素的影响。

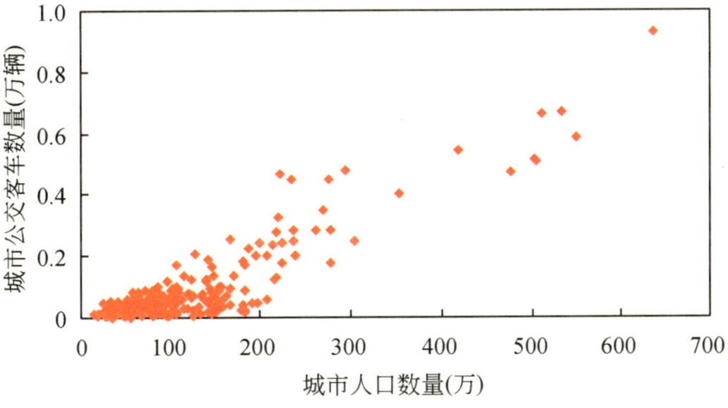

图3-12 中国地级市公交客车保有量与城市人口的关系

以图3-12的数据为基础，采用与出租车相同的方法进行分析，结果如图3-13所示。可以看出，与出租车不同，公交客车的保有密度具有明显的阶跃性质，在人口规模超过200万的城市，公交客车的保有密度明显阶跃上升，体现出随着城市规模的扩大，城市对于公共交通系统的需求快速上升。同时，通过2003年与2007年数据的对比，可以看出在相同的城市人口条件下，2007年公交客车密度明显高于2003年，这体现了公交客车在中国的快速发展和政策对于公交客车发展的支持，也说明中国公交客车的密度在未来将会进一步提高。

以上分析给出了城市出租车和公交客车密度与城市人口数量之间的关系，以这些分析

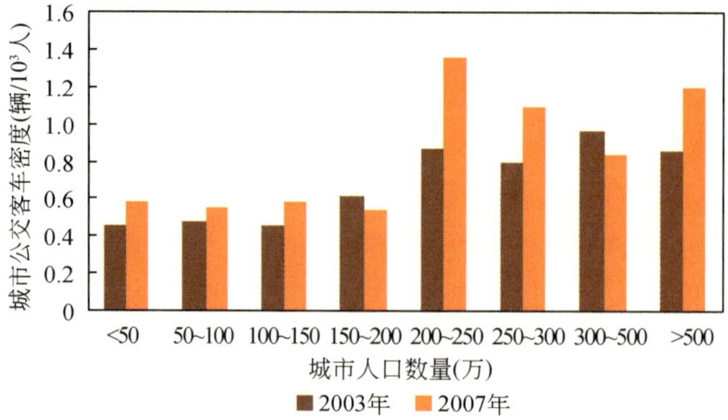

图 3-13　不同规模城市的公交客车保有密度

为基础，本研究对未来中国城市出租车和公交客车的密度进行了设定。如图 3-14 所示，对于出租车来说，根据前文分析，未来相同城市人口条件下城市出租车密度的增长空间不大，因此假设其增长率较低；对于公交客车来说，采用各城市人口数量分组中公交客车密度最高的城市的公交客车密度作为该城市分组 2050 年的公交客车密度平均值，体现公交发展的最大潜力。可以看出，对于所有规模的城市来说，公交客车的增长都有较大的潜力。

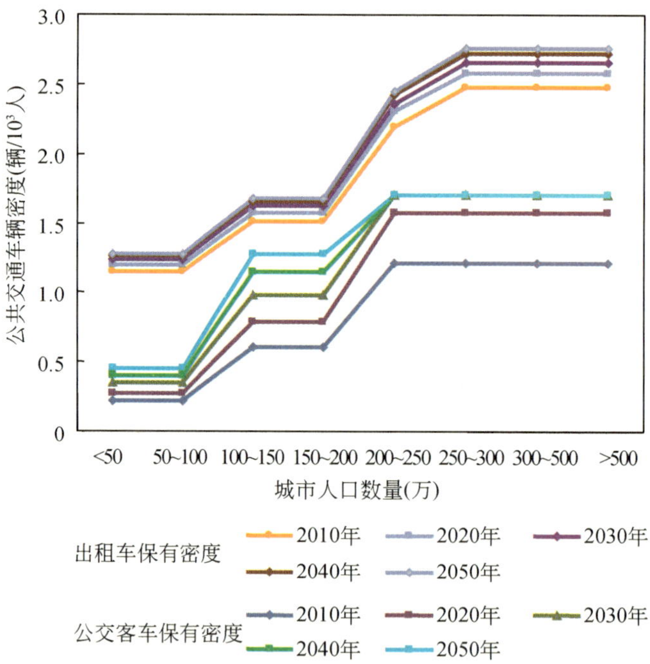

图 3-14　不同规模城市的出租车和公交客车保有密度

图 3-15 给出了未来中国人口在不同规模城市的分布，相关假定参见 3.2 节对于中国

未来人口增长及城市化率的假定。根据以上假定，采用式（3-5）分别对中国城市出租车保有量和公交客车保有量进行预测。

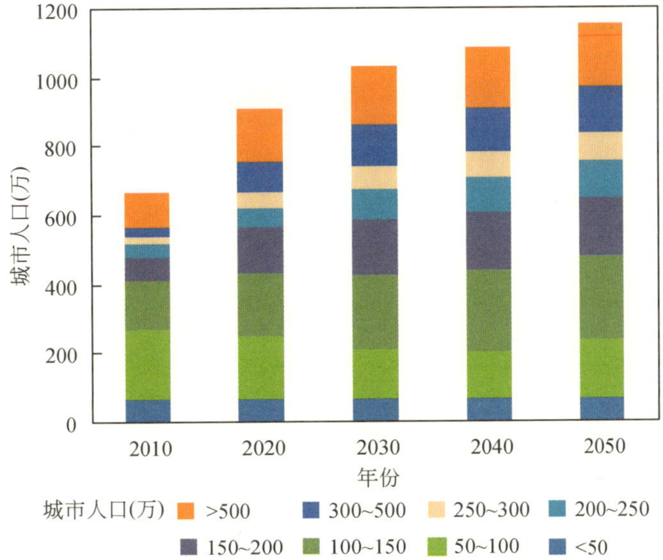

图3-15　中国未来城市人口分布预测

3.2.2.3　其他车辆保有量模型

(1) 模型

对于除私人乘用车、公交客车和出租车以外的其他汽车来说，本研究首先考察了公务乘用车、客车（公交客车除外）和货车保有量与GDP增长之间的关系，提取出汽车保有量增长弹性这一指标，然后基于对汽车保有量增长弹性和宏观经济未来趋势的判断对其他汽车保有量进行预测。在本子模型中，采用式（3-6）对公务乘用车、客车和货车的保有量进行预测。

$$\mathrm{EUV}_{i,k} = \mathrm{EUV}_{i-1,k} \cdot \frac{\mathrm{GDP}_i}{\mathrm{GDP}_{i-1}} \cdot \mathrm{E}_{i,k} \tag{3-6}$$

式中，$\mathrm{EUV}_{i,k}$为年份i的k类汽车的汽车保有量；GDP_i为年份i的GDP；$\mathrm{E}_{i,k}$为年份i的k类汽车的汽车增长相对GDP增长的弹性系数。

(2) 数据与情景设定

图3-16显示了中国2003～2008年各类别车辆保有量与GDP总量之间的关系。可以看出，各类汽车的保有量都随着GDP总量的提高而增加，但是增长速度各不相同。其中公务乘用车随GDP增长的速度最快，轻型和微型客车增长较快，其他类型的汽车增长较为平缓。

采用式（3-6）对中国未来汽车保有量进行预测，需要对汽车保有量增长弹性进行假

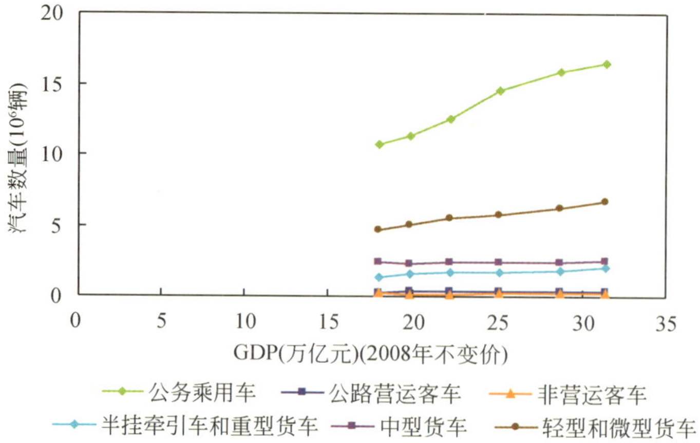

图 3-16　中国公务乘用车、客车和货车保有量随 GDP 增长曲线（2003 ~2008 年）

定。本研究参考发达国家汽车保有量发展历史对增长弹性进行设定。图 3-17 给出了发达国家客车保有量增长与 GDP 增长的关系，可以看到客车保有量增长速度随着 GDP 增长速度的下降而下降，当 GDP 增长速度小于 6% 时，客车保有量增长速度将低于 5%，并可能在一定区间内浮动。中国近 5 年来客车保有量平均增长速度为 7%，根据发达国家的经验，中国未来客车保有量将进一步提高，但增长速度将放缓。

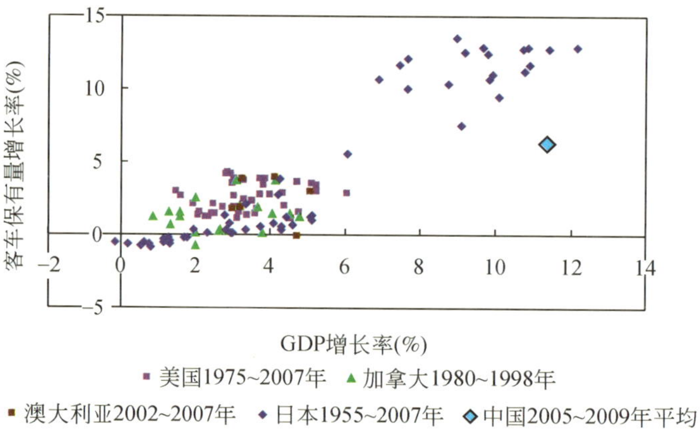

图 3-17　发达国家客车保有量增长与 GDP 增长的关系

图 3-18 展示了发达国家货车保有量增长与 GDP 增长的关系，可以看到货车保有量增长速度与客车保有量增长速度体现出了相同的规律，中国近 5 年来货车保有量平均增长速度为 12%，根据发达国家的经验，中国未来货车保有量将进一步提高，但增长速度将放缓。总的来说，中国目前正处于客车、货车保有量增长弹性最大的时期。在未来，随着经济结构的变化和社会客货运交通需求的饱和，客车、货车的保有量增长弹性将逐渐减小。

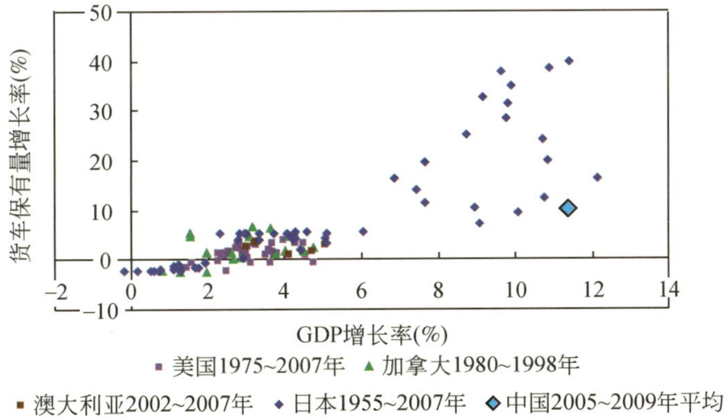

图 3-18　发达国家货车保有量增长与 GDP 增长的关系

3.2.3　汽车交通服务量预测模型

汽车交通服务量主要受到社会客运和货运需求增长的驱动，这一驱动因素已经反映在了汽车保有量的预测过程中，因此本研究基于汽车保有量预测结果对汽车交通服务量进行预测。采用式（3-7）计算中国汽车交通服务量。

$$RTS_i = \sum_k VP_{i,k} \cdot KPV_{i,k} \cdot LC_{i,k} \tag{3-7}$$

式中，RTS_i 为中国年份 i 的汽车交通服务量（客运或者货运），客运服务量单位为人公里，货运服务量单位为吨公里；$VP_{i,k}$为年份 i 的 k 类汽车的汽车保有量；$KPV_{i,k}$为年份 i 的 k 类汽车的单车年行驶里程；$LC_{i,k}$为年份 i 的 k 类汽车的平均单车载客（载货）量。

3.2.3.1　汽车年行驶里程

各类汽车年行驶里程数的调研主要由国家相关部门及科研机构开展，由于调研的地区和目标群体不同，所得到的结果也有一定差异。表 3-3 汇总了国内主要研究对于中国汽车年行驶里程的估计。环境保护部机动车排污监控中心在 2007 年对中国 20 个城市进行了汽车行驶里程调研，其中轻型客车样本量超过 65 万辆，调研结果表明中国 2007 年轻型客车的年均行驶里程为 2.69 万 km。相关研究表明，中国城市轿车在 2005 年之前年行驶里程在 2.4 万 ~2.7 万 km，其中出租车年行驶里程在 9 万 ~ 11.5 万 km，其余汽车在 1.6 万 ~ 1.8 万 km。对于货车来说，根据交通运输部 2008 年全国公路运输普查的结果，重型货车的年行驶里程约为 6.5 万 km，轻型货车约为 2.5 万 km，由于该调查的目标群体是营运汽车，所以其结果高于全部货车的平均行驶里程。与发达国家相比，中国私人乘用车年行驶里程偏高，随着中国公共交通的快速发展，私人乘用车行驶里程将会不断降低。城市出租车的年行驶里程主要由每天工作的时间和平均车速决定，城市公交客车、长途班线客车的年行驶里程主要由行驶路线决定，公务乘用车和货车的年行驶里程主要由使用性质决定，这些汽车的年行驶里程不会发生较大的变化。本研究主要对私人乘用车未来行驶里程的变化进行预测。

表3-3 各研究对于中国汽车年行驶里程的估计 （单位：10^3km）

目标年份	2000	2002	2007	2008
轿车	24	26	26.9	
大型客车	40	48.6		
中型客车	35	47.3		
轻型客车		33.6		
微型客车		34		
重型货车	40	50		65
中型货车	25	24		40
轻型货车	21	20		25
微型货车	20	38.4		

资料来源：林秀丽等，2009；交通运输部科学研究院，2009

3.2.3.2 私人乘用车行驶里程预测

由于私人乘用车保有量较高，且未来增长潜力巨大，私人乘用车行驶里程是影响汽车能源需求的重要因素。私人乘用车的年行驶里程按照使用性质可以分为城内短途里程和长途出行里程。城内短途里程的主要用途是日常出行（如上下班）、周末郊区旅行等，这部分里程主要受到公共交通发展的影响；长途出行里程指的是城市间较长距离的出行，这部分里程将受到长途客车、高速铁路发展的影响。一方面，受到石油价格提高等经济因素和燃油税等政策因素的驱动，私人乘用车使用成本将不断提高，其竞争力将减弱；另一方面，中国城市公共交通和城际高速铁路将快速发展，在速度和舒适性方面逐渐可以与私人乘用车进行竞争，进而替代其部分里程。可以预见的是，中国未来私人乘用车的年行驶里程将会不断降低。本研究采用基于居民出行的模型对私人乘用车年行驶里程进行预测。对于城市或农村私人乘用车，其年行驶里程可以由式（3-8）表示。

$$\mathrm{KPV} = \mathrm{UTF} \cdot \mathrm{UTD} \cdot \mathrm{US} + \mathrm{ITF} \cdot \mathrm{ITD} \cdot \mathrm{IS} \tag{3-8}$$

式中，KPV 为私人乘用车单车年行驶里程；UTF 为有车居民城内出行频率；UTD 为有车居民城内出行的平均出行距离；US 为有车居民城内出行采用私人乘用车的比例；ITF 为有车居民城间出行频率；ITD 为有车居民城间出行的平均出行距离；IS 为有车居民城间出行采用私人乘用车的比例。

对于城内出行，根据中国部分城市居民出行调查的结果，城市居民城内出行日出行次数在 2~3 次，农村居民约为 0.5 次。考虑到有车居民的平均出行次数高于一般居民，本研究设定城市有车居民城内出行日出行次数为 4 次，农村有车居民为 2 次。城内出行的平均出行距离由城市结构、城市规模等因素决定，根据中国部分城市居民出行调查的结果对中国 2010 年大、中、小城市和农村的平均出行距离作出假定，同时假设随着城市规模的不断扩大，城内出行的平均出行距离将逐渐增加。由于中国目前大部分城市的公共交通系统在速度和舒适性方面都无法与私人乘用车相竞争，所以有车群体绝大多数都会选择私人乘用车出行。但是随着地铁等高质量的公共交通系统的不断发展，部分城内里程将被替代。

对于城间出行，可以通过营运客车的客运情况进行近似估计。根据《中国统计年鉴》，中国 2009 年公路客运量为 278 亿人次，人均约 20 次，平均运距为 49km。这一统计指标主要反映的是城际营运客车的客运情况，且运输的乘客大部分为无车居民。本研究假设有车居民的城间出行特征与无车居民相同，设定 2010 年中国有车居民城际出行的频率为 20 次/年，平均出行距离为 50km。相关假设见表 3-4。

表 3-4　2010 年中国有车居民出行频率和平均出行距离

项目	大型城市	中型城市	小型城市	农村
城内每日平均出行次数	4	4	4	2
城内平均出行距离/km	12	6	2	1
城际年均出行次数	10	10	10	10
城际平均出行距离/km	50	50	50	50

居民出行采用私人乘用车比例的变化是造成私人乘用车行驶里程变化的主要因素，本研究提供了参考情景和综合替代政策情景来反映居民出行采用私人乘用车比例的不同情况。在参考情景下，2010 年城市有车居民城内出行 98% 采用私人乘用车，城际出行 80% 采用私人乘用车；到 2050 年，大型城市、中型城市、小型城市有车居民城内出行采用乘用车的比例分别降低到 60%、60% 和 80%，有车居民城际出行采用私人乘用车的比例降低到 50%。在综合替代政策情景下，有车居民城内城间出行采用私人乘用车的比例以 1.5 倍于参考情景的速度下降。根据式（3-8）分别计算出大、中、小城市和农村的私人乘用车年行驶里程，并对私人乘用车年行驶里程按照汽车保有量进行加权平均。

3.2.3.3　汽车平均载客（载货）量

根据式（3-7），汽车交通服务量为汽车保有量、单车平均行驶里程和单车平均载客（载货）量的乘积。在从统计年鉴数据中获得我国历年汽车交通服务量的基础上，汽车单车平均载客（载货）量可以通过式（3-7）反推。由于单车载客（载货）量的变化较为缓慢，且对于商用车来说，单车平均载客（载货）量的变化与汽车保有量的变化相互耦合，本研究假设其不发生变化。

3.3 情景分析

3.3.1 情景定义

本部分的参考情景和综合政策情景对应于第 12 章车用能源发展情景中的参考情景和综合政策情景。情景含义在第 12 章中有详细的描述，本部分仅对其中与汽车保有量及汽车交通服务量相关的内容进行描述。

参考情景是综合政策情景的基准情景。在参考情景下，汽车保有量、新增量、行驶里程主要是由 GDP 增长率、人口增长率和结构变化、城市化率等宏观经济和人口地理因素决定的，随着宏观经济和人口地理的发展变化而变化，并没有考虑资源、环境、安全、公平等约束和新的管理汽车使用政策的出台。

综合政策情景是参考情景的目标情景。在综合政策情景下，私人乘用车受到公共交通系统和城际运输系统发展的影响，私人汽车交通服务量明显降低。随着中国高速铁路的快速发展，原有低速铁路将更多地为货运服务，铁路货运在长距离运输领域凭其成本低、可靠性高的特点与长途货车运输将产生竞争关系，汽车货运服务量受到铁路货运系统发展的影响，部分被运输成本较低的铁路货运替代。

3.3.2 汽车保有量

图 3-19 给出了中国汽车保有量的变化。2010～2020 年是中国汽车保有量增长最快的

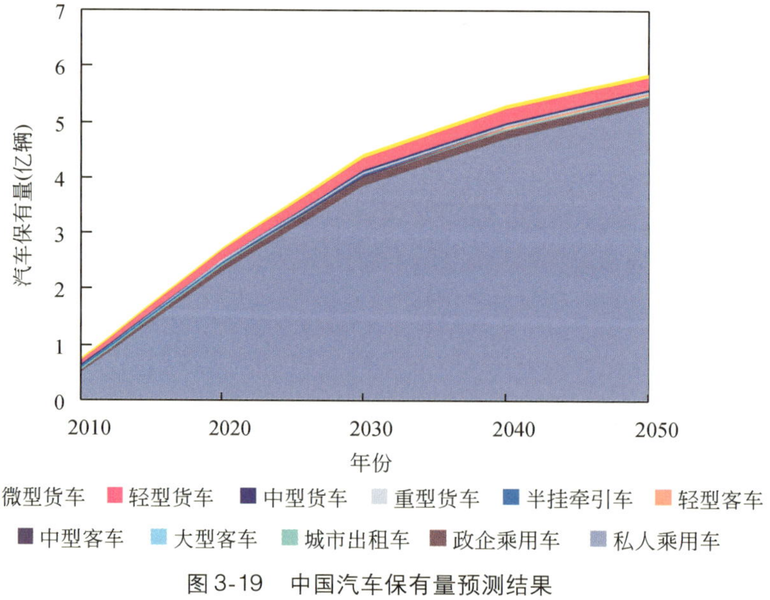

图 3-19　中国汽车保有量预测结果

时期，到2020年中国汽车保有量将达到2.7亿辆，年均增长率为13%。其中，乘用车增长速度最快，到2020年达到2.4亿辆，占全部汽车保有量的89.1%。2020年客车和货车的保有量分别达到328万辆和2627万辆，分别占总保有量的1.2%和9.7%。2020～2030年，汽车保有量增长速度逐渐放缓，2030年汽车总保有量达到4.4亿辆，年均增长率为5%。2030年乘用车保有量达到4亿辆，在总保有量中所占的比例进一步提高，达到91%。客车和货车的保有量分别达到403万辆和3674万辆，占总保有量的0.9%和8.3%。2030～2050年，汽车保有量增长速度进一步放缓。到2050年，汽车保有量达到5.88亿辆，约为2010年总保有量的7.4倍。其中乘用车保有量5.5亿辆，客车保有量410万辆，货车保有量3680万辆。

按照本研究的汽车保有量预测值和人口增长假定，中国2020年、2030年和2050年千人汽车保有量分别为189辆、300辆和403辆，分别达到美国1926年、1949年和1959年的水平，如图3-20所示（Davis et al.，2010）。可以判断，中国汽车保有率水平将迅速增长，但是由于资源、环境等因素的限制以及巨大的人口基数，中国汽车保有率与发达国家之间将长期保持巨大的差距。

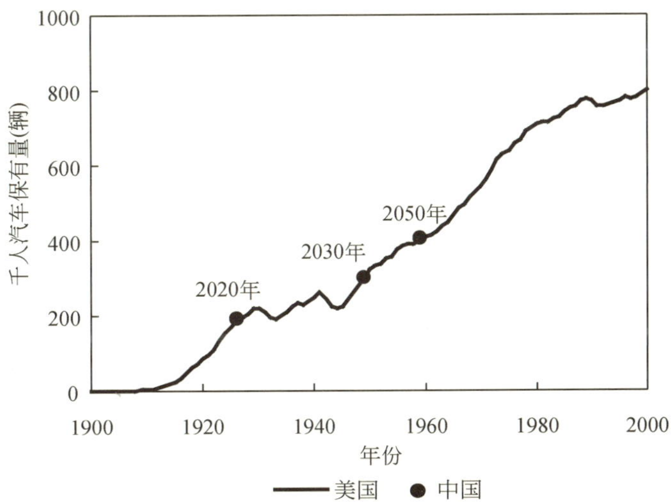

图3-20　中国汽车保有率与美国汽车保有率历史对比

图3-21给出了国内外相关研究对中国汽车保有量预测结果的对比。可以看出，本研究在2020年的预测值低于UCDavis的预测结果，高于其他预测结果。对于2030年中国汽车保有量的预测值，各研究之间相差较大，本研究的预测值相对较高。对于2050年的预测值，本研究与美国Argonne实验室及2050中国能源和碳排放研究课题组的预测结果相当。由于各研究采用的预测方法及基础数据不同，需要结合所采用的方法及基本假设对预测结果进行对比。一般来说，较早开展的研究由于对中国汽车产销量和保有量增长速度的估计偏于保守，其预测值偏低。较晚开展的研究由于采用了最新的数据，更加能够体现近年来中国汽车保有量的高速增长，因此预测值也相对较高。

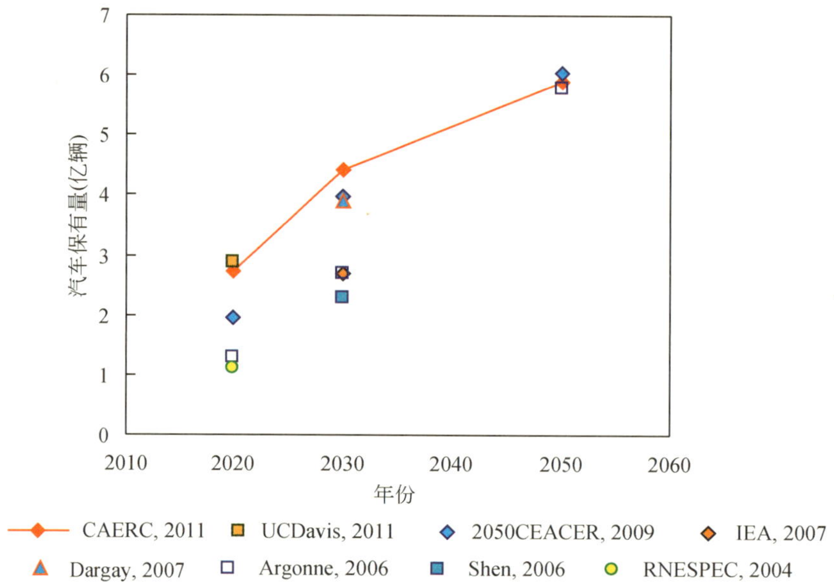

图 3-21 国内外相关研究对中国汽车保有量预测结果对比

注：对于 UCDavis 的引用采用其基于七国平均增长速度的预测结果；对于 2050CEACER 的引用采用其基准情景下汽车保有量的预测值；对于 IEA 的引用采用其参考情景下的汽车保有量预测值；对于美国 Argonne 实验室的引用采用其汽车保有量中饱和值情景下的预测结果

需要说明的是，本研究给出的汽车保有量预测值，与具体的情景假设密切相关，如果情景假设发生变化，预测值也会出现变化。图 3-22 给出了情景假设中家庭收入变化对于

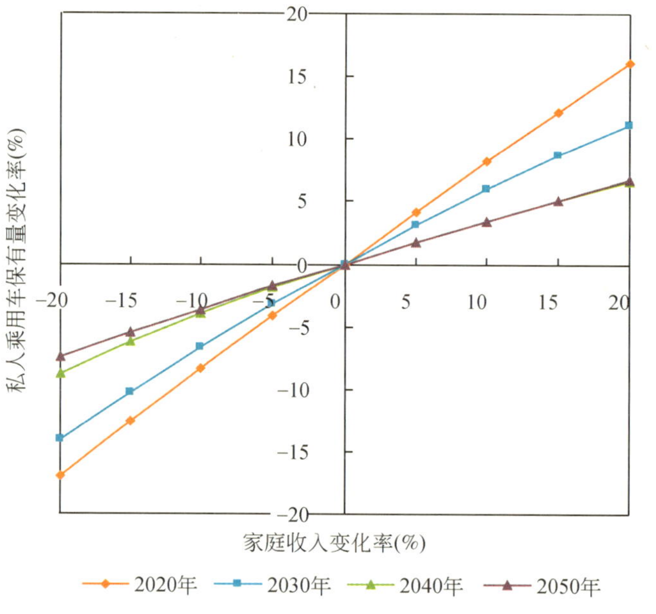

图 3-22 情景假设中家庭收入变化对于私人乘用车保有量的影响

私人乘用车保有量的影响，可以看出，当中国 2020 年家庭收入在 ±20% 之内变化的情况下，私人乘用车保有量的预测结果产生了约为 ±15% 的变化。随着年份推移，家庭收入变化对于私人乘用车保有量预测结果的影响减弱，到 2050 年，家庭收入在 ±20% 之内变化的情况下，私人乘用车保有量的预测结果仅产生约为 ±5% 的变化。中国汽车保有量的增长存在一定的不确定性，本研究的预测值仅能够从一定程度上说明各种因素对于汽车保有量的影响。

3.3.3　汽车客运交通服务量

图 3-23 给出了参考情景下中国汽车客运交通服务量的变化。2010～2020 年是客运交通服务量的快速增长时期，汽车客运交通服务量从 2010 年的 43 100 亿人 · km 增加到 2020 年的 99 140 亿人 · km，其中由乘用车完成的交通服务量在 2020 年达到 45 920 亿人 · km，占全部服务量的 46.3%，由客车完成的交通服务量在 2020 年达到 53 220 亿人 · km，占全部服务量的 53.7%。2020～2030 年，汽车客运交通服务量的增速有所下降，2030 年达到 136 050 亿人 · km，其中乘用车服务量占 47.4%，客车服务量占 52.6%。2030～2050 年，汽车客运交通服务量增速进一步下降，在 2050 年达到 150 960 亿人 · km，其中乘用车服务量占 42.8%，客车服务量占 57.2%。从 2010 年到 2050 年，乘用车服务量比例一直保持上升趋势，反映了乘用车保有量快速增加的情景设定。

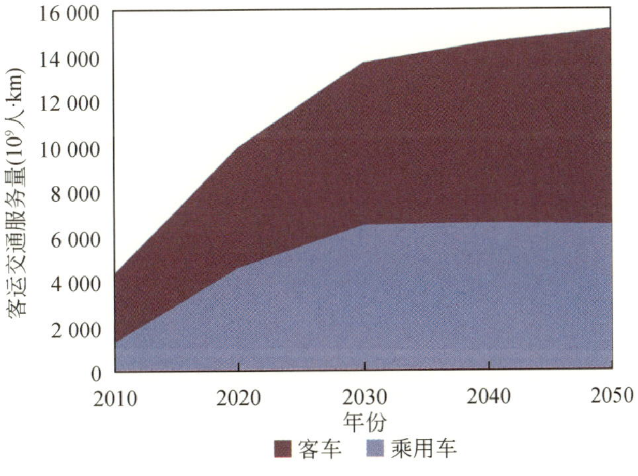

图 3-23　参考情景下中国汽车客运交通服务量

图 3-24 给出了综合政策情景下中国汽车客运交通服务量的变化。相比参考情景，综合政策情景下服务量增长速度相对较低。汽车客运交通服务量在 2020 年、2030 年和 2050 年分别达到 89 950 亿人 · km、122 240 亿人 · km 和 140 530 亿人 · km，分别为同时期参考情景的 90.7%、89.9% 和 93.1%。其中减少的部分主要来自乘用车服务量，乘用车服

务量在 2020 年、2030 年和 2050 年分别达到 36 730 亿人·km、50 670 亿人·km 和 54 250 亿人·km，分别为同时期参考情景的 80.0%、78.6% 和 83.9%。

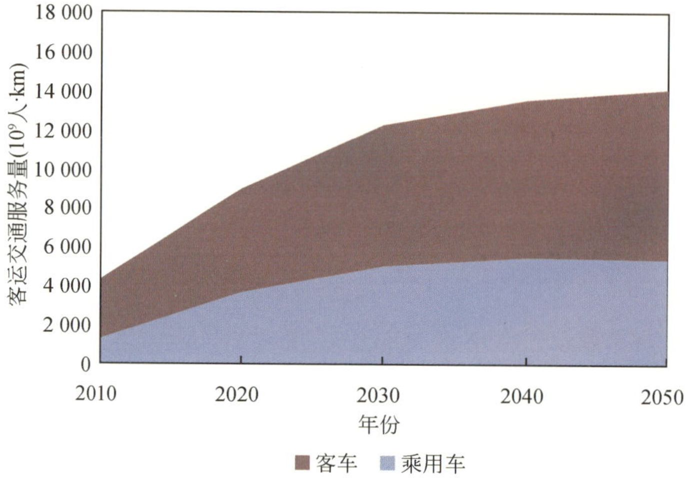

图 3-24　综合政策情景下中国汽车客运交通服务量

从汽车客运服务量的参考情景和综合政策情景的比较可以看出，在保持汽车保有量增长不受影响的前提下，汽车客运服务量，尤其是私人乘用车的交通服务量有较大的降低空间。汽车客运交通服务量减少的部分主要被以地铁为主的城市轨道交通所替代，表现为私人乘用车出行次数的减少和平均出行距离的降低。

3.3.4　汽车货运交通服务量

图 3-25 给出了参考情景和综合政策情景下中国汽车货运交通服务量。在参考情景下，汽车货运交通服务量一直保持较快上升趋势，在 2020 年、2030 年和 2050 年分别达到

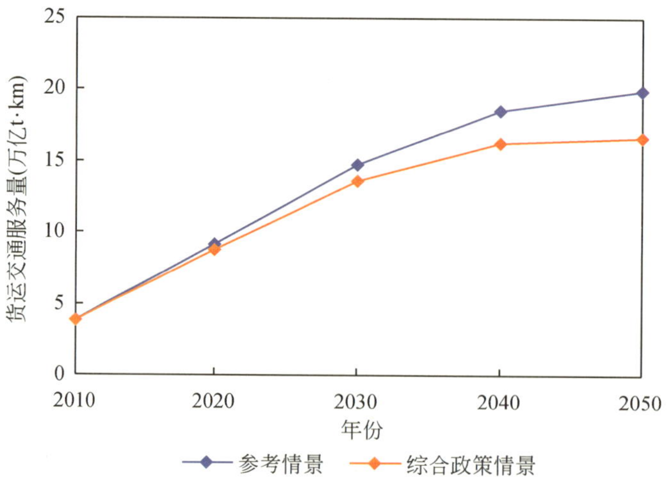

图 3-25　参考情景和综合政策情景下中国汽车货运交通服务量

90 770亿 t · km、147 650 亿 t · km 和 199 240 亿 t · km。在综合政策情景下，汽车货运交通服务量在2040 年之后基本达到饱和，在 2020 年、2030 年和 2050 年分别达到 87 420 亿 t · km、135 260 亿 t · km 和 165 710 亿 t · km，分别为同时期参考情景的 96. 3% 、91. 6% 和 83. 2% 。

从汽车货运服务量的参考情景和综合政策情景的比较可以看出，汽车货运服务量也存在较大的降低空间。汽车货运交通服务量减少的部分主要被铁路货运所替代。

3. 4　结　　论

中国汽车保有量及交通服务量的增长受到宏观经济发展、城市化进程、人口变化、汽车价格变化、交通政策等多方面复杂因素的影响。在居民收入水平不断提高、社会客货运需求总量增大、国家鼓励汽车工业发展的背景下，中国汽车保有量在过去 10 年经历了快速的提高。在未来几十年内，宏观经济的发展仍然是中国汽车保有量和交通服务量增长的内在动力。但同时，快速增长的汽车保有量和交通服务量给中国的城市交通、能源供给等方面增加了巨大的压力，北京、上海等城市为了缓解城市交通压力已经通过行政手段对汽车保有量进行控制，这些交通需求管理手段也将对中国汽车保有量的增长产生明显的影响。综合来看，在维持现有宏观经济和国家政策的条件下，中国汽车保有量在未来相当长一段时间内将持续保持快速增长，但存在一定的不确定性。

根据本研究预测，中国汽车保有量在 2020 年、2030 年和 2050 年将分别达到 2. 7 亿辆、4. 4 亿辆和 5. 9 亿辆，2050 年汽车保有量将达到 2010 年的 7. 4 倍。其中私人乘用车的增长是总保有量增长的主要驱动力，其保有量在 2020 年、2030 年和 2050 年将分别达到 2. 4 亿辆、4. 0 亿辆和 5. 5 亿辆，在总保有量中的比例将不断上升。中国客车和货车保有量也将稳步增长，客车保有量在 2020 年、2030 年和 2050 年将分别达到 328 万辆、403 万辆和 410 万辆；货车保有量在 2020 年、2030 年和 2050 年将分别达到 2627 万辆、3674 万辆和 3680 万辆。虽然未来中国汽车保有量将快速提高，但是受到人口、资源、环境等因素的制约，中国汽车保有率水平相比美国等发达国家仍将长期落后，很难达到欧美发达国家目前的水平。

与汽车保有量快速增长相对应的是，中国汽车交通服务量也将快速增长。参考情景下，客运服务量在 2020 年、2030 年和 2050 年将分别达到 99 140 亿人 · km、136 050 亿人 · km 和 150 960 亿人 · km；综合政策情景下，将分别达到 89 950 亿人 · km、122 240亿人 · km 和 140 530 亿人 · km。参考情景下，货运服务量在 2020 年、2030 年和 2050 年将分别达到 90 770 亿 t · km、147 650 亿 t · km 和 199 240 亿 t · km；综合政策情景下，将分别达到87 420 亿 t · km、135 260 亿 t · km 和 165 710 亿 t · km。快速增长的汽车交通服务量意味着车用能源需求的迅速增加，同时将产生大量的温室气体和常规污染物排放，需要通过降低单耗、采用低碳替代燃料的方式来进行应对。

与参考情景相比，综合政策情景下中国汽车保有量没有发生变化，其原因是综合政策情景的基本原则之一是保护国内汽车工业的快速发展，以保持汽车工业对于国民经济的拉动作用，所以假设汽车保有量的增长与参考情景相同。但是汽车交通服务量方面，综合政策情景要低于参考情景。参考情景下，2050 年客运和货运服务量将分别达到 2010 年的 3.5 倍和 5.2 倍，综合政策情景下为 3.3 倍和 4.3 倍。综合政策情景下汽车交通服务量低于参考情景的原因是在该情景下假设通过政策法规等、其他交通方式替代等交通管理措施减少了汽车的使用，降低了汽车交通服务量需求。减少的汽车交通服务量通过各种方式转移到其他交通方式，如市区私人乘用车出行转移到城市公共交通出行，城际私人乘用车出行转移到城际快轨出行，部分长途货运转移到铁路交通货运。交通服务量从能耗相对较高的汽车交通转移到能耗相对较低的公共交通和轨道交通，从而达到节能减排的效果。

从参考情景和综合政策情景的比较中可以看出，交通需求管理是降低汽车交通服务量从而减少汽车能源需求和碳排放的重要手段。在保证汽车保有量正常增长的情况下，通过实行各种交通管理措施，汽车交通服务量仍然可以有大幅度的降低。可以采取的交通管理措施包括限制私人乘用车使用，提高城市公共交通的分担率；大力发展城市轨道交通、城际高速铁路，以替代部分乘用车的城内出行和城间出行；大力发展铁路货运，尤其是中长距离的铁路货运，以替代部分长途货车运输。

参考文献

国家发展和改革委员会 . 2004. 中国能源综合发展战略与政策研究 . www. efchina. org/CSEPCN/FReports. do. ［2011-05-21］.

林秀丽等 . 2009. 中国机动车行驶里程分布规律 . 环境科学研究，22（3）：377－380.

沈中元 . 2006. 利用收入分布曲线预测中国汽车保有量 . 环境科学研究，28（8）：11-15.

张国宝 . 2010. 中国能源发展报告 . 北京：经济科学出版社 .

中华人民共和国国家统计局城市社会经济调查司 . 2010. 2010 中国城市统计年鉴 . 北京：中国统计出版社 .

中华人民共和国国家统计局 . 2010. 中国统计年鉴 2010. 北京：中国统计出版社 .

中华人民共和国国家统计局 . 2011. 中国统计年鉴 2011. 北京：中国统计出版社 .

中国汽车工业协会 . 2011. 中国汽车工业年鉴 2011. 北京：中国汽车工业年鉴出版社 .

中国汽车技术研究中心 . 2010. 中国汽车工业年鉴 2010. 北京：中国汽车工业年鉴出版社 .

中华人民共和国交通运输部 . 2008. 全国公路水路运输量专项调查资料汇编 . 北京：中国经济出版社 .

2050 中国能源和碳排放研究课题组 . 2009. 2050 中国能源和碳排放报告 . 北京：科学出版社 .

Aitchison J，Brown J A C. 1963. The lognormal distribution. Cambridge：Cambridge univ. Press.

Australian Bureau of Statistics. 2009. Motor Vehicle Census 2009. Canberra：Australian Bureau of Statistics.

Dargay J，Gately D，Sommer M. 2007. Vehicle ownership and income growth，worldwide：1960-2030. Energy Journal，28（4）：143-170.

Davis S C，Diegel S W，Boundy R G. 2010. Transportation Energy Data Book：Edition 29. Oak Ridge National Laboratory.

de Jong G et al. 2004. Comparison of car ownership models. Transport Reviews, 24 (4): 379-408.

He K B, et al. 2005. Oil consumption and CO_2 emissions in China's road transport: current status, future trends, and policy implications. Energy Policy, 33 (12): 1499-1507.

Heston A, Summers R, Aten B. 2009. Penn World Table Version 6. 3. Pennsylvania: Center for International Comparisons of Production, Income and Prices at the University of Pennsylvania.

Huo H, et al. 2007. Projection of Chinese motor vehicle growth, oil demand, and CO_2 emissions through 2050. Transportation Research Record, (2038): 69-77.

Huo H, Wang M. 2011. Modeling future vehicle sales and stock in China. Energy Policy. http: //www. sciencedirect. com/science/article/pii/S0301421511007774 [2012-1-4].

International Energy Agency. 2007. World Energy Outlook 2007. www. iea. org. [2011-06-18] .

Japan Automobile Manufacturers Association. 2009. Motor Vehicle Statistics of Japan 2009. Tokyo: Japan Automobile Manufacturers Association, Inc.

North American Transportation Statistics. 2010. Transportation Vehicles. http: //nats. sct. gob. mx/. [2011-03-07].

Wang Y, Teter J, Sperling D. 2011. China's soaring vehicle population: even greater than forecasted? Energy Policy (in press, corrected proof).

第 4 章 汽车动力系统技术

4.1 中国机动车动力系统发展现状

4.1.1 中国汽车发展现状与动力技术构成

到 2010 年年底，中国广义民用汽车保有量为 9086 万辆［包括 1284 万辆低速汽车（三轮汽车和低速货车），专栏 4-1］（中华人民共和国国家统计局，2011），人口 13.7 亿（第六次全国人口普查主要数据公报），汽车普及率达到每千人 67.3 辆，是世界汽车普及率的一半。回顾发展历程，参见图 4-1，自 1978 年中国实施对外开放政策到 2000 年的 20 多年间，汽车保有量增长率呈现相对稳定的趋势，年均增长率为 11.6%；但进入 21 世纪之后的 10 年间，汽车保有量增长率大幅度增加。2000 ~ 2005 年，汽车保有量的平均年增长率为 14.5%，5 年间汽车保有量增长了 1 倍；2005 ~ 2010 年，年均增长率进一步上升，达到 19.8%，5 年间汽车保有量增加了 1.77 倍。即使考虑了低速汽车保有量在这 5 年中有一定的减少，2005 ~ 2010 年的广义汽车保有量也从 5100 万辆增加到 9046 万辆，增长幅度达到了 77.4%。

专栏 4-1 低 速 汽 车

低速汽车是指最高速度低于 45km/h 的汽车，在 2004 年之前，称为农用车，被广泛应用于农村地区的物资运输，包括三轮农用车和四轮农用车。自 2004 年，国家标准《机动车运行安全技术条件》发布实施，将三轮农用车改称“三轮汽车”，四轮农用车改称“低速货车”，并将二者共同称为“低速汽车”，与载客汽车和载货汽车并列为汽车的三大分类之一。其管理部门由农机部划归公安部门。由于统计口径的变化，低速汽车在 2004 年之前的保有量数据缺乏官方统计。

由图 4-1 还可以看出，中国汽车车型构成比例也在发生重大变化。其中载客汽车的数量和比例大幅度增加，这主要是汽车进入家庭导致乘用车销量大幅度增加的结果。图 4-2

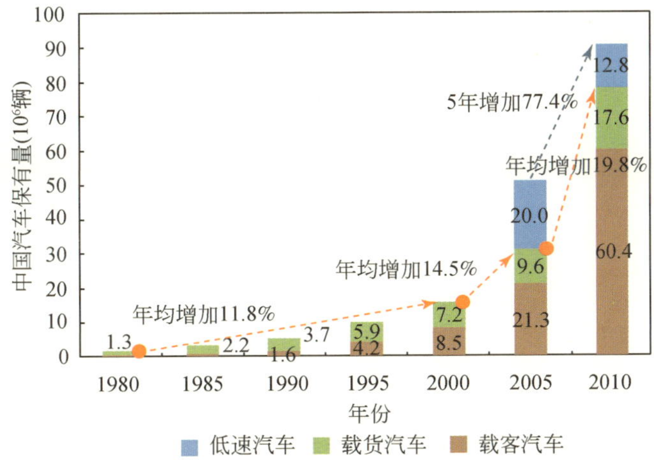

图 4-1　中国近 30 年汽车保有量及其增长率演变历程

给出了中国 2002～2009 年汽车保有量车型构成（中华人民共和国国家统计局，2011），其显著特点是小型客车（即乘用车，包括私人乘用车、商务/公务乘用车、出租车）比例在迅速提高，已经从 2002 年的 50.7% 增加到了 2009 年的 73.9%。

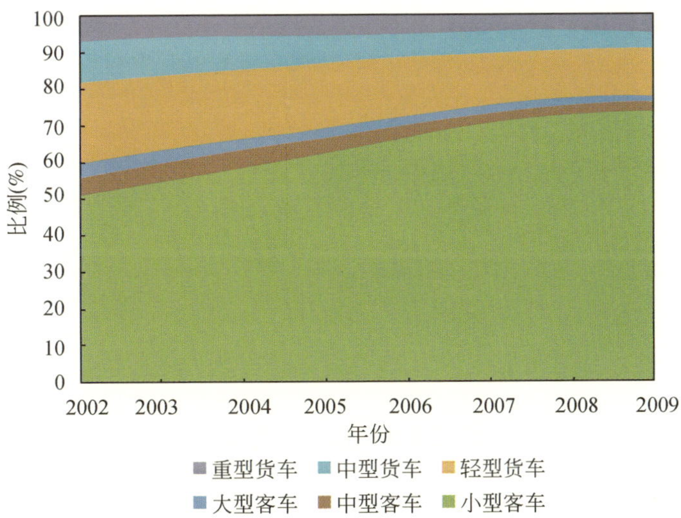

图 4-2　2002～2009 年中国汽车保有量车型构成比例变化

在车辆动力技术形式上，中国与全球保持了相同的情况。尽管使用的燃料有所差别，但能量转换几乎 100% 是通过内燃机实现的。统计数据（中国汽车工业协会，2011）表明，2005～2009 年，中国天然气汽车保有量（包括液化天然气汽车和压缩天然气汽车）从 12.7 万辆增加到 40.0 万辆，液化石油气汽车保有量从 11 万辆减少到 7 万辆。气体燃料汽车合计保有量从 23.7 万辆增加到 47 万辆，占民用汽车总保有量（2005 年为 3160 万辆不含低速汽车，2009 年为 6281 万辆不含低速汽车）的比例一直维持在 0.75% 左右，其余

99.25%都是使用汽油和柴油。

从表4-1近几年的汽车销售数据可以看出（中国汽车工业协会，2010），汽油汽车在销售比例上呈现增加的趋势，已经从2005年的75.06%上升到2010年的79.83%，与此同时，柴油汽车的比例呈现总体下降态势，比例从2005年的24.91%降低到2010年的20.06%。其他燃料汽车（代用燃料汽车和电动汽车）的比例仍然较低，几乎一直维持在销量的0.1%以内，其中值得注意的是由于电动汽车销售数量的增加，其他燃料汽车的销售比例在2010年首次突破0.1%，达到0.11%。

表4-1　2005~2010年中国汽车动力的构成比例（%，按销售计算）

项目		2005年	2006年	2007年	2008年	2009年	2010年
按汽车销售数量计算	柴油汽车比例	24.91	23.03	23.19	23.15	20.33	20.06
	汽油汽车比例	75.06	76.91	76.79	76.83	79.63	79.83
	其他燃料汽车比例	0.02	0.05	0.02	0.03	0.04	0.11
按发动机装机功率计算	柴油机功率合计	—	—	33.67	32.73	28.84	30.72
	汽油机功率合计	—	—	66.28	67.20	71.10	69.22
	其他	—	—	0.05	0.07	0.06	0.05

从表4-1还可以看出，尽管在汽车销售数量的比例上，汽油汽车的比例高达75%~80%，但如果从车辆装配发动机的功率角度来分析，结果会有较大不同。2007~2010年，汽车装配的汽油机装机功率合计占汽车总发动机功率的比例为66%~71%，而柴油机的装机功率合计占的比例为28.8%~33.6%，其他燃料发动机的装机功率合计仅占0.05%~0.07%。

4.1.2　中国乘用车动力技术构成

乘用车包括基本型乘用车、多功能乘用车、多用途乘用车以及交叉型乘用车（专栏4-2）。目前中国生产和销售的乘用车中，汽油车占据了绝对优势。如表4-2所示（中国汽车工业协会，2010），自2006年以来，乘用车中汽油车的比例在99%以上，柴油车的比例不足1%，其他动力技术汽车［包括天然气汽车、LPG（液化石油气）汽车和纯电动汽车］比例更低，其中值得注意的是2010年乘用车动力技术构成中开始出现纯电动汽车，从而带动其他动力的乘用车数量上升到1.3万辆以上，比2009年增加了1万辆，比例接近0.1%。

专栏4-2　交叉型乘用车

交叉型乘用车：指除一般意义上的轿车、多功能车（MPV）、运动型多用途车（SUV）以外的乘用车类型，这部分车型主要指的是旧分类中的微型客车。

表4-2 中国2006年以来生产与销售的乘用车动力构成及比例

项目	生产									
	数量（辆）					比例（%）				
	2010年	2009年	2008年	2007年	2006年	2010年	2009年	2008年	2007年	2006年
汽油车	13 757 096	10 299 189	6 697 505	6 336 050	5 189 638	98.99	99.18	99.40	99.29	99.17
柴油车	126 610	81 367	39 384	44 754	41 143	0.91	0.78	0.58	0.70	0.79
其他动力	13 377	3 275	856	312	2 248	0.096	0.03	0.013	0.005	0.043
乘用车合计	13 897 083	10 383 831	6 737 745	6 381 116	5 233 029					
项目	销售									
	数量（辆）					比例（%）				
	2010年	2009年	2008年	2007年	2006年	2010年	2009年	2008年	2007年	2006年
汽油车	13 619 456	10 247 660	6 712 185	6 253 582	5 134 227	98.99	99.19	99.36	99.30	99.20
柴油车	125 567	80 469	42 525	43 542	39 040	0.91	0.78	0.63	0.69	0.75
其他动力	12 771	3 186	899	414	2 152	0.093	0.03	0.013	0.007	0.042
乘用车合计	13 757 794	10 331 315	6 755 609	6 297 538	5 175 419					

柴油乘用车主要集中在SUV车型。如图4-3所示，从销售的数量来看，柴油乘用车在2005年为4.1万辆，此后的3年间一直在4万~4.3万辆的小幅度范围内波动，但到了2009年和2010年，销售量快速增加到7.9万辆和11.3万辆，与上一年度相比，增长幅度均为63.5%。其贡献主要来自于柴油SUV的增加，如2008年柴油SUV的销量为2.5万辆，但2009年和2010年则增加到4.9万辆和9.5万辆；同时柴油MPV的数量的增加也对柴油乘用车的增加起到了一定的促进作用，如2008年柴油MPV辆为2400多辆，2009年和2010年则达到1.4万辆和1.5万辆。从图4-3还可以看出，柴油基本型乘用车数量

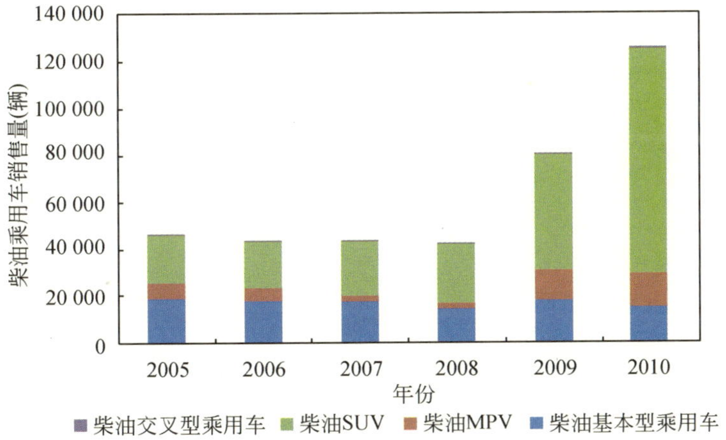

图4-3 中国柴油乘用车销售变化（2005~2010年）

2005～2010 年维持在 1.9 万辆和 1.5 万辆之间，并且呈现微幅下降的趋势。柴油交叉型乘用车的数量非常低，每年的销量低于 1000 辆。

表 4-3 为 2005～2010 年销售的柴油乘用车的构成比例。表中的数据表明，自 2006 年以来，在销售的柴油乘用车中，SUV 的比例逐年升高，所占比例从 43.6% 增加到 75.8%；相对地，柴油基本型乘用车的比例从 45.8% 降到 13.1%；而柴油 MPV 的比例波动较大，但在 2009 年和 2010 年也在 13% 以上。柴油交叉型乘用车比例基本在 1% 以内。

表 4-3　柴油乘用车构成比例（2005～2010 年销售）

年份	2005	2006	2007	2008	2009	2010
柴油乘用车销售总量（辆）	41 380	40 198	42 965	42 089	68 880	112 655
柴油 SUV（%）	43.6	46.0	52.7	59.1	60.6	75.8
柴油基本型乘用车（%）	45.8	44.5	41.1	34.5	25.9	13.1
柴油 MPV（%）	16.8	13.8	6.0	5.8	19.7	13.2
柴油交叉型乘用车（%）	0.6	0.5	0.8	1.1	0.4	0.7

中国乘用车近 5 年一直以基本型乘用车为主，交叉型乘用车约占 20%，SUV 比例有所增加。图 4-4 和表 4-4 为 2005～2010 年在中国销售的乘用车数量和车型构成比例的变化。图表数据与趋势表明，中国乘用车中基本型乘用车比例一直占据绝对优势，市场份额曾经高达 75%（2007 年），最低也在 69%（2010 年）。从 2007～2010 年，其比例呈现缓慢下降的趋势。交叉型乘用车的比例相对有所增加，仍然是中国乘用车的主要成员，其市场份额从 2007 年的 15.7% 上升到 2009 年和 2010 年的 18% 以上。SUV 车近几年发展较快，比例从 2007 年的 5.7% 持续上升，到了 2010 年达到 9.6%，升幅达到 70%。以发动机排量为指标，中国乘用车销售以发动机排量为 2L 以下的车型为主，其中 1～1.6L 的紧凑型车数量最多，比例超过 50%；大于 2L 的车型尽管销售量在增加，但份额却在降低。如图4-5 乘用车分车型销量的变化所示，发动机排量为 1.0～1.6L 的汽车销售量 2005 年为 169 万辆，到 2008 年上升到 349 万辆，3 年间销量增加了 1 倍（增长率为 106%），此后又经过 2 年的发展，销量又增加了 1 倍（增长 113%）达到 745 万辆，成为带动中国汽车销量快速上涨的主力，其主要原因来自于用户对紧凑型乘用车功能的认可以及政府实施的小排量车财税优惠政策（专栏 4-3）。与此同时，排量为 1L 以下的微型乘用车从 2005 年的 97 万辆销量减少到 2008 年的 71 万辆后快速增加到 2009 年的 127 万辆和 2010 年的 201 万辆。从图 4-5 还可以看出，发动机排量为 1.6～2.0L 的中级型乘用车销量也增长较快，从 2005 年的 74 万辆增加到 2008 年的 165 万辆，后又快速增加到 2010 年的 285 万辆，从 2005～2010 年的 5 年间增加了 2.85 倍。其他高排量的乘用车数量也增加很快，但随着排量的升高，销量占比也越低。

专栏 4-3　小排量车财税优惠政策

车辆购置税是对在中国境内购置规定车辆的单位和个人征收的一种税，车辆发动机排量为 1. 6L 以下的征收税率为车价的 10%。为扩大内需，中国政府于 2009 年 1 月开始实施了促进小排量车发展的财税优惠政策：2009 年 1 月 20 日至 12 月 31 日，对排量在 1. 6L 及以下乘用车暂按 5% 征收，2010 年 1 月 1 日至 12 月 31 日，暂按 7. 5% 征收。2011 年后该优惠政策取消。

表 4-4　中国乘用车销量及车型比例

项目	2005 年	2006 年	2007 年	2008 年	2009 年	2010 年
乘用车销售总量（10^6 辆）	3. 98	5. 18	6. 30	6. 76	10. 33	13. 76
基本型乘用车（%）	70. 3	74. 0	75. 1	74. 7	72. 3	69. 0
MPV（%）	3. 9	3. 7	3. 6	2. 9	2. 4	3. 2
SUV（%）	4. 9	4. 6	5. 7	6. 6	6. 4	9. 6
交叉型乘用车（%）	20. 9	17. 7	15. 7	15. 7	18. 9	18. 1

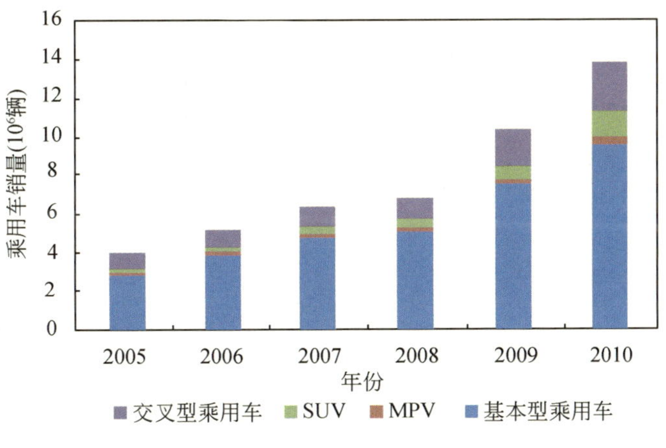

图 4-4　中国乘用车分车型销量

图 4-6 为按发动机排量绘制的中国乘用车销量的年度比较。从图 4-6 可以明显看出，排量为 1. 0 ~ 1. 6L 的紧凑型车一直占据着中国乘用车市场的主流，其比例从 2005 年到 2010 年都在 42. 5% ~57. 3% 的范围内，并且呈现增加的整体趋势。其市场占有率 2005 年为 42. 5%，到 2008 年增加到 51. 7%，2009 年和 2010 年更是增加到 57. 3% 和 54. 2%，比市场占有率第二的车型高出 20 ~ 30 个百分点，牢牢占据乘用车的主流位置，也保障了中国乘用车向节能减排方向发展的势头。从图 4-6 还可以看出，排量为 1. 6 ~ 2. 0L 的中级车从 2006 年开始已经超过微型车，成为仅次于紧凑型车的中国乘用车主要车型。关于排量低于 1L 的微型车，曾经

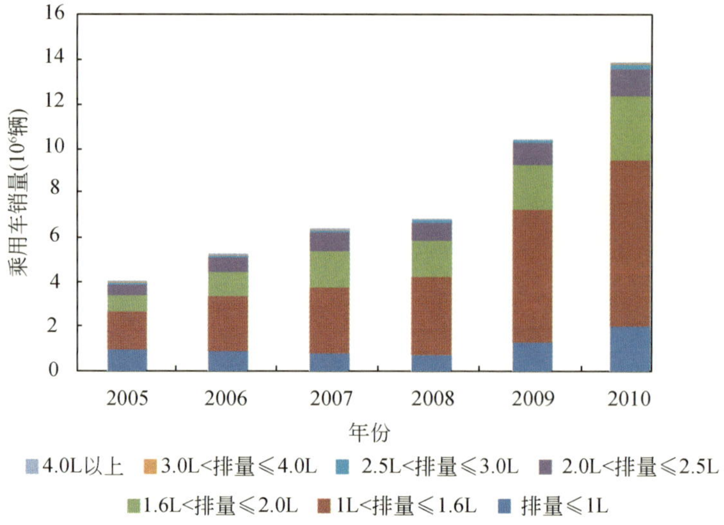

图 4-5　中国乘用车销量分排量变化

经历了市场份额的急速下滑，但在国家汽车下乡惠农政策（专栏 4-4）的支持下，在农村等三线市场得到快速发展，扭转了小排量车比例下滑的态势，2009 年和 2010 年得以上升。2005 年微型车市场占有率为 24.3%，但在其后的 3 年内，分别降低到 16.8%、11.9% 和 10.5%，下降了 55%；但到 2009 年和 2010 年又上升到 12.3% 和 14.6%。

专栏 4-4　汽车下乡政策

汽车下乡是中国政府 2009 年 1 月 14 日公布的《汽车行业调整振兴规划》提出的一项惠农政策。补贴车型包括一部分交叉型乘用车（微型客车）。补贴实施时间为 2009 年 3 月 1 日至 2010 年 12 月 31 日。补贴额度为车辆价格的 10%。国家总补贴额度 50 亿元。

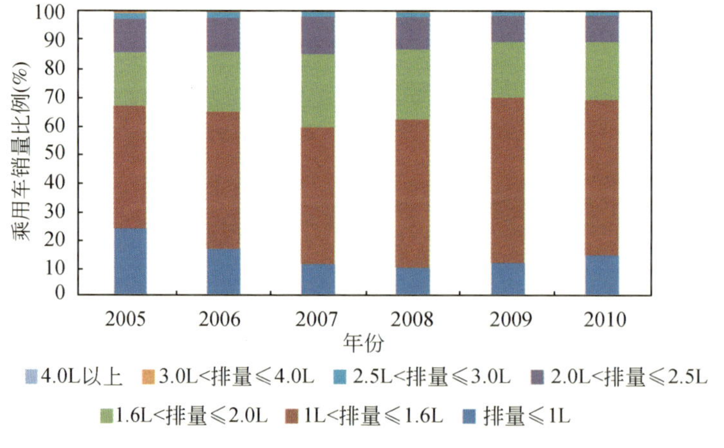

图 4-6　中国乘用车分排量销售比例

4.1.3　中国商用车动力技术构成

中国商用车（包括客车和货车，但不包括半挂牵引车、客车非完整车辆和货车非完整车辆等没有动力或尚未确定动力类型的车辆）的年度销售趋势如图 4-7 所示（中国汽车工业协会，2010）。由图 4-7 可以看出，中国商用车中柴油货车销量在 2005～2010 年从 89 万辆持续增加到 218 万辆，5 年间增长了 1.44 倍；而柴油客车销量也从 8.8 万辆增加到 23.8 万辆，增幅达到 2.7 倍。与此同时，汽油货车和汽油客车的销量则分别从 27 万辆和 8.9 万辆增加到 64 万辆和 11.3 万辆，增幅为 1.4 倍和 0.3 倍。柴油货车和汽油货车的增长幅度一致，但汽油客车的增长幅度远低于柴油客车的增幅。其他燃料种类的商用车主要集中在客车方面，数量在 2005～2010 年增长了 3 倍，其他燃料货车在 2009 年和 2010 年才有销售，也不超过 100 辆。

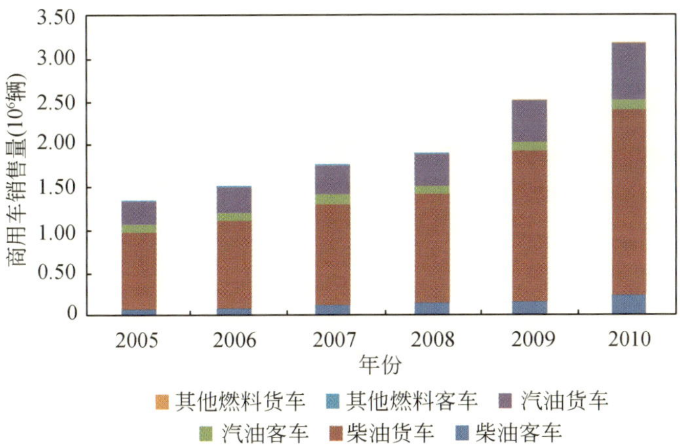

图 4-7　中国商用车年度销售数量（按动力种类和车型）

表 4-5 和图 4-8 为商用车销量中柴油货车、柴油客车、汽油客车、汽油货车、其他燃料货车和客车自 2005 年以来的比例。首先商用车目前主要以柴油机为动力，自 2005 年以来，所占比例超过 73%，并一直维持缓慢增长态势，商用车的柴油化已基本实现。2005 年商用车中，柴油机的比例为 73.1%，2010 年增长到 75.8%。而其中柴油货车的销售比例超过 66%，为中国商用汽车销售的主力。其次，商用车中的汽油车的比例从 2005 年 26.8% 缓慢降低到 2010 年的 24.1%，其降低主要来自于汽油客车比例的降低（2005 年为 6.6%，2010 年降低到 3.5%），而汽油货车的比例基本维持在 20% 左右。其他燃料商用车比例还很低（0.2%），主要来自于天然气城市客车。

表 4-5　中国商用车销售数量的比例（2005～2010 年）

年份		2005	2006	2007	2008	2009	2010
商用车总销量（10^6 辆）		1.34	1.51	1.76	1.89	2.52	3.19
柴油商用车（%）		73.1	74.3	74.5	75.3	76.7	75.8
其中	柴油客车（%）	6.6	6.9	7.6	8.3	6.8	7.5
	柴油货车（%）	66.5	67.4	66.9	67.0	69.9	68.3
汽油商用车（%）		26.8	25.6	25.5	24.6	23.2	24.1
其中	汽油客车（%）	6.6	5.6	6.3	5.0	3.8	3.5
	汽油货车（%）	20.1	20.0	19.1	19.6	19.3	20.5
其他燃料商用车（%）		0.1	0.1	0.1	0.1	0.1	0.2
其中	燃料客车（%）	0.1	0.1	0.1	0.1	0.1	0.2
	燃料货车（%）	0.0	0.0	0.0	0.0	0.0	0.0

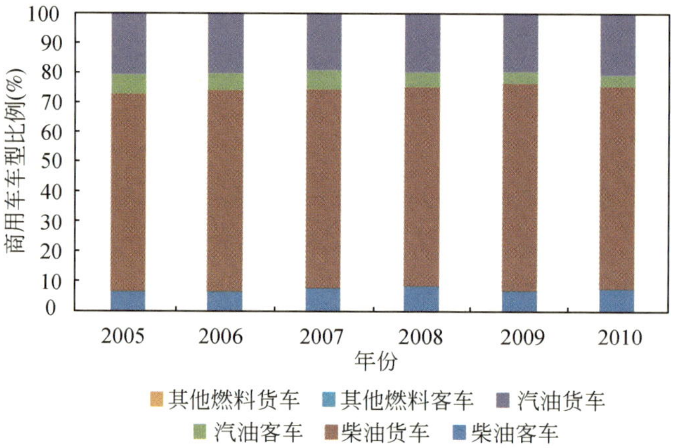

图 4-8　中国商用车动力构成变化

中国商用车中的汽油车主要是微型货车、轻型货车和轻型客车，中重型商用车中的汽油车比例很低。如图 4-9 所示，在 2005 年销售的 35.9 万辆汽油商用车中，微型货车、轻型货车、轻型客车的销量分别为 18.9 万辆、7.9 万辆和 8.8 万辆，合计 35.6 万辆，比例超过 99%。到 2010 年，在 76.7 万辆的汽油商用车销量中，微型货车、轻型货车、轻型客车的销量分别为 42.3 万辆、22.9 万辆和 10.6 万辆，合计 75.8 万辆，比例仍然高达 98.8%。

如图 4-10 所示，微型货车和轻型客车的汽油车比例目前基本还在 70% 和 45% 以上，但比例呈现下降的趋势。微型货车的汽油机比例在 2005 年为 84.4%，之后逐步下降，到 2009 年为 67.7%，2010 年又上升到 73.9%。轻型客车中汽油机的比例一直下降，从 2005 年的 63.9% 下降到 2009 年 49.8%，2010 年又进一步降低到 44.8%，汽油车的比例已经低于柴油车的比例。在中型客车和轻型货车中，自 2007 年以来一直保持 10% 的汽油车，柴油化率达到 90%。大型客车和中型货车中的汽油车比例均低于 1%。

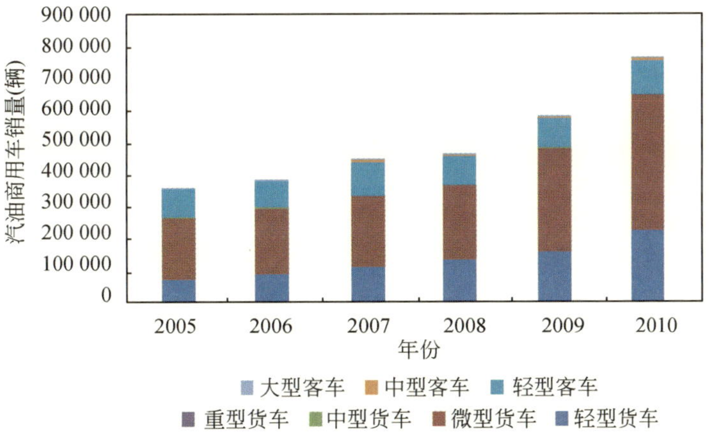

图 4-9　中国汽油商用车分车型销售数量

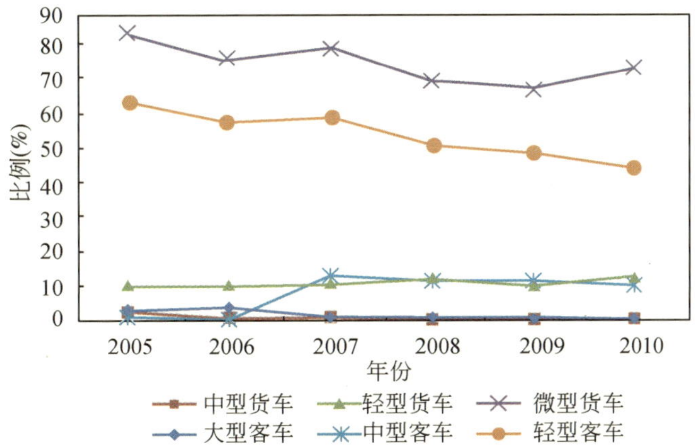

图 4-10　不同商用车车型的汽油车比例

4.1.4　两轮机动车电动化比例升高

两轮机动车包括以汽油机驱动的摩托车、助力自行车和以电池电力驱动的摩托车和助力电动自行车。在中国两轮机动车产业领域，以动力电池和电机构成的电力驱动的机动车比例呈现快速增加的趋势。

图 4-11 为 2000 年以来两轮机动车年产量与动力构成（孙立，2010）。由图可见，2000 年中国电动化两轮车的产量只有 15 万辆，而两轮汽油车的产量为 1108 万辆，电动化比例为 1.3%；到了 2005 年，电动两轮车产量达到 1250 万辆，比 2000 年增长了 82 倍，而同一时期汽油两轮车只增加了 48%，为 1650 万辆，两轮车的电动化的比例上升到 43.1%。之后的 5 年间，电动两轮车产量仍处于高速发展阶段，汽油两轮车则增速缓慢。如表 4-6 所示，2009 年电动两轮车产量首次超过汽油两轮车产量，两轮车的电动化率达到

50.1%；在 2010 年，电动两轮车产量又比 2009 年增加 585 万辆，总产量达到 2954 万辆，而与此同时汽油两轮车产量却比 2009 年还减少了 17 万辆，只有 2343 万辆，2010 年的两轮车电动化率达到 55.8%，两轮机动车真正进入电动化时期。

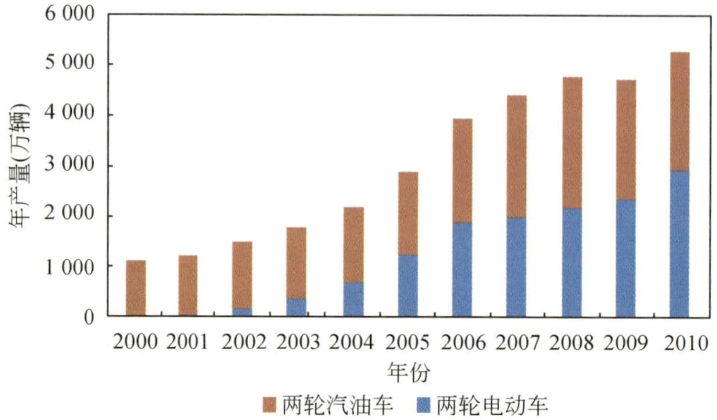

图 4-11 中国两轮机动车年产量及动力构成

表 4-6 中国两轮机动车产量及动力构成

年份	产量（万辆）		电动化率（%）
	两轮电动车	两轮汽油车	
2000	15	1 108	1.3
2001	50	1 180	4.1
2002	200	1 300	13.3
2003	400	1 400	22.2
2004	700	1 500	31.8
2005	1 250	1 650	43.1
2006	1 900	2 040	48.2
2007	2 000	2 440	45.0
2008	2 189	2 594	45.8
2009	2 369	2 359	50.1
2010	2 954	2 343	55.8

4.1.5 动力系统电动化进入起步阶段

在科学技术部 863“电动汽车”重大专项的支持下，中国电动汽车于 2003～2007 年在基础条件较好的城市开展示范运行，对混合动力汽车和纯电动汽车进行了技术验证，积累了开展技术研发急需的实际运行数据；2008 年北京奥运会期间，将燃料电池汽车也纳入电动汽车示范行列，近 600 辆电动汽车为大会提供了数百万公里的运营服务；2009 年，中国启动实施了“十城千辆”新能源汽车大规模商业化示范工程，采用中央财政补贴的激励措施推广 1 万辆电动汽车在 13 个试点城市公交应用；2010 年上海世博会期间，共 1147 辆超级电容车、燃料电池汽车、纯电动车和混合动力汽车等 4 种电动汽车进行了 400 多万公里的示范运行；到 2010 年，“十城千辆”示范城市扩展到 25 个城市，应用领域扩展到 6 个城市的私人乘用车领域。中国电动汽车主要示范活动如图 4-12 所示。

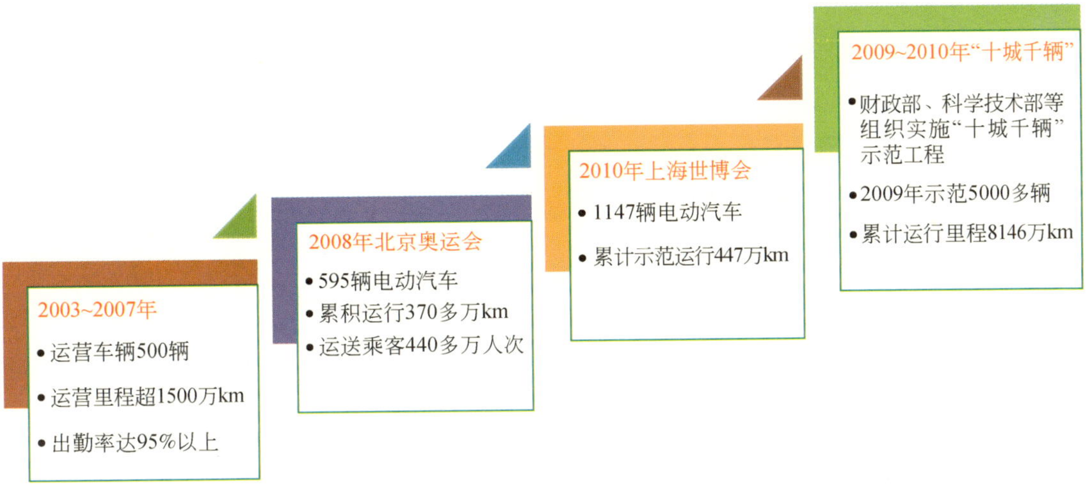

图 4-12　中国电动汽车主要示范活动历程

2009 年，科学技术部、财政部、工业和信息化部和国家发展和改革委员会等部委共同启动了电动汽车大规模示范应用的“十城千辆”工程。首批启动了北京、上海、大连等 13 个城市的示范，截至 2010 年，示范城市扩大到 25 个（图 4-13）。在 2009 年投入示范的车辆有约 5000 辆。2010 年投入 7181 辆电动汽车进行示范运营（工业和信息化部，2010）。2011 年，投入示范运营的电动汽车数量达到 10 036 辆，其中，纯电动客车超过 1000 辆，私人购买电动汽车达到 1076 辆。从 2011 年对“十城千辆”活动的统计数据分析看：公共服务领域用电动汽车占 89%，私人购买占 11%。从车型分布看，电动商用车占 77%，电动乘用车占 23%。截至 2011 年 4 月，获得推荐可以在示范城市销售运行的电动汽车共计 21 批 225 款，生产企业多达 47 个。图 4-14 为工业和信息化部推荐的参加示范运行的前 21 批次车型的构成（工业和信息化部，2010）。如图所示，在这些车型中，纯电动车辆车型种类多所占比例很高，其中纯电动城市客车 55 款，比例为 24%；纯电动乘用车 15 款，比例为 13%；其他特种车辆包括工程车、邮政车等的车型数量达到 57 款，比例也高达 24%；上述纯电动汽车合计 134 款，比例高达 61%。混合动力城市客车的车型数量达到 61 款，是按车型分类中车型数量最多的，比例也最高，为 28%；但是混合动力乘用车的车型数量较低，只有 14 款，比例也仅为 7%。燃料电池汽车的总车型数量只有 9 种，其中燃料电池乘用车 6 款，燃料电池城市客车 3 款。

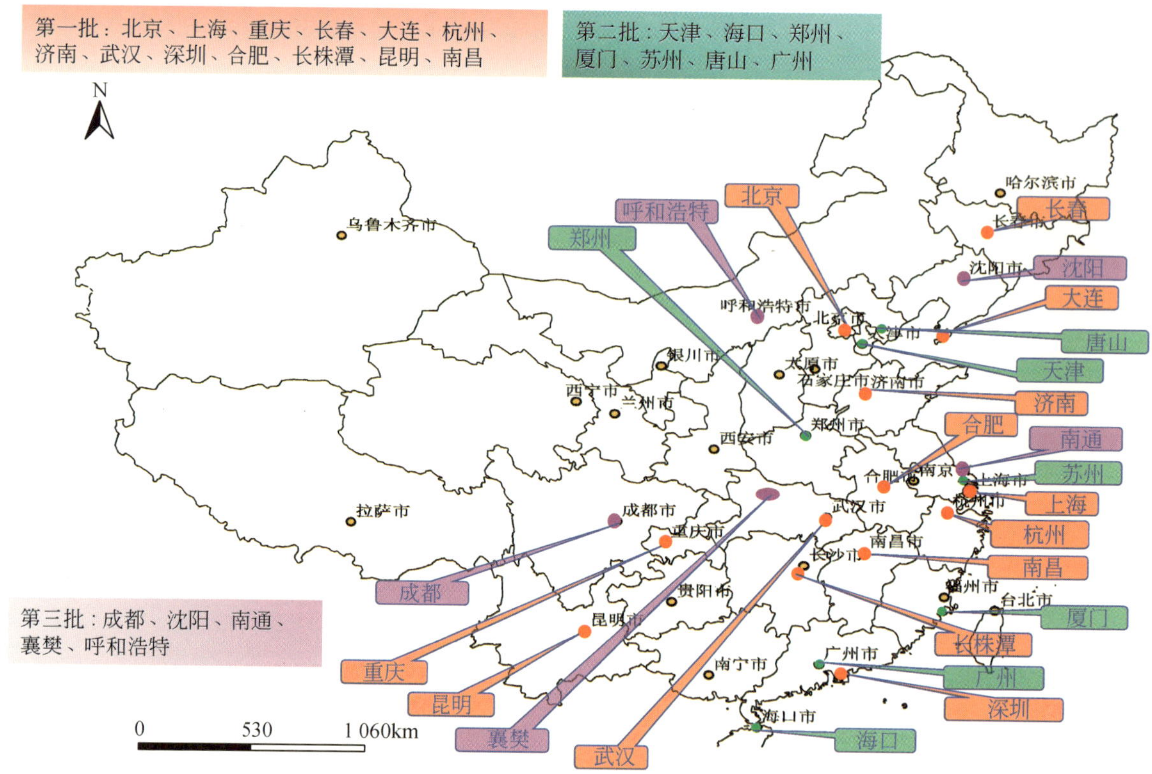

图 4-13　中国“十城千辆”工程参与城市分布示意图

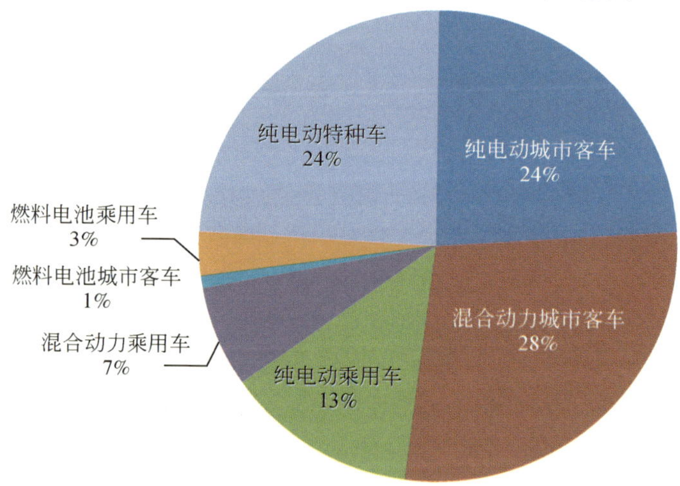

图 4-14　推荐示范车型的构成（截至 2011 年 4 月，前 21 批次合计）

4.1.6　中国汽车燃料消耗现状

汽车正逐渐成为中国石油消耗增长的主要领域。随着家庭轿车数量的增加，以及政府采取的鼓励购买车辆的经济刺激手段，中国汽车保有量近几年快速上升，由此带来了石油消耗量的不断增加。

图 4-15 是根据统计数据（中华人民共和国国家统计局，2011a）以及 2010 年国民经济和社会发展统计公报和月度数据汇总的 2005 年以来石油消耗量和汽油与柴油等成品油与石油消耗量的变化图。2005 年中国汽油和柴油消费量分别为 4855 万 t 和 10 972 万 t，合计 1.58 亿 t，到 2010 年这些数字分别增加到 6986 万 t、15 887 万 t 和 2.28 亿 t，汽油和柴油总消费量在这 5 年间年均增长 7.5%；与此相对应，汽车保有量从 2005 年的 3159 万辆（中华人民共和国国家统计局，2011b）增长到 2010 年的 7802 万辆（中华人民共和国国家统计局，2011b），年均增长 19.8%。由此可见由于汽车保有量的增加，汽油和柴油消耗量及石油消耗总量呈现了上升的趋势。

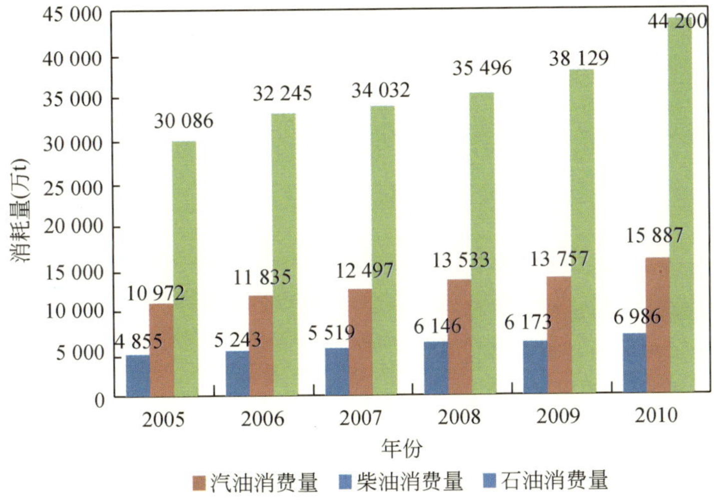

图 4-15 中国石油消费及汽油和柴油消费情况（2005 ~2010 年）

中国汽车消耗的汽油和柴油量在近几年呈现增长势头，汽油增长速度低于柴油，柴油消耗量高于汽油消耗量。图 4-16 为 2005 ~2009 年车用汽油和柴油的消耗量变化（中国汽车工业协会，2010）。由图可以看出，两种燃料的合计消耗量从 2005 年的 8197 万 t，增长到 2009 年的 11 222 万 t，4 年间增加了 36.9%，年均增长幅度达到 8.1%。而其中，汽油消耗量从 2005 年的 4311 万 t 增长到 2009 年的 5400 万 t，增长了 25.3%，年均增幅为 5.8%；与此同时，汽车消耗的柴油量从 2005 年的 3886 万 t 增长到 2009 年的 5822 万 t，增加了 49.8%，年均增加幅度为 10.6%。自 2006 年汽车消耗的柴油量与汽油量几乎相等以来，汽车柴油消耗量一直高于汽油消耗量，2007 年、2008 和 2009 年分别高出 331 万 t、417 万 t、422 万 t，幅度大约为 7% ~8%。

中国汽车消耗的汽油占汽油消耗总量的 85% 以上。表 4-7 为 2005 年以来中国汽油和柴油消耗总量以及汽车消耗的统计结果，根据统计年鉴相关数据其比例一直占汽油总消耗量的 86% 以上。由表 4-7 可以看出（中国汽车工业协会，2010），2005 年汽车消耗汽油量为 4311 万 t，占当年汽油总消耗量 4827 万 t 的 88.8%。其后的 4 年，这一比例一直维持在

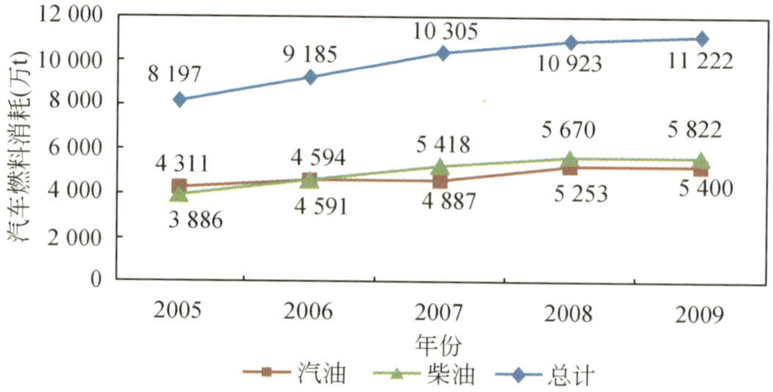

图 4-16　近年中国汽车消耗的汽油和柴油变化（2005 ~2009 年）

85.5% ~88.5%，因此汽车是中国汽油消耗的主要领域。

各种车辆消耗的汽油比例构成如图 4-17 所示，2010 年中国乘用车消耗汽油 6029 万 t，占 84%；客车消耗汽油 397 万 t，占 6%；货车消耗汽油 706 万 t，占 10%。因此，乘用车是汽油消耗的主要车型。

表 4-7　中国汽油和柴油消耗量及汽车消耗所占的比例

年份	汽油			柴油		
	总消耗量（万 t）	汽车消耗量（万 t）	汽车消耗比例（%）	总消耗量（万 t）	汽车消耗量（万 t）	汽车消耗比例（%）
2005	4 855	4 311	88.8	10 972	3 886	35.4
2006	5 243	4 591	87.6	11 835	4 594	38.8
2007	5 519	4 887	88.5	12 497	5 418	43.4
2008	6 146	5 253	85.5	13 533	5 670	41.9
2009	6 173	5 400	87.5	13 757	5 822	42.3

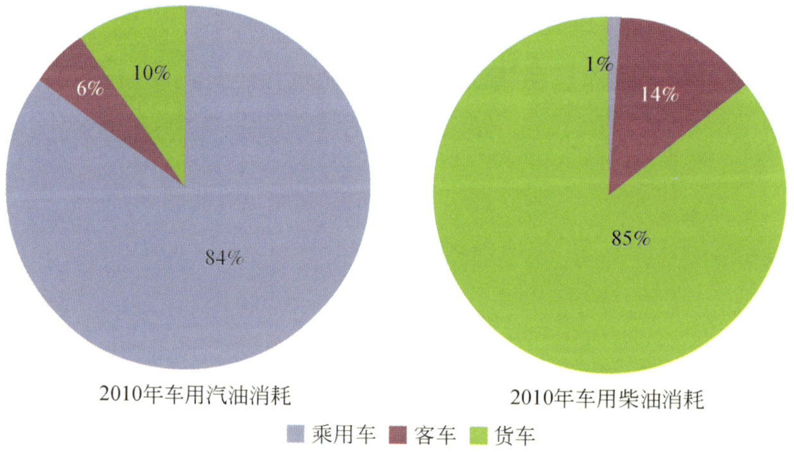

图 4-17　2010 年中国汽车分车型消耗汽油和柴油比例

随着商用车柴油化比例的提高和公路运输量的增加，中国汽车消耗的柴油占总柴油消耗量的比例已经上升到40%以上。由表4-7的柴油消耗数据可以看出，2005年汽车消耗柴油量为3886万t，占当年柴油消耗量10 972万t的35.4%，2007年、2008年和2009年分别达到43.4%、41.9%和42.3%。据估算，2010年各种车辆消耗的柴油比例如图4-17所示，其中乘用车消耗51万t，占1%；客车消耗1054万t，占14%；货车消耗6662万t，占85%。因此，包括客车和货车在内的商用车是柴油消耗的主体。

同时，由于替代能源以及新能源汽车的发展，中国汽车每年还消耗一定量的天然气、乙醇。表4-8的统计数据表明（张国宝，2010），2005～2009年，中国天然气汽车的保有量从12.7万辆增加到45万辆，相应的天然气消耗量从16亿 m^3 增加到超过40亿 m^3。另外，由于中国对车用乙醇燃料的政策鼓励，车用燃料乙醇消耗量也从2005年102万t增加到2009年的171万t。由于还存在数量不详的液化石油气汽车、甲醇汽车和电动汽车，中国汽车还消耗了一定量的液化石油气、甲醇、电力等燃料或能源。

表 4-8　中国新能源汽车保有量与替代燃料消耗量

年份	2005	2006	2007	2008	2009
天然气汽车（万辆）	12.7	21.4	26.5	30.7	45.0
天然气消耗量（亿 m^3）	16	19	23	27	>40
车用燃料乙醇（万 t）	102	132	145		171.2

4.2　高效清洁汽车动力技术

在面对汽车能源供应和环境污染双重挑战下，高效节能与新能源汽车动力系统技术对实现能源高效利用与降低温室气体排放起着极为重要的作用。从燃料的全生命周期角度来看，以传统汽油乘用车为例，燃料能量的78%损失在车辆行驶阶段。进一步分析车辆能量流动图谱可知，在车辆使用阶段，燃料能量在经过内燃机燃烧转化过程、怠速停机过程、变速器动力传输过程等后真正用于克服空气阻力和车轮摩擦阻力等驱动车辆行驶的能量只占到13%左右。其中发动机热机转化、怠速损失、车辆制动损失、发动机附件损失分别占能量损失的62%、17%、5.8%、5.6%和2.2%。减少汽车能量消耗的技术发展就是围绕这些能量损失的环节开展的技术研究和产品开发，主要包括高效发动机技术、智能启停技术、制动能量再生利用技术、高效传动器技术以及降低风阻技术、整车轻量化技术等。

4.2.1 高效发动机技术

4.2.1.1 汽油机缸内直喷

火花点火式均质混合气汽油机具有比功率高、振动噪声小、排放控制容易等诸多优点，因此在乘用车上得到普遍应用，但传统进气管喷射汽油机为了抑制爆震而采用较低压缩比、为了调节负荷大小而采用节流损失大的节流阀，因此其热效率比压燃式的柴油机要低 10 个以上百分点（专栏 4-5）。为提高汽油机的热效率，采用如压燃式柴油机的质调节从而取消进气节流阀降低节流损失的汽油直接喷射（gasoline direct injection，GDI）技术应运而生。由于 GDI 技术能够实现热效率高的汽油稀薄燃烧，配合采用进气增压技术、高压缩比发动机和多气门技术等，可降低燃油消耗 8%～15%。缸内直喷汽油机与进气道喷射稀燃汽油机相比，缸内直喷稀燃汽油机绝热指数高、泵气损失和传热损失小，动态响应好、冷起动快、减速断油能力强；而且燃油在缸内蒸发可降低混合气的温度，提高汽油机的充气效率和抗爆性，可进一步提高压缩比。国际典型代表技术有三菱的 GDI 汽油机技术和大众的 FSI（fuel stratified injection，燃油分层喷射）汽油机技术。汽油缸内直喷技术已经作为汽车低碳化主要技术路线被多数汽车厂商采用，成为未来车用汽油机的主流技术之一。2006～2007 年欧洲新开发的轿车汽油机中，GDI 汽油机使用率超过 70%（王建昕，2010），目前，我国汽油机缸内直喷技术正处于技术发展期，开发成功的发动机包括奇瑞公司的 1.6TGDI、长城汽车的 GW4G15-GDI 增压式直喷汽油机等。但我国 GDI 发动机的推广应用仍面临油品质量不能满足要求和核心部件依赖进口等问题。

专栏 4-5

传统内燃机缸内混合气有压缩着火和火花点火两种。柴油机采用压燃式，压缩比在 12 左右；汽油机采用点火式，压缩比在 8 左右。柴油机的负荷调节通过喷入气缸的燃料量来调节，而进入气缸的空气量基本不变，称为质调节；汽油机不仅调节进入气缸的汽油量，还要调节相应的空气量，以满足可靠燃烧的需求，因此称为量调节，需要在进气系统中安装节流阀对进气量进行调节，增加了进气损失。

4.2.1.2 均质压燃

均质压燃（homogeneous charge compression ignition，HCCI）是一种全新的内燃机缸内燃烧概念，既不同于柴油机（非均质充量压缩点燃），又不同于汽油机（均质充量火花点燃），是一种火花点燃式发动机和压缩点燃式发动机概念的混合体。HCCI 将燃料和空气预先混合成稀薄气体充入发动机的气缸，随后压缩处理达到较高的压力和温度而燃烧。它通过提高压缩比、废气再循环、进气加温和增压等手段提高缸内混合气的温度和压力，促使混合气压缩自燃，在缸内形成多点火核，有效维持了着火燃烧的稳定性，并减少了火焰传播距离和燃烧持续期。

从热效率方面来看，HCCI 燃烧具备非常优越的特点。第一是低的热损耗。由于它的燃烧温度低，对燃烧室壁的传热很低，且无烟的燃烧能够减少辐射热的传递。第二是燃烧周期很短。因为燃烧过程主要是受化学反应而不是受混合过程的支配，能够使得燃烧周期比传统的柴油机短。利用这些特点，有可能使得它的循环十分接近奥托循环（Otto cycle）。HCCI 可以实现高达 50% 的指示热效率。HCCI 发动机本身所特有的均质、低温燃烧特性，能有效降低传统内燃机的燃油消耗和排放问题，并进一步提升热效率，是发动机燃烧技术的一个重大进步。

从柴油机的压缩点燃式发动机技术到 HCCI 技术演变的主要目的是减少氮氧化物和微粒物排放；从火花点燃式发动机技术演变成 HCCI 技术的目的是减少部分负荷时的燃油消耗，即减少泵气损失。

在国家 973 等科技计划支持下，天津大学、上海交通大学、清华大学等高校已经开展了汽油机和柴油机 HCCI 先期研究，并在 HCCI 关键技术（如 HCCI 着火控制、点燃压燃燃烧模式切换、HCCI 燃烧控制策略）方面已获得发明专利多项，但由于高校在将 HCCI 研究成果转化为产品的过程中存在一定难度，产业化进程还不明朗。

4.2.1.3　发动机增压技术

增压是为了增加发动机进气能力，改善发动机的性能，如升功率、燃油经济性、排放性能（专栏 4-6）。发动机增压技术包括废气涡轮增压和机械增压两种。废气涡轮增压利用了发动机排气能量，燃油经济性好但工作有迟滞现象。机械增压直接被发动机的曲轴带动，具有与发动机容易匹配、结构紧凑和响应性好的特点，能有效地提高发动机低速时的功率，但是它本身需要消耗一部分能量，燃油经济性改善有限，甚至燃油消耗率比非增压发动机还有增加的可能。

专栏 4-6　增 压 技 术

增压技术通过采用专门的压气机，预先对进入气缸的气体进行压缩，提高进入气缸的气体密度，增大进气量，更好地满足燃料的燃烧需要，从而达到提高发动机功率的目的。在不增加发动机排量的基础上，可大幅度提高功率和扭矩。

采用增压技术减小发动机排量，可以在动力性不变的前提下提高汽车燃油经济性。进气道喷射的涡轮增压发动机由于其尺寸缩小的效应以及与此相关的负荷点的移动，油耗和同功率汽油机相比一般可下降 13% ~18%。如果将涡轮增压技术与缸内直接喷射相结合，利用燃油缸内喷射的特点，不仅可以提高发动机的压缩比，实现有利的残余废气控制，而且可以降低涡轮增压滞后的影响；综合这两种技术手段的增压发动机油耗可进一步降低6%左右。

国内采用增压技术的发动机包括华晨开发的1.0T和1.5T两款涡轮增压发动机及2.0TGDI涡轮增压缸内直喷发动机，长城汽车的GW4G15T废气涡轮增压发动机及GW4G15-GDI-TC2废气涡轮增压缸内直喷发动机，奇瑞汽车的1.3S、1.6S、1.8S三款机械增压发动机和1.6TGDI涡轮增压缸内直喷发动机，吉利汽车的4G13T废气涡轮增压技术发动机等。但国内的发动机增压技术与国外已经成熟的可产业化的发动机增压技术相比，差距较大。

4.2.1.4 可变气门技术

可变气门技术包括可变气门正时（variable valve timing，VVT）技术（专栏4-7）和可变气门升程技术。采用可变气门技术可以使发动机在不同的工况下的进排气门打开和关闭时间、气门升程大小（控制进气流通面积）与工况要求相适应，满足不同发动机工作条件下对进气的要求，例如提高进气充量使发动机的扭矩和功率得到一定程度的提高、形成合理的进气流动（涡流比）改善燃烧过程提高效率降低排放等。先进的可变气门正时和升程电子控制系统（variable valve timing and lift electronic control system，VTEC），通过一系列控制机构可以实现在发动机低速运转时，通过在主进气门和辅助进气门之间的升程差，创造一个合理的涡流比，实现良好的性能，而在高速时维持了传统4气门发动机的高功率输出，从而使发动机在具有高功率输出的同时，保持了低油耗的性能。它的特点是：大幅提高了燃油的经济效率，同时增加发动机的功率。

专栏4-7 可变气门正时技术

可变气门正时（VVT）技术加上先进的发动机控制策略，可实现可变压缩比。在大负荷时，通过推迟进气门关闭时刻降低有效压缩比，避免爆震。在中小负荷时，通过调整气门关闭时间提高有效压缩比，从而提高发动机中小负荷的热效率。

研究和应用结果发现，进气连续可变气门正时技术可实现降低整车油耗6%左右，排气VVT技术可降低油耗1%～2%。国外汽车企业的汽油机多采用进气和排气双向VVT，而国内多采用进气VVT，其车型仅占30%，具有很大的推广空间。随着国产VVT技术的逐步成熟与普及，其生产成本也在逐步降低，VVT技术将在短时期内成为发动机的一项基本配置。

4.2.1.5 轿车柴油化技术

由于柴油机采用了压缩着火方式，比汽油机的压缩比高，因此具有更高的热效率，燃油经济性比汽油机高30% ~40%（专栏4-8）。柴油机在中国的商用车辆（卡车和客车）上得到了普及应用，但由于柴油发动机颗粒排放高、舒适性较差（主要是噪声和振动不如汽油机）以及成本较高、对燃料的性能要求高等因素，在中国乘用车中占有率很低，只在部分运动型乘用车（SUV）和多功能乘用车（MPV）上有使用。由于先进技术如中冷废气再循环技术、电控高压共轨燃油喷射技术、可变截面涡轮增压技术、尾气催化转换和颗粒捕集器等的应用，结合机体、缸盖采用全铝的轻量化材料，现代轿车用柴油机已经能够完全满足乘用车对舒适性、排放性能的要求，柴油轿车在欧洲得到了推广应用，近几年在美国也日益受到重视，例如，美国2010年销售的柴油乘用车数量达到了7.79万辆，比2009年增加了36.9%。

专栏4-8　柴油机燃油经济性高的原因

柴油机比汽油机燃油经济性高的原因是没有节气门减少了进气损失、采用稀薄燃烧减少了缸内传热损失、高达16的压缩比比仅有11的汽油机压缩比提高了理论热功转换效率。

中国柴油轿车的发展长期处于技术引进阶段，主要是一汽大众在销售其捷达柴油车。自主开发的乘用车柴油机包括玉柴集团的4W发动机、云内集团开发的D16TCI节能环保型乘用车柴油发动机以及长风公司开发的D01清洁轿车柴油机。其中，4W发动机排量为1.2L，功率输出为55kW，采用的技术包括高压共轨燃油喷射、可变异涡轮增压，以及全铝的机体和缸盖。

实际道路运行结果表明，在中国比较拥堵的大型城市运行条件下，相同的车型，柴油车比汽油车百公里油耗能够降低30%以上，具有显著的节能效果（专栏4-9）。

专栏4-9

上海大众提供的50辆帕萨特柴油出租车经过一年的示范运营，在经济性与环保性上均有出色表现。与同级别的帕萨特汽油车相比，柴油车的百公里油耗降低了35% ~42%。

4.2.2　智能启停技术

在车辆暂停行驶的过程中，如路口遇到交通红灯、停车场短时间临时停车等，发动机将进入怠速运行过程，消耗不必要的能量。控制技术的应用，可以十分便捷地实现怠速停机的功能，起到降低燃料消耗和污染物排放的效果。目前可以应用的技术包括皮带式启动机－发电机（belt-driven starter and generator，BSG）技术（也称为轻度混合动力技术）和集成式启动机－发电机（integrated starter and generator，ISG）技术（也称为中度混合动力技术）。

4.2.2.1 BSG技术

BSG技术是将传统内燃机车辆的启动电机改为具有发电和电动两种功能的电机，同时增加其功率或驱动扭矩，以满足发动机从停机到高速运转的启动功率需求，去掉了原先的启动机（通过与飞轮啮合，带动发动机启动）。在一定程度上，可以认为BSG技术是将传统的启动机与发电机结合在一起，两种功能在原有的发电机上实现。

BSG技术构成简单，具有一定的节油效果，由于该技术成本低，正逐步成为汽车的基本配置。BSG的构成包括电机、蓄电池以及控制单元。一般电机功率高于原传统车50%～100%、动力电池的容量需要提高1倍以上，控制单元既可以独立，也可以与发动机控制单元合为一体。BSG的电机由于功率低，不具有驱动或辅助驱动车辆行驶的功能，但可以利用其发电功能实现制动能量的小部分回收。

BSG自动起停功能的实现过程为：汽车较长时间处于空载状态时，如在路口等红灯时，内燃机将进入怠速工况，控制单元将自动使内燃机停止运行；车辆需要起步时，控制单元识别出司机意图（离合器处于行驶位置、油门踏板移动等），BSG会在0.1～0.2s的短时间内将发动机转速从零提高到常规的怠速转速（约800转/min），完成发动机启动并驱动车辆行驶。

国际上目前比较成熟、可以独立供应的BSG产品有：法雷奥集团的StARS（第一代，2006年）和i-StARS（第二代，2010年），博世公司的STT，德尔福公司的drop-in。国内尚无独立、成熟的BSG产品供应，目前主要是汽车厂商定向开发。国内已经装备BSG系统的厂家有奇瑞汽车公司（A5轿车、自主开发）、长安汽车（CX30轿车、博世STT系统）、上汽通用（君越、通用公司BAS系统）、东风汽车（风神S30）、华晨汽车（骏捷FSV、自主研发）等。表4-9为国内代表性BSG车型的节油率统计比较（轻型汽车燃料消耗量通告）。

表4-9 国内BSG应用代表车型参数表

车型	装备BSG的车辆油耗（L/100km）				基础车油耗（L/100km）				油耗变化（%）		
	型号	市区	市郊	综合	型号	市区	市郊	综合	市区	市郊	综合
长安CX30	SC7166D	7.5	6.5	6.9	SC7166C	9.7	6.0	7.3	-22.7	8.3	-5.5
奇瑞A5	SQR7160A217/B	9.4	6.4	7.3	SQR7160A217	10.7	6.9	8.3	-12.1	-7.2	-12.0
东风S30	DFM7161B1DHEV	9.0	5.6	6.8	DFM7160B1A	10.5	5.7	7.5	-14.3	-1.8	-9.3
中华骏捷FSV	SY7150X1SHEV	8.0	5.6	6.5	SY7150X1SBAB	9.2	5.8	7.1	-13.0	-3.4	-8.5
上汽君越	SGM7240HAT	12.3	6.1	8.3	SGM7240ATA	13.0	6.8	9.1	-5.4	-10.3	-8.8

长安 CX30 1.6L 低碳版轿车装备了博世公司的 STT 系统，在市区工况下，百公里油耗仅 7.5L，较普通版的 9.7L 燃油消耗降低了 22.7%。尽管其市郊工况的油耗增加了 8.3%，但综合工况下的油耗仍降低了 5.5%。

奇瑞 A5 BSG 轿车装备了自主研发的自动启停系统，与其基础车型相比，在城市工况下的节油率达到 12.1%，市郊工况下的油耗节约 7.2%，其结果是在其综合工况下的油耗降低了 12%。

东风风神 S30 BSG 车型，在市区的油耗降低了 14.3%，市郊工况也有 1.8% 的油耗降低，综合油耗能够获得 9.3% 的燃料消耗减少。

中华骏捷 FSV 轿车采用了公司自主研发的自动启停系统，其节油效果在市内工况为 13%，市郊工况为 3.4%，综合计算工况的节油率为 8.5%。

上汽君越部分车型装备了通用汽车公司开发的 BAS 启动启停装置，与同款不装备 BAS 系统的车辆相比，在市区工况下的油耗降低了 5.4%，但在市郊工况下的节油率高达 10.3%，综合工况的节油效果为 8.8%。

另外吉利公司开发了发动机自动启停技术（geely stop-go system，GSG），并配套到帝豪 EC7 上，配备 GSG 系统的 EC7 综合工况下节油可达 5%~10%，拥堵的城市路况节油可达 10%~15%。

BSG 技术的应用，可以将部分车型的油耗从满足第二阶段法规水平降低到满足第三阶段法规的油耗限值水平（表 4-10）。通过对比分析，长安 CX30 车型本身已经满足了中国乘用车第三阶段油耗限值的要求，装备 BSG 后综合油耗又降低了 2.2%；而奇瑞 A5、东风 S30、中华骏捷、上汽君越等四款车的基础车型，虽然满足第二阶段油耗限制法规，但均不能满足第三阶段油耗限制法规目标，分别比第三阶段油耗限值高出 13.7%、8.7%、2.9% 和 7.1%。采用发动机自动启停技术后，油耗得到了改善，均能满足第三阶段法规限值的要求，并且东风 S30、中华骏捷、上汽君越等三款车型还比限值改善了 1.7%、5.8% 和 2.4%。因此，对于部分车型，其油耗的改善可以通过使用自动启停系统来实现，满足第三阶段法规限值的要求。

表 4-10 装备 BSG 车辆的油耗与油耗限值的比较

车型	整备质量 (kg)	基础车油耗 (L/100km)	第二阶段油耗 (L/100km)	第三阶段限值 (L/100km)	与限值的差距（%）	装备 BSG 后油耗(L/100km)	与限值的差距（%）
长安 CX30	1 325	7.3	9.2	7.3	0.0	6.9	-5.5
奇瑞 A5	1 350	8.3	9.2	7.3	13.7	7.3	0.0
东风 S30	1 215	7.5	8.6	6.9	8.7	6.8	-1.4
中华骏捷	1 240	7.1	8.6	6.9	2.9	6.5	-5.8
上汽君越	1 630	9.1	10.7	8.5	7.1	8.3	-2.4

4.2.2.2 ISG技术

在实现发动机自动启停功能方面，ISG技术与BSG技术实现途径的不同在于ISG将发电机和电动机的功能集中在传统汽车的起动机上，而BSG是集中在发电机上。除自动启停功能外，ISG还具有制动能量回收和辅助动力的功能，可实现的节油率也较高，一般可达到15%～25%（专栏4-10，专栏4-11）。

专栏4-10　ISG工作原理

ISG取代飞轮的作用，可以通过自身的转动惯量以及在电动机和发电机之间来回切换状态，平衡内燃机曲轴的波动，成为有源飞轮，起到减震器的作用。内燃机附件全部采用电动方式驱动，齿形皮带及齿轮组可以全部省掉，同时可以省去传统的发电机和电动机，内燃机附件的布置可以更加灵活。

专栏4-11　ISG与BSG技术特征比较

ISG技术比BSG技术更加节能的原因：

1）具有如BSG一样的发动机自动启停的节能功能。

2）功率辅助。ISG可以在内燃机低速时工作在电动机状态，提供一部分辅助功率，提高低速时动力系统的功率输出，降低发动机对排量的要求。

3）再生制动。减速或制动工况下，车辆的惯性带动电机以发电机形式工作，将车辆的部分制动能量转化成电能存储到动力电池中，同时产生对车辆的制动转矩。

ISG系统一般包括电机（发电和驱动双重功能）、动力电池、控制系统。ISG的电机已由传统的通过齿轮与发动机飞轮（上面装有齿圈）啮合的圆柱形启动电机变形为盘式电机。该盘式电机在功能上取代了传统发动机的飞轮，直接集成在发动机主轴上，大多采用永磁同步电机。ISG系统的电池比BSG系统的电池容量要高，大约在2kW·h以上，传统的铅酸电池性能很难满足技术要求，常采用高性能的镍氢电池或锂离子电池。控制单元需要根据司机的意图和车辆所处的状态，结合电池的容量现状，对电机进行控制，以实现快速启动、助力加速（电机驱动）、制动能量回收（将制动能量以电力的形式储存到动力电池）等不同的功能。

ISG技术的国际先进技术代表是本田公司综合电机辅助（integrated motor assist，IMA）技术。IMA技术首先应用到本田Insight轿车上，之后将该动力系统配备到思域轿车上。目前国内采用ISG技术的汽车车型包括长安汽车的杰勋与志翔、上汽集团的荣威750，具体参数参见表4-11（工业和信息化部，2010）。尽管其他公司也声称开发了ISG汽车，但在工业和信息化部公布的车型燃料消耗目录中尚未查到相关信息，因此暂不做评价。

表 4-11 国内装备 ISG 技术的车辆性能比较

项目	装备 ISG 的车辆油耗（L/100km）				基础车油耗（L/100km）				油耗变化（%）		
车型	型号	市区	市郊	综合	型号	市区	市郊	综合	市区	市郊	综合
长安杰勋	SC6442H	8.8	5.5	6.8	SC6442B4	12.1	7.5	8.8	-32.3	-26.7	-22.7
长安志翔	SC7155HEV	8.4	5.4	6.4	SC7200D4	10.8	6.6	8.1	-22.2	-18.2	-21.0
荣威 750	CSA7180ACHEV	9.9	6.2	7.5	CSA7180AC	12.4	7.4	9.4	-20.2	-16.2	-20.2

长安杰勋是国内开发较早的装备 ISG 车型，其基础车型配备了 2.0L 功率为 112kW 的汽油发动机，2009 年 6 月开始在国内生产销售，百公里油耗在市区工况、市郊工况和综合工况下分别为 12.1L、7.5L 和 8.8L。ISG 车型发动机的排量降低到 1.5L，功率降到 72kW，配备了 6A 镍氢电池，整车整备质量增加了 16kg。与原车相比，车辆的性能得到了改善，市内工况、市郊工况和综合工况的百公里油耗降低到了 8.8L、5.5L 和 6.8L，降幅分别达到 32.3%、16.7% 和 23.6%。

长安汽车的另一款 ISG 汽车志翔同样采用了这套 ISG 系统，只是整车质量相比杰勋降低了 100 多千克。是否采用 ISG 技术的志翔在总质量上仅仅相差 10kg。ISG 款的志翔与普通版相比，性能的提高更加综合，体现在油耗方面就是兼顾了市区与市郊工况，将市郊工况的油耗降低率由杰勋的 16.7% 进一步提高到志翔的 18.2%，尽管损失了一部分市内油耗的改善率（杰勋为 32.3%，志翔为 22.2%），但综合油耗仍然达到了降低 21% 的效果。

荣威 750 的 ISG 版本（混合动力）与原基础车相比，市区油耗、市郊油耗分别降低了 20.2% 和 16.2%，其综合油耗也降低了 20.2%。

由表 4-12 可以看出，车辆使用 ISG 技术后，燃料的消耗得到了大幅度的降低，将车辆的油耗从满足第二阶段油耗限值标准，改善到能满足第三阶段油耗限值标准，并有较大的富余量。如长安汽车的两款 ISG 汽车，其基础车（市场销售的同类型车辆）综合工况的百公里油耗分别为 8.9L（车重 1501kg 和 1390kg）和 8.1L 汽油，比相应的第三阶段油耗限值（7.7L 和 7.3L）分别高出 15.6% 和 11.0%，但采用 ISG 技术后，油耗分别降低到 6.8L 和 6.4L，比第三阶段油耗限值低 11.7% 和 12.3%。而荣威 750 原基础车的油耗已经很低，只有 9.4L（车重 1602kg），比第三阶段油耗限值［10.2L（车重范围 1540 ~ 1660kg）］已经低了 7.8%，加上 ISG 技术后，其油耗进一步降低到 7.5L，比油耗标准低了 26.5%，应该能够满足更加严格的第四阶段油耗限值的标准（假设按照 20% 的幅度进一步严格）。

表 4-12　部分车型装备 ISG 后车辆的油耗与第三阶段油耗限值的比较

车型	整备质量（kg）	第二阶段油耗（L/100km）	基础车油耗（L/100km）	第三阶段油耗（L/100km）	与限值的差距（%）	装备 ISG 后油耗（L/100km）	与限值的差距（%）
长安杰勋	1 501	9.7	8.9	7.7	15.6	6.8	-11.7
长安志翔	1 390	9.2	8.1	7.3	11.0	6.4	-12.3
荣威 750	1 602	11.3	9.4	10.2	-7.8	7.5	-26.5

4.3　混合动力技术

混合动力汽车（hybrid electric vehicle，HEV）以内燃机为主要驱动装置，以电驱动系统为辅助驱动装置，内燃机和电驱动系统联合驱动车辆。混合动力技术将内燃机、电机、储能装置（动力电池、超级电容等）进行优化匹配和控制，通过自动启停、辅助驱动、再生制动、优化发动机工况、减小发动机排量等途径实现能效和排放的提升与优化。

按照驱动系统机械结构、能量流和功率流的结构关系，混合动力系统分为串联、并联和混联三种结构形式。串联式混合动力系统是电耦合形式，而并联式混合动力系统是一种机械耦合形式，混联式动力系统兼具以上两种混合形式。

4.3.1　串联式混合动力技术

串联式混合动力系统如图 4-18 所示。发动机带动发电机发电，其电能通过控制器直接输送到电机，由电机产生驱动力矩驱动汽车。发动机与发电机采用机械连接的方式连接为一体，电机、变速箱和车轮通过机械连接传递动力，发电机和电机通过电缆连接起来，中间也可以通过电池或电容等储能元件连接。

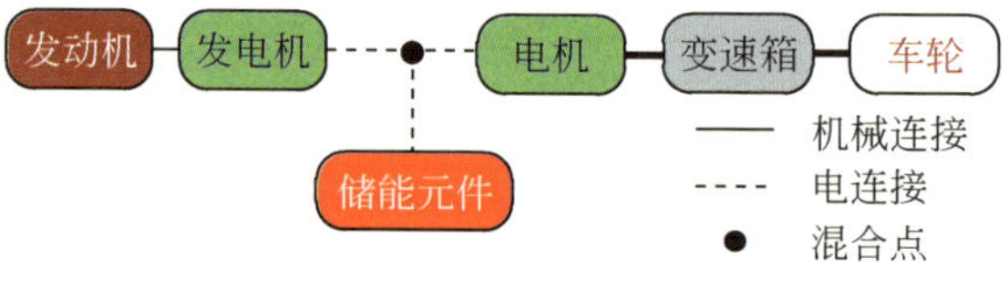

图 4-18　串联式混合动力系统

储能元件（电池或燃料电池）在串联混合动力技术中起到平衡发电机功率和电动机输入功率的作用：当发电机的发电功率大于电动机所需的功率时（如汽车减速滑行、低速行驶或短时停车等工况），在控制系统的控制下，发电机向动力电池充电；当发电机发出的功率低于电动机所需的功率时（如汽车起步、加速、爬坡等工况），动力电池则向电动机提供额外的功率。

串联式混合动力系统中，可实现发动机与车辆需求功率解耦，允许其在最佳的工作区稳定运行，改善车辆的性能，尤其是燃油经济性和排放性能。

如图 4-19，串联式混合动力系统可以有以下几种典型工作模式：

（1）常规驱动模式

车辆行驶需要的功率全部来自于发动机功率，常见于车辆匀速行驶工况。在这种状态下，发动机可以调节到最佳的工作区域，运行平稳，发动机的燃油经济性和排放都能得到最优化。这时能量流动不再经过电池或电容，以避免经过电池的充放电过程出现损失。与常规车辆的匀速行驶工况相比，该模式的优点是相当于实现了传统车辆的无级变速，缺点是能量经过了两次转换（分别在发电机内实现机械能转换为电能和在电动机内实现电能转换为机械能），出现了两次能量损失，总效率可能会不如传统车辆的机械传动效率。

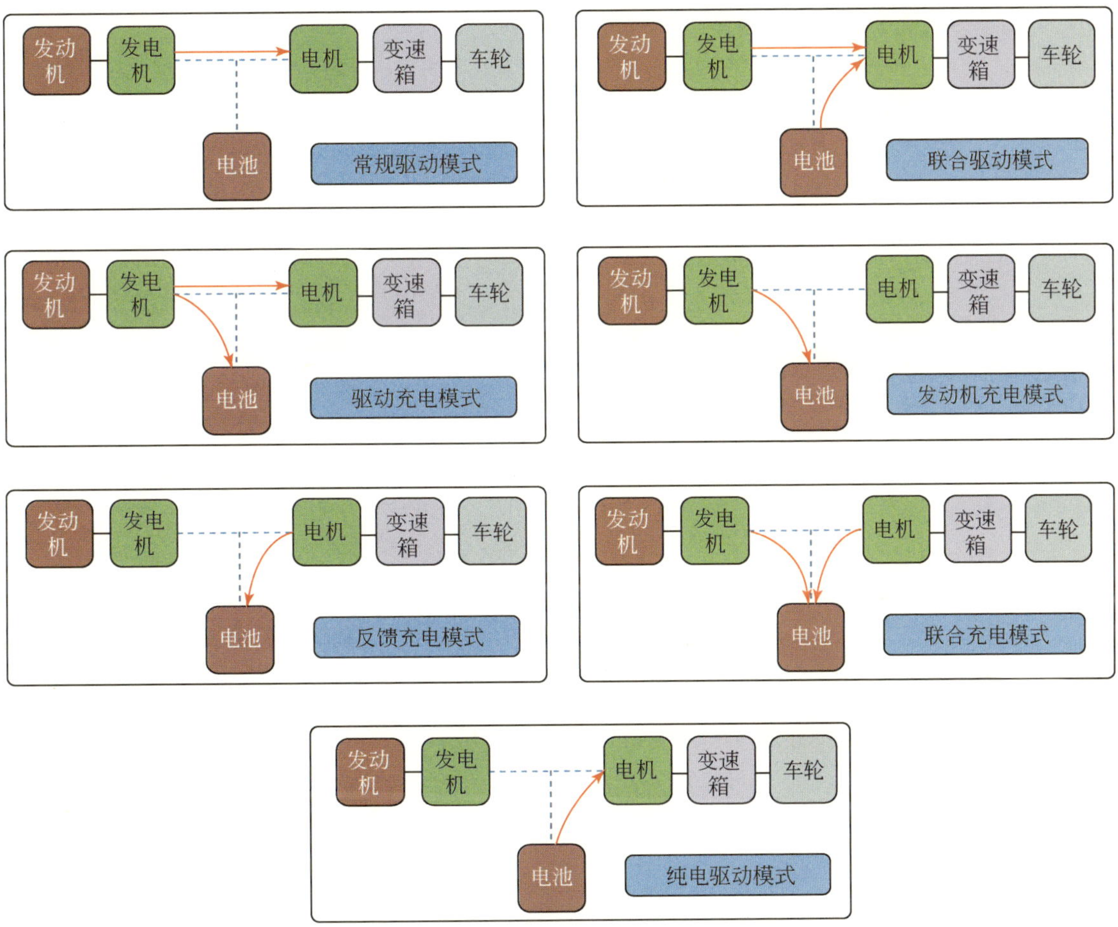

图 4-19 串联式混合动力系统的不同工作模式

（2）联合驱动模式

常见于加速工况和爬坡工况。发动机的功率不能满足此工况对较高功率的需求，电池在控制系统的控制下放电，与发动机输出的电功率并联，供给电机电能，满足车辆对功率的需求。在这种工况下，发动机仍然可以工作在最佳的工况点，即使出现负荷变化，也是在控制系统的调节下实现工况的平缓过渡，避免出现传统车在变工况下排放急剧恶化的状态。

（3）驱动充电模式

发动机功率－电池充电功率＝电机输入功率。

在经过某过程后（如联合驱动模式）电池的容量过低，为满足下一循环对电池容量需求的要求，必须对电池进行充电。这种情况在车辆长久停止行驶，由于电池自放电导致容量降低的时候也需要。

（4）联合充电模式

发动机功率＋电机发电功率＝电池充电功率。

出现在比较极端的情况，如长久爬坡，电池容量出现极低状态，而后进入下坡过程，可以利用电机在车辆制动过程中发电，回收制动能量，并与发动机发出的电力共同储存在电池中。

（5）发动机充电模式

发动机功率＝电池充电功率（停车状态）。

发动机驱动发电机发出的电能，不再供应车辆行驶，而是全部用于电池充电。这种状况一般出现在电池电量较低而车辆临时停车（如遇到路口的红灯信号）的工况。在拥堵城市里这种情况会经常出现。

（6）反馈充电模式

电机发电功率＝电池充电功率（刹车、减速工况）。

经常出现在刹车和减速工况，为了充分利用车辆制动过程中的能量，电动机处于发电状态，实现电制动，将能量储存在电池中，在需要时将电能重新利用。这是串联式混合动力系统是降低能源消耗的重要技术途径。

（7）纯电驱动模式

电池功率＝电机输入功率（发动机停机）。

发动机不再工作，依靠电池中储存的电能驱动车辆行驶。这出现在电池荷电状态很满，为了下一制动循环能量制动能量有效回收，必须将电池中的能量加以利用的情况下。也可用于车辆经过特殊路段（排放和噪声要求很严格），这时串联式混合动力汽车实现零排放。

串联式混合动力技术的节能减排效果主要来自于制动能量回报、发动机工作点优化和发动机小排量化。

（1）制动能量回收

当车辆进行制动时，车轮通过变速器与电机连接，电机工作在发电模式，将车辆的动能转换为电能，称为电制动。四轮驱动的车辆可以回收的能量较多，但对于单轴驱动车辆，只有驱动轮可以进行电制动，其他车轮上仍采用机械制动能量回收会少。制动过程中回收能量的多少受路面特性、车辆制动安全特性、电机制动功率和电池充电接受特性等因素制约。

（2）发动机工作点优化

传统汽车，为了将发动机的工作点尽量靠近最优区域，采用了变速器技术，变速器的档位越多，发动越能工作在最佳点，采用无级变速理论上可以在任何工况都能将发动机工作点通过转速变换转移到较佳的区域。但是，受到实际转速变化区间和扭矩工作区间的制约，发动机处于最佳工作区域的比例并不高。采用串联式混合动力技术以后，由于能量的流动经过了电能，不再是传统的机械能传递，通过各种先进技术的转换（如电压变化），在某个功率需求下，发动机可以在几乎所有的转速和扭矩范围内寻优。

（3）发动机小排量化

传统车辆为了动力性（加速和爬坡）需求，会有很高的功率储备，这需要增加发动机的排量。而大排量发动机在部分负荷时的性能比较差。通过降低发动机排量，将功率储备所需的功率让动力电池来承担，就可以使发动机经常工作在效率高和排放低的较高负荷区域。

串联式混合动力汽车特别适用于在市内低速行驶。在拥堵的市区工况下，汽车在起步和低速时还可以关闭内燃机，只利用电池进行功率输出，使其达到零排放的要求。串联式结构的不足是：发动机的输出需全部转化为电能再变成驱动汽车的机械能，由于机电能量转换和电池充放电的效率较低，使得燃油能量的利用率比较低。

目前，串联式混合动力系统在商用车中得到推广应用，但在乘用车上除了通用汽车的 Volt 外其他公司使用的较少。国际上商用车方面代表车型是戴姆勒公司北美客车公司的 Orion Ⅶ型混合动力客车（使用美国 BAE 系统公司的 hybridrive 串联混合动力系统），截至 2010 年已在美国纽约等城市推广 3000 多台，其中纽约市就有 1700 台（Wang，2011）。国内串联式混合动力商用车的代表有湖南南车时代电动汽车股份有限公司（南车时代）混合动力客车 TEG6128SHEV、中通串联式混合动力客车 LCK6112/6120/6110GHEV 等。

与传统柴油客车相比，串联式混合动力客车的油耗和排放均能得到一定程度的降低。美国 Orion Ⅶ混合动力客车与其柴油版传统车的性能比较如表 4-13 所示（Wang，2011）。从性能改善来看，串联式混合动力客车与传统柴油车相比，NO_x、颗粒物、CO_2 排放和油耗分别降低 51.5%、91.7%、31.3% 和 25%。由于 BAE 混合动力系统避免了传统柴油机在急加速过程最容易形成颗粒物的弊端，因此颗粒物排放的降低幅度达到了 90% 以上。燃油消耗由于制动能量回收利用、发动机工况优化等因素获得了 25% 的降低。

表 4-13　美国 Orion Ⅶ客车油耗、排放数据与传统车对比

项目	NO_x 排放（g/mile）	微粒排放（g/mile）	CO_2 排放（g/mile）	油耗（MPG）
传统柴油系统	18.8	0.24	2.84	3.6
BAE 混合动力系统	9.1	0.02	1.95	4.5
降低比例（%）	51.6	91.7	31.3	25

表 4-14 是根据工业和信息化部认定的中机车辆技术服务中心公布的节能与新能源汽车示范工程推荐车型目录整理获得的国内典型串联混合动力城市客车的认证检测结果。由表可以看出，南车时代生产的三款串联式混合动力城市客车，依据车型的不同，节油率在 29%~42%。

表 4-14　国内串联式混合动力客车的节油效果

企业	车辆型号	对比基础车型	节油率（%）
湖南南车时代电动汽车股份有限公司	TEG6128SHEV	TEG6128GJ 型城市客车	29.26
湖南南车时代电动汽车股份有限公司	TEG6129SHEV	TEG6129GJ 城市客车	34.71
湖南南车时代电动汽车股份有限公司	TEG6119SHEV	TEG6119GJ 城市客车	42.24

4.3.2　并联式混合动力技术

并联式混合动力主要是由于驱动车辆行驶的来自于发动机和电动机的动力以机械的方式结合在一起而得名，发动机和电动机可以共同驱动也可以单独驱动车辆行驶。根据机械结构结合点位置的不同，并联构型又可细分为离合器前混合型（构型 1）、离合器后混合型（构型 2）、变速箱后混合（构型 3）、双离合器型（构型 4）和道路混合型（through the road，TTR）（构型 5），示意图参见图 4-20。与串联结构相比，并联结构形式需要变速装

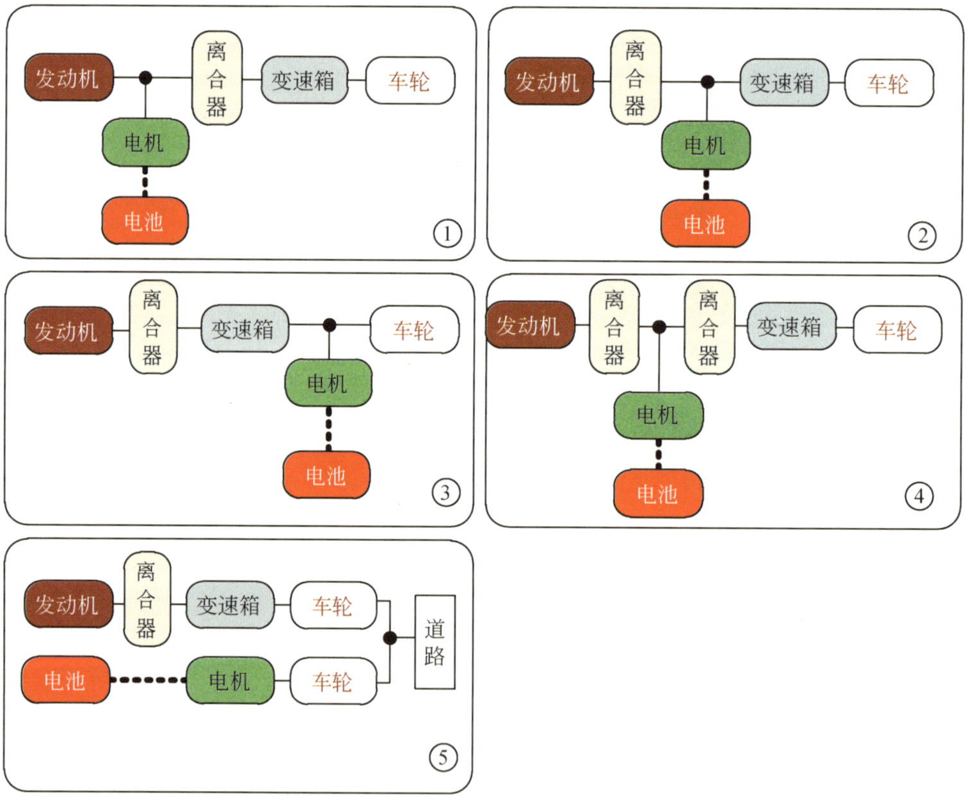

图 4-20　并联式混合动力系统构型

注：离合器前混合型——构型 1、离合器后混合型——构型 2、变速箱后混合——构型 3、双离合器型——构型 4、道路混合型——构型 5

置和动力复合装置，传动机构较为复杂。

其中构型 1 就是前文提到的具有智能启停功能的 BSG 技术和 ISG 技术。有时候将这一结构的车辆称为轻度混合（micro hybrid）和中度混合（mild hybrid）动力汽车。构型 2、3、4、5 所使用的电机功率均比较大，一般会超过驱动功率 30%，由于可以单独使用电力驱动车辆行驶一定的里程，因此称为全混合（full hybrid）系统（专栏 4-12）。

专栏 4-12 不同系统混合比的并联式混合动力系统

轻度混合、中度混合、全混合是按照系统混合比进行的划分，其定义为电机功率在所有动力源功率总和中所占的比例。轻度混合动力中电机功率很小，通常只具备快速启、停发动机功能。中度混合则在轻度混合的基础上增加了电机助力和制动回收能力。在全混合中电机功率已经足够大，可以实现单独驱动车辆，从而使系统具备纯电动能力。

并联式系统具有发动机快速启停模式（stop-start）、纯电动模式、辅助功率模式和再生制动模式等。

只有发动机和混合点之间存在离合器的构型才具备纯电动模式，如图 4-21 所示。当汽车起步蠕行、低速行驶或倒车时，发动机前的离合器分离，发动机不工作，电机为车辆提供驱动力，电池放电。此模式使得发动机在小负荷时可以完全停止旋转，减少了燃油消耗。

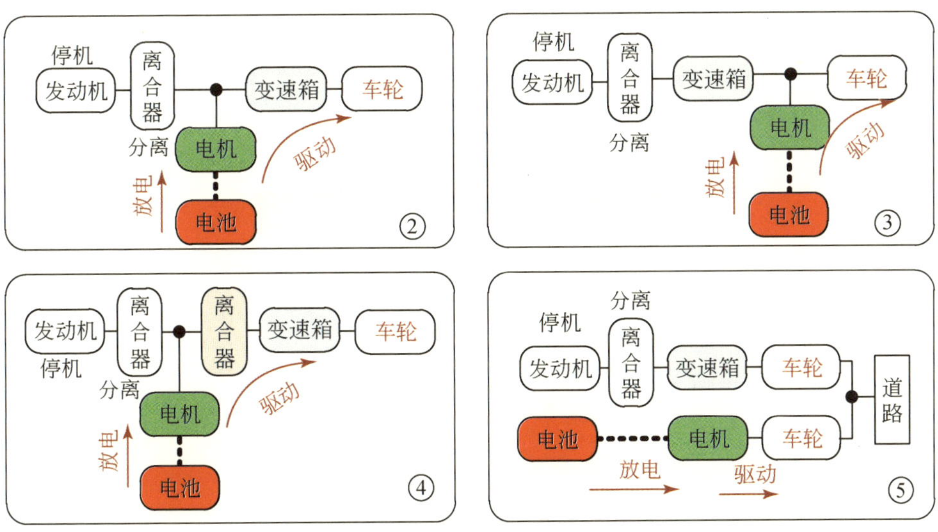

图 4-21 并联构型纯电动模式

发动机通过机械传动机构直接驱动汽车，其能量的利用率相对较高，这使得并联混合动力系统的燃油经济性在车辆设计的经济运行速度下比串联混合动力要高。但由于结构特点所限，并联式混合动力系统的工况变化直接反映到发动机工况的瞬态变化，不利于车辆多变工况下的燃油经济性和排放，因此该种驱动系统最适合于汽车在城市间公路和高速公路上稳定行使的工况，不太适合工况变化较多的路况，如拥堵的城市交通。

目前比较成熟也得到了大规模应用的并联式混合动力技术为乘用车的集成式启动机－发电机（即前文提到的 ISG），如本田公司的 Insigt 和思域（CIVIV）、中国长安汽车的志翔与杰勋、上汽的荣威 750，乘用车采用并联混合动力技术后的节油效果前面已经有所描述，请见 4. 2. 2. 2 ISG 技术章节。

混合动力商用车的代表系统有通用公司的艾利逊混合动力系统、伊顿公司的油电并联混合动力客车系统。国内采用并联式技术的企业包括江淮客车有限公司、东风扬子江汽车（武汉）有限责任公司、丹东黄海汽车有限责任公司、株洲南车时代电气股份有限公司、苏州金龙海格客车、北汽福田汽车股份有限公司、厦门金龙联合汽车工业有限公司、青年汽车客车公司和中通客车控股股份公司等。

装备伊顿公司并联混合动力系统的美国 UPS 公司专递车辆 2009 年在凤凰城完成了一年的运行，美国能源部的跟踪评价结果表明，与传统的柴油车相比，道路实际运行情况下燃料消耗从 23. 06L/10^2km 上升到 17. 96L/10^2km，燃料经济性改善 28. 9%，在检测实验台上综合道路工况循环（combined international local and commuter cycle，CILCC）和中央商业区运行循环（central business district，CBD）的燃油经济性则分别改善 31% 和 34%（Lammerf，2009）。通用公司的艾利逊并联混合动力系统在国王郡（King County）公交系统的运行对比结果表明，并联混合动力系统可以将大型公交车（铰接式）的燃料经济性从 2. 5mpg 提高到 3. 15mpg，改善了 27%（chandler et al.，2006）。

并联式混合动力在中国的客车中采用的比串联式要多。从已经公布的示范车型目录中可以看出，在示范车辆的 76 款混合动力公交车中，串联式方案有 3 款，并联式有 72 款，混联方式有 1 款。图 4-22 为并联式混合动力客车的节油率与电功率比的关系。从图中看出，中国并联式混合动力客车的节油率为 20%～40%，大体呈现电功率比上升、节油率增加的趋势。

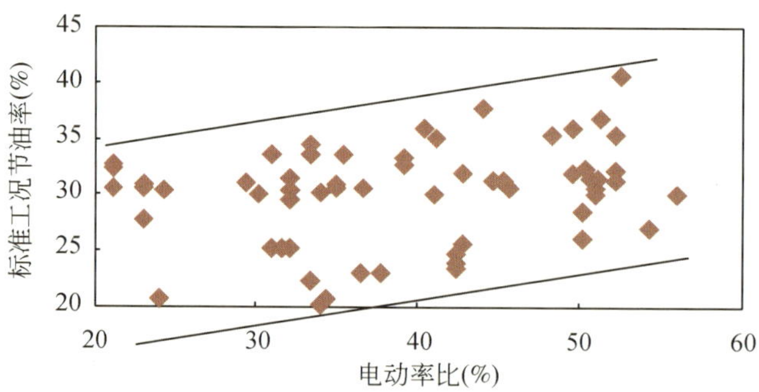

图 4-22　中国并联式混合动力客车节油率统计（公告数据整理）

4.3.3　混联式混合动力技术

混联式混合动力驱动系统是串联式和并联式的综合。发动机发出的功率一部分通过机械传动输送给驱动系统，另一部分则驱动发电机发电。发电机发出的电能输送给电动机或电池，电动机产生的驱动力矩通过动力复合装置传送给驱动系统。混联式驱动系统的运行方案是：在汽车低速行驶时，驱动系统主要以串联方式工作；当汽车高速稳定行驶时，则以并联工作方式为主。

专栏 4-13

丰田公司的混合动力系统 THS 代表了世界最先进的混合动力技术。THS 第二代混合动力系统配备一台最大功率 57kW 的 1.5L 直列四缸汽油发动机，同时搭载了一台功率 50kW、输出扭矩为 400N · m 的电动机。根据美国环境保护局（EPA）公布的新车油耗，二代普锐斯城市工况油耗为 4.6 L/100 km，高速路工况油耗为 4.9 L/100 km 。第三代普锐斯 2009 年初上市，发动机为 1.8L，在动力性能进一步提升的同时，燃油经济性较前一代相比又提高了 8%，约 3.9L/100km。

普锐斯卓越的燃油经济性和排放性能不仅来自于其混合动力系统技术，很大程度上也由于集成了很多先进节能技术，比如采用了阿特金森循环发动机技术，使油耗量减少了 8.5%，并且通过配备冷却式废气再循环（Cooled-EGR），又减少了 1.7% 的油耗，并采用了智能可变气门正时、电动水泵等。

丰田公司的混合动力系统还配置到雷克萨斯和凯美瑞车型。凯美瑞混合动力轿车在 90km/h 定速行驶状态下的油耗是 5.4L/100km，在包括都市路面行驶等状况在内的综合工况油耗是 6.0L/100km，比凯美瑞普通版节油达 41.75%。雷克萨斯 RX450h、GS450H 和 LS 600h 车型实现了 6.3L/100km、7.6L/100km 和 9.3L/100km 的燃油经济性。

丰田公司混合动力技术已经实现了产业化，到 2011 年，在全球销售混合动力轿车超过 300 万辆。2010 年，丰田在全球出售了 753 万辆汽车，其中 69 万辆为混合动力车型，约占 10%。

混联式混合动力驱动系统充分发挥了串联式和并联式的优点，能够使发动机、发电机、电动机等部件进行更多的优化匹配，在结构上保证了在更复杂的条件下系统始终处于最优状态，因此更容易实现排放和油耗的控制目标。与并联式相比，混联式形式更复杂，对动力复合装置的要求更高。目前的混联式结构一般以行星齿轮作为动力复合装置的基本构架。混联技术主要应用于乘用车，如丰田公司的普锐斯和雷克萨斯混合动力轿车（专栏 4-13），也有少量用于商用车，如上汽集团的 SWB6127HE2 混合动力城市客车。中国一汽集团开发的奔腾 B70 混合动力轿车属于混联方案。奔腾 B70 混合动力轿车动力总成由 1.3L 发动机（67kW）和混合动力总成构成，并搭配机械式自动变速器（automatic manual transmission，AMT）。该车城市工况的油耗为 6.9L/100km，综合油耗为 6L/100km，相比汽油版机械变速器（manual transmission，MT）车型油耗降低 37%。

4.4 纯电驱动技术

采用纯电驱动技术的动力系统包括插电式动力系统、增程式动力系统、纯电动动力系统以及燃料电池动力系统。其能源形式如表 4-15 所示。

表 4-15 电驱动动力系统的能源形式

类型	能量源形式	主能量源
插电式混合动力系统	内燃机 + 动力电池	发动机
增程式电驱动系统	内燃机 + 动力电池	动力电池/燃料电池
纯电动动力系统	动力电池	动力电池
燃料电池动力系统	燃料电池 + 动力电池	燃料电池

4.4.1 插电式混合动力汽车

插电式混合动力汽车在常规混合动力系统基础上扩大了电能的使用，电池容量相对常规混合动力系统大，具有一定纯电续航里程（all electric range，AER），可外接充电，可实现城市通勤（AER 里程内）零污染物排放，并有效解决电动车续航能力不足和能源补给不方便等问题。其具有电量消耗和电量维持两种工况模式：电量消耗模式可包括纯电驱动和混合驱动模式，主要消耗电池从外界获得的电能，实现燃油替代；电量维持模式相当于常规混合动力工作模式，动力电池的容量水平维持在一个较为恒定的值附近，工作过程混合动力系统相同，可达到深度混合动力的节油效果。燃油经济性可提升 50% 以上。插电式混合动力是目前被认为通往纯电驱动技术时代的最可行的过渡技术。

国际上典型代表车型有丰田公司的普锐斯插电式混合动力轿车；国内已经成功上市的有比亚迪 F3DM、奔腾 B50 PHEV、和悦 PHEV 和长安志翔插电式混合动力轿车。表 4-16 为国内几款插电式混合动力汽车的性能指标及其与国外产品的比较。

普锐斯插电式混合动力轿车是基于第三代混合动力系统平台开发的，搭载 1.8L 汽油发动机（73kW），并配备了 60kW 的永磁电动机，系统最大输出功率为 100kW。配备了总容量为 5.2kW · h 的锂离子动力电池，额定电压为 345.6V（3.6V × 96 个单体）。该车的综合油耗为 1.8L/100km。

表 4-16 国内几款插电式混合动力汽车的性能指标及其与国外产品的比较

车型	发动机	电池容量（kW·h）	AER（60km 匀速）	综合油耗（L/100km）	节油率（%）
普锐斯 PHEV	60kW	5.2	23.4	1.75（PHEV 工况）	76
比亚迪 F3DM	1.0L，50kW	18	70	2.2	65.4
和悦 PHEV	1.0L，35kW	10	50	2.8	65
荣威 550PHEV	1.5L，50kW	11.8	50	2.7	70
奔腾 B50PHEV	1.6L，74kW	10	45	5	44

比亚迪 F3DM 双模电动轿车搭载 BYD371QA 全铝发动机，升功率达到 50kW，配备了 75kW 的电机，总功率达 125kW。在纯电动的模式下，F3DM 续航里程为 100km，纯电最高时速可达 150km/h，一次充满油和电，总续航里程可达 500km 以上。F3DM 充满电后的纯电动续航里程达 60km。该车的最高时速 160km，百公里耗电 15kW·h。

奔腾 B50 PHEV 基于原型车 B50 开发，采用双电机全混合结构，将发动机由 1.6L 替换为 1.5L 机型，配备输出功率为 40kW 的永磁同步电机，以及容量为 30Ah 的锂离子动力电池。最高车速为 191km/h，0～100km/h 加速时间为 12.5s。以 60km/h 的速度匀速行驶时，纯电动模式续驶里程可达到 45km，而以 40km/h 的速度匀速行驶时，纯电动模式续驶里程可达到 60km，公布的综合模式油耗为 6L/100km。

和悦 PHEV 基于“和悦”轿车，配备最大功率为 35kW 的 3 缸 1.0L 铝制发动机、峰值功率为 60kW 的电机以及 10kWh 容量的磷酸铁锂离子动力电池，纯电续航里程为 50km，0～80 km/h 加速时间在 12s 以内，最大爬坡度大于 30°。可实现 3.2L/100km 的低油耗。荣威 550 插电式混合动力轿车配备了 1.5L 发动机，百公里综合油耗仅 2.7L，比普通版可节油 50% 以上，且可以满足国Ⅴ排放标准。

长安志翔插电式混合动力轿车搭载了 1.5L/65kW 发动机，40kW 电机，配备了 9.6kW·h锂离子动力电池，纯电续航里程可达 80km，燃油经济性为 2.9L/100km，相应的 CO_2 排放 65g/km。

4.4.2 增程式纯电动汽车

增程式电动汽车是一种配有车载供电功能的纯电驱动的电动汽车，以动力电池为主、发动机为辅助动力的汽车。配备的动力电池容量较大，车辆由电机驱动，发动机不直接为汽车提供动力，发动机的作用只是在必要的时候为电池充电。其动力系统由动力电池系统、动力驱动系统、整车控制系统和辅助动力系统组成，由整车控制器完成运行控制策略，电池组可由地面充电桩或车载充电器充电。其工作模式可根据需要工作于纯电动模式或车载供电模式。

由于增程式电动汽车匹配的发动机作用是发电，需要启动时，发动机可连续工作在最佳转速下，输出的功率和扭矩也基本恒定，因而其效率、排放和可靠性等均处在较佳状态，还省去与电动机耦合匹配的成本。系统的电池组容量较大，具有较高纯电动行驶里程，并且还能够有效回收车辆刹车和下坡的能量。同时，电池组能提供足够的功率辅助电动机驱使车辆启动、加速和爬坡。

在纯电动汽车市场化初期，由于充电设施缺乏和充电网络不完善，造成纯电动汽车充电不便，进而限制了纯电动汽车的最大行驶半径。增程式电动车通过增程器使用传统燃油为车辆续航，很好地弥补了这点不足，是一条较为可行的过渡型技术路线。增程式纯电动汽车技术更接近纯电动技术，但电池成本会比纯电动汽车降低很多。增程式电动汽车具有其鲜明的技术特点，它同时兼顾纯电动汽车和混合动力汽车的优点，不仅能保证长距离的纯电动行驶，又能在车载电池系统电量不足时切换成燃油模式继续行驶。其动力系统控制核心是电能使用最大化。

国际典型代表产品是奥迪公司的 A1 e-tron、A5 e-tron quattro 通用公司的 Volt。通用公司开发了串联构型和混联构型的增程式动力系统。串联构型的 Volt 在纯电动模式下，车辆可连续行驶 50km，如果行程超过 50km，则可通过安装在行李舱下方的小型发动机对电池进行充电，增加车辆行程。该发动机排量为 254mL，峰值转速达到 5000r/min，带动可产生 15kW 功率的发电机，二者总重仅 70kg。电控系统可采集目的地、路线概况等行驶数据，以便在需要时自动启动增程发动机。驾驶者还可以根据需要选择打开和关闭增程发动机。增程发动机搭配的油箱容量为 12L，设计增程距离为 200km。混联构型的 Volt 在 112km/h 以下为串联纯电模式工作，当车速需求超过 112km/h 时，电驱动系统关闭，启动发动机驱动模式。

奥迪在原型车 A1 基础上开发了增程式电动轿车 A1 e－tron，配备了功率 45kW（峰值功率为 77 kW）和峰值扭矩 150N · m 的电动机，其百公里加速时间为 10. 2s，最高时速 130km/h，适合在城市工况行驶。纯电动驱动模式下续航里程为 50km。当电池组能量将耗尽时，排量为 0. 245L 的汽油转子发动机能够在 5000r/min 的恒定转速下驱动发电机，使得最大续航里程达到 200km。A1 e－tron 的综合油耗仅为 1. 9L/100km 左右，相应的 CO_2 排放量仅为 45g/km。

国内增程式电动技术已经在轿车和客车上应用。奇瑞汽车开发了数款小型增程式电动轿车（如表 4-17）。2010 年，奇瑞汽车自主成功研发了首款增程型瑞麒 M1-REEV 纯电动汽车，为消费者设计了多种可选择的行驶模式。M1 增程式电动车搭载了 15kW 的增程器，使该车最大续航里程可达 350km 以上。M1-REEV 采用的是转子发动机的增程系统。该系统采用高度集成化设计和智能化控制等技术。

表 4-17　奇瑞开发的系列增程式电动轿车性能参数

参数	M3-REEV	M1-REEV	QQ3-REEV
乘员数	4	4	4
质量（kg）	1050	1150	1000
最高车速（km/h）	80	120	60
最大爬坡（%）	25	25	15
0～50km/h 加速（s）	8	7	17
纯电续驶里程（km）	100（ECE）	104（ECE）	90（ECE）
电机类型	永磁同步电机	永磁同步电机	永磁同步电机
电机功率（kW）	12/18	29/40	3
动力电池类型	锂离子电池	锂离子电池	铅酸电池
动力电池容量（Ah）	60	60	150

增程式电动技术在商用车，尤其是城市客车最为实用，对于短途运行客车，适合采用增程技术，可利用到站的休息时间进行充电，路上运行靠小功率发动机恒转速带动发电机发电补充不足的能量。增程式电动车能有效解决车用空调的能量消耗问题。苏州金龙海格 KLQ6129GQHEV1 增程式电动客车采用传统小功率发动机，对发动机要求较低，无须考虑复杂机械耦合，保障了可靠性。增程式电动客车电池容量只需纯电动车的 30%～40%，成本大幅度下降。也可用小功率充电桩在夜间充“谷电”，不需更换电池，节约充电站和换电池设施建设费用。海格 KLQ6129GQHEV1 能够满足的纯电里程为 50km，其燃油消耗比基础车型降低 30% ～35%，其排放指标和加速性指标都优于基础车型。

专栏 4-14　增程器解决电动客车空调能耗问题

对于纯电动公交车来说，空调用电是一个很大的负担。假设车辆的平均时速是 16km，那么 100km 的路程就需要跑 6 个多小时，而 1 个小时空调要耗电 10kW · h，全程需要 60～70kW · h。纯电动车在不开空调的情况下，100km 的耗电量在 70～80kW · h。而在夏天开空调的时候，耗电量增加到 150kW · h，也就是说纯电动汽车的电池蓄电量很大部分被空调消耗了。而采用增程式，则可通过发动机发电给空调提供动力，减少了电池的用电量。

4.4.3　纯电动汽车

纯电动汽车是指从车载储能装置（车载动力电池、超级电容、飞轮电池等）获得电力，以电机驱动，但同时又满足道路交通安全法规的各项要求，并获准在正规道路上行驶的车辆。

根据车速级别的不同，可将纯电动汽车分为以下类型：车速小于 40km/h 的低速纯电动汽车、时速为 40 ~ 70km/h 的中低速纯电动汽车、时速为 70 ~ 100km/h 的中高速纯电动汽车和时速大于 100km/h 的高速纯电动汽车。

根据用途的不同，还可将纯电动汽车分为以下类型：纯电动轿车、纯电动客车、纯电动货车和一些特殊用纯电动汽车（邮政用车、工程用车、高尔夫球车、游览车等）。

由于纯电动汽车完全由电能驱动，电作为能源载体可实现一次能源多样化，减少或摆脱对石油的依赖，同时在使用阶段没有任何温室气体排放。现在最主要的技术问题主要有以下方面：第一，动力电池比能量（单位质量的电池能量）低，使得运行时需要消耗更多的能量、续驶里程短和降低了整车的动力性能。第二，动力电池充电时间较长，使得整车的机动性能差。另外，动力电池的成本高，成为制约纯电动汽车技术推广的瓶颈问题之一。

动力电池技术是电动汽车发展的核心技术。近几年，锂离子动力电池技术取得了较大突破，在安全性和性价比方面有了较大幅度的提高。以日产为代表的纯电动汽车厂家已经实现了纯电动轿车的批量销售。截至 2011 年 11 月，聆风纯电动轿车已经在全球销售超过 2 万辆，并预计 2012 年总销量将达到 4 万辆。而国内的纯电动轿车仍处于示范推广、技术验证阶段，目前，江淮同悦电动轿车时国内单车型示范规模最大，总量达到 585 辆。

4.4.3.1 特色纯电驱动轿车

（1）天津清源纯电动轿车

天津清源电动车辆有限公司（简称清源）在电动汽车技术研发上取得了重要进展，在“十五”期间研发的中低速纯电动车辆已经出口美国，累计近 3000 多辆。清源已建成年产能 2 万辆纯电动轿车柔性总装生产线和产能 3 万套的动力总成生产线，并开始运行。

“十一五”期间，清源按照美国联邦法规和产业化要求开发了哈飞赛豹高速纯电动轿车（同时能符合我国道路车辆技术要求的车型），配置自主开发双离合器两挡自动变速箱和磷酸铁锂动力电池，最高车速达到 140km/h，0 ~ 100km/h 加速时间为 12s，快速充电 30min 可充满电池容量的 80%，续航里程可达 200km。系统集成度、可靠性、整车性能进一步提高，产品通过了我国电动汽车产品型式认证获得新产品公告，在国内已经开始销售，同时通过了美国联邦法规认证。

（2）奇瑞纯电动轿车

奇瑞汽车股份有限公司开发的风云纯电动汽车，最高车速达 120km/h，2007 年研制的计划出口的瑞虎纯电动汽车，最高车速达 135km/h，奇瑞 S18 纯电动汽车 2009 年 2 月 16 日下线，整车搭载了 336V 40kW 大功率电驱动系统，配备了 40Ah 高性能磷酸铁锂电池，最高车速可达 120km/h，续驶里程达 120km，于 2009 年 9 月份作为大连达沃斯论坛的会议用车。

(3) 长安奔奔纯电动轿车

长安推出奔奔 MINI 纯电动汽车，该车搭载永磁同步交流电机和锂离子动力电池，最高时速可以达到 120km/h，续驶里程 150km，快速充电时间为 0.5h，慢充电时间为 6h，0～100km/h 加速时间为 16s，耗电量为 10kW · h。

(4) 比亚迪纯电动轿车 e6

比亚迪电动汽车 e6 采用 200Ah 磷酸铁锂电池，电机功率为 75kW，电压等级 310V。0～100km/h 加速时间约为 10s，最高车速可达 160km/h。除能使用专业充电站快速充电外，还可以用 220V 电源慢充。采用快速 3C 充电时，15min 能充满电池容量的 80%，续驶里程可以超过 300km。

几种典型纯电动轿车性能参数见表 4-18。

表 4-18　国内外典型纯电动轿车性能参数比较

参数	聆风纯电动轿车	和悦纯电动轿车	比亚迪 e6
乘员数	5	5	5
质量（kg）	1521	1200	2295
最高车速（km/h）	144	95	140
0～100 公里加速（s）	11.9	6（0～50km/h）	10
纯电续驶里程（km）	175（NEDC）	100（60km/h 等速）	300
电机类型	交流同步	永磁直流无刷	永磁同步
电机最大功率（kW）	107 马力	58	90
动力电池类型	锂离子	磷酸铁锂	磷酸铁锂
动力电池能量（kW · h）	24	15	48
能效（kW · h/100km）	21.1	13	21.5

4.4.3.2　特色纯电驱动商用车

相比于乘用车，电动商用车的节油和减排效果更加明显。据有关统计，中国每辆公交车日行驶里程约 220～280km，消耗燃油约 90～120L，相当于 30 辆乘用车的油耗。据统计，在全国，普通公交车只占到所有机动车数量的 1.7%，耗油量却占到所有机动车的 25%，排放量占到所有机动车的 30%；而纯电动公交车使用阶段（TTW）零排放，纯电动公交车单车减少碳排放约 300kg/d（TTW）。应用于公共服务领域的电动商用车也成为我国电动汽车“十二五”期间发展的重点。连续经过奥运会、世博会等大规模示范应用，以及“十城千辆”节能与新能源汽车大规模商业化示范推广工程，电动商用车的产业基本形成。从2008年北京奥运会开始投入50辆纯电动公交车，2010年上海世博会期间投入120辆纯电动公交车，2010年广州亚运会，20辆快换方式电动公交车。科学技术部统计，截至2011年3月，示范城市中应用电动大巴629辆，仅占公共服务领域新能源汽车的7%。培育了五洲龙、宇通、安凯、金龙等骨干电动商用车生产企业。各型电动商用车参数见表4-19。

表4-19　电动商用车参数比较

参数	奥运用纯电动客车	宇通 ZK6129EGQA	比亚迪 K9	五洲龙 FDG6113EVG
整备质量（kg）	13 700	11 500	18 000	14 200
最高车速（km/h）	80	80	70	75
0～50km/h 加速时间（s）	22	20	23	23
纯电续驶里程（km）	180		250（城市工况）	150
电机最大功率（kW）	150	240	180（90×2）	90
动力电池类型	磷酸铁锂	磷酸铁锂	磷酸铁锂	磷酸铁锂
动力电池能量（kW·h）	140	169	200	100
能效（kW·h/100km）	94（40km/h 匀速）	102	130	100

以奥运会为契机，北京市初步探索了一条适合纯电动商用车大规模推广应用的商业模式，形成了包括充电站、电池组快速自动更换、远程安全监控与智能调度和维护保养等系统的纯电动城市客车推广应用工程体系。截至2010年年底，北京市已形成混合动力客车870辆、纯电动客车400辆的示范运行规模（Wang，2011）。

4.4.4　燃料电池汽车技术

燃料电池电动汽车（FCEV）是一种节能、无污染和环保型的汽车，是未来汽车的发展趋势，采用燃料电池作为电源，燃料电池电动汽车整体构造和蓄电池电动汽车基本相同，所不同的是，驱动车辆的电能大部分来自于车载的燃料电池堆，燃料电池堆的发电原理是将氢气和氧气的化学能不经燃烧而直接转变为电能，实际上是一个电解水的逆过程。

根据驱动形式可分为纯燃料电池驱动和混合驱动。目前，燃料电池汽车主要采用的是混合驱动型式，其常见的动力结构有“燃料电池＋动力电池”和“燃料电池＋动力电池＋超级电容”两种。

中国燃料电池轿车采用独具特色“电—电混合”动力系统平台的技术方案，具有“动力系统平台整车适配、电电混合能源动力控制、车载高压储氢系统和工业副产氢气纯化利用”等技术特征。由上海大众、上海燃料电池汽车动力系统有限公司与同济大学联合开发的帕萨特燃料电池轿车在 2008 年 4 月获得国家汽车产品公告，20 辆燃料电池轿车组成的车队在 2008 北京奥运会示范应用并提供交通服务，经受连续 66 天的酷热多雨天气条件与频繁启停城市交通工况的考验。2009 年，完成 2008 年北京奥运示范的 16 辆帕萨特燃料电池轿车赴美国加利福尼亚州进行了为期半年的示范运行。

2010 年上海世博会，集成“新一代”自主知识产权的动力系统平台，上汽集团基于荣威平台的“上海牌”燃料电池车、上海大众基于帕萨特的燃料电池轿车、一汽轿车基于奔腾的“红旗牌”燃料电池轿车和长安集团基于志翔的燃料电池轿车组成 70 辆的燃料电池轿车车队在上海开展中国最大规模的面向世博会的燃料电池轿车示范应用。

中国燃料电池轿车在动力性、续驶里程等基本性能指标方面与国外的车型基本相当，最高车速都在 150 ~ 170km/h，百公里加速时间也基本在 10 ~ 15s。但是由于国外开始采用 70MPa 车载储氢系统，一次加注的续驶里程大大提高。从动力系统的基本配置来看，最大的差别在于燃料电池发动机的功率输出能力与电机的转矩输出能力上。其中外国的燃料电池发动机的功率输出能力在 80 ~ 100kW，比国内的 55kW 高出很多，而且具有很高的质量功率密度与体积功率密度指标。同等功率输出能力的电机具有更高扭矩输出能力，约比国内高 50 ~ 80N · m，比例达到 25% ~40% 。详见表 4-20。

表 4-20　国内外燃料电池轿车性能对比

参数	上汽 上海牌	戴克 F-Cell	本田 Clarity	丰田 FCHV adv	通用 Provoq
整车整备质量（kg）	1833	1700	1625	1880	1978
0 ~ 100km/h 加速性能（s）	15	10	11		8.5
最大时速（km/h）	150	170	160	155	160
一次加氢续驶里程（km）	300①	616②	570	830③	483
燃料经济性（kg/100km）	1.2①	1.195③	1.035③	0.91②	1.24③
燃料电池功率（kW）	55	80	100	90	88
储氢压力（MPa）	35	70	70	70	70
冷启动（℃）		-25	-30	-30	-25
电机功率/转矩（kW/N · m）	90/210	100/290	100/260	90/260	150/ -

①中国城市循环工况；②新欧洲循环工况（NEDC 工况）；③美国环保署测试工况（EPA 工况）

中国燃料电池城市客车研发采用与国际同领域权威单位不同的技术路线，探索对比了能量混合型和功率混合型两种不同的燃料电池混合动力方案，在“十五”相关项目工作的基础上，在“三大系统（电动化底盘、混合动力和整车控制）和三大技术（燃料电池动力系统耐久性、氢电安全性和整车燃料经济性）”取得新突破。整车基于国家标准城市公交循环的氢耗≤8.5kg/100km，达到国际先进水平。在车辆性能和配置基本相当的情况下，生产成本只有国外的30%。我国燃料电池城市客车在加速时间和最高车速等动力性指标方面与国外的车型基本相当，最高车速80km/h居多，0~50km/h加速时间在20s左右。续驶里程适中，一般在250~400km，氢耗指标有一定优势，储氢瓶的最高压力均为35MPa。电动轮驱动是一新的辅助趋势。详见表4-21。但总体来看我国在燃料电池发动机、动力蓄电池、电驱动系统、氢系统和电动化辅助系统等方面的集成化工程设计方面与国外还有比较大的差距。

2008年4月，由清华大学与福田等单位联合研制的燃料电池城市客车获得国家汽车产品公告，3辆燃料电池城市客车圆满完成了包括2008年北京奥运示范在内的在北京公交线路为期1年的商业化示范运行任务，累计运行超过6万km。另外，上汽集团联合清华大学与同济大学成功在国际竞标中成功获得联合国开发计划署上海燃料电池城市客车示范项目的车辆研制任务，研制的6辆燃料电池城市客车2011年开始在上海进行为期3年的示范运行。

表4-21　国内外燃料电池城市客车性能对比

参数	北汽集团	奔驰 Citaro FC	奔驰 Citaro FC-Hybrid	AC Transit FC-Hybrid	Toyota FC-Hybrid
整备质量（kg）	14 200	14 200	13 200	16 330	11 600
0~50km/h 加速（s）	25	20			0~40km/h，9.3
最高时速（km/h）	80	80		113	80
氢燃料消耗（kg/100km）	8.5（中国工况）	20~24（CUTE）	10~14（CUTE）	8.29（运行统计）	9.06（Aichi Expo）
续驶里程（km）	300	>200	预计>250	400	250
燃料电池功率（kW）	100	250	120	120	180
氢瓶压力（MPa）	35	35	35	35	35
电机驱动形式	单电机集中驱动	单电机集中驱动	两轮边电机驱动	双电机合成驱动	双电机合成驱动
电机总功率（kW）	180	205	160	170	160

4.5 结　论

1）中国汽车动力技术目前仍然以传统的内燃机为主，占到了全部汽车动力技术的99%以上。中国汽车动力中，汽油机的数量比例从2005年75%上升到2010年的80%，并且保持继续增加的趋势；乘用车中99%以上以汽油机为动力，其中排量小于1.6L的汽油机比例高达70%；柴油乘用车主要集中在SUV车型；商用车73%以上为柴油机驱动。大型客车、中型货车、重型货车的99%为柴油动力；汽油商用车主要来自于微型货车、轻型货车和轻型客车；机动车动力系统电动化进入起步阶段，两轮机动车电动化比例超过 50%，初步实现了电动化。

2）中国汽车消耗的汽油和柴油量呈现的增长势头，其中汽油的增长速度低于柴油，柴油消耗量高于汽油消耗量。中国汽车消耗的汽油占汽油消耗总量的 85% 以上，其中乘用车占 84%，客车占 6%、货车占 10%；中国汽车消耗的柴油占总柴油消耗的比例已经上升到 40% 以上，其中货车占 85%、客车占 14%、乘用车占 1%；由于替代能源以及新能源汽车的发展，中国汽车每年还消耗一定量的天然气、液化石油气、乙醇、甲醇和电力等。

3）仍有很多高效清洁汽车动力技术在中国仍处于技术研发阶段，其推广应用前景广阔。汽油机均质压燃技术处于研究阶段、汽油机缸内直喷技术与增压技术处于发展初期、可变气门技术处于技术成熟期。智能启停技术得到重视，其中 BSG 技术开发完成，并在部分车型上得到应用，可以将车辆燃料经济性改善 5%~12%，使得部分车辆满足第三阶段法规要求；ISG 技术则能降低车辆燃油消耗 20% 以上，使全部乘用车满足第三阶段油耗法规要求。轿车柴油化面临燃油品质无法满足的瓶颈问题，尚在研究讨论中。

4）混合动力汽车技术在商用车上应用高于乘用车。在乘用车中没有采用串联式混合动力技术，在城市客车中应用时节油率在标准测试工况下可以达到 30%~42%；在中国并联技术的应用高于串联技术，在 76 款公布的商用车车型中，72 款为并联技术，该技术的节油率在 20%~40%。混联混合动力技术在中国的少数车型上有应用，但技术的推广仍不明朗。

5）纯电驱动技术可实现 40% ~100% 的节油效果，已经在中国公共服务、出租车等特种车辆中得到应用。具有可充电功能的 PHEV 汽车技术和增程式电动汽车技术在少数车型上有所应用，如比亚迪的 F3DM、一汽的 B50PHEV 和江淮和悦 PHEV、奇瑞 M1-REEV 等，但仍处于技术验证阶段；纯电池驱动技术在部分特殊用途车辆上得到应用，如示范用轿车、环卫车辆以及城市客车；氢能燃料电池汽车技术在城市客车和乘用车上得到技术验证，在中国的部分城市和区域正在开展技术示范运行。纯电驱动技术的推广应用前景更多的依赖能量储存技术（如电池、电容、氢能储存）的发展。

参考文献

北京清能华通科技发展有限公司 . 2009. 美国混合动力城市客车示范运行评估报告 .

孙立 . 2010. 中国的轻型电动车发展状况 . EVS25 会议论文集 . 深圳 .

张国宝 . 2010. 中国能源发展报告 2010. 北京：经济科学出版社 .

中国汽车工业协会 . 2011. 中国汽车工业年鉴 2010.

中国汽车工业协会 . 2010. 中国汽车工业年鉴 2009.

中国汽车技术研究中心 . 2009. 节能与新能源汽车技术政策研究报告 .

中华人民共和国国家统计局 . 2011a. 2010 年国民经济和社会发展统计公报 .

中华人民共和国国家统计局 . 2011b. 中国能源统计年鉴 2010. 北京：中国统计出版社 .

中华人民共和国国家统计局 . 2011c. 中国统计年鉴 2010. 北京：中国统计出版社 .

中华人民共和国国家统计局 . 2011d. 第六次全国人口普查主要数据公报 .

Chandler K, Walkowicz K. 2006. King county metro transit hybird articulated buses: final evaluation results. http://www.nrel.gov/vehiclesandfuels/fleettest/pdfs/40585.pdf.

Lammerf M. 2009. Twelve-month evaluation of UPS diesel hybird electric delivery vans. http://www.nrel.gov/vehiclesandfuels/floettest/pdfs/44134.pdf.

Wang H W. 2011. Commercialization of Hybrid Electric Transit Bus in North America and China. presentation at US-China clean vehicle cooperation conference. Beijing.

第5章 石油基液体燃料

5.1 引 言

全球范围内，石油不仅是汽车交通所主要依赖的能源品种，也是最主要的一次能源。据国际能源署（International Energy Agency，IEA）公布的世界能源统计数据（IEA，2010a），2008年石油基液体燃料（petroleum-derived fuel①）消费占交通部门终端能源消费的93.5%，交通部门石油消费量占石油消费量的61.4%，石油消费量占一次能源消费量的33.2%。然而，全球汽车交通乃至总体能源消费对于石油的高度依赖，也正面临着能源安全、温室气体排放和常规污染排放等可持续发展问题的严峻挑战。因此，世界主要石油消费国均高度关注石油节约、石油安全保障、石油基液体燃料清洁化和石油替代燃料的发展。

进入21世纪，中国呈现了工业化、城镇化和机动化并举快速发展的态势，汽车交通的大范围普及已经成为了当前时代的鲜明特征。在以汽车交通为主的多种石油需求的共同驱动下，石油消费的总体规模急剧上升。由于国内石油资源相对有限，中国的石油进口量迅速增加。2009年，中国石油对外依存度已经突破了50%。而近年来国际油价的不稳定，更导致了社会各界对能源安全问题的高度忧虑。而在中国一些大城市，汽车尾气已成为了空气中氮氧化物、一氧化碳等常规污染物的主要来源（陆化普等，2008）。此外，石油在中国一次能源消费结构中的地位仅次于煤炭，2009年石油消费量占一次能源消费总量的18%左右②，也将是中国能源温室气体减排的主要着力点之一。

以上这些问题，促使国内外众多专家和学者对石油基液体燃料作为中国汽车交通能源的未来前景产生了种种疑问、思考和看法。目前，这些思考和看法，基本覆盖了其未来前景的全频谱：一些人认为应力争完全摆脱汽车交通对石油的依赖；一些人则提倡适度发展一定规模的车用替代能源，作为石油基液体燃料的有益补充；另一些人则赞成继续单一依赖于石油。可以说，这些思考和看法都有其合理性。但在未来没有真正到来之前，任何人

① 在IEA的统计中命名为oil products

② 与能源折算方法有关。按电热当量法折算，为18.8%，按发电煤耗法折算，为17.9%

都无法证明自己观点的正确性。而如何针对当前已经凸显的问题采取必要的行动，也将比单纯预测未来更为重要。

鉴于此，本章的展望并非立足于精确评判中国石油作为汽车交通能源的前景，而是力争在分析和明了现今基本状态信息（主要关注2000～2009年这一时间段）的基础上，容纳和平衡多方面的观点，对涉及未来发展一些重要事宜进行讨论，更多地展示事物发展的可能方向和内在机制。在此基础上，对石油基液体燃料的未来发展提出一些初步的策略性建议。

此外，还需要指出的是，虽然本章的讨论源于对汽车交通能源前景的关注，但由于实际上石油基液体燃料的发展涉及了从石油生产、石油进口、石油炼制到油品消费的整条能源供应链，而车用油品的供应规模也将受到其他部门油品消费的影响，因此，本章的研究对象界定为包括石油供应和消费在内的整个石油供应链，而并不仅仅局限于车用部分。

本章的内容安排如下：5.1节是引言，阐述研究背景和研究定位；5.2节为发展现状和历史趋势分析，以中国石油的整体流向为线索，对石油资源和原油产量、石油进口和战略储备、石油炼制规模和技术、石油消费总量和构成、国际和国内石油价格以及石油相关环境政策等方面的发展现状和历史趋势进行了文献综述和数据分析，为随后的讨论提供基础信息；5.3节为未来展望和应对策略分析，首先对此前有关中国石油未来发展问题的研究进行了简要综述，随后重点围绕中国石油消费及车用汽、柴油的消费、中国的能源安全约束指标与石油缺口以及石油的常规污染和温室气体减排等几个方面的问题，进行了情景展望和策略分析；5.4节为结论和建议，主要针对中国车用石油基液体燃料的未来发展问题，归纳总结研究所得到的主要启示。

5.2 发展现状和历史趋势分析

5.2.1 中国石油的整体流向

首先，为从物理层面理解中国石油供应和消费的全景，基于《中国能源统计年鉴2010》中的“2009年石油平衡表”，以及王庆一（2010）所提供的交通能源分品种、分部门的统计数据，绘制2009年中国石油的整体流向图，如图5-1所示。

该图中，中国石油供应和消费系统被表达成分品种、分部门的一系列油品物质流。物质流的粗细代表油品规模的大小，不同的颜色区分不同种类的油品。从左到右，这些物质流被从原油供应到成品油终端消费划分为了五个环节。

1）原油供应环节：包括原油的生产、进口、出口、库存以及自用（能源工业的油品消费，包括能源开采、转化和分配等部门，以石油加工部门为主）、运输损失以及工业消费。

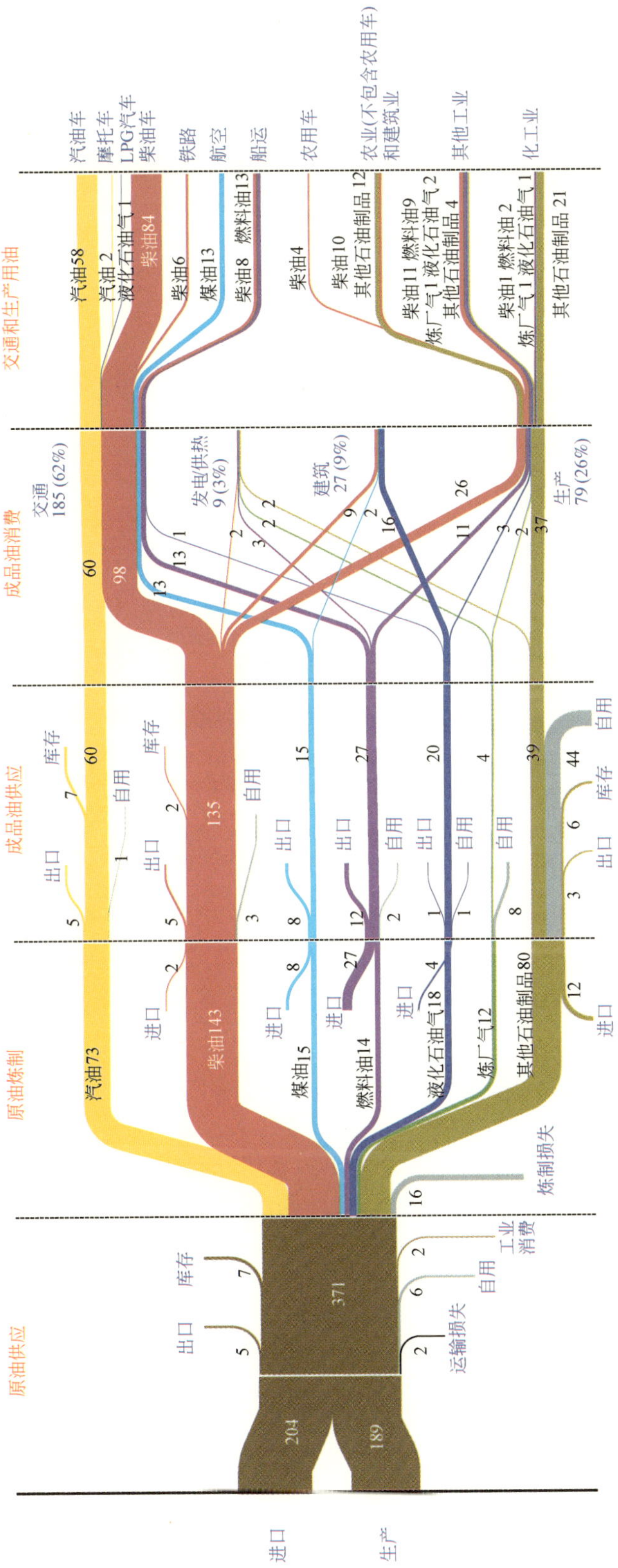

图5-1 2009年中国石油流向图(单位：Mt)

数据来源：中华人民共和国国家统计局能源统计司，国家能源局综合司，2011；王庆一，2010

2）原油炼制环节：原油被炼制成为各种成品油，还有一部分成为炼制损失。

3）成品油供应环节：包括各种成品油的进口、出口、库存以及自用等。

4）成品油消费环节：包括交通、发电/供热、建筑（包括石油平衡表中的服务业、生活和其他消费）和生产（工业、农业和建筑业）等成品油消费部门。

5）交通和生产用油环节：进一步展示了交通部门和生产部门成品油消费的内部结构，交通部门包括汽油车、柴油车、液化石油气（LPG）汽车与摩托车、铁路、航空和船运等用途，生产部门则包括农业和建筑业、化工业和其他工业等三类用途（专栏 5-1）。

专栏 5-1　中国石油流向图对石油平衡表统计数据的调整说明

虽然 2009 年石油平衡表中给出了分品种、分部门的石油消费数据，但由于统计口径原因，必须对这些数据做一些调整。其中，最重要的调整为：

（1）交通部门油品消费量的调整：石油平衡表中，交通部门的油品消费主要来自于交通营运部门的统计数据，而在其他部门中还有一部分油品消费实际上来自这些部门内部的交通工具使用。根据王庆一（2010）的建议，大致可以将工业、建筑业、服务业（包括其他消费）消费的 95% 的汽油、35% 的柴油归为交通用油，而居民生活和农业消费的全部汽油、居民生活消费 95% 的柴油归为交通用油。

（2）工业部门油品消费量的调整：一些能源工业部门的石油消费，在石油平衡表中被划入了工业部门。而实际上，这部分石油消费属于能源生产、转化和分配的自身消耗，而并非真正意义上的终端能源使用。总共有五个部门应从工业部门消费中划出，并归为石油的“自用”，包括：煤炭的开采和洗选业，石油和天然气开采业，石油加工、炼焦和核燃料加工业，电力、热力的生产和供应业，燃气的生产和供应业。而其中，石油自用大部分来自于石油加工、炼焦和核燃料加工业（占 76% 左右）。

从中国石油的总体流向看，石油供应和消费呈现以下几个鲜明特征。

1）原油高度依赖进口。2009 年，中国自产原油 1.89 亿 t，而进口原油规模达到了 2.04 亿 t。

2）成品油主要由国内炼厂提供。2009 年，中国原油炼制得到的成品油为 3.55 亿 t，而总计进口的成品油仅为 0.53 亿 t。

3）成品油消费以交通部门为主，尤其是以道路交通为主。2009 年，中国石油消费总量（包括损失和自用）为 3.85 亿 t，成品油消费为 3 亿 t。其中，交通部门消费成品油 1.85 亿 t，占石油消费总量的 48%，占成品油消费总量的 62%。而道路交通，包括汽油车、摩托车、LPG 汽车和柴油车，占交通部门成品油消费量的 78%。

4）汽油、柴油消费以道路交通为主，而道路交通柴油消费大于汽油消费。从汽油、柴油的消费看，几乎 100% 的汽油都用于了道路交通。而柴油用途相对较为广泛，仅 62%

用于道路交通。道路交通共消费柴油 0.84 亿 t，消费汽油 0.6 亿 t，柴油用量大于汽油。

5）生产部门是成品油消费的第二大部门，其中主要是其他石油制品的消费。2009 年，生产部门成品油消费总量为 0.79 亿 t，石油消费量为 0.81 亿 t（加上原油消费），占成品油消费总量的 26%、石油消费总量的 21%。而在生产部门中，45% 的成品油消费为其他石油制品消费，其中 60% 的其他石油制品消费又来自于化工业；农业和建筑业的柴油消费量相对较大，建筑业还消费了近 1/3 的其他石油制品；在其他工业部门中，建材业（非金属矿物制品业）的成品油消费量最大，主要消费的是燃料油和柴油。

6）石油自用规模较大，其中主要是石油加工业中的其他石油制品消费。2009 年，能源行业的石油自用总量达到 0.66 亿 t，占石油消费量的 17%。其中，83% 的石油自用来自于石油加工、炼焦和核燃料加工业，而该行业其他石油制品的消费占其成品油消费总量的 76%，其中又以石油加工业为主。而石油加工业的石油自用不仅包括石油炼制过程的燃料和原料消耗，也包括了石油炼制环节化工生产的原料消耗，例如石脑油和部分烷烃等。

5.2.2　中国石油资源和原油产量

就全球范围内看，根据英国石油公司（BP）的统计，全球探明石油储量（常规石油，包括天然气液和加拿大油砂）在过去十多年内持续增长，2009 年达到 1817 亿 t（BP，2010）。而石油和天然气杂志 2009 年底公布的全球石油探明储量的数据更高，为 1847 亿 t（IEA，2010b）。据 IEA 估计，全球常规石油的最终可采储量为 4880 亿 t，也就是目前仅探明了其中约 1/3（IEA，2008）。若进一步计入勘探开采技术的进步和非常规资源，全球石油的最终可采储量可能高达 8870 亿 t（专栏 5-2）。

专栏 5-2　世界石油资源和非常规石油

（a）IEA 的《世界能源展望 2008》中对世界石油资源的判断（摘录）

世界石油资源依然丰富。截至 2007 年底，全球石油和天然气凝析液的剩余探明储量为 1600 亿～1800 亿 toe，其中包括约 300 亿 toe 的加拿大油砂。全球石油和天然气凝析液的剩余探明储量自 20 世纪 80 年代以来几乎翻了一番，其中大部分源自 80 年代欧佩克国家对其数据的修订，而 90 年代以后一直以稳健的速度增长。尽管自 2000 年以来石油勘探投入的增加（得益于高油价）和开采技术的进步进一步提高了石油资源的探明速度，但由于需求的快速增长，每年探明的石油资源量还是远低于同期的石油生产量。

最终可采的常规石油资源，包括已发现油田的最初探明和概算储量、储量增长以及有待发现的石油储量，预计在 4800 亿 toe。到目前为止，这些总量中只有 1/3 被开发生产。尚未发现的资源约占2/3，据估计，其中最多的资源分布地带位于中东、俄罗斯和里海地区。而迄今为止，几乎尚未开发的非常规石油资源也很丰富，1400～2700亿toe的油砂和超重油最终是可经济开采的。这些资源大部分集中在加拿大（主要在艾伯特省）和委内瑞拉（在奥利诺科重油带）。长期来看，石油资源的潜在可采储量（包括常规石油、超重油、油砂和油页岩等在内）预计可达8900亿toe。

（b）什么是油页岩、重油和油砂（陈俊武等，2009）

油页岩是由矿物质和有机质组成的可燃性矿产资源。矿物质的组成十分复杂，主要包括石英、高岭石、蒙脱石和伊利石，还包括外来的黏土、沙子和盐类等。有机质均匀地分散在矿物基质之中，主要包括油母和沥青，以油母为主。

重油或称稠油，是指高密度（API密度小于22）、高黏度（黏度大于10mPa·s）、高含沥青质（高分子非烃化合物，含原油中大部分硫和90%的重金属）的原油。特重原油是指API密度指数小于10的重质原油。

油砂沥青或称油砂，是天然沥青和沙子、泥土的混合物。从油砂沥青中抽提出来的天然沥青具有重质原油的特征，但密度、黏度均高于重质原油。

虽然全球石油资源依然丰富，短期内不太可能出现石油峰值（根据石油峰值理论，当已开采的资源量超过1/2时，石油产量将迅速下降）。但问题在于，世界石油资源的地域分布严重不均衡。大约57%的探明石油资源集中在中东地区，而北美、欧洲和亚太等主要石油消费地区的资源较为缺乏（BP，2010）。全球石油供应对于局部地区尤其中东石油出口的高度依赖，可以说是历次世界石油危机和油价波动的根本原因之一。另外，随着易开采的常规石油资源量逐步减少，越来越多的石油将来自成本较高的强化石油开采（enhance oil recovery，EOR）和深海石油等，这将导致石油开采成本的逐步增加（IEA，2008），并将驱动长期油价上升。因此，对世界石油的前景而言，未来供需格局和开采成本可能是比资源总量更加关键的因素。

对中国而言，虽然2009年探明石油储量仅为20亿t，储采比仅为10.7（BP，2010），但未来中国石油的资源储量仍有较大的上升潜力。根据2007年公布的国土资源部组织完成的新一轮全国油气资源评价[①]结果，中国最终可采常规石油资源量为212亿t（图5-2，专栏5-3），也就是目前仅探明了其中约1/10。此外，非常规的油页岩和油砂的最终可采资源量估计为120亿t和23亿t，可以作为常规资源的补充。目前，中国石油的资源勘探和生产已经进入稳步增长期，2030年前原油产量有望稳定在2亿t左右。据中国工程院（2011a）的分析，2050年前将国内原油产量控制在1.8亿～2.0亿t既是一个把握性较高又是较长时间内可以稳定保持的目标。

① 参见新华网关于新一轮全国油气资源评价项目成果的报道：http：//news. xinhuanet. com/newscenter/2008-08/18/content_ 9480784. htm

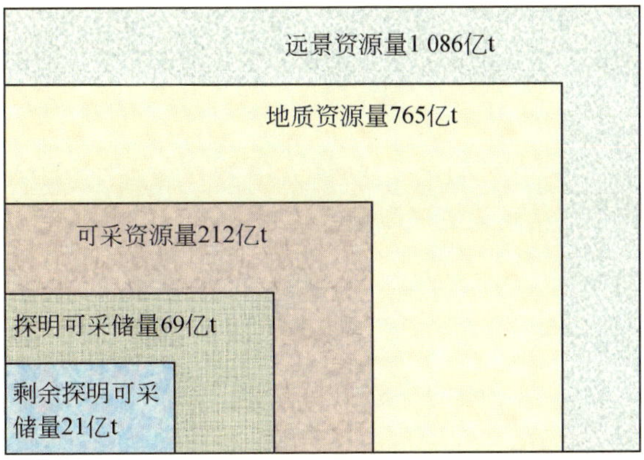

图 5-2　国土资源部统计的中国石油资源量和储量概况

虽然中国的一些传统主力油田，例如大庆油田，可能由于储量耗竭而出现原油产量的持续下降（Tang et al.，2010）。然而，综合考虑未来新油田的勘探开发、石油开采技术进步以及非常规石油资源的开采等方面的潜力，此前学者所预测的 2020 年前可能出现的中国石油峰值（参见本章的 5.3.1.3 节），很可能将被较大幅度地推迟。然而，这一论断必须建立在保证国内原油产量稳定在 1.8 亿 ~2.0 亿 t 这一基本策略的基础上。否则，中国的石油峰值很可能会提前出现。而在 2010 年，国内原油产量已经首次突破了 2 亿 t（国家能源局，2011）。

专栏 5-3　中国石油资源量和储量相关名词的概要解释

2007 年公布的国土资源部组织完成的新一轮全国油气资源评价结果为：中国陆上和近海的 115 个盆地的常规石油远景资源量为 1086 亿 t、地质资源量 765 亿 t、可采资源量 212 亿 t、探明可采储量为 69 亿 t，而剩余探明可采储量约计 21 亿 t。相关名词解释如下：

1）远景资源量：指可能的油气聚集总量，即有可能找到的最大量。在资源评价中，将 5% 概率对应的资源量作为远景资源量。

2）地质资源量：指在目前的技术条件下最终可以探明的油气总量，包括已探明和尚未探明的。

3）可采资源量：指在未来可预见的经济技术条件下可以采出的资源总量。

4）探明可采储量：指在给定的经济、技术和政府法规条件下，已知油气田（藏）中最终投入开发的和尚未开发的两部分。

5）剩余探明可采储量：指已投入开发油气藏，可采储量减去累计采出油（气）量的剩余值。

5.2.3 中国石油进口和战略储备

全球石油资源和石油消费的地域分布严重不均衡，导致了规模巨大且持续增长的国际石油贸易。2009 年，全球石油贸易量（包括原油和成品油贸易）高达 26.1 亿 t，而同期世界石油消费总量仅为 38.8 亿 t。目前，世界主要石油出口地区是中东、原苏联、西非等，主要石油进口地区是美国、欧洲、日本和中国等。

1993 年，中国首次成为了石油的净进口国，此后石油进口量持续增加。1995 ~ 2009 年，中国原油产量仅增加了 0.4 亿 t，石油进口量则增加了 2.2 亿 t，石油对外依存度从 6.6% 增加到了 50.7%（表 5-1）。2009 年，中国石油进口量占全球石油贸易量的 10%，仅次于欧洲（26%）和美国（22%）（BP，2010）。

表 5-1　1995 ~2009 年中国石油的产量、进出口、库存以及消费量

年份	产量（Mt）	进口（Mt）	出口（Mt）	库存①（Mt）	消费②（Mt）	对外依存度（%）
1995	150.1	36.7	24.5	1.5	160.7	6.6
1996	157.3	45.4	27.0	-0.7	176.4	10.8
1997	160.7	66.0	28.2	4.5	194.1	17.2
1998	161.0	57.4	23.3	-2.2	197.4	18.4
1999	160.0	64.8	16.4	-1.2	209.6	23.7
2000	163.0	97.5	21.7	12.4	226.3	28.0
2001	164.0	91.2	20.5	2.6	232.0	29.3
2002	167.0	102.7	21.4	-0.9	249.3	33.0
2003	169.6	131.9	25.4	0.7	275.4	38.4
2004	175.9	172.9	22.4	5.2	321.2	45.2
2005	181.4	171.6	28.9	-1.3	325.4	44.3
2006	184.8	194.5	26.3	3.7	349.3	47.1
2007	186.3	211.4	26.6	4.6	366.5	49.2
2008	190.4	230.2	29.5	18.0	373.2	49.0
2009	189.5	256.4	39.2	22.1	384.6	50.7
总增长	**39.4**	**219.7**	**14.7**	**20.6**	**223.9**	**44.1**

①数据为正表示库存增加，为负表示库存减少；②由表中数据计算得到，和石油消费量的统计数据会有统计上的偏差

资料来源：《中国能源统计年鉴 2010》中的表 5-6

中国的石油进口高度依赖中东和西非等地区，并以原油进口为主。然而与 2008 年相比，2009 年中国从原苏联、亚太和北非等其他地区的石油进口相比略有增加，如图 5-3 所

示。而2009 年中国石油进口中原油的比例从2008 年的82%降低到了80%，这显示为保障能源安全，中国的石油进口的来源和品种都在趋向于多元化。

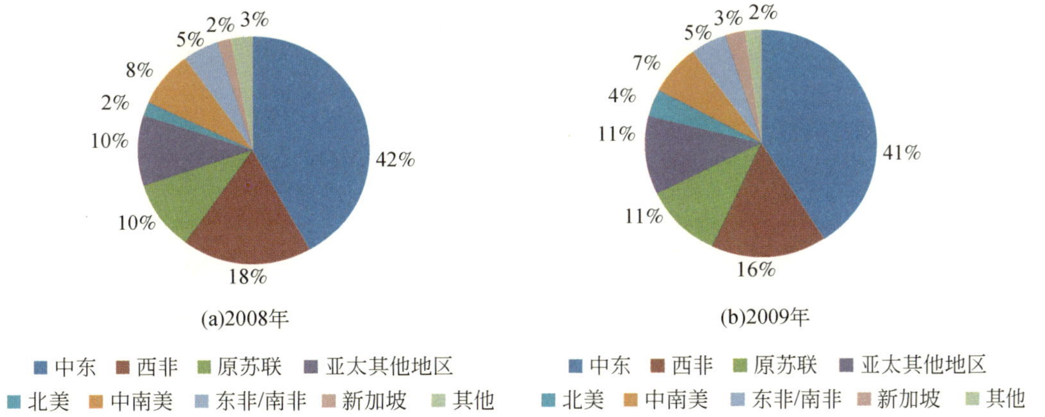

图 5-3　2008 年和 2009 年中国石油进口的主要地区来源

资料来源：BP，2009，2010

建立石油战略储备是石油进口国保障能源安全的基本措施之一。2004 年，中国提出了分三个阶段建立国家石油战略储备（以原油为主）的规划。第一阶段在大连、黄岛、镇海和舟山四个滨海城市分别建立石油战略储备基地的计划，已在 2008 年顺利完成。第二阶段的建设也已经启动。总体项目预计于 2020 年结束，目标是建成 0. 85 亿 t 的石油战略储备，以提供足够 100 天的石油消费，略高于 IEA 国家 90 天石油战略储备的标准。如表 5-1 所示，2006 年后中国的石油库存快速增长。据国家能源局统计，2010 年已建立的国家石油战略储备的规模达到了 0. 23 亿 t（国家能源局，2011）。

此外，国务院 2009 年 5 月出台的“石化产业振兴规划细则”中，明确提出了要抓住当前有利时机增加成品油的国家储备。国家物资储备局原有 10 个成品油主要代储点，大部分分布在中国的东部和中部。中国增加成品油储备网点的计划酝酿已久，部分储备库的建设工作已经开始。云南将在滇南和滇西建设成品油储备库，四川也有建设成品油储备库的计划。

5. 2. 4　中国石油炼制规模和技术

中国石油炼制行业具有原油加工能力（炼油规模）总量规模大而单套装置规模较小的特点。2000～2009 年，中国的炼油规模从 2. 69 亿 t/a 增加到了 4. 18 亿 t/a，年均增长 0. 18 亿 t/a，仅 2009 年一年就增加了 0. 41 亿 t/a（BP，2010）。2009 年中国炼油规模占全球的 9. 5%，仅次于美国（占 19. 5%）。按石油公司的炼油总规模排名，中国化工集团公司（中石化）和中国石油天然气集团（中石油）分别位居世界第 3 位和第 9 位，在亚洲则位居前茅。

装置规模化、大型化已经成为全球原油炼制行业的发展趋势，世界新建炼厂的规模一般在1000万t/a以上。2009年，全球原油炼制业的单厂平均规模为657万t/a（True & Koottungal，2009）。近年来，中石化和中石油的炼油单套装置规模也不断得到提高，2009年分别达到570万t/a和540万t/a，但总体上仍落后于世界平均水平。而除中石化、中石油炼厂以及十大地方炼厂之外，中国还有大量炼油规模在100万t/a以下、技术相对落后的小型炼厂（朱和等，2010）。截至2009年，中国最大的炼厂是中石化下属的镇海炼厂，规模为2000万t/a，全球排名仅19位，即使在亚洲地区也落后于韩国和印度等国的大型炼厂。

在原油炼制装置的技术配置方面，与世界原油炼制加工过程容量比重①的平均水平对比，中国催化裂化②的容量比重较高，这一特征与美国相似；加氢裂化③的容量比重也高于同期世界平均水平；而催化重整④与加氢精制⑤等过程的容量比重明显落后于世界平均水平（段新琪，2007）。这与中国石油炼制行业的历史沿革有关。传统上，中国炼厂的装置主要是针对国内生产的低硫、重质原油进行配置，并不重视清洁的交通液体燃料（例如低硫汽、柴油）的生产。因此，中国炼厂的技术配置特点是催化裂化比重高，而催化重整比例低。近年来，为适应大量中硫、高硫的进口原油，以及不断增长的清洁交通液体燃料的需求，中国炼厂在扩张规模的过程中，开始逐步引入催化裂化、加氢裂化和焦化等方面的先进技术。然而，提高油品质量和脱除杂质（例如脱硫）所需的加氢处理和加氢精制等技术的应用则相对缓慢。为适应原料和油品需求的变化，中国的炼厂还应持续改善技术配置，重视轻质、清洁的液体燃料的生产，并不断努力降低单位产出的原油消耗量（Walls，2010）。

中国炼厂的技术配置目前面临的一个突出问题是柴汽比的限制。近年来由于柴油需求旺盛，导致需求侧柴汽比迅速提高。2005年以后，需求侧柴汽比达到了2.2以上（图5-4）。从原油炼制环节提高供应侧的柴汽比是匹配需求侧柴汽比变动的重要途径之一，然而国内具体操作起来面临一定的障碍。因为炼厂的设计与建设都是针对特定的原油品种以及特定产品类型（如当时的需求侧柴汽比），一旦建成并投产，其柴汽比的调节范围就相当有限。

在炼厂原料确定的情况下，采用加氢裂化和流化催化裂化等二次加工过程可以在一定

---

① 某炼油加工过程的容量比重是指该加工过程容量占常压蒸馏容量的比重

② 催化裂化是在热和催化剂的作用下使重质油发生裂化反应，转变为裂化气、汽油和柴油等的过程；它是石油炼厂由重质油生产汽油的主要过程之一

③ 加氢裂化是在加热、高氢压和催化剂存在的条件下，使重质油发生裂化反应，转化为气体、汽油、喷气燃料、柴油等的过程。加氢裂化原料通常为原油蒸馏所得到的重质馏分油，也可为渣油。其主要特点是生产灵活性大，产品产率可以用不同操作条件控制。设备投资和加工费用高，应用不如催化裂化广泛

④ 催化重整是指在加热、氢压和催化剂存在的条件下，使原油蒸馏所得的轻汽油馏分（或石脑油）转变成富含芳烃的高辛烷值汽油（重整汽油），并副产液化石油气和氢气的过程。催化重整是提高汽油质量和生产石油化工原料的重要手段，是现代石油炼厂和石油化工联合企业中最常见的装置之一

⑤ 石油产品最重要的精制方法之一。指在氢压和催化剂存在下，使油品中的硫、氧、氮等有害杂质转变为相应的硫化氢、水、氨而除去，并使烯烃和二烯烃加氢饱和、芳烃部分加氢饱和，以改善油品的质量。有时，加氢精制指轻质油品的精制改质，而加氢处理指重质油品的精制脱硫

程度上调节产出中的柴汽比。而从国际经验来看，加氢裂化具有更宽的调节范围，而流化催化裂化则更适合提高汽油的产出比例。欧洲炼厂的裂化处理以加氢裂化为主，通过高压加氢裂化装置增加柴油产量；美国炼厂主要是采用中低压加氢裂化，能够同时提高汽油产量和柴油质量；而在中国，炼厂主要使用流化催化裂化装置对常减压蒸馏后较重的馏分进行进一步处理。虽然通过对催化剂的改良和相关技术创新的应用，中国也实现了很高的供应侧柴汽比，甚至超过了欧洲。然而，考虑到工艺过程的固有特性，2.1 左右的柴汽比已经接近中国炼厂目前以常减压、催化裂化为主而加氢能力不足的技术配置所能达到的极限（孙仁金等，2009）。

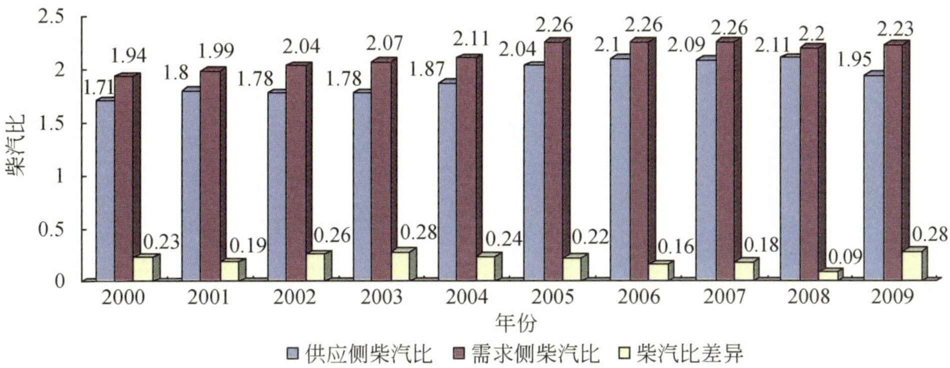

图 5-4　中国供应侧与需求侧柴汽比的比较（2000 ~2009 年）

资料来源：中华人民共和国国家统计局能源统计司，国家能源局综合司，2010，2011

因此，其结果是近年来中国供应侧柴汽比与需求侧柴汽比之间出现了一定的矛盾，并导致了汽油生产过剩并用于出口（表 5-2）。与此同时，中国炼厂也显著降低了燃料油的产出（表 5-3），导致了大量的燃料油进口，而炼油损失和其他石油制品的产出也有所提高。从交通液体燃料的产出看，2009 年中国炼厂汽、柴油的产出率、交通液体燃料（汽、柴、煤油）的产出率仅为 58.2% 和 62.2%，而 2009 年欧洲达到了 59.9% 和 66.5%，北美地区则达到了 67.8% 和 75.3%（IEA，2011）。

表 5-2　中国汽油柴油的进出口情况（2000 ~2009 年）　　（单位：Mt）

项目＼年份	2000	2001	2002	2003	2004	2005	2006	2007	2008	2009
柴油进口	0.52	0.55	0.79	1.12	3.04	0.61	0.81	1.74	6.33	1.93
柴油出口	0.78	0.47	1.45	2.44	0.87	1.71	1.03	0.93	0.89	4.79
柴油净进口	**-0.26**	**0.08**	**-0.66**	**-1.33**	**2.17**	**-1.10**	**-0.22**	**0.80**	**5.44**	**-2.86**
汽油进口	0.00	0.00	0.00	0.00	0.00	0.00	0.06	0.23	1.99	0.04
汽油出口	4.68	5.86	6.30	7.54	5.41	5.60	3.51	4.64	2.03	4.92
汽油净出口	**4.68**	**5.86**	**6.30**	**7.54**	**5.41**	**5.60**	**3.44**	**4.42**	**0.05**	**4.88**

资料来源：国家统计局能源统计司，国家能源局综合司，2010，2011

表 5-3 2000 ~2009 年中国原油炼制的投入和产出情况

年份 项目	原油投入量（Mt）	损失[①]（%）	汽油（%）	煤油（%）	柴油（%）	燃料油（%）	液化石油气（%）	炼厂气（%）	其他石油制品（%）
2000	203.1	3.6	20.4	4.3	34.9	10.1	4.5	3.4	18.9
2001	204.1	3.0	20.4	3.9	36.7	9.1	4.7	3.3	19.0
2002	215.8	4.1	20.0	3.8	35.7	8.6	4.8	3.2	19.7
2003	238.4	4.1	20.1	3.6	35.8	8.4	5.1	3.0	20.0
2004	277.4	4.3	19.0	3.5	35.5	7.3	5.1	3.0	22.3
2005	290.4	4.0	18.7	3.5	38.2	6.1	4.9	3.1	21.5
2006	310.5	4.1	18.0	3.1	37.9	5.7	5.6	3.2	22.3
2007	328.3	3.9	18.0	3.5	37.6	6.0	5.9	3.1	21.9
2008	341.0	4.0	18.6	3.4	39.3	5.1	5.6	3.2	20.7
2009	371.1	4.4	19.7	4.0	38.5	3.6	4.9	3.2	21.6

①包括原油运输损失和原油炼制损失两部分

资料来源：中华人民共和国国家统计局能源统计司，国家能源局综合司，2010，2011

5.2.5 中国石油消费总量和构成

中国已经成为仅次于美国的全球第二大石油消费国。2000 ~2009 年，中国石油消费总量从 2.26 亿 t 增至 2009 年的 3.85 亿 t，年均增长 6.1%，2009 年占到了世界石油总消费量的 10.4%[①]左右（美国占 21.7%）。然而，中国人均石油年消费仅约 0.3t，只有世界平均水平的一半左右，落后于石油消费总量超过 1 亿 t 的绝大多数国家（图 5-5）。

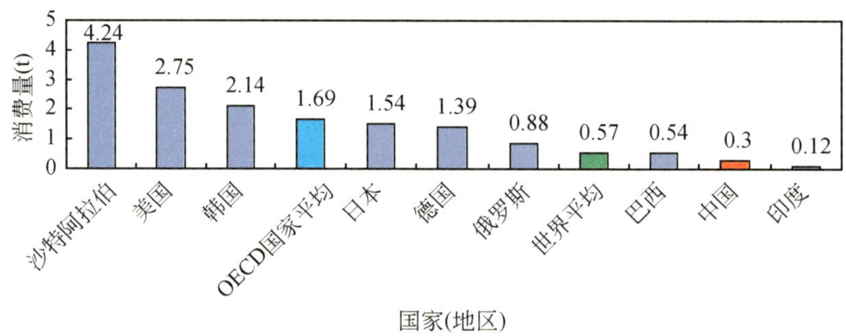

图 5-5 中国的人均石油消费量与国际比较（2009 年）

资料来源：石油数据来自 BP，2010；人口数据来自 Population Reference Bureau，2010；根据 OECD fact book 2009，OECD 国家人口约占世界人口的 18%

① 根据英国石油公司公布的世界能源统计数据，2009 年中国石油消费量为 4.046 亿吨，略高于中国能源统计年鉴的 3.846 亿吨的统计数据

中国石油消费构成的问题较为复杂，因为涉及了众多部门的需求和多种油品的需求。采用与绘制图 5-1 时同样的统计数据处理办法（专栏 5-1），可计算得到 2000 年、2003 年、2005 年、2007 年和 2009 年的中国分部门石油消费构成情况，如表 5-4 所示。期间中国石油消费总量和构成的变化特点可以归纳如下：

表 5-4　中国分部门石油消费构成

石油消费项目	2000 年		2003 年		2005 年		2007 年		2009 年		2000 ~ 2009 年总增长量及贡献率	
	Mt	%	Mt	%	Mt	%	Mt	%	Mt	%	Mt	%⑤
损失	9.1	4	11.3	4	13.2	4	14.8	4	18.1	5	8.9	6
自用	42.5	19	51.9	19	58.2	18	63.4	17	66.5	17	24.0	15
发电/供热	16.0	7	19.1	7	20.1	6	13.1	4	8.8	2	−7.2	−5
农业	**7.0**	**3**	**9.4**	**3**	**12.9**	**4**	**12.3**	**3**	**11.4**	**3**	**4.4**	**3**
农用车			11.0①		10.0②	78③	9.1	74	4.4	58		
工业	**36.8**	**16**	**41.8**	**15**	**44.3**	**14**	**50.5**	**14**	**52.7**	**14**	**15.8**	**10**
化工	15.1	41	20	48	22.2	50	27.4	54	26.8	51	11.7	74
建材	7.8	21	6.8	16	7.8	18	8.4	17	7.3	14	−0.5	−3
建筑业	**6.5**	**3**	**9.7**	**4**	**12.0**	**4**	**14.9**	**4**	**15.6**	**4**	**9.1**	**6**
交通④	**89.3**	**40**	**108.5**	**40**	**142.1**	**44**	**170.6**	**47**	**184.6**	**48**	**95.3**	**60**
汽油车	33.4	37	39.2	36	47.4	33	53.9	32	60.6	33	27.2	28.5
柴油车	34.6	39	43.4	40	60.0	42	72.1	42	83.8	45	49.2	51.7
铁路	2.7	3	3.3	3	4.6	3	5.6	3	6.1	3	3.4	3.5
航空	5.4	6	7.4	7	9.5	7	11.3	7	13.1	7	7.8	8.2
船运	13.3	15	15.1	14	20.6	14	27.2	16	21.0	12	7.7	8.1
服务业	**1.5**	**1**	**1.6**	**1**	**2.1**	**1**	**2.5**	**1**	**2.3**	**1**	**0.8**	**0**
生活消费	**9.4**	**4**	**11.6**	**4**	**13.7**	**4**	**16.8**	**5**	**15.5**	**4**	**6.1**	**4**
城市	7.8	83	9.8	85	10.8	79	13.1	78	11.7	76	3.9	64
农村	1.6	17	1.8	15	2.9	21	3.7	22	3.8	24	2.2	36
其他消费	**6.2**	**3**	**6.0**	**2**	**6.6**	**2**	**7.4**	**2**	**8.5**	**2**	**2.3**	**1**
总计⑥	224.4	100	271	100	325.2	100	366.3	100	383.8	100	159.4	100

①该统计数据高于农业的柴油消费总量，有待进一步考证。2009 年农用车柴油消费按 2008 年数据估计；②由 2003 年（约 1100 万 t）和 2009 年（约 900 万 t）的数据进行线性插值得到；③标为斜体的数据为该部门内部的构成比例；④由于缺乏统计数据，2005 年以前的交通柴油消费构成按 2007 年的比例计算。2008 年摩托车汽油消费 180 万 t，其他年份缺乏统计数据；⑤各部门对期间石油消费总增长（或上级部门的增长）的贡献率；⑥消费量数据可能和表 5-1 存在一定统计上的误差

资料来源：中国能源统计年鉴 2009 和 2010；王庆一，2006 ~ 2010

1）交通部门是石油消费增长的主要驱动力。2000～2009年，交通部门石油消费量占石油消费总量的比例从40%增加到了48%，其消费增长占期间石油消费总增长量的60%。

2）道路交通，尤其是车用柴油的消费，是交通部门油品消费增长的主要驱动力。从交通部门的内部消费构成看，车用柴油消费的增长量占期间交通部门油品消费总增长量的51.7%；其次是车用汽油的消费增长，占28.5%；航空煤油和铁路柴油的消费也持续增长，总计占11.7%；船运的柴油和燃料油消费增长占8.1%，然而2007年后出现了负增长。

3）石油自用量和损失量持续提高，对推动石油消费总量的增长起到了重要的作用。2000～2009年，石油自用和损失量占石油消费总量的比例稳定在22%左右，其总计消费增长量占期间石油消费总增长量的21%，仅次于交通部门。主要原因可以归结为石油行业自身化工原料需求的增长，以及原油炼制和运输规模的不断扩大导致的炼制消耗和石油损失量增加。与此同时，中国能源消费总量接近10%的年均增长，也推动了其他能源部门石油自用的快速增长。

4）工业部门油品消费量稳步增长，对石油消费总量增长的推动作用位居第三位，主要是其他石油制品的消费所导致。2000～2009年，工业部门石油消费量占石油消费总量的比例稳定在14%～16%，其消费增长占期间石油消费总增长量的10%。其中，主要消耗其他石油制品的化工部门消费量，占到了工业油品消费总量的一半左右。在其他高耗能工业中，以建材行业为代表，油品消费总体呈现下降趋势。总体来看，其他工业部门的油品需求较易于被替代，因为对供热、供蒸汽等工业油品消费用途来说，存在众多替代能源可供选择，例如煤炭、天然气和电力等。

5）建筑业的油品消费增长较为显著，也是一个不能被忽略的石油消费驱动因素。虽然建筑业占中国石油消费总量比例仅为3%～4%，然而其消费增长占到了2000～2009年石油消费总增长量的6%。建筑业主要消费其他石油制品，同时也有一些柴油。

6）农业、商业、生活和其他消费部门的油品消费规模也有一定增长。这些部门占石油消费总量比例较为稳定，总计10%左右，其消费增长占2000～2009年石油消费总增长量的8%。这些部门主要消费液化石油气和柴油。农村液化石油气的需求总量虽然小于城市，但增长速度更快。此外，农用车的柴油消费在持续下降，农业机械柴油消费持续上升。

7）发电/供热是唯一石油消费量出现持续下降的部门。主要原因是政策上对石油用于发电/供热的限制以及技术性能相对较差。众多其他发电能源，例如煤电、风电、水电等，均在经济性或者环保性能方面优于油品发电。然而，由于存在调峰以及应急发电等方面的油品需求，中国的燃油发电/供热也不可能被完全替代掉（Leung，2010）。

从分品种石油终端消费构成看（表5-5），2000～2009年中国柴油消费的增长最为显著，占期间石油（包含原油）终端消费总量的44.6%。近年来中国柴油消费的急剧增长，原因主要是柴油的用途较为广泛，而多个部门的柴油需求同时出现了增长，导致总需求巨大。具体原因可归纳如下：

表 5-5　中国分品种石油终端消费构成（2000 ~2009 年）　　（单位：Mt）[①]

年份	原油	柴油	汽油	煤油	液化石油气	燃料油	炼厂气	其他石油制品	总计
2000	6.4	65.8	35.0	8.7	13.9	27.4	5.6	36.7	199.5
2001	6.5	69.2	36.0	8.9	14.1	26.9	5.6	36.9	204.1
2002	6.8	74.4	37.5	9.2	16.2	26.8	5.7	43.3	219.9
2003	8.1	81.4	40.7	9.2	17.9	28.8	5.9	48.6	240.6
2004	8.4	95.6	47.0	10.6	20.1	31.3	6.7	61.0	280.6
2005	8.7	106.1	48.5	10.8	20.4	29.5	7.9	60.0	291.9
2006	9.8	115.2	52.4	11.2	22.0	32.7	8.2	64.6	316.1
2007	9.8	122.7	55.2	12.4	23.2	34.6	8.7	72.0	338.6
2008	11.9	133.5	61.5	12.9	21.1	27.6	8.8	69.7	347.0
2009	8.3	136.0	61.7	14.4	21.5	25.3	9.3	80.3	356.9
总增长	**1.9**	**70.3**	**26.7**	**5.7**	**7.6**	**-2.1**	**3.7**	**43.6**	**157.4**
贡献率（%）	**1.2**	**44.6**	**17.0**	**3.6**	**4.9**	**-1.3**	**2.4**	**27.7**	**100.0**

① 此表中，石油的自用并没有被划分出来。因此终端消费量会略高于此前的图表，尤其是自用较多的炼厂气和其他石油制品

资料来源：中华人民共和国国家统计局能源统计司，国家能源局综合司，2010，2011

1）工业化加速发展、基础设施建设规模巨大，导致货物运输的巨大需求。因此，道路、铁路和船运的货物运输所需的柴油消费急剧增长。这是最主要的原因。

2）城市化、机动化的加速发展，铁路和公交汽车等大容量旅客运输的需求增加，导致客运的柴油消费快速增长。

3）高耗能工业产能扩张，导致柴油需求量上升。虽然会逐步得到替代，但就当前来说，柴油仍然是高耗能工业所需的重要能源品种之一。

4）军事柴油消耗的增长。虽然缺乏统计，但其他消费中柴油消费的增长，估计有一部分来自于军事部门。

5）建筑业所需的机械动力柴油的需求也有一定增长。

6）生活、商业等部门对分布式发电/供热以及应急能源的需求增长。

5.2.6　国际与国内的石油价格

国际市场的石油交易大多以各地区的基准油为定价参考，以基准油在交货或提单日前

后某一段时间内现货市场或期货市场价格加上升（贴）水①作为原油贸易的最终结算价。目前国际上主要的石油现货市场有 5 个：美国、新加坡、加勒比海、地中海以及西北欧。而主要的石油期货市场有：纽约商品交易所、伦敦国际石油交易所以及近年新兴的东京工业品交易所（魏巍贤等，2007）。

影响国际油价的因素众多，其未来变化趋势几乎难以预测。总体上，国际油价仍取决于长期的供需关系。但同时，也受到石油行业周期性波动，以及世界军事和政治局势、金融投机等不确定因素的影响。世界上最近一次的油价波动发生在 2003～2008 年，研究表明，该次油价波动是由石油需求的快速增长、上游缺乏投资、石油炼制能力短缺、地缘政治的不确定性以及美元疲软等众多因素的综合作用所导致（Kesicki，2010）。由于发达国家出现大规模经济衰退而导致石油需求下降，2009 年国际油价（布伦特价格，2009 年美元汇率）从 2009 年的 96.9 美元/桶跌到了 61.7 美元/桶（BP，2010）。然而 2010 和 2011 年，国际油价再度攀升，表明国际油价尚没有趋于稳定。

虽然中国的石油价格已经开始与国际接轨，但中国政府的油价政策仍然对成品油的价格有重要影响。可供参考的最近的油价政策是 2009 年 5 月国家发展和改革委员会颁布的《石油价格管理办法（试行）》（以下简称《办法》）。该《办法》主要内容包括：①原油价格由企业参照国际市场价格自主制定。中石油和中石化之间互供原油价格由购销双方按国产陆上原油运达炼厂的成本与国际市场进口原油到厂成本相当的原则协商确定。②国内成品油价格以国际市场原油价格为基础，加国内平均加工成本、税金、合理流通费用和适当利润确定。为了避免国际市场油价剧烈波动导致国内油价频繁调整，当国际市场原油连续 22 个工作日移动平均价格变化超过 4% 时，可相应调整国内汽油、柴油价格。③当国际市场原油价格低于每桶 80 美元时，按正常加工利润率计算成品油价格；高于每桶 80 美元时，开始扣减加工利润率，直至按加工零利润计算成品油价格；高于每桶 130 美元时，按照兼顾生产者、消费者利益，保持国民经济平稳运行的原则，采取适当财税政策保证成品油生产和供应，汽油、柴油价格原则上不提或少提。

在国家政策的干预下，国内的成品油价格受国际油价波动的影响较小，表现为波动滞后以及波动幅度较小，参见图 5-6 所示的 2008～2009 年中的国际和国内油价比较。

虽然燃油税政策并没有在中国得到直接的实施，但已经间接地通过提高油品消费税的形式得到了征收。参考 2008 年 12 月国务院发布的《国务院关于实施成品油价格和税费改革的通知》（以下简称《通知》）。《通知》规定：汽油的消费税增加 0.9 元/L，柴油增加 0.7 元/L。加上原有的消费税，汽油、石脑油、溶剂油和润滑油的消费税将达到 1 元/L，柴油、燃料油和航空煤油为 0.8 元/L。

---

① 在期货市场，现货的价格低于期货的价格，则基差（基差 = 现货价格 - 期货价格）为负数。远期期货的价格高于近期期货的价格，这种情况叫“期货升水”，也称“现货贴水”，远期期货价格超出近期期货价格的部分，称“期货升水率”。如果远期期货的价格低于近期期货的价格、现货的价格高于期货的价格，则基差为正数，这种情况称为“期货贴水”，或称“现货升水”，远期期货价格低于近期期货价格的部分，称“期货贴水率”

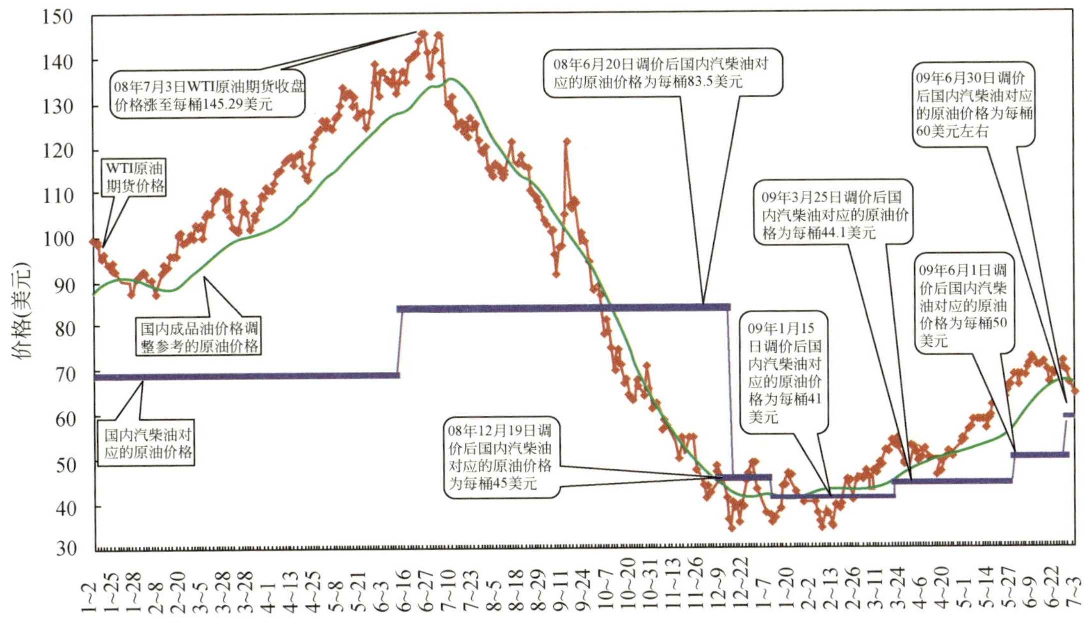

图 5-6　2008 ~2009 年的国际、国内油价比较

资料来源：http：//www. sdpc. gov. cn/xwfb/t20090715_ 290975. htm

与国外相比，以汽油为例，当前中国汽油含税零售价格比美国要高一些，比欧洲要低，原因是欧洲的燃油税率相对较高，而美国较低。而中国汽油的不含税价格与美国、欧洲基本相当，差异主要是由于原油购进成本不同（国家发展和改革委员会，2009）。

5. 2. 7　中国石油相关环境政策

与石油相关的环境政策主要是控制常规污染物排放的机动车尾气排放标准和提高车用能源利用效率的燃油经济性政策等。发达国家的燃油品质标准普遍较为严格，近年来在全球气候变化问题的驱使下，发达国家开始更多地关注温室气体减排问题。据 IEA 的分析，为控制全球升温，将大气 CO_2 浓度控制在 450ppm① 左右，全球石油消费量应在 2020 年前达到峰值并开始下降（IEA，2010b）。

美国国家能源技术实验室（NETL）对美国石油基液体燃料的全生命周期温室气体排放的分析表明，原油开采和炼油等上游环节的温室气体排放量非常少，而燃料最终消耗过程中的排放（移动源，如汽车）占 80% ~84% （NETL，2008）。因此，对于石油的温室气体减排来说，提高机动车的燃油经济性和碳排放控制标准将是首要途径。欧盟

① 1ppm 为 1/1 000 000，体积比

已经提出了 2012 年将乘用车温室气体排放控制在 120g CO_2/km 的目标，并在 2009 年 4 月批准了强制控制乘用车 CO_2 排放和燃油消耗量的执行法案。2009 年 5 月，美国也提出了在 2016 将乘用车燃油经济性提高到 36mpg（约折合 7L/100km）的政策目标（Wang et al.，2010）。

对中国来说，机动车的常规污染物排放问题仍然严重。虽然近年来中国在持续改善机动车尾气排放标准，但与发达国家相比仍有较大差距，尤其是在燃油的含硫量标准上。2008 年 6 月，中国开始执行相当于欧Ⅲ（2000 年）的国Ⅲ排放标准。而机动车尾气污染较为严重的一些大城市，已经开始率先执行更严格的标准。例如，北京已经在 2008 年 3 月开始执行相当于欧Ⅳ（2005 年）的国Ⅳ标准，并准备在 2012 年执行相当于欧Ⅴ（2008 年）的国Ⅴ标准。

按计划，中国将在 2010 年 1 月开始执行汽油含硫量 150ppm 的控制标准，2011 年 7 月开始执行柴油含硫量 350ppm 的控制标准。截止到 2009 年，全国范围内大部分车用燃油的硫含量标准还只是国Ⅱ（相当于欧Ⅱ）水平，即汽油含硫量 350ppm、柴油含硫量 2000ppm。有关学者 2008 年针对华北地区的调研表明，当地油品的抽样中：只有 88% 的汽油含硫量低于 350ppm，只有 41% 的汽油含硫量低于 150ppm；仅有 20.5% 的柴油含硫量低于 2000ppm，仅有 17% 的柴油含硫量低于 350ppm（Zhang et al.，2010a）。在美国，2010 年车用柴油含硫量控制目标为 15ppm。欧盟则在 2009 年就已经将车用柴油的含硫量标准降低到了 10ppm。

在燃油经济性方面，2004 年 9 月中国开始执行第 1 阶段和第 2 阶段的乘用车燃油经济性标准。总体上看这一政策提高车用燃油经济性的效果较为显著，虽然同时也存在对进口豪华轿车和 SUV 车辆的燃油经济性限制不足等问题。最近发表的关于中国第 3 阶段燃油经济性标准的研究中，提出了 2015 年将中国新售乘用车燃油经济性提高到 7L/100km，2020 年进一步达到 5L/100km 的政策建议。同时，也将对 SUV 等车辆执行更为严格的控制政策（Wang et al.，2010）。

虽然中国尚没有承担强制减排温室气体的义务，但在 2009 年哥本哈根的联合国气候变化大会上，中国向国际社会作出了 2005～2020 年单位 GDP 的 CO_2 排放强度降低 40%～45% 的郑重承诺，并已经开始着力执行。这一政策势必将有力促进石油的高效利用以及低碳排放的石油替代燃料的发展。

5.3 未来展望和应对策略分析

5.3.1 中国石油未来发展问题的研究综述

在开展具体分析之前，对近期（2000 年后）关于中国石油未来发展问题的有关研究进行回顾，将有助于拓展视野，并进一步明确边界条件和问题所在。总体来看，2000 年之后发表的研究，主要关注的是石油/液体燃料需求、道路交通石油需求、国内原油产量和能源安全等方面的问题，而综合石油供应、需求和能源安全的整体发展策略的研究尚较为缺乏。因此，这些研究虽然提供了许多有益的启示，但由于彼此尚缺乏足够的关联，尚难以提供中国石油未来发展的全景图像。

5.3.1.1　石油/液体燃料需求

由于石油存在被其他液体燃料替代的可能性，因此对石油需求的研究中，有一些研究称其为液体燃料需求。但预测结果一般都表达为所需的石油的一次能源的数量。一些国外主流研究机构，例如 IEA（国际能源署）、OPEC（石油出口国组织）和 EIA（美国能源信息局），在 2009 年和 2010 年对中国石油/液体燃料需求预测的结果如表 5-6 所示。总体来看，OPEC 的预测结果偏高，IEA 的结果偏低，而 EIA 的结果介于两者之间。

表 5-6　多家机构对中国石油液体燃料需求量预测的结果比较　（单位：亿 t）

数据来源	2010 年	2015 年	2020 年	2025 年	2030 年	2035 年
OPEC，2009	4.13	5.18	6.12	7.02	7.92	
IEA，2009b		4.90	5.57	6.46	7.58	
EIA，2009	4.23	4.98	6.02	6.87	7.62	
平均取值		**5.0**	**5.9**	**6.8**	**7.7**	
OPEC，2010	4.33	5.43	6.52	7.47	8.32	
IEA，2010b		5.28	5.83	6.47	7.12	7.62
EIA，2010		5.15	5.98	6.99	7.93	8.73
平均取值		**5.3**	**6.1**	**7.0**	**7.8**	

注：表中摘录的结果均系线性外推情景

相比 2009 年，2010 年 OPEC 和 EIA 对中国的需求预测结果有所提高，而 IEA（新政策情景）则更趋于保守，主要是考虑了气候变化政策的影响，EIA 的研究则认为国际油价的不确定性将会对中国未来石油需求产生重大影响。

但也有西方学者认为，以上这些预测结果仍偏于保守。例如，Nel 和 Cooper（2008）根据国际经验，绘制了中国人均石油需求的最小增长曲线，并基于 IEA《世界能源展望 2006》的 GDP 和人口预测等数据，与其石油需求的预测结果进行了对比。结果表明，按其最小增长曲线计算，2030 年中国石油需求将可能高达 14.3 亿 t。

由于受到能源安全忧虑等因素的影响，国内的石油需求预测结果一般趋于保守。近期中国工程院关于国家中长期能源战略的研究中，提出了有可能将中国石油需求控制在 2020 年的 5 亿～6 亿 t、2030 年的 6 亿～7 亿 t、2050 年的 7 亿～8 亿 t 的范围内（中国工程院，2011a）。

此外，国外研究普遍认为，交通部门（尤其是道路交通）燃料需求的快速增长将是驱动液体燃料需求增长的主导性因素，而未来的柴油需求量将大于汽油。以 IEA 和 EIA 为例（IEA，2009b；EIA，2010），其研究结果显示：2007 ~2030 年中国的液体燃料需求增量约有 80% 是由交通燃料需求增长所导致的。而 IEA 早先针对中国的专项研究表明，中国乘用车和货运车保有量的快速增长是刺激交通部门燃料需求快速增加的主要原因（IEA，2007）。

5.3.1.2 道路交通石油需求

众多学者对中国未来道路交通石油需求的研究结果彼此相差巨大，主要原因是不同研究对于机动车保有量和使用情况、燃油经济性和替代燃料发展的设定不同。贺克斌等（He et al.，2005）对 2030 年前中国道路交通的石油消费和温室气体排放进行了情景分析。结果表明，中国道路交通的石油消费将持续快速增长，而改善机动车的燃油经济性对于节油和减排二氧化碳至关重要。通过改善燃油经济性，2030 年中国道路交通的石油消费可从 3.6 亿 t 削减至 2.8 亿 t。Wang 等（2010）则估计，通过执行其所建议的第 3 阶段的燃油经济性标准，即 2015 年中国乘用车燃油经济性达到 7L/km，2020 年前可节约 0.392 亿 t 石油。

Zhang 等（2010b）的研究则认为发展生物液体燃料可以进一步极大地节约道路交通的石油消耗：按目前趋势发展的常规（business as usual，BAU）情景下，2030 年道路交通的石油消费将达到 9.92 亿 t；通过推广生物乙醇汽油，可节约 3.92 亿 t；通过改善燃油经济性，可节约 1.35 亿 t；通过发展生物柴油，可以节约 2.04 亿 toe 标油的石油。而本中心的欧训民等（Ou et al.，2010）基于课题研究阶段性成果，设计了 2050 年前中国道路交通石油消费的 6 种情景，其中进一步考虑了煤基燃料、电动汽车与二氧化碳捕获和埋存（CCS）等节油、减排的技术措施。其研究结果认为：2050 年 BAU 情景的道路交通石油消费为 4.12 亿 toe，而若有机结合各种替代情景各自的优点，可最多将道路交通石油消费降低到 1.65 亿 toe。

5.3.1.3 国内原油产量

基于石油峰值理论，国内外学者相继提出了众多峰值预测模型，并用于预测中国原油的储量与产量。其中，使用较为广泛的包括 Hubbert 模型、翁氏（Weng）模型、胡 - 陈 - 张（HCZ）模型等。冯连勇等（2007）对比了以上三类模型的预测结果，结论是采用模型预测得到的结果总体偏于悲观，预计相应的石油峰值最晚也将在 2020 年以前到来。而冯连勇等（Feng et al.，2008）最近的研究结果认为，如果不考虑技术进步，中国石油的峰值可能在 2011 年左右就提前到来。

然而，上述研究普遍对石油勘探开发的技术进步和非常规资源开发缺乏足够的考虑。在中国工程院于 2003 年组织并完成的《中国可持续发展油气资源战略研究》及后续课题中，相关学者结合模型预测和实证校验方法，预测了中国原油年产量的变化趋势，研究结果显示：中国原油高峰年产量在 1.8 亿 ~2.0 亿 t，目前已经进入产量高峰期，并可能延续至 2035 年以后（中国工程院，2003）。中国工程院最近的研究则认为这一产量可以一直延续到 2050 年（中国工程院，2011a）。

近年来国外的研究开始较大程度地受到国内研究进展的影响。IEA 在 2007 年的预测表明，中国的原油年产量峰值约计 1.94 亿 t，大约出现在 2015 年之前，之后原油年产量会以较快速度下降，2030 年将跌至 1.3 亿 t 左右（IEA，2007）；而在 2008 年，根据最新的石油资源评估情况，IEA 调整了对中国原油年产量的预期：新数据显示 2030 年中国的原油年产量仍将保持在约 2 亿 t 的水平（IEA，2008）。

5.3.1.4　能源安全

本章作者此前的研究已经指出（Ma et al.，2011），国家能源安全远比中国目前所采取的鼓励石油公司“走出去”的战略，以及建设石油战略储备、石油多元化和发展替代燃料等措施更为复杂，涉及军事、政治、经济、外交以及技术进步各方面的因素，是一个浩大的系统工程。并且，其中有多项措施需要付出巨大的经济成本。研究所提出的国家能源安全体系框图如图 5-7 所示。图中箭头表示来源项决定和影响指向项，而红色箭头和红点表示需要付出经济成本。

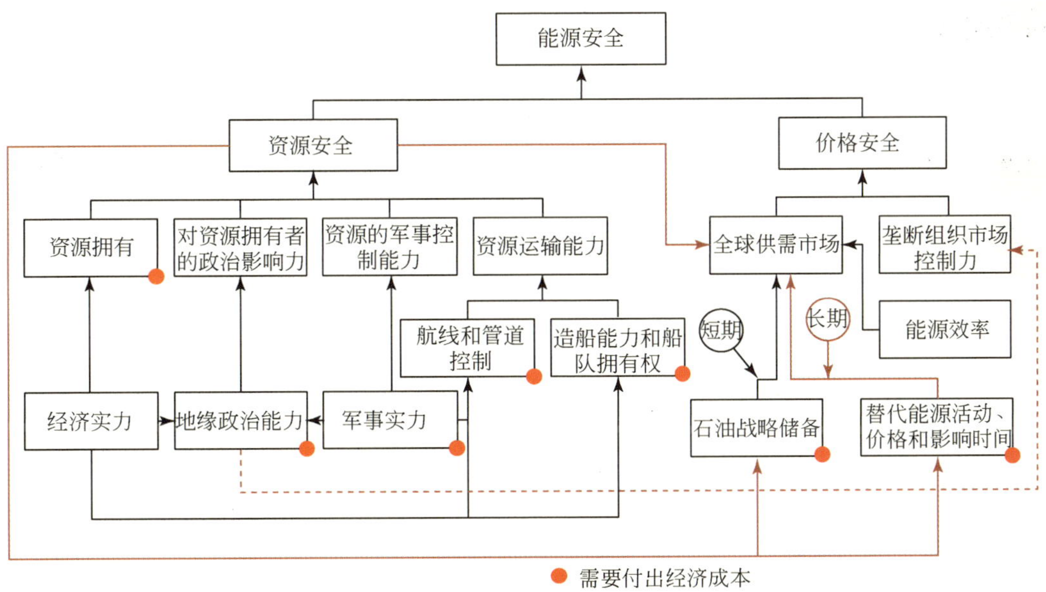

图 5-7　中国能源安全体系框图

总体而言，石油安全包括资源安全和价格安全两个部分，而两者又密切关联。对一个国家来说，资源安全主要取决于其本土及国外资源的直接拥有，以及对资源拥有者的政治影响力、军事控制能力和资源运输能力等因素。影响价格安全的要素包括全球供需市场的供需平衡状况以及国际石油垄断组织对石油价格的操作能力。在需求确定的条件下，全球供需市场又受到资源安全性、战略石油储备量、能源效率、替代能源的发展数量的影响；国际石油垄断组织追求其经济利益最大化，但其控制市场价格的企图和行为受到地缘政治的约束，以及价格过高可能导致需求萎靡、其长期经济利益受损的客观约束。

一些学者也对中国的能源安全措施进行了探讨。例如，Feng 和 Mu（2010）认为目前中国在非洲执行的“走出去”战略，不仅面临经济和外交方面的问题，还涉及文化方面的挑战。Zhang 等（2009）研究了中国石油战略储备的最优规模问题，建议在 BAU 情景下 2017 年石油战略储备应达到 0.44 亿 t；若石油中断风险高，应进一步提高到 0.75 亿 t。而 Wu 等（2010）的研究表明，中国进口成品油的能源安全风险将低于进口原油。

近年来对能源安全的研究还进一步涉及了中国石油需求与国际油价、美元汇率的相互影响问题。Skeer 和 Wang（2007）对 2020 年前中国交通石油需求以及对油价产生的影响进行了研究，结论是中国石油基液体燃料的需求会急剧增长并影响油价，并将极大刺激石油资源开发、石油多元化和替代燃料发展等能源安全措施的推进。Du 等（2010）的研究发现，中国经济发展和世界油价之间的联系比以往任何时候都要紧密，然而看起来中国并没有足够的能力影响国际油价。而 Benassy-Quere 等（2007）的研究指出，中国在全球石油和外汇市场上的崛起，将会对全球石油价格和美元汇率之间的关系产生重要影响。虽然近年来世界油价的波动并没有阻碍中国的经济增长，但根据国际经验，这种情况有可能在将来发生。

5.3.2 中国石油消费及车用汽油、柴油消费的情景分析

从中国石油的发展现状看，若延续目前发展趋势，液体燃料需求势必持续快速增长。由于国内原油增产较为困难，这将导致原油进口量持续扩大，能源安全风险日益增加。因此，中国未来很可能将对石油消费总量进行控制，例如控制在每年 6 亿 ~7 亿 t（中国工程院，2011a），以保障能源安全。为此，中国也面临节油策略上的选择，这也将对车用汽油、柴油的消费量产生重要的影响。

以下将基于分部门、分品种的石油消费预测方法，结合 2030 年前几个可能出现的情景进行分析和讨论：

1）线性外推情景：延续 2000 ~2009 年的历史趋势线性增长的情景；

2）总量控制情景 A：控制石油需求总量在 7 亿 t，并主要强化非交通部门的节油；

3）总量控制情景 B：在总量控制情景 A 基础上，进一步强化交通部门的节油和各种替代燃料发展，进一步将石油需求削减到 6 亿 t。

5.3.2.1 线性外推情景

简单假设 2010 ~2030 年分部门、分品种的石油消耗按 2000 ~2009 年的增幅增长（出现负增长的外推到直至消费量为零），即可得到按历史趋势线性外推的线性外推情景的

2020 年、2030 年石油消费总量和构成情况，如表 5-7 和表 5-8 所示。

表 5-7　线性外推情景下 2020 年中国石油分部门、分品种消费量　（单位：Mt）

项目	原油	汽油	煤油	柴油	燃料油	液化气	炼厂气	其他石油制品	油品合计
损失	29.1								29.1
自用	7.5			1.9		0.5	13.5	74.2	97.5
发电				0.6			3.8	3.7	8.1
农业				16.7		0.1			16.8
工业	3.4	0.3		18.9	6.4	4.9	0.4	37.8	72.0
建筑业		0.2	0.2	4.4	0.3			21.6	26.7
交通		93.8	22.7	166.4	17.4	1.0			301.3
商业		0.1	0.5	1.9	0.0	0.7			3.2
生活				0.6		22.7			23.2
其他				11.3		0.8		0.3	12.4
部门合计	40.0	94.4	23.3	222.5	24.1	30.8	17.7	137.6	590.5

表 5-8　线性外推情景下 2030 年中国石油分部门、分品种消费量　（单位：Mt）

项目	原油	汽油	煤油	柴油	燃料油	液化气	炼厂气	其他石油制品	油品合计
损失	39.1								39.1
自用	8.6			0.8			18.0	101.4	128.8
发电							5.1	5.3	10.4
农业				21.5		0.1			21.7
工业	4.6	0.4		24.8	3.1	6.4		50.7	89.9
建筑业		0.3	0.3	5.9	0.4			30.0	36.8
交通		124.0	31.3	228.8	21.9	1.5			407.4
商业		0.2	0.6	2.5		0.8			4.1
生活				0.9		29.9			30.8
其他				14.8		1.1		0.5	16.4
部门合计	52.4	124.8	32.2	300.0	25.3	39.7	23.1	187.8	785.2

在线性外推情景下，2020 年中国石油消费总量将达到 5.91 亿 t，2030 年进一步达到 7.85 亿 t。2009～2030 年的新增石油需求 56% 来自交通部门，其次是自用（16%）、工业（9%）和损失（5%）等。此外，由于非交通部门的柴油需求持续增长，柴油需求的总增长高于汽油（表 5-9），导致需求侧柴汽比持续增加，2020 年达到 2.36，2030 年进一步达到 2.4。这将进一步加剧目前供需柴汽比例失衡导致柴油供应吃紧的问题。与此同时，其他石油制品需求的快速增长，也将可能导致化工原料的供应吃紧。

表 5-9 线性外推情景下 2030 年前的成品油需求结构 （单位:%）

年份	汽油	煤油	柴油	燃料油	液化石油气	炼厂气	其他石油制品	合计
2009	17.3	4.0	38.5	7.9	6.0	3.3	23.0	100
2020	17.2	4.2	40.4	4.4	5.6	3.2	25.0	100
2030	17.0	4.4	40.9	3.5	5.4	3.2	25.6	100

按线性外推，同样也可以得到线性外推情景下车用汽油、柴油的供应量：2020 年汽油 0.94 亿 t、柴油 1.44 亿 t，占石油消费总量的 40%，其消费增长占 2009 ~ 2020 年新增石油消费总量的 46%；2030 年汽油 1.24 亿 t、柴油 1.99 亿 t，占石油消费总量的 41%，其消费增长占 2009 ~ 2030 年新增石油消费总量的 45%。

5.3.2.2 总量控制情景 A

实际上，按某一时间段的历史趋势简单外推具有较大的局限性。一则中国整体处于动态发展过程中，未来具有巨大的不确定性，很难按照线性发展规律来推测未来；二则需要考虑政策调节的主观能动性，例如节能减排和能源安全政策势必不断加强。例如，根据国家能源局（2011）的统计，2010 年中国石油消费比 2009 年增加了 12.3%，这远远高于 2000 ~ 2009 年的平均增速 6.1%。又如，2007 ~ 2009 年，很多非交通部门的石油需求如农业、商业、生活和高耗能工业，已经开始呈现下降趋势，与此前的趋势相反，反映出节油和石油替代已经有了一定成效。

在总量控制情景 A 条件下，假定未来的政策将在一些可预见的问题上做出相应的积极调整并取得成效，包括：①控制 2030 年石油的总消费量不超过 7 亿 t；②大力强化非交通部门的节油和燃油替代，尤其是柴油的节约和替代；③优先供应交通部门，尤其客运（汽车、航空等）的液体燃料需求，然而交通部门的液体燃料需求也会受到石油消费总量的限制。此外，石油需求的变化也将顺应以下对未来中国宏观经济走势的判断：2020 年前工业化加速发展、基础设施大规模建设的势头将会延续，而此后将趋于平稳发展；2030 年前城市化、机动化一直保持快速发展势头。

对石油消费总量上，假定 2020 年前仍将呈现快速增长并达到 6 亿 t，介于线性外推情景（5.9 亿 t）和表 5-5 的国外机构预测平均值（6.1 亿 t）之间；在 2030 年，假定节能和能源安全的政策将取得较大成效，并将石油消费总量成功控制在 7 亿 t。在此基础上，参考 2000 ~ 2009 年的历史趋势，对 2030 年前中国石油消费分部门、分品种的构成比例变化趋势进行以下情景设定：

1）石油损失：考虑到 2020 年前将是中国炼厂建设的高峰时期，石油损失率可能难以大幅下降。而此后，由于炼厂规模扩张的减缓会有一定改善。因此，设定 2020 年石油损失占比固定 4% 不变，而 2030 年降至 3%，全部为原油损失。

2）石油自用：2000 ~ 2009 年石油自用比例年均降低 1.11%。假定按此趋势变化，则

2020 年降至 15%，2030 年降至 14%（虽然石油自用中化工原料的需求会有所增长，但也存在天然气化工、煤化工甚至进口化工原料等替代途径）。在消费品种上，2000 ~ 2009 年除其他石油制品和炼厂气的比例显著上升外，其他油品消耗比例均呈现下降趋势，但原油比例仍然较高。因此，假定 2020 年消费品种构成为其他石油制品 78%、炼厂气 18%、原油 4%；2030 年为其他石油制品 80%、炼厂气 20%。

3）发电/供热：假定 2020 年降至 1%，此后维持不变，因为油电不可能完全消失。在消费品种上，假定维持目前多元化的趋势：柴油 25%，燃料油 25%，炼厂气 25%，其他石油制品 25%。

4）农业：2005 年之后，农业柴油消费已经出现了下降。假设 2020 年降至 2%，2030 年降至 1%，全部为柴油消费。

5）工业：由于石油替代相对潜力较大，假定按 2000 ~ 2009 年的趋势逐步降低，2020 年降至 11%，2030 年降至 9%。2000 ~ 2009 年，工业石油消费品种比例变化的大体趋势为：其他石油制品消费明显升高，燃料油消费明显降低，而液化石油气和柴油消费有一定增加。假定 2020 年构成比例为其他石油制品 60%、柴油 25%、燃料油 10%、液化石油气 5%；2030 年为其他石油制品 70%、柴油 15%、燃料油 10%、液化石油气 5%。

6）建筑业：考虑 2020 年前为基础建设的高峰期，假定维持在 4%，而 2030 年降至 3%。消费品种比例基本维持现状：其他石油制品 80%，柴油 20%。

7）商业和其他消费：假定固定不变，维持到 2030 年，即商业 1%、其他消费 2%。商业的消费品种比例 2020 年为柴油 75%，液化石油气 25%，2030 年全部为柴油。而其他消费全部为柴油。

8）生活：2007 年以后，生活用液化石油气已经出现了消费量下降的趋势，尤其以城市生活消费的减少更为显著，而农村基本不变。其主要原因应是天然气对液化石油气的替代。因此，假定 2020 年生活消费比例降至 3%，2030 年降至 2%，全部为液化石油气。

9）交通：剩余的差额部分全部分配给交通，2020 年将达到 57%，2030 年达到 64%。在消费品种比例上，2003 ~ 2009 年柴油比例持续上升，液化石油气比例基本不变，汽油比例先降后升，燃料油比例先升后降。考虑道路客运和航空的液体燃料需求会持续较长时间，而道路货运的柴油需求可能在 2020 年之后减缓上升趋势，铁路的柴油消耗随着电气化程度提高会逐步下降，液化石油气和燃油需求上升的空间不大等这些因素，综合判断，假定 2020 年交通消费比例为柴油 55%、汽油 35%、煤油 8%、燃料油 2%；2030 年为柴油 50%、汽油 40%、煤油 10%。忽略液化石油气的交通消耗。

据以上的大致判定，可以得到 2020 年、2030 年整体石油的分部门、分品种消费量如表 5-10、表 5-11 所示。交通部门对 2009 ~ 2030 年石油需求的增长贡献了 83% 左右，其余为自用（10%）、工业（4%）、建筑业（2%）、其他（2%）、商业（1.5%）和损失（1%），而发电/供热（-1%）、农业（-2%）和生活（-0.5%）则出现了负增长。

表 5-10 总量控制情景 A 条件下 2020 年中国石油分部门、分品种消费量预测结果

项目	原油	柴油	汽油	煤油	燃料油	液化石油气	炼厂气	其他石油制品	油品合计
损失	24								24
自用	3.6						16.2	70.2	90
发电/供热		1.5			1.5		1.5	1.5	6
农业		12.0							12
工业		16.5			6.6	3.3		39.6	66
建筑业		4.8						19.2	24
交通		188.1	119.7	27.4	6.8				342
商业		4.5				1.5			6
生活						18			18
其他		12							12
部门合计	27.6	239.4	119.7	27.4	14.9	22.8	17.7	130.5	600

表 5-11 总量控制情景 A 条件下 2030 年中国石油分部门、分品种消费量预测结果

项目	原油	柴油	汽油	煤油	燃料油	液化石油气	炼厂气	其他石油制品	油品总计
损失	21								21
自用							19.6	78.4	98
发电/供热		1.75			1.75		1.75	1.75	7
农业		7							7
工业		9.45			6.3	3.15		44.1	63
建筑业		4.20						16.8	21
交通		224	179.2	44.8					448
商业		7							7
生活						14			14
其他		14							14
部门合计	21	267.4	179.2	44.80	8.05	17.15	21.35	141.05	700

总量控制情景 A 条件下 2009 ~ 2030 年的分品种石油消费量变化如图 5-8 所示，柴油、汽油、煤油等交通燃料的需求总量快速上升，而炼厂气和其他石油制品的需求也有显著增长，燃料油和液化石油气的需求呈现下降。2020 年后，柴油和其他石油制品需求的增长有所减缓。

表 5-12 为扣除原油的损失和直接消费后的 2030 年前中国成品油消费量和比例，可以看到，供需柴汽比例失衡的问题将得到较大程度的缓解。得益于工业、能源等非交通部门柴油使用量的减少，2020 年需求侧的柴汽比将降至 2.0；此后，由于工业化趋于平稳而导致货运需求增长减缓等因素，2030 年进一步降低至 1.49。

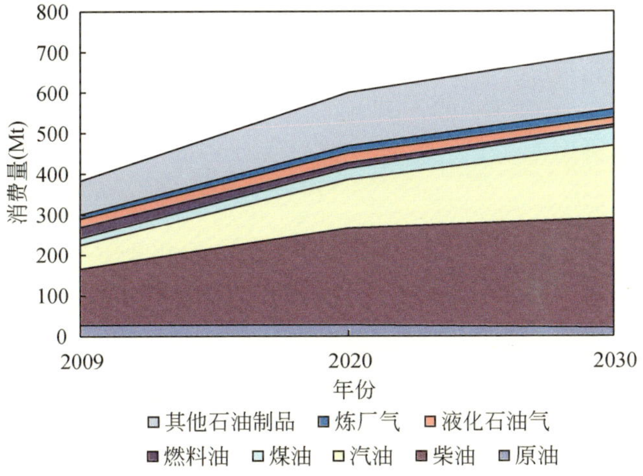

图 5-8　中国石油分品种消费量预测结果（2009 ~2030 年）

表 5-12　总量控制情景 A 条件下的 2030 年前中国成品油消费结构　（单位:%）

年份	汽油	煤油	柴油	燃料油	液化石油气	炼厂气	其他石油制品	总计
2009	17.3	4.0	38.5	7.9	6.0	3.3	23.0	100
2020	20.9	4.8	41.8	2.6	4.0	3.1	22.8	100
2030	26.4	6.6	39.4	1.2	2.5	3.1	20.8	100

考虑铁路电气化趋势以及船运增长较缓等因素，未来交通内部的柴油将更多用于道路交通。假定 2020 年 90% 的交通柴油用于道路，2030 年进一步达到 95%，则可估算出总量控制情景 A 条件下车用汽柴油的供应量：2020 年汽油 1.2 亿 t、柴油 1.69 亿 t，占石油消费总量 48%，其消费增长占 2009 ~2020 年新增石油消费总量的 67%；2030 年汽油 1.79 亿 t、柴油 2.13 亿 t，占石油消费总量 56%，其消费增长占 2009 ~2030 年新增石油消费总量的 78%，均高于线性外推情景的预测值。意味着总量控制情景 A 条件下，虽然石油供应总量减少，却通过非交通部门的节油，能“挤”出更多汽、柴油供给道路交通。

5.3.2.3　总量控制情景 B

在总量控制情景 B 条件下，2030 年石油需求将进一步控制在 6 亿 t 左右，意味着比总量控制情景 A 额外削减 1 亿 t 的石油需求。由于总量控制情景 A 已经充分考虑了非交通部门的石油节约潜力，因此这 1 亿 t 的石油需求量削减将主要来自交通部门，并主要来自道路交通的节能和燃料替代。

由于道路交通节能和车用替代燃料发展的问题将在本书的其他章节详细分析，本章仅限于定性地对总量控制情景 B 条件的实现进行讨论，给出观点和看法，而不开展定量分析。

总体上，交通的石油需求可以用如下公式表达：

$$O = M \cdot \sum_{\text{modes}} \sum_{\text{fleets}} A_m S_{m,f} I_{m,f} F_{m,f}$$

式中：O 为代表石油的一次能源需求，单位为 toe；M 为代表交通需求，货运以 t・km 为单位，客运以人・km 为单位；A_m 为某种交通模式（mode），例如道路、铁路等的交通量承担份额（%）；$S_{m,f}$ 为第 m 类交通模式中，某一类燃油交通工具（fleet）的交通量份额，单位为%，例如道路客运中，可按车重不同进行分类，也可按乘用车和商用车分类；$I_{m,f}$ 为第 m 类交通模式中，f 类燃油交通工具的平均单位运输能耗，单位为 toe/(人・km) 或 toe/(t・km)；$F_{m,f}$ 为由燃油消耗量折算石油一次能源消耗量的系数。

依据此原理，可对交通节油开展如下讨论；

（1）对交通需求进行合理引导

减少总的交通需求 M，可以从根本上减少交通部门的石油需求。对货运来说，可以通过产业布局和物流调度等的优化，减少货运量需求。例如，目前煤炭运输大约占据了 40% 的铁路运力，以及大量的道路运力。通过煤炭利用的坑口化，变输煤为输电、输产品，将减少相当一部分货运需求。对客运来说，优化城市的土地功能空间分布、平衡就业与生活的空间分布、以信息传输代替实际出行（陆化普等，2008）等手段，将有利于减少城市居民交通需求的产生。

（2）实施多层次的交通结构优化

各种交通模式的单位运输能耗相差巨大。例如，根据 2005 年的统计，中国航空运输的单位运输能耗是道路运输的 5 倍左右，而道路运输的平均单位运输能耗是铁路运输的 18 倍左右，是水运的 22 倍（中国工程院，2011b）。而对于城市客运，轨道交通的单位运输能耗远低于道路交通。因此，大力提高铁路、水运的交通量份额，大力发展城市轨道交通，将有利于交通节油。

而对特定的交通模式，各种交通工具间的单位运输能耗也会有巨大差异。例如，公交车的单位运输能耗远低于小汽车，而汽车的单位运输能耗与车的自重、排量有密切的关系。倡导公交优先和鼓励发展小排量汽车，将有利于道路交通节能。

（3）大力提高交通工具的运输能效

以汽车为例，其能效提升还有巨大的潜力。大致估计，汽车中汽油的能量只有 30% 被转化成机械能传送到了车轮上，其余 70% 的能量都在传动系统中损失掉了：包括发动机效率、环保设施耗能以及将扭矩传动到车轮的机械传动效率等（Lovins et al.，2004）。由于汽车使用阶段 2/3 或 3/4 的能量损失都与汽车自重有关，因此车身材料轻量化的节能潜力非常巨大。另一个有效措施是发展混合动力汽车。

此外，汽车的运输能效还和道路状况、载荷率、驾驶员习惯等有关。强化交通出行管理和优化交通调度，鼓励汽车共乘、避免空载和怠速熄火等，改善拥堵情况也有较大的节能潜力。

（4）减少燃油供应的能源损失

提高原油开采、运输、炼制和成品油配送等各个环节的能效，也将有利于减少交通部门的一次石油需求。但相比而言，终端节能的潜力更大，例如上述的减少交通量、交通结构优化和提高交通工具能效等。

初步估计，从石油开采到车轮（汽油车）的整个 WTW 供应链中，经过石油开采、炼制和输配，石油资源含有的能量中只有约 2/3 被有效输送到了机动车的油箱中；最终达到车轮的能量仅有石油资源能量的 1/5，而这 1/5 的能量 90% 以上是用来推动汽车自重，只有不到 10% 用来推动有效载荷（乘客）。因此，最终只有近 1/50 的能量可以有效利用，如图 5-9 所示（倪维斗等，2009）。因此，终端节约一份能量，其效益可能是前端的数倍甚至数十倍，具有“放大”效应。在整个交通节能中，应该把终端节能放在首要的位置。但与此同时，终端节能也往往面临着越往终端走节能的难度越大、见效越慢等问题。

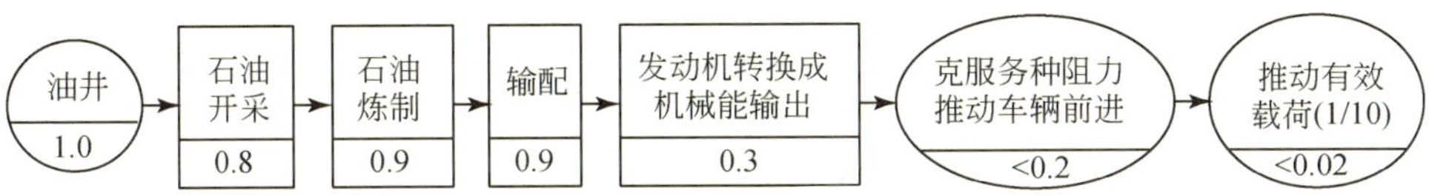

图 5-9　汽车终端节能的“放大”效应

注：矩形表示本环节的效率，椭圆形表示截至本环节的效率累积

除交通节能外，削减交通石油消耗的另一个有效途径是发展各种石油的替代燃料，尤其是车用替代燃料。但应该注意到，目前各种车用替代燃料均处于发展初期，代价/收益的“双重性”是它们的普遍特征：即在替代石油产生正面效益的同时，也往往会带来其他方面的负面代价或风险。例如，煤基燃料的低能效和额外碳排放，生物燃料的原料收集/处理成本和土地、水资源的占用，以及电动汽车的技术创新风险等。因此，车用替代燃料的发展总体上不应优先于交通节能，而应该居次要地位。车用替代燃料的发展规模，需要通过仔细的损益分析来确定，而不是一味越快越好、越多越好。

考虑近中期的技术、经济可行性，在替代近亿吨石油的替代规模要求下，同属化石能源的煤基燃料和天然气可能是较为现实的权宜性选择。而与此同时，也不应放松电动汽车、第二代生物燃料等技术的突破和创新，毕竟它们代表更长远的发展方向（Ma et al.，2009）。

此外，由于目前的车用替代燃料大多是用于替代汽油，而柴油的替代技术较为缺乏。因此，大规模的车用燃料替代有可能导致总量控制情景 A 下原本得到缓和的柴汽比供需矛盾再次激化，这也是有待进一步研究和探讨的问题。

5.3.3　中国石油的能源安全约束指标与石油缺口

目前中国石油的能源安全政策中，尚未提出明确的、类似于节能减排政策中降低能源强度（单位 GDP 能耗）和碳排放强度（单位 GDP 的 CO_2 排放）（新华网，2011）的约束性指标。而采取不同的能源安全约束指标，将会对中国石油的供应总量产生较大的影响，也会进一步影响到车用汽油、柴油的供应量。在较为严格的能源安全约束条件下，未来中国的石油供应总量可能会低于所预期的石油需求总量，出现石油需求上的缺口（以下简称“石油缺口”），需要额外发展石油替代燃料来弥补。

为形象地和定量地展示不同的能源安全约束指标与石油缺口之间的关系，以下设计了6种2030年可能出现的石油供需情景，如图5-10所示。这些情景的设计步骤和主要考虑如下：

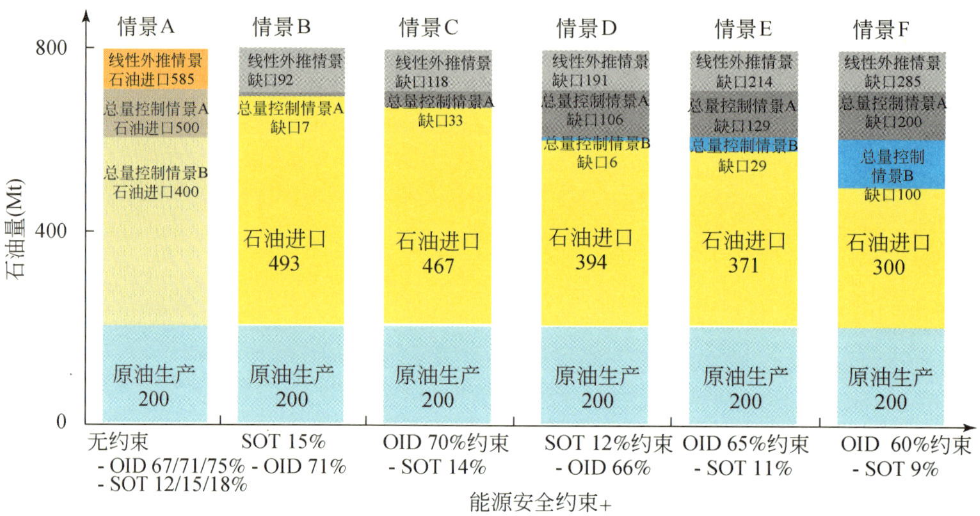

图5-10 不同能源安全约束条件下2030年中国的液体燃料需求的缺口

注：SOT为全球石油贸易量占比，OID为石油对外依存度

（1）基本边界条件设定

国内原油产量：假定2030年国内原油产量稳定在2亿t。

国内石油需求：参考5.3.2节中的三种2030年石油消费情景设定。

国际石油贸易量：考虑与本章统计口径的一致性，采用OPEC（2010）的预测值：2030年全球石油贸易量为32.87亿t。

（2）无能源安全约束情景（情景A）

在没有任何能源安全约束的情况下，中国石油需求与国内原油产量之间的缺口，将完全由进口石油来满足：总量控制情景B需进口4亿t，总量控制情景A需进口5亿t，线性外推情景需进口5.85亿t。

（3）全球石油贸易量占比（SOT）约束（情景B和情景D）

中国的石油进口量实际上受到全球石油贸易量和其他国家石油进口的限制，并不是想要多少就有多少。中国的石油进口量越多，也就意味着在全球石油贸易中占据的份额越高。而要在全球石油贸易中维持一个较高的份额，通常需要在保障能源安全方面付出巨大成本，并需要强大的综合国力作为保障。

1980 年以后美国和欧洲的 SOT 变化趋势如图 5-11 所示。美国 SOT 一直维持在 20% ~25% 左右的水平，而欧洲的 SOT 近年来持续走低，也趋向于 25% 。考虑到这两个综合国力较强的地区也只是维持了 20% ~25% 左右的 SOT，中国想要达到接近这一比例的水平，其难度可想而知。而在液体燃料需求的高情景中，所需的石油进口所对应的 SOT 已经高达 18% 。

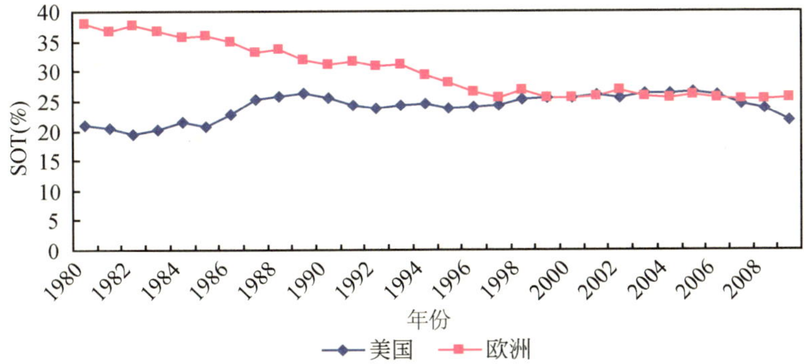

图 5-11　美国和欧洲的 SOT（1980 ~2009 年）

注：1993 年前，欧洲的统计数据不包括现在的中欧地区

数据来源：BP，2010

若设定 15% 的 SOT 作为能源安全约束条件（图中情景 B），所允许的中国石油进口量为 4. 93 亿 t（OID 71%），加上 2 亿 t 的国内原油，足以满足总量控制情景 B 的石油需求。但总量控制情况 A 条件下将出现 700 万 t 的石油缺口，线性外推情景下将有 9200 万 t 的石油缺口。

若设定 12% 的 SOT 作为约束条件（图中情景 D），所允许的石油进口量为 3. 94 亿 t（OID 66%）。即使总量控制情景 B 下也将出现 600 万 t 的石油缺口，而总量控制情量 A 条件下的缺口为 1. 06 亿 t，线性外推情景下的缺口为 1. 91 亿 t。

（4）石油对外依存度（OID）约束（情景 C、情景 E 和情景 F）

OID 的提高，意味着进口石油的总成本增加，而经济发展受到石油中断和国际油价波动的冲击也将加大。在国内关于能源安全的讨论中，OID 是一个常被采用的指标。然而单纯用 OID 来评价能源安全风险也存在不足之处。举正面的例子来说，美国 1980 年以后 OID 持续增加，但 2005 年后达到了 65% ~66% 的峰值。这也是一些国内专家提倡中国控制 OID 在 65% 或者 70% 以下的主要依据。但反面的例子是日本，其 OID 一直接近 100% ，石油供应几乎全部依赖进口。

考虑到中国未来的石油消费总量、进口量和美国更具有可比性，采用 OID 作为能源安全约束指标仍然具有一定的参考意义。若设定 OID 为 70% 作为能源安全约束条件，所允许的石油进口量为 4. 67 亿 t（SOT 为 14%），加上国内原油产量，足以满足总量控制情景 B 的石油需求。但总量控制情景 A 条件下会有 3300 万 t 的石油缺口，线性外推情景的石油缺口达到 1.18 亿 t。

若设定 OID 为 65% 作为约束条件，允许的石油进口量仅为 3.71 亿 t（SOT 为 11%）。此时，即使总量控制情景 B 条件下也将出现 0.29 亿 t 的石油缺口，总量控制情景 A 条件和线性外推情景的缺口分别高达 1.29 亿 t 和 2.14 亿 t。

若设定 OID 为 60% 作为约束条件，允许的石油进口量仅为 3 亿 t（SOT 为 9%）。此时，总量控制情景 B 条件下的缺口为 1 亿 t，总量控制情景 A 条件下和线性外推情景的缺口分别高达 2 亿 t 和 2.85 亿 t。

以上情景分析结果表明，中国的石油供应总量和石油缺口对能源安全约束指标非常敏感，这意味着中国需要慎重选择所采取的能源安全策略。而能源安全约束指标的选取，又与石油需求的情景密切相关。

在线性外推情景下，SOT 高达 18%，OID 高达 75%，能源安全风险较大。若采取 SOT 为 15% 和 OID 为 70% 的能源安全约束条件，石油缺口将达 1 亿 t 左右，仍有希望通过大规模发展石油替代来弥补该缺口。根据中国工程院（2011a）的估计，2030 年中国石油替代规模有望达到 1 亿 t 左右（关于各种车用替代燃料的发展潜力，可参见本书其他章节）。而在更为严格的能源安全约束指标下，所需的石油替代将高达 2 亿～3 亿 t 左右，实现起来困难较大。

在总量控制情景 A 条件下，只需要增加 700 万～3000 万 t 的石油替代（以车用替代燃料为主），就能满足 SOT 为 15% 和 OID 为 70% 的能源安全约束。若能进一步发展 1t 左右的石油替代，还是可以满足 SOT 为 12% 和 OID 为 65% 的能源安全约束条件。但较难满足 OID 为 60% 的约束，因为所需的石油替代规模为 2 亿 t 左右。

在总量控制情景 B 条件下，只需要增加 600 万～2900 万 t 的石油替代（以车用替代燃料为主），就能满足 SOT 为 12% 和 OID 为 65% 的能源安全约束。但在 OID 为 60% 的约束下，所需额外增加的石油替代规模为 1 亿 t。由于总量控制情景 B 已经考虑了交通节能和车用替代燃料发展的潜力，再增加 1 亿 t 的替代量将具有一定难度。

综合起来看，中国的能源安全政策必须与石油消费的总量控制政策紧密结合。基于上述石油需求情景的分析表明，石油进口量占全球贸易量 15% 左右、石油进口依存度 70% 左右，应是中国的能源安全政策至少应该达到的指标。石油进口量占全球贸易量 12% 左右、石油进口依存度 65% 左右，能源安全更有保障，可作为引导性的政策目标进行考虑。而要控制石油进口依存度为 60%，实现起来还有一定的困难。

需要指出的是，以上分析仅考虑了有限的未来不确定性。例如，2030 年前国内原油产量可能会在 2 亿 t 左右发生波动。图 5-12 为 SOT 和 OID 的关系对于国内原油产量变化的敏感性分析结果。图中显示，国内原油产量的下降将导致曲线向右下方偏移，意味着在相同的 SOT 条件下（固定全球贸易量时，SOT 与石油进口量成正比）更高的石油对外依存度。例如，在 SOT 为 15% 时，国内原油产量若从 2 亿 t 降至 1.6 亿 t，石油对外依存度将从 71% 提高到 76%，能源安全风险增加。相反，若国内原油产量从 2 亿 t 提高到 2.4 亿 t，石油对外依存度会从 71% 降至 67%，能源安全风险降低。

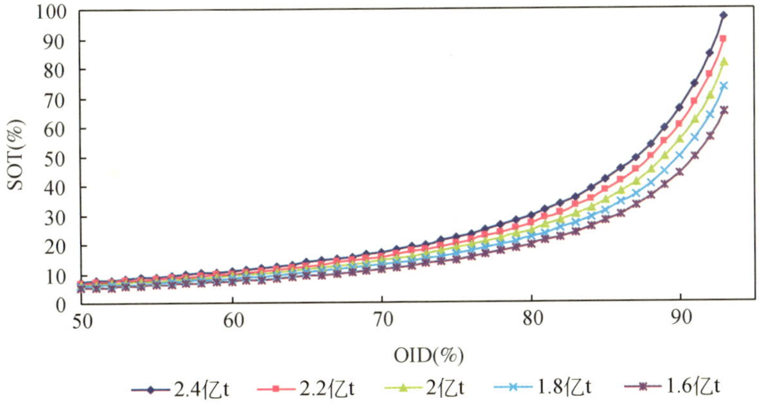

图 5-12　中国 SOT 和 OID 的关系对国内原油产品的敏感性分析结果（2030 年）

然而，若 2030 年前过度提高国内原油产量，虽然可以降低一定时期内的能源安全风险，但很可能将导致石油峰值的提前出现，使得长期能源安全风险极大地增加。因此，中国石油的勘探开发，应主要致力于提高可保证长期稳产的原油产量，而避免产量的波动。

此外，未来的全球石油贸易量、世界石油供需格局等也都存在一定不确定性。全球石油贸易量增加，将在一定程度上有利于中国的石油安全。而相比 OID 而言，进口石油的成本占 GDP 的比例以及石油中断和油价波动对于 GDP 产生的冲击可能是衡量能源安全风险的更为实用的指标。然而，由于中国宏观经济发展、中国石油需求、国际油价和美元汇率等因素之间存在复杂的相互作用关系，国际油价更具有高度的不确定性。因此，此方面的深入研究和探讨还有待在今后的工作中进一步开展。

5.3.4　中国石油的常规污染和温室气体减排

石油供应链的常规污染减排主要在于机动车尾气排放标准的逐步提高并最终与国际接轨，但目前该进程仍受到燃油品质问题的制约，尤其是硫含量问题的制约。ICCT（国际清洁运输委员会）指出，燃料中硫含量过高同时也是限制其他污染物（如颗粒物等）减排的先进技术无法应用的重要原因。

而中国的燃油品质又受制于中国炼油装置的存量结构（段新琪，2007；张德义，2005）。目前，国内汽油中催化裂化汽油所占的比例高达 75% 左右，由于绝大多数催化裂化装置的原料中掺入了一定比例的减压渣油，因此导致催化裂化汽油的硫含量和烯烃含量较高，而低烯烃和低硫含量的重整汽油等调和组分所占的比例低。这是造成中国汽油产品质量较差的主要原因。类似地，柴油产品中十六烷值低（一般不到 40）的加氢催化柴油所占比例将近 50%，部分硫含量较高的直馏柴油直接作为柴油调和组分，是导致柴油产品硫含量高、十六烷值低的主要原因。

加氢处理和加氢精制可以去除油品中的硫和杂质，是炼油厂中提高油品质量的主要工艺。虽然中国近年来加氢处理和加氢精制的容量不断提高，但安装率仍明显低于发达国家或地区。尽管技术上不存在困难，但由于投资成本、市场监管等方面的原因，一些炼厂并不愿意安装更多加氢处理设备。除此之外，燃油品质面临的另一个问题是进口原油中高硫和重质原油比例逐渐上升，而这也是世界原油的总体发展趋势（IEA，2008；OPEC，2009），这将进一步增加中国炼厂提高燃油品质的难度。

对石油供应链的温室气体减排而言，潜力主要在于终端利用环节，即交通节能。但上游环节，包括油田和炼厂，也具有少量的潜力。例如，炼油厂中的常压蒸馏、流化催化裂化、加氢裂化等装置是最主要的 CO_2 排放源。而流化催化裂化一般来讲较加氢裂化的 CO_2 强度更高，因此更多安装加氢裂化不仅有利于灵活调节柴汽比，也将有利于 CO_2 的减排。而如何在石油炼制环节应用碳的捕获和利用、埋存，也是急需研究的重大技术方向。

但总体而言，为了增加交通液体燃料的生产并提高燃油品质，炼厂必需增加额外的工艺流程，由此会增加石油炼制环节的成本和能量消耗。为了实现石油的常规污染物和温室气体减排，除了强调终端节能外，还必须保证上游拥有充足的投资用于改进技术。

5.4 结论和建议

虽然本章以上内容更多的是从整个石油供应链的发展以及整体交通的发展展开分析和讨论，但其研究出发点仍是要探讨其中车用石油基液体燃料的问题。因此，在结论和建议部分，将重点提炼其中对中国车用石油基液体燃料未来发展的主要启示。

5.4.1 主要结论

5.4.1.1 未来石油消费将主要用于汽车交通

2009 年，中国汽车交通（除摩托车外的道路交通）消费了 97% 的汽油、62% 的柴油和 5% 的液化石油气，总计占成品油消费量的 48%、石油消费量的 37%。2000～2009 年，汽车交通对新增石油消费总量的贡献达到了 47% 以上，是石油需求增长的最主要驱动力。

无论是此前的研究还是本章的分析都表明，汽车交通仍将是未来石油需求增长的主要驱动力。若按历史趋势简单线性外推，2009～2030 年汽车交通对新增石油消费量的贡献将达到 45%，2030 年占石油消费总量的 41%；而在考虑宏观经济形势和非交通部门节油的总量控制情景 A 条件下，汽车交通对新增石油消费量的贡献将高达 81%，2030 年占石油消费总量 57%。

5.4.1.2 国内原油产量将稳定在 1.8 亿～2.0 亿 t

中国石油的储量和产量都已经进入一个稳步增长期。虽然总体上中国石油资源并不丰富，但由于储量仍有较大增长潜力，2050 年前有望实现每年 1.8 亿 ~2.0 亿 t 左右的原油产量。虽然基于目前已探明储量的原油产量可能在 2020 年前出现峰值，但考虑新增储量、勘探开发技术进步和非常规资源开发等因素，中国的石油峰值将被较大幅度地推迟。然而，以上重要的前提假设是中国将采取长期原油稳产的策略，而不是意图在短期内提高原油产量，而导致未来出现产量上的波动。

5.4.1.3　石油进口应考虑能源安全的约束

由于国内原油产量很可能趋于稳定，中国新增的石油消费量将主要通过石油进口来满足，这将导致能源安全风险不断加大。综合考虑国内原油产量、中国在全球石油贸易量中能够维持的比例（SOT）以及石油对外依存度（OID）等约束条件，将中国的石油进口量控制在每年 4 亿 ~5 亿 t 左右将是能源安全较有保障的方案。这意味着中国已经不能重复发达国家历史上曾经走过的高耗油发展的传统道路，也决定了中国车用石油基液体燃料的供应总量将面临一定的限制，决定了在汽车交通的发展过程中需要持续强化石油节约和替代。

5.4.1.4　石油节约应优先于石油替代

总量控制情景 A 的分析结果表明，若主要通过强化非交通部门的节油将 2030 年的石油消费总量控制在 7 亿 t 左右，目前供需柴汽比例失衡的问题将得到较大程度的缓解，而车用汽油、柴油供应量也将比延续历史趋势的线性外推情景有大幅提高：2020 年汽油 1.2 亿 t、柴油 1.69 亿 t；2030 年汽油 1.79 亿 t、柴油 2.13 亿 t。这可以作为车用石油基液体燃料总量控制的一个参考水平，但届时汽柴油的具体比例还存在一定的不确定性。

若需要进一步将石油消费总量减少到 6 亿 t 左右，则需要大力强化汽车交通节能和积极发展车用替代燃料。总体上看，车用能源发展应始终本着节约优先的策略，例如引导汽车交通需求、倡导公交优先和大幅提高汽车能效等，其产生的节能减排效益将是石油供应链前端环节的数倍甚至几十倍。

短期内要提高石油替代的规模，可能主要还是要依靠煤基燃料和天然气等化石能源；而生物燃料和电动汽车等的发展，则主要着力于通过技术创新，促进车用能源向未来可持续能源体系的过渡。各种车用替代燃料的发展，都应该做仔细的损益分析，而不是越多越好。

5.4.1.5　石油炼制急需优化技术配置

面临供需柴汽比例失衡、燃油品质差等一系列严重问题，中国的炼厂亟待改进整体技术配置，其目标应是：①增强原料适应性。由于原油进口比例迅速上升，炼厂原油供给总体将呈现高硫化、重质化趋势。此外，非常规石油资源的加工量也会逐步上升。②增加交通液体燃料的产出，增强柴汽比调节的灵活性。由于石油将越来越主要用于交通，尤其道路交通，新建炼厂的技术配置必须以增加汽油、柴油、煤油的产出为目标。而未来需求侧柴汽比有可能出现较大波动，因此炼厂的技术配置必须保证柴汽比调节的较大灵活性。③提高燃油品质，重点是降低含硫量，以适应不断提高的燃油品质标准。④减少能量损失和温室气体排放。主要是减少单位产出的原油消耗，并研究炼厂工艺过程的温室气体减排问题。

5.4.2 政策建议

5.4.2.1 增加上游投资，保障车用汽油、柴油的供应安全

考虑车用能源仍将长期以油为主以及能源安全、常规污染物减排等因素，中国在原油勘探开发、原油炼制等环节还应该保持长期稳定的投资，以不断促进上游技术进步。重点包括：①持续强化常规和非常规石油资源的勘探开发，保证原油长期稳产，并形成战略性资源储备。②优化炼厂技术配置，增加汽油、柴油等交通液体燃料的产出率并降低硫含量，提高加氢处理和加氢精制装置的安装比例，增强柴汽比调节的灵活性，适应日益增长的清洁交通液体燃料需求。③加强碳捕获、利用和埋存技术的研发和示范，以适应日益增加的温室气体减排压力。

5.4.2.2 控制石油消费总量，构建国家能源安全体系

中国必须充分意识到能源安全问题的复杂性和所需的巨大投入。一方面，建议适时引入能源安全的约束性控制目标，例如石油进口占全球贸易量的15%、石油对依存度为65%，致力于将未来石油消费总量控制在每年6亿~7亿t，避免由于石油进口带来的能源安全风险超出所能够控制的范围；另一方面，在近中期石油进口量势必增加的事实面前，除实施石油进口多元化、“走出去”战略以及建立国家石油战略储备等常规能源安全手段外，还需要持续增加技术、经济、军事、政治、外交等各方面的能源安全投入，构建国家能源安全体系，增强对国际油价的影响力和国际石油资源的控制力。

5.4.2.3 从各个层面强化石油的节约，尤其汽车节能

为控制石油消费总量，中国必须在各个石油供应链环节和各个石油消费部门全面实施石油节约。首先，应强化非交通部门的石油节约，通过以煤代油、以气代油、以电代油和发展可再生能源等，减少一些可替代性较强的石油需求；其次，强化交通部门的节油，通过交通需求管理、交通结构优化和提高单位运输能效等途径，尽量减少交通液体燃料的需求。由于终端节能具有“放大”效应，而交通液体燃料又主要用于汽车，因此，汽车节能是重中之重，汽车节能同时也是常规污染物和温室气体减排的首要途径，而常规车用能源技术的节能潜力还非常巨大。因此，中国应该加快出台更加严格的汽车燃油经济性标准，

并考虑适时引入碳排放标准。

5.4.2.4　安排有序、规模合理地发展车用替代燃料

虽然发展车用替代燃料是减少石油消费量的有效途径，但应该意识到当前各种车用替代燃料都有代价、收益的“双重性”。各种车用替代燃料的发展规模都应该通过严格的损益分析来确定。结合国情分析，对于权宜性替代燃料，例如煤基液体燃料、天然气等，应合理布局、适度发展，目的在于缓解燃眉之急和作为对抗短期危机的补充手段；对方向性替代燃料，例如电动汽车、第二代生物燃料等，应持续研发，促进车用能源向可持续能源体系的平稳过渡。

参考文献

陈俊武，陈香生，李春年 . 2009. 石油替代综论 . 北京：中国石化出版社 .

段新琪 . 2007. 我国汽油柴油产品质量升级问题探讨 . 石化技术，14（3）：76-78.

冯连勇，唐旭，赵林 . 2007. 基于峰值预测模型的中国石油产量合理规划 . 石油勘探与开发，34（4）：497-501.

国家发展和改革委员会 . 2009. 国家发展改革委价格司关于成品油价格有关热点问题的说明 . http://www.sdpc.gov.cn/xwfb/t20090715_290975.htm.

国家能源局 . 2011. 2010 年能源经济形势及 2011 年展望 . http://nyj.gov.cn/ggtz/t20110128_393339.htm.

陆化普，毛其智，李政 . 2008. 快速城镇化进程中的城市可持续交通：理论与中国实践 . 北京：中国铁道出版社 .

倪维斗，陈贞，麻林巍，等 . 2009. 关于广义节能的思考 . 中外能源，14（2）：1-8.

孙仁金，邱坤，单丽刚，等 . 2009. 对中国炼油化工产业链发展的思考 . 中外能源，14（10）：1-5.

王庆一 . 2006. 可持续能源发展财政和经济政策研究参考资料：2006 年能源数据 . 北京：能源基金会 .

王庆一 . 2007. 可持续能源发展财政和经济政策研究参考资料：2007 年能源数据 . 北京：能源基金会 .

王庆一 . 2008. 可持续能源发展财政和经济政策研究参考资料：2008 年能源数据 . 北京：能源基金会 .

王庆一 . 2009. 可持续能源发展财政和经济政策研究参考资料：2009 年能源数据 . 北京：能源基金会 .

王庆一 . 2010. 可持续能源发展财政和经济政策研究参考资料：2010 年能源数据 . 北京：能源基金会 .

魏巍贤，林伯强 . 2007. 国内外石油价格波动性及其互动关系 . 经济研究，12：130-141.

张德义 . 2005. 世界炼油工业结构调整及对中国的启示 . 石油化工技术经济，3：1-7.

中国工程院 . 2003. 中国可持续发展油气资源战略研究 . 北京：中国工程院 .

中国工程院 . 2011a. 中国能源中长期（2030、2050）发展战略研究：电力 · 油气 · 核能 · 环境卷 . 北京：科学出版社 .

中国工程院 . 2011b. 中国能源中长期（2030、2050）发展战略研究：节能 · 煤炭卷 . 北京：科学出版社 .

中华人民共和国国家统计局能源统计司，国家能源局综合司 . 2010. 中国能源统计年鉴 2009. 北京：中国统计出版社 .

中华人民共和国国家统计局能源统计司，国家能源局综合司 . 2011. 中国能源统计年鉴 2010. 北京：中国统计出版社 .

朱和，金云．中国石油化工新闻．2010．中国原油加工能力成为世界第二．http：//enews. sinopecnews. com. cn/shb/html/2010-05/11/content_ 107741. htm.

Benassy-Quere A，Mignon A，Penot A. 2007. China and the relationship between the oil price and the dollar. Energy Policy，35：5795-5805.

BP. 2009. BP Statistical Review of World Energy June 2009.

BP. 2010. BP Statistical Review of World Energy June 2010.

Du L M，He Y N，Wei C. 2010. The relationship between oil price shocks and China's macro-economy：An empirical analysis. Energy Policy，38：4142-4151.

EIA. 2009. International Energy Outlook 2009. U. S. Energy Information Administration.

EIA. 2010. International Energy Outlook 2010. U. S. Energy Information Administration.

Feng G，Mu X Z. 2010. Cultural challenges to Chinese oil companies in Africa and their strategies. Energy Policy，38：7250-7256.

Feng L Y，Li J C，Pang X Q. 2008. China's oil reserve forecast and analysis based on peak oil models. Energy Policy，36：4149-4153.

He K，Huo H，Zhang Q，et al. 2005. Oil consumption and CO_2 emissions in China's road transport：current status，future trends，and policy implications. Energy policy，33：1499-1507.

IEA. 2007. World Energy Outlook 2007. Paris：IEA.

IEA. 2008. World Energy Outlook 2008. Paris：IEA.

IEA. 2009. World Energy Outlook 2009. Paris：IEA.

IEA. 2010a. Key World Energy Statistics 2010. OECD/IEA.

IEA. 2010b. World Energy Outlook 2010. Paris：IEA.

IEA. 2011. Monthly Oil Survey January 2011. http：//www. iea. org/stats/surveys/archives. asp

Kesicki F. 2010. The third oil price surge-What's different this time? Energy Policy，38：1596-1606.

Leung G C K. 2010. China's oil use，1990～2008. Energy Policy，38：932-944.

Lovins A B，Datta E K，Bustnes Odd-Even，et al. 2004. Winning the Oil Endgame：Innovation for Profits，Jobs，and Security. U. S.，Rocky Mountain Institute.

Ma L W，Li Z，Fu F，et al. 2009. Alternative energy strategies for China towards 2030 Verso. Front. Energy Power Eng. China. 3（1）：2-10.

Ma L W，Liu P，Fu F，et al. 2011. Integrated energy strategy for the sustainable development of China. Energy，36：1143-1154.

Nel W P，Cooper C J. 2008. A critical review of IEA's oil demand forecast for China. Energy Policy，36：1096-1106.

NETL. 2008. Development of Baseline Data and Analysis of Life Cycle Greenhouse Gas Emissions of Petroleum-Based Fuels. http：//www. netl. doe. gov/energy-analyses/pubs/NETL% 20LCA% 20Petroleum-Based% 20Fuels% 20Nov% 202008. pdf.

OPEC. 2009. World Oil Outlook 2009. Vienna：OPEC.

OPEC. 2010. World Oil Outlook 2010. Vienna：OPEC.

Ou X M，Zhang X L，Chang S Y. 2010. Scenario analysis on alternative fuel/vehicle for China's future road transport: Life-cycle energy demand and GHG emissions. Energy Policy, 38, 3943-3956.

Population reference bureau. 2010. 2009 World population data sheet. //http: //www. prb. org.

Skeer J, Wang Y J. 2007. China on the move: oil price explosion? Energy Policy, 35: 678-691.

Tang X, Zhang B S, Hook M, et al. 2010. Forecast of oil reserves and production in Daqing oil field of China. Energy, 35: 3097-3102.

True W R, Koottungal L. 2009. Special report: global refining capacity advances, US industry faces uncertain future. Oil and Gas Journal. http: //www. ogj. com/index/article-display. articles. oil-gas-journal. volume-107. issue-47. processing. special-report_ global. QP129867. dcmp = rss. page = 1. html.

Walls W D. 2010. Petroleum refining industry in China. Energy Policy, 38: 2110-2115.

Wang Z, Jin Y F, Wang M, et al. 2010. New fuel consumption standards for Chinese passenger vehicles and their effects on reductions of oil use and CO_2 emissions of the Chinese passenger vehicle fleet. Energy Policy, 38: 5242-5250.

Wu G, Liu L C, Wei Y M. 2010. Comparison of China's oil import risk: results based on portfolio theory and a diversification index approach. Energy Policy, 37: 3557-3565.

Zhang K S, Hu J N, Gao S Z, et al. 2010a. Sulfur content of gasoline and diesel fuels in northern China. Energy Policy, 38: 2110-2115.

Zhang Q Y, Tian W L, Zheng Y Y, et al. 2010b. Fuel consumption from vehicles of China until 2030 in energy scenarios. Energy Policy, 38: 6860-6867.

Zhang X B, Fan Y, Wei Y M. 2009. A model based on stochastic dynamic programming for determining China's optimal strategic petroleum reserve policy. Energy Policy, 37: 4397-4406.

第6章 天然气基车用燃料

6.1 引　言

研究天然气用于汽车交通能源时，首先需要区分两个容易混淆的概念："天然气车用"和"天然气汽车"。两者的主要区别在于：前者是基于一次能源界定，后者则是基于能源载体界定。实际上，天然气除了可以以压缩天然气（compressed natural gas，CNG）或液化天然气（liquefied natural gas，LNG）的形式供应车用燃料外，还可以通过发电、合成油（gas-to-liquids，GTL）以及制取甲醇、二甲醚和氢能等多种方式间接提供车用能源。天然气汽车则主要是指以CNG或LNG作为燃料的汽车。而实际上，天然气汽车的能源还可以来自其他能源，例如，柴油/CNG双燃料汽车，天然气汽车中天然气可以和氢气掺烧，除天然气资源外，天然气汽车的燃料还可以来自煤制天然气（synthetic natural gas，SNG）、焦炉气和生物质制气（如沼气）等成分与天然气类似的气体作为替代燃料。甚至有时，液化石油气（liquefied petroleum gas，LPG）汽车也被归入天然气汽车的范畴。

本章的立足点在于从能源供应侧出发，研究天然气车用的前景，关注的是从天然气资源开发到终端消费的整个能源供应系统。而试图研究的问题有两个：①天然气作为一次能源，未来用于供应车用能源有多大的潜力？②天然气汽车作为一种终端用能方式，其未来的发展趋势是什么？这两个问题牵涉了众多的影响因素，而本章重点关注的因素为：①天然气的未来供需形势。由于中国天然气的发展还处于早期阶段，未来天然气的供应和消费具有巨大的不确定性。作者认为，只有在明了天然气整体供需大局势的情况下，才能对天然气车用前景有客观的判断。②天然气汽车技术的发展。主要关注的有三种：CNG汽车、LNG汽车和天然气合成油（GTL）。而作为一个初步的研究，本章的定位也并不是要给出对上述问题的精确判定，而是通过收集和分析一些基础信息，对一些重要的相关事宜进行讨论，并给出初步的观点和建议。

在内容安排上，6.1节为引言，主要介绍研究背景和研究内容；6.2节则对中国车用天然气的资源供应潜力进行了初步分析，涉及的内容主要包括：中国天然气的资源勘探开发、生产、消费和进口、储运配、煤制天然气（SNG）以及未来天然气供需形势和车用的潜力等；6.3节至6.5节依次为CNG汽车、LNG汽车和天然气合成油（GTL）三种天然气车用技术路线的发展分析，主要从基本技术描述、国内外发展现状、技术性能评价、支撑条件分析以及未来发展建议等几个方面进行了初步的分析和讨论；6.6节为结论和建议。

6.2 车用天然气的资源供应能力分析

6.2.1 中国天然气的资源勘探开发

总体来看，中国的常规天然气资源并不丰富。但由于目前资源探明程度较低，而非常规资源也有待开发，因此天然气资源未来还有较大的增储潜力。2009年，中国常规天然气探明储量仅为2.46万亿m^3，储采比为28年，不到世界平均水平（64年）的一半（BP，2010）。但中国常规天然气的探明储量仍处于动态增长过程中（图6-1）。据国内新一轮的天然气资源评价结果，中国陆上和近海115个盆地的常规天然气远景资源量为56万亿m^3，地质资源量为35万亿m^3，可采资源量为22万亿m^3，是目前探明储量的近9倍。而国内有关学者指出，目前中国天然气探明储量低的主要原因是天然气资源勘探开发的发展滞后，整整比石油晚了30年，仍处于勘探开发的早期阶段。

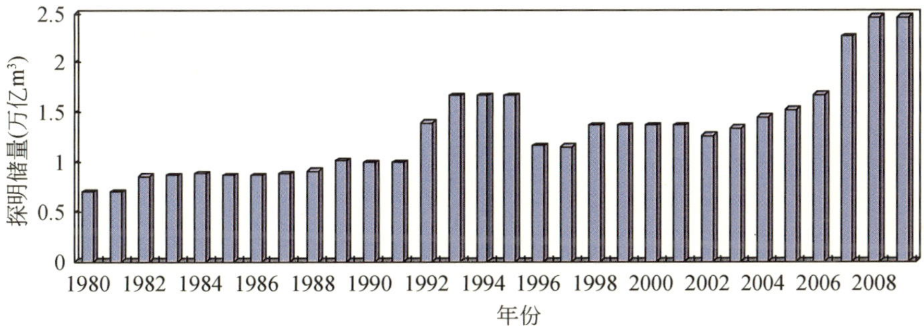

图6-1 中国天然气探明储量（1980~2009年）

资料来源：BP，2010

此外，中国还有11万亿m^3的煤层气资源有待开发，页岩气资源、天然气水合物资源的勘探开发最近也有较大进展。这些非常规资源都是未来天然气资源储量增长的有力保障。

专栏6-1 天然气的定义和分类

从能源资源开发角度，天然气是指天然蕴藏于地层中的烃类和非烃类气体的混合物，主要存在于油田气、气田气、煤层气、泥火山气和生物生成气中。天然气的主要成分为甲烷，其次为乙烷、丙烷、丁烷等。经开采或经处理加工后，天然气中甲烷含量在

90%以上的叫“干气”；甲烷含量低于90%，乙烷、丙烷等烷烃含量在10%以上的叫“湿气”。而在能源工业意义上，天然气又可分为：

（1）常规天然气

属开采技术经济条件较好的天然气矿藏，又分为三种：与石油伴生的油气田、与凝析油共生的凝析气田（天然气液）和气田。前者又称为伴生气，后两者又统称为非伴生气。气田采出的天然气一般需经过处理加工后才能作为商品天然气销售。例如，油田伴生气通常需要经过脱水、净化和轻烃回收工艺，提取出液化气和轻质油；凝析气田天然气出井后，分离为凝析油和可供LNG输出的湿气，但作为管道气则要进一步分离乙烷、丙烷等烷烃成为干气。(华贲，2007)

（2）非常规天然气

属开采技术经济条件较差的天然气矿藏，又分为四种：砂岩气、煤层气、页岩气和天然气水合物（又称“可燃冰”）。由于常规天然气的供需矛盾和价格日益上涨，那些原来被认为不具备开采技术经济条件的非常规天然气日益受到关注。其中煤层气的发展相对较早，而最近美国和加拿大也已经实现了页岩气的商业化开采。此外，天然气水合物的资源量十分巨大，据估算，全球天然气水合物中蕴藏的天然气资源总量是常规天然气的100多倍（陈俊武等，2009）。

（3）合成天然气（非一次能源，但归入了本章的天然气供应范畴）

此外，由于甲烷气体为也可以通过其他能源转化合成，如焦炉气、煤制天然气和沼气，这些通过能源二次转化而得到的甲烷为主的混合气体也可以归入天然气利用的范畴，可统称为“合成天然气”。例如，在天然气没有得到发展之前，中国城市燃气主要由煤制气或油制气满足。在煤制天然气方面，美国北达科达州1984年建成的Great Plains合成燃料工厂，以褐煤为原料，可年产15.3亿m^3的SNG。

专栏6-2 中国陆域发现天然气水合物远景资源量350亿吨油当量

2009年11月25日，国土资源部公布，中国在青海省祁连山南缘永久冻土带成功钻获天然气水合物实物样品，并对样品进行了室内鉴定，并获得一系列原始数据。这是继2007年5月在南海北部钻获天然气水合物之后的又一重大突破，证明了中国冻土区存在丰富的天然气水合物资源，对认识中国天然气水合物成藏规律、寻找新的天然气资源具有重大意义。

中国是世界上第三大冻土大国，冻土区总面积达215万km^2，具备良好的天然气水合物赋存条件和资源前景。据科学家初步估算，远景资源量至少有350亿toe。中国一直高度重视陆域永久冻土区天然气水合物的调查与研究工作。

首次在中国陆域发现天然气水合物，使中国成为世界上第一次在中低纬度冻土区发现天然气水合物的国家，也是继加拿大 1992 年在北美麦肯齐三角洲、美国 2007 年在阿拉斯加北坡通过国家计划钻探发现天然气水合物之后，在陆域通过钻探获得天然气水合物样品的第三个国家。

资料来源：摘自新华网北京 2009 年 9 月 25 日 17：54 电（刘军）

6.2.2 中国天然气的生产、消费和进口

6.2.2.1 中国天然气的生产

经过多年发展，中国天然气的生产已经进入加速增长阶段。1996 年以来，随着陕京线、涩宁兰、西气东输、忠武线、陕京二线等长输管线相继建成投产，带动了原有气区的不断增产和一批新气田陆续投产。截至 2007 年年底，中国已建成年产规模大于 10 亿 m^3 以上的整装气田 12 个，年产规模最大的克拉 2 气田产量达到 107 亿 m^3，形成了四川、塔里木、长庆 3 个年产气量超过百亿立方米的大型天然气生产基地。

1996～2009 年，中国天然气产量由 201. 1 亿 m^3 增加到 851. 7 亿 m^3，年均增长 11. 7%（BP，2010）。未来随着储量的快速增长、天然气需求量的不断增加以及开发技术的不断进步，川气东送、西气东输二线、中亚等长距离输气管线的陆续开工建设，中国将有一批整装气田相继投入开发，天然气产量还将有大幅增长。预计 2020 年，产量有望突破 2000 亿 m^3。

国内依据资源开采速率法、储采比控制法以及翁氏、HCZ 模型开展的综合分析表明：中国常规天然气的高峰年产量可能会达到 2400 亿～2800 亿 m^3（陆家亮，2009）。但同时，这一乐观预期也面临中国天然气资源禀赋差、资源地的地理环境恶劣、远离消费市场，以及未来可开发资源量的不确定性等诸多方面的挑战。

除常规天然气资源开发外，经过近 30 年的不断探索、评价和试验，中国煤层气生产已实现了商业化运作，开始进入快速发展期。页岩气的开发虽然仍处于探索中，但借鉴美国经验开展的初步资源估算表明，中国页岩气具有一定的发展潜力。

天然气水合物的资源潜力和可利用性虽然都存在不确定性，但中国在南海以及陆上冻土区、东海都已经初步勘测到了大量的天然气水合物资源。预计 2030～2050 年，陆上水合物和海底水合物有望相继实现商业开发。中国非常规天然气资源作为常规天然气资源的接替和补充，可进一步保障长期的天然气稳定增产。

专栏6-3　中国正式实施新型能源页岩气开发

国土资源部近日在重庆市綦江县启动了中国首个页岩气资源勘查项目。这标志着继美国和加拿大之后，中国正式开始这一新型能源页岩气资源的勘探开发。

据悉，在国家能源勘探战略上，国土资源部高度关注页岩气资源开发利用。2004年，国土资源部油气资源战略研究中心、中国地质大学（北京）即开始了页岩气资源的研究工作。经过比对湖南、四川等8省市成矿条件后，认为重庆市渝南、东南地区广为分布下寒武、下志留、中二叠三套地层，不少地方有形成大规模页岩气的可能。其中重庆綦江、万盛、南川、武隆、彭水、酉阳、秀山和巫溪等区县是页岩气资源最有利的成矿区带，因此被确定为首批实地勘查工作目标区。

页岩气是指主体位于暗色泥页岩或高碳泥页岩中，以吸附或游离状态为主要存在方式聚集的天然气。页岩气资源开发在美国和加拿大已经起步。2007年，美国页岩气产量已经达到450亿m^3。中国主要盆地和地区页岩气资源量约为15万亿～30万亿m^3，与美国28.3万亿m^3大致相当，经济价值巨大。

资料来源：新华网北京2009年10月5日17：11电（王立彬）

6.2.2.2　中国天然气的消费

近年来中国天然气的需求高速增长，尤其是在2000年以后，参见图6-2。2009年中国天然气消费量已达到887亿m^3。2000～2009年，中国天然气消费规模扩大了3.6倍，年均增长15.4%，远高于同期能源消费增长速度9.4%（BP，2010）。

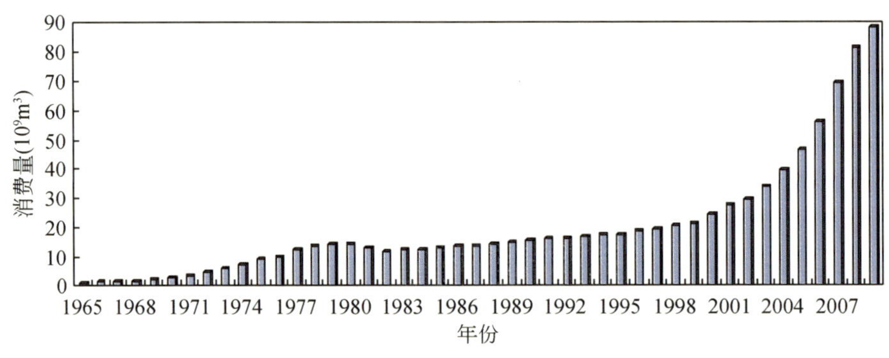

图6-2　中国天然气的消费量（1965～2009年）

但从中国整体一次能源消费看，天然气的规模尚小。2009年，天然气仅占中国一次能源产量的4.1%和一次能源消费量的3.9%（发电煤耗计算法），参见图6-3。而同期，天然气占到了全球一次能源消费量的23.8%（BP，2010）。

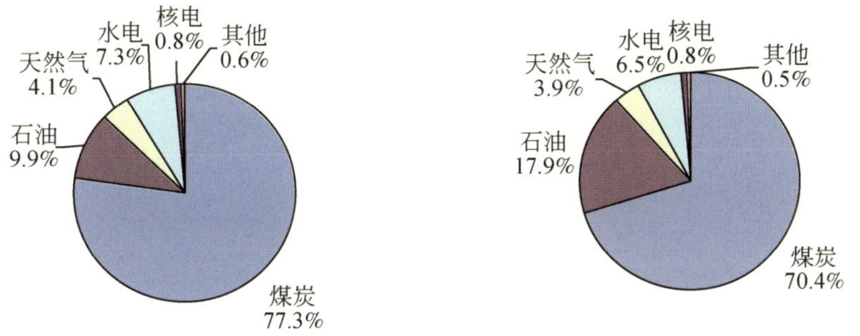

(a)2009年中国一次能源生产结构　　(b)2009年中国一次能源消费结构

图 6-3　2009 年中国一次能源生产和消费构成

资料来源：国家统计局能源统计司，国家能源局综合司，2010

目前中国天然气主要用于工业——包括化工用气和工业燃料，而城市燃气和发电的比例尚小，其中车用的比例更小，参见表 6-1。近年来，各个消费领域的天然气需求均呈现了快速增长。而天然气消费结构呈现的变化趋势是：化工用气和工业燃气的占比开始下降，城市燃气和发电的占比快速上升，交通用气的占比上升到了 4% 左右。

表 6-1　中国天然气消费量及结构

年份 / 项目	2000 年		2005 年		2008 年	
	消费量（亿 m^3）	占比（%）	消费量（亿 m^3）	占比（%）	消费量（亿 m^3）	占比（%）
化工	82.3	33.6	141.4	30.2	200.0	24.6
发电	6.4	2.6	18.8	4.0	73.9	9.1
工业燃料	110.3	45.0	168.6	36.1	257.7	31.7
交通①	5.8	2.4	19.7	4.2	32.7	4.0
城市燃气②	40.2	16.4	119.1	25.5	248.6	30.6
总计	245.0	100.0	467.6	100.0	812.9	100.0

①交通运输用气量为行业统计；②民用、商业和其他消费的总和

资料来源：王庆一，2010

总体来看，天然气作为清洁、优质、稀缺的“精品”能源，近期难以同时满足中国众多能源消费领域同时提出的巨大需求。中国天然气供不应求的情况仍将延续较长时间，而未来如何进行天然气的综合利用也还处于论证和规划阶段。

专栏 6-4　国家发展和改革委员会关于天然气利用的政策

综合考虑天然气利用的社会效益、环保效益和经济效益等各方面因素，并根据不同用户的用气特点，将天然气利用分为优先类、允许类、限制类和禁止类。

一、优先类

(1) 城镇(尤其是大中城市)居民炊事、生活热水等用气;

(2) 公共服务设施(机场、政府机关、职工食堂、幼儿园、学校、宾馆、酒店、餐饮业、商场、写字楼等)用气;

(3) 天然气汽车(尤其是双燃料汽车);

(4) 分布式热电联产、热电冷联产用户。

二、允许类

(1) 集中式采暖用气(指中心城区的中心地带);

(2) 分户式采暖用气;

(3) 中央空调;

(4) 建材、机电、轻纺、石化、冶金等工业领域中以天然气代油、液化石油气项目;

(5) 建材、机电、轻纺、石化、冶金等工业领域中环境效益和经济效益较好的以天然气代煤气项目;

(6) 建材、机电、轻纺、石化、冶金等工业领域中可中断的用户;

(7) 重要用电负荷中心且天然气供应充足的地区,建设利用天然气调峰发电项目;

(8) 对用气量不大、经济效益较好的天然气制氢项目;

(9) 以不宜外输或上述一、二类用户无法消纳的天然气生产氮肥项目。

三、限制类

(1) 非重要用电负荷中心建设利用天然气发电项目;

(2) 已建的合成氨厂以天然气为原料的扩建项目、合成氨厂煤改气项目;

(3) 以甲烷为原料,一次产品包括乙炔、氯甲烷等的碳一化工项目;

(4) 除第二类第9项以外的新建以天然气为原料的合成氨项目。

四、禁止类

(1) 陕、蒙、晋、皖等13个大型煤炭基地所在地区建设基荷燃气发电项目;

(2) 新建或扩建天然气制甲醇项目;

(3) 以天然气代煤制甲醇项目。

但随着未来天然气的发展,该政策也将面临在新形势下的调整。

资料来源:国家发展和改革委员会,2007

6.2.2.3 中国天然气的进口

天然气进口主要有陆上管道进口和LNG海运进口两种方式。与石油的情况类似,全球天然气资源的地域分布严重不均衡也导致了巨大和不断增长的天然气贸易。2009年,全球天然气管道贸易量为 6337.7 亿 m^3，LNG 贸易量为 2427.7 亿 m^3，总计占同期天然气消费量（29 404 亿 m^3）的 30% 左右（BP，2010）。IEA（2010）的研究认为，未来全球天然气贸易将持续快速增长，并更多地通过 LNG 海运的方式进行贸易；2008 ~ 2035 年，全球天然气贸易总增长幅度将达到 79%，其中 LNG 的占比将从 31% 增长到 42%。

中国在地理位置上毗邻中东、原苏联和亚太（澳大利亚等、印度尼西亚和泰国）等富产气区，大规模进口天然气有较好的地理条件。2009 年，中国进口 LNG 约 76.3 亿 m^3（BP，2010），相当于 560 万 t LNG，主要来自已经建成的广东和福建等 LNG 进口项目。2010 年已签订的 LNG 进口合同有 4 个，可保证 25 年的连续供给，总量规模达 1300 万 t/a（中国工程院，2011）。根据规划，中国拟建 10 个 LNG 终端，见表 6-2。这些项目若全部建成，累计 LNG 进口量将达到 4800 万 t，相当于 660 亿 m^3 的天然气。

表 6-2　国内已建、在建或筹建的 10 个 LNG 项目　　（单位：万 t/a）

项目	主导公司	规划
广东 LNG 项目	中国海油	500
福建 LNG 项目	中国海油	500
上海 LNG 项目	中国海油	600
海南 LNG 项目	中国海油	300
浙江 LNG 项目	中国海油	300
秦皇岛 LNG 项目	中国海油	300
山东 LNG 项目	中国石化	500
江苏 LNG 项目	中国石油	350
广西 LNG 项目	中国石油	
辽宁 LNG 项目		

资料来源：中国海上进口天然气运输的现状及对策，中国远洋航务公告，2005

中国陆上管道进口天然气虽然发展较晚，但随着国内天然气主管道主干线的形成，进口管道气项目也正在陆续规划建设，包括中亚管线、中俄管线、中缅管线等。其中，中亚天然气管线已经建成并开始通气。

专栏 6-5　中亚天然气管线建设情况

2011 年 4 月 19 日 22 时 24 分，中亚天然气管道哈国一号压气站第二台机组成功点火。这标志着全线年输气能力提升至 177 亿 m^3。

目前，中亚进口天然气通过与中亚管道相连接的西气东输二线，已覆盖中国 16 个省（自治区、直辖市）的用户。2011 年一季度，中亚管道向国内输送天然气 31 亿 m^3，截至 4 月 24 日，已安全平稳运行 509 天，累计转供天然气 85 亿 m^3，为国内天然气市场高速增长提供了坚实有力的保障。

按照中亚管道建设计划，今明两年将建设5座压气站，届时全线8座压气站建成后，这条跨国大动脉年输气能力将达300亿m^3。此外，推动建立四国政府间的安全运行协调机制，也将在今年年内完成。包括已开工的哈国南线天然气管道工程和正在紧锣密鼓筹划的中亚管道C线工程，横亘亚洲腹地的钢铁“气龙”全面建成投产后，国内受益人口将超过4亿人。

资料来源：中国石油新闻中心.2011

但中国天然气的进口也面临成本以及天然气安全问题的制约。进口天然气价格一般高于国内自产天然气，见表6-3（以民用天然气为例）。随着世界天然气贸易量的增加和各国天然气进口依存度的增加，全球范围内天然气的安全问题正日益突出。近年来发生的俄罗斯经乌克兰向欧盟的天然气供应的两次短期中断就是安全问题的典型体现。

表6-3　国内外天然气价格的案例比较

项目	LNG	西气东输	俄乌供欧盟
元/m^3	2.5～2.8	2.05	3.18
备注	江浙平均价	北京2009年民用天然气价格	2008年欧盟价格（2009年美元汇率）

资料来源：中国天然气市场半月刊

专栏6-6　俄乌两次天然气争端简介

（1）第一次中断：2005年12月，俄罗斯要求由每千立方米50美元的价格上升到230美元，俄罗斯于莫斯科时间2006年1月1日上午9时40分开始中断对乌克兰供气3天。

（2）第二次中断：2008年12月乌俄关于天然气价格和债务再起争端，2009年1月1日中断对乌克兰供气，7日，俄停止经乌向欧盟供应天然气，后经谈判协商于2009年1月12日恢复供气。

（3）影响：价格飞升，生活影响（冬季取暖受影响），天然气相关工业受到影响，导致纽约油价上涨使人们重新认识天然气安全，应建立多元化，多渠道的供应体系。

资料来源：殷建平，黄辉，2009

6.2.3　中国天然气的储、运、配

6.2.3.1　中国天然气的运输

中国内陆天然气运输以陆上管道运输为主，但也有少量采用以LNG形式通过罐车或内河航运的方式运输。近年来中国内陆天然气管道的建设已经取得了较大进展，相继建成

了陕京一线/二线、西气东输一期、忠武线、涩宁兰等长距离输气管线，初步形成了覆盖全国大部分地区的、初具规模的天然气网络。例如，目前西气东输一期管线西起新疆塔里木盆地，东至上海青浦白鹤镇，工程设计年输气量为 120 亿 m^3，可稳定供气 30 年。

未来的内陆管道建设将进一步统筹考虑国内、国外两种天然气资源。例如，为解决上海、广州等大型城市用气季节性不均衡问题，中国还将在西气东输的基础上进一步启动"俄气南送"工程。此外，正在规划建设的西气东输二线管道起点是新疆维吾尔自治区，终点则为广州，主供气源为土库曼斯坦、哈萨克斯坦等中亚国家的天然气，输送至广东等中国南方"缺气"严重的省份，该线设计输气规模 300 亿 m^3/a，实际供气能力将达到 260 亿 m^3。

由于中国还有大量不适于管道输送的分散的小气田，而 LNG 车载罐箱或船运由于建设投资小、运输路线灵活，将成为内陆管道运输的重要补充。目前中国已经拥有了世界上最大的陆上 LNG 车载运输公司，有上百个内陆 LNG 汽化站在运行。

对于海运进口的 LNG 而言，除了管网之外，LNG 车载罐箱运输也将是拓展网外用户的重要运输方式。与 LNG 接收站气化通过干线管网运输到各个门站不同，车载罐箱可将 LNG 直接运输到目标市场再进行汽化和分配（华赍，2007）。

6.2.3.2　中国天然气的储配

随着大量的天然气开始进入城市用户、工业用户的使用范围，而各类天然气用户的用气情况是不均匀的，尤其是用气量大的工业用户有着相应的生产周期，为了满足燃气用气负荷的季节、月、日的不均匀变化，以及适应工业用气的高峰和低谷的需要，在天然气生产调度中必须充分考虑储存和调峰问题。

目前各大天然气主干管网输送工程间的联络线工程建设，已促使中国天然气管网系统化向前迈进了一大步。但为了更"精细化"使用天然气这种"精品"能源，提高整体天然气利用效率，天然气储、运、配体系仍面临重大变革，有一系列重大课题亟待加强研究和开展：

1）加快建设地下天然气储库；

2）负荷匹配灵活的电、热、冷联供模块，以及和不同热泵联合使用；

3）充分利用管道压力能、排气中的汽化潜热和 LNG 的冷能；

4）合理地、智能化地配置天然气管网；

5）深度地、充分地利用信息化网络技术使城市天然气系统优化运行，如城市热网、电网和燃气管网的综合调度和控制技术。

6.2.4　煤制天然气 SNG

在 20 世纪七八十年代，美国和欧洲就开始研究利用甲烷化反应，从煤基合成气来制得 SNG，以确保天然气的长期供应。美国北达科达州的 Great Plains 合成燃料公司于 1981

年开始建设，1984 年生产出 SNG，是目前全球唯一的大规模 SNG 商业示范工厂（Chandel & Williams，2009）。该工厂采用 14 台 Lurgi 流化床气化炉（其中 2 台备用），年耗 600 万 t 褐煤，年产 15.3 亿 m^3 SNG，并副产 1200 t/d 的无水氨和 5000 t/d 高纯度的 CO_2，而这些 CO_2 被销售给加拿大的油田用于提高石油采收率（Perry & Eliason，2004）。

但当时由于受到煤气化技术规模的限制，以及后来勘探到了更多的天然气资源，此项技术的发展陷于停滞。而近年来随着天然气价格上涨和安全问题浮现，同时大规模的喷流床气化技术也已得到广泛应用，煤制 SNG 又重新受到了各国的关注。中国由于富煤少气，在天然气需求增长的形势下，煤制 SNG 作为替代供应途径，更受到了高度关注。

从整体能源发展考虑，煤制 SNG 有希望成为一种新的煤炭清洁利用方式和天然气供应的新途径，应加强技术研发和示范。随着天然气安全问题的日益突出，建设一定规模的煤制 SNG 也将有利于保障天然气安全。但考虑煤制 SNG 发展可能带来的额外 CO_2 排放和全生命周期能效不高等问题，还应定位于合理布局、适度发展、高效利用，规模不宜过大。

6.2.4.1 煤制 SNG 的技术原理

煤制天然气的基本原理是将煤炭气化并合成甲烷，各种技术路线的主要区别在于气化过程，如纯氧气化路线、加氢气化路线和蒸汽气化路线。其中纯氧气化最为成熟，是目前唯一经过商业示范验证的技术。

纯氧气化方案，见图 6-4，使用氧气作为汽化剂将煤在高温高压下气化，得到以 CO 和 H_2 为主的合成气。合成气经过冷却和除去灰尘、沥青和焦油等，通过水煤气变换反应：$CO + H_2O = CO_2 + H_2$，增加其中的氢气含量。然后通过低温甲醇洗进行净化，去除 CO_2 和 H_2S，最后 CO 和 H_2 在固定催化床反应器中通过甲烷化反应合成 CH_4：$3H_2 + CO = CH_4 + H_2O$。

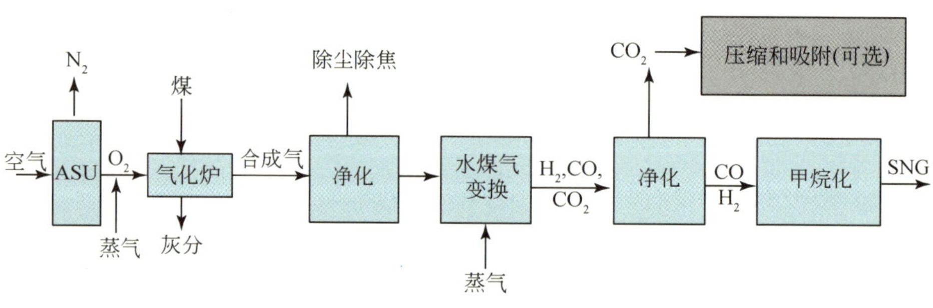

图 6-4 煤制天然气的纯氧气化技术路线

加氢气化技术路线的主反应是由氢气和煤直接反应生成甲烷，所需要的氢气通过系统外部获得或者由所生产的一部分甲烷经重整生成（Ruby et al.，2008）。20 世纪 70 年代在德国曾有加氢气化技术的示范。

蒸汽气化技术路线中，气化和甲烷化反应在催化剂的作用下发生在同一反应器内，充分利用甲烷化反应放出的热量。将合成气中的甲烷提取出来以后，合成气中的 CO 和 H_2 重新循环进入气化炉。

相比纯氧气化路线，加氢气化技术和蒸汽气化技术都不需要提前将空气中的氧气分离出来，另外气化和甲烷化所需要的温度相对要低，因此效率相对较高。但目前这两种技术均处于研发阶段，尚未建成工业示范。

6.2.4.2　煤制 SNG 的转换效率

采用纯氧气化技术的美国 Great Plains SNG 工厂年运行负荷系数高达 90% ~92%。能源效率为 59% ~61%（NETL，2007）。而肯塔基大学研究表明：在不采用碳捕捉（CCS）的情况下，采用肯塔基烟煤 SNG 的转化效率为 60.1%，碳捕捉情况下转化效率为 58.9%（Gray et al.，2007）。采用其他两种技术路线的煤制 SNG 的能源效率可能更高，但尚未得到工业示范的验证。例如，加氢气化的理论效率为 79.6%，蒸汽气化的理论效率为 72.7%（Steinberg，2005）。

6.2.4.3　煤制 SNG 的经济性

采用纯氧气化技术的煤制 SNG 项目的投资费用中，占比最大的是气化炉，约占 21%；其次是合成气的净化设备，约占 15.8%；而空气分离氧气和压缩部分约占 11.3%，甲烷化反应器约占 11%（Gray et al.，2007）。

若不采用 CCS 技术，使用美国伊利诺伊州煤和保德河煤，煤价分别为 220 元/t 和 156 元/t 的情况下，美国生产的煤制 SNG 成本约为每立方米 2.03 和 2.3 元①，一吨煤约产 254.9m^3 天然气。而煤价上涨对煤制 SNG 费用的影响不大，在煤价上涨 100% 的情况下，生产煤制 SNG 的费用仅变化 12.5% ~18.8%（Chandel & Williams，2009）。而煤制 SNG 项目若采用多联产，可进一步改善项目经济性。

6.2.4.4　煤制 SNG 的碳排放

甲烷化需要的氢碳比大约为 3∶1 甚至更高，因此生产过程会大量排放 CO_2，而该问题一直是困扰国际上煤制 SNG 发展的重要因素。对于纯氧气化技术路线，整个转化过程中大约有 2/3 的碳转化成 CO_2，剩下的碳转化为 SNG。具体工厂的 CO_2 排放量取决于煤的型号和所采用的工艺。按照美国能源部的研究计算，采用美国伊利诺伊州煤和保德河煤进行计算，煤制 SNG 生产过程中的吨煤 CO_2 排放约为 1.9t 和 2.3t。由于能效的提高会降低 CO_2 的比排放，因此若采用加氢气化或蒸汽气化路线，碳排放可能会大幅降低。

此外，由于煤制 SNG 生产过程中排放的 CO_2 浓度高，捕捉的成本较低。若采用 CCS，可以较低成本大幅削减 CO_2 排放。而 CO_2 埋存的优先技术路径应是经济性较好的强化石油

① 原文单位为美元/吨（2007 年美元），按 2009 年汇率折算成人民币

开采（EOR），之后是强化煤层气开采（ECBM）和强化天然气开采（EGR），再次是埋存潜力最大但也最为昂贵的地下盐水层埋存。在发展 CCS 的考虑下，煤制 SNG 工厂的选址应考虑附近的 CO_2 地质埋存潜力问题。

6.2.5 未来天然气供需形势和车用的潜力

6.2.5.1 2050 年前天然气供需发展趋势分析

总体上看，未来中国天然气的供应能力将呈现持续快速增长的态势。因为常规天然气的储量/产量正处于快速增长期，以煤层气、页岩气为主的非常规天然气资源也具有较大开发潜力。而随着全球天然气贸易的发展，中国的天然气进口也将有长足增长。此外，发展适度规模的煤制天然气也可以为中国的天然气供应提供一种新的途径。

例如，中国工程院（2011）组织国内油气专家开展的研究表明，2030 年中国天然气产量有望达到 3000 亿 m^3 以上并维持到 2050 年（表 6-4）；进口天然气 2030 年有望达到 1500 亿 m^3，2050 年有望达到 2500 亿 m^3（表 6-5）。而近年来，煤制天然气的发展也非常迅速，未来有望达到数百亿立方米的供应规模。

表 6-4 2050 年前中国天然气产量预测（单位：亿 m^3）

年份	2020	2030	2050
常规天然气产量	2 000	2 500	2 500
煤层气产量	200	400	500
页岩气等		100	
总计	2 200	3 000	3 000 以上

资料来源：中国工程院，2011

表 6-5 2050 年前中国天然气进口量预测（单位：亿 m^3）

年份	2020	2030	2040	2050
中俄管线		300	600	800
中亚管线	300	300	300	300
中缅管线		100	100	100
LNG 进口	500	800	1 000	1 300
总计	800	1 500	2 000	2 500

资料来源：中国工程院，2011

而未来中国的天然气需求具有较大的不确定性，不同研究的预测结果也相差较大。但综合来看，中国天然气的供需关系主要还是供应侧主导。因为，天然气作为清洁、方便、低碳的优质能源，无论是化工、工业燃料、城市燃气还是发电等部门，需求都非常旺盛，长期呈现供不应求的局面。从国家长期能源战略的高度看，天然气的终端利用也将得到政策上的支持。但是，即便上述 2030 年 5000 亿 m^3，2050 年 5500 亿 m^3 的供应能力完全用上，天然气占中国一次能源的比重也仅为 13% ~15%（中国工程院，2011），仍远落后于当前的世界平均水平（24%）。

因此大致判断，未来天然气的供需关系仍将长期延续供应侧主导，即消费总量将受到供应能力的制约。则问题就成了有限的天然气资源如何分配，或者说应该优先满足哪些部门的需求，而这与整体的能源战略布局和天然气相对其他能源的市场竞争力有关。

在城市燃气领域，以天然气逐步替代城市的终端燃煤、煤气和 LPG 等，不仅可提高终端能源服务品质，更可以清洁城市空气，应该优先得到支持。而现存的城市燃气供应体系，和该领域对天然气价格较强的经济承受能力，也为天然气发展提供了经济基础条件。因此，近中期中国天然气应优先用于满足城市燃气的需求，这也是目前大多数国内外研究的观点。但从长远看，中国城市燃气的天然气需求也将面临与发达国家类似的需求饱和问题（IEA，2008）。

在车用领域，以天然气替代车用汽、柴油有助于能源安全，并在一定程度上有助于降低常规污染排放，尤其是硫的排放，也应该得到优先支持。在天然气产地附近，由于天然气价格相对较低，天然气具备相对于车用油品的经济竞争力。但问题在于，各地天然气价格差异较大，并不是所有地区的车用天然气都具备足够的经济竞争力，同时油价也并不稳定。而且，以 CNG 汽车为例，车用天然气发展还面临基础设施（加气站）方面的制约。该问题在土地资源紧缺的大中城市尤其突出。因此，只有在长期和有力的政策支持下，尤其是在价格和基础设施方面的政策支持，车用天然气才能具备大范围、持续快速发展的条件。

在发电领域，建设一定规模的天然气电厂有利于提高电网运行的稳定性和灵活性，尤其是在未来可再生电力大规模接入的情况下。在城市地区，发展天然气热电联供也有利于改善城市环境。对于照付不议的 LNG 进口而言，建设一定规模的天然气电厂也有利于保证其早期市场。而除此之外，目前天然气发电相对于燃煤发电，尚缺乏足够的经济竞争力。但未来随着经济的发展、环保标准不断提高和联合循环造价的持续降低，天然气发电的竞争力将不断增长。因此，天然气发电总体上还将呈现快速发展态势。在全球范围内，发电已经成为天然气利用的首要部门，也将是未来需求增长的主要驱动力（IEA，2008）。

在化工领域，天然气是优质的化工原料，同时也是化工用氢气的重要来源。在化工领域以气代油有利于能源安全，但同时也面临成本较低的煤化工的竞争。在工业燃料领域，以气代油、以气代煤有利于能源安全和环境保护，也应该得到支持。但总体来看，这两个领域对天然气价格的承受能力相对较弱，利用天然气优化其能源结构的迫切程度也相对较低一些。就近年来的趋势看，相对于城市燃气和发电，其消费增长也相对缓慢很多。而其中，化工用气需求的增长又慢于工业燃料需求的增长。该趋势很有可能在未来得到延续。

例如，中国工程院（2011）的研究中，提出 2020 年、2030 年、2050 年中国天然气消费量分别为2800亿m^3、4500亿m^3和5000亿~5500亿m^3，与其天然气供应能力的估计基本对应。研究还预测了2030年中国天然气消费结构，结果大致为城市燃气（含车用）41%，发电22%，工业燃料22%和化工用气15%，并将维持到2050年。但其中并没有给出车用天然气的具体预测结果。

6.2.5.2 2050年前车用天然气供应潜力分析

未来车用天然气的发展规模受能源价格和政策的影响较大，因此具有较大的不确定性。本章只给出了几种可能情景下的估计，仅为了给出大致数量级，而非精确预测。

这三个情景的设定如下。

（1）低情景：按交通行业用气量粗略估计，2008年车用天然气占天然气总消费量的4%。假定此后一直到2050年前，该比例将维持在5%左右。

（2）中情景：按照目前的政策，车用天然气与城市燃气均为政策优先支持类的天然气利用方式。因此，假定其增长率与城市燃气同步，则按城市燃气的预测结果即可得到车用天然气的规模。

（3）高情景：假定政策支持力度极大，发展环境较为乐观，车用天然气在目前约为城市燃气15%的基础上，2020年约为城市燃气的20%，2030年达到25%，此后该比例维持不变。

在预测中，天然气消费总量的预测采用了中国工程院（2011）的结果，而城市燃气（不含车用）的占比则为估计值（表6-6）。三种情景的分析结果如表6-6和图6-5所示。不同情景下，2030年的车用天然气规模为225亿~450亿m^3，2050年为263亿~525亿m^3。

表6-6 2050年前中国天然气消费总量和城市燃气占比的预测

年份	2005	2010	2020	2030	2040	2050
天然气消费量（亿m^3）	467.6	1 100①	2 800	4 500	4 875	5 250
城市燃气占比（%）	25.5	33②	38	40	40	40

①数据来源：国家能源局.2011.2010年能源经济形势及2011年展望；②由于缺乏数据，为估计值

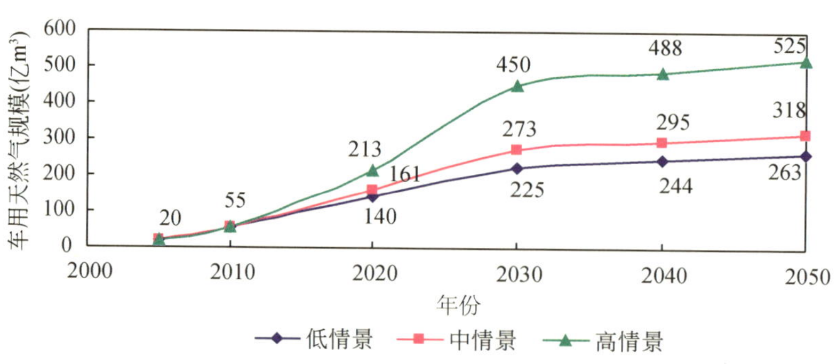

图6-5 2005~2050年中国车用天然气消费的情景分析结果

6.3　CNG汽车发展分析

6.3.1　基本技术描述

车用CNG采用车载高强度储罐存储，压力一般为20 MPa左右。CNG车用发动机在历经了几代产品的发展演变之后，技术日臻完善：燃料供给系统从机械式混合器发展到电子控制喷射系统，电喷系统由单点开环控制发展到闭环多点喷射控制系统，喷射方式从缸外预混合发展到复合供气、缸内直接喷射，燃料的使用从两用燃料、双燃料发展到单一燃料（李西秦和刘冰，2008）。车用CNG一般需要单独建立加气站，在用地条件允许情况下也可建立油气合建站，CNG加气站一般需要配置气站净化装置、储气装置、压缩机和加气机等（周淑慧和李广，2009）。

6.3.2　国内外发展现状

20世纪早期，意大利人率先开发了CNG汽车，此后CNG汽车逐步成为了天然气车用路线的主流。而20世纪80年代的石油危机极大加速了天然气车用燃料的发展。相关文献数据显示，目前全世界天然气汽车的总量已达数百万辆，已建立的CNG加气站数量近万座。目前，CNG汽车拥有量居前六位的国家分别是巴基斯坦、阿根廷、巴西、伊朗、印度、意大利，中国位居第7①。近年来亚太地区的CNG汽车增长非常迅速，2000～2007年的年均增长约为50%。（庄尚波，2009；李广，2008）

专栏6-7　美国和意大利的CNG汽车发展概况

目前，美国有40个州出台支持天然气清洁能源汽车及加气站政策，共有加气站1600座（大量分布在西海岸），共有天然气汽车约14.7万辆，主要应用于大型公共交通车辆，如城市公交车、机场通勤车、旅游景点游览车等，还有中重卡车。

截至2004年年底，意大利已有天然气汽车40万辆，占境内汽车总数的1%，部分地区占到10%。年销售车用CNG约4亿m^3。为了鼓励天然气的使用，意大利政府对进口天然气不征收关税，增值税的征收也控制在4%以内。这样，CNG市场价格只相当于汽油价格的25%或柴油价格的50%。另外，政府还提供25%的CNG加气站基础设施投资补助，非常有利于CNG汽车的推广。

① http：//www.iangv.org/tools-resources/statistics.html

早在1999年，中国就启动了“空气净化工程清洁汽车行动”，推动北京、上海、重庆、四川等12个城市和地区开展了天然气汽车示范。2005年，示范城市和地区进一步扩大到19个。目标主要是公交车和出租车。在示范的带动下，中国CNG汽车和加气站等设备的生产均基本实现了国产化，技术条件较为成熟。在环境排放上，目前的CNG汽车已经能达到欧Ⅲ标准，正在进一步研发欧Ⅳ标准的CNG汽车。目前，制约条件主要在于燃料的供应、价格和加气站建设上。

截至2007年年底，中国已有80多个城市推广天然气汽车，其中16个重点推广城市和地区（如四川、重庆、乌鲁木齐、西安和兰州等）的CNG汽车保有量已经达到26.5万辆，比2006年增长8万辆；建成加气站555座，比2006年增长75座。天然气气源近、价格低（仅为油价的40%～50%）是这些城市发展CNG汽车的主要驱动力。而根据国际天然气汽车协会（international association for natural gas vehicles，IANGV）的统计，2009年中国的CNG汽车保有量已经达到45万辆，加气站数量达到1350座，比2008年增长了12.5%和35%。

专栏6-8 上海和重庆的CNG公交车发展概况分析

目前上海的CNG汽车仍处于局部区域应用的阶段，以城市公共交通为主，而且用量十分有限。全市共保有约281辆天然气公交车，仅占公交车总量的1.6%，年耗用天然气0.1亿m^3，能源消耗量占公交车的1.5%。仅有4座加气站，运行情况也不容乐观。

制约上海CNG汽车发展的原因主要是：①CNG汽车购买较早，车辆和发动机全部进口，整车购置费用比同类柴油车高出14万元，维护成本要高出约26%，而且维护保养不便；②天然气气源紧张，而且要优先保障民用、商业和工业用户；③2007年后，天然气价格从2.15元/m^3上调到3.58元/m^3，CNG汽车的燃料费大大增加，每月反过来要比柴油车多支出近2000元，相比柴油的燃料价格优势不复存在；④加气站局限于中心城区外围，导致加气不便，而且业务量过小导致长期亏损，形成CNG汽车和CNG加气站相互制约的怪圈；⑤政策支持力度严重不足，仅局限于对公交公司购置CNG汽车每辆车一次性8万元的补贴。（庄尚波，2009）

重庆市发展CNG汽车已经近12年，成效显著。目前全市90%以上的出租车、公交车使用天然气能源，还包括大量私人轿车和摩托车，天然气汽车保有量总计约4万辆，其中公交车、出租车的保有量都将近7000万辆。天然气汽车年实际消耗CNG总量3.4亿m^3。

重庆市CNG汽车快速发展的主要原因是：①国产化技术和本地技术服务的有力支撑。重庆市已建成亚洲最大的天然气汽车产业基地、国内燃气汽车行业唯一的国家级工程技术研究中心（国家燃气汽车工程技术研究中心），形成了全国最完整的天然气汽车产业链。气瓶、压缩机、CNG 客车、燃气装置等天然气汽车产品在国内的市场占有率均超过 30%。②四川盆地是中国主要的天然气生产地区，天然气供应充足，价格低廉，大大降低了公交车和出租车营运成本。③加气方便，已建成并投入使用的加气站约 61 座。④政策有力支持。成立了由重庆市科委牵头、16 个市级相关部门组成的天然气汽车领导小组办公室，制订了一系列行业标准、优惠政策和研发政策，支持 CNG 汽车的发展。

资料来源：科技新闻：重庆大力发展天然气汽车取得显著成效．中国科技信息，2008 年 1 期：9

6.3.3　技术性能评价

与石油炼制车用汽、柴油相比，CNG 路线的主要优势在于低常规污染排放、较低的碳排放以及较好的经济性。大致估测，与汽油车相比，理论上 CNG 汽车可减排 CO 90%，减排碳氢化合物 72%，减排氮氧化物 39%。而目前中国自主生产的 CNG 汽车已经可以满足欧Ⅲ排放标准，正在研发的欧Ⅳ排放标准的汽车也将在近期投入市场。

CNG 路线的主要缺点在于天然气的高压压缩储运方式导致储气率不高，所存储的压缩天然气的质量只有储罐本身质量的 1/10 ~ 1/5，不仅续航能力差，还给加注、行车安全带来一定的隐患。CNG 的单位体积能源密度仅为汽油的 23% ~28%，轿车的一次行驶里程仅为汽油的 60% 左右（陈俊武等，2009）。因此其应用有较大的局限性，目前只能用在短途出行的出租车和公交车上。

6.3.4　支撑条件分析

经过多年技术开发的努力，中国 CNG 汽车的发展已经具备了良好的技术支撑条件。目前 CNG 加气站设备已基本实现国产化，绝大多数加气站都是选用国产设备。而中国汽油/CNG 双燃料汽车的改装，汽油、柴油/CNG 双燃料和 CNG 单燃料原产车也都已实现国产化。2007 年，中国天然气汽车（含底盘）产量达到 5.7 万辆，国内有 58 家企业生产天然气汽车，有 18 家企业生产天然气发动机（李广，2008）。

中国对天然气汽车的政策支持力度较大。2007 年 8 月国家发展和改革委员会颁布的《天然气利用政策》中，明确规定天然气汽车属于“优先类”用气项目。国家清洁汽车行动已将 CNG 列为首选的汽车替代燃料。

目前的主要问题在于产业政策方面：CNG 市场的投资、运营主体过多而缺乏整合，能源供应和下游应用缺乏协调，下游市场的竞争也日趋激烈。随着一些城市逐步解除 CNG 加气站的用地优惠政策，CNG 加气站的征地难度和建设投资也飞速上升（周淑慧和李广，2009）。此外，天然气的价格不稳定也是重要问题。

天然气资源的可获得性也是制约中国 CNG 汽车发展的重要因素，但该问题随着天然气的快速发展将得到一定程度的缓解。然而随着未来天然气价格的逐步上涨，其目前少许的经济优势也正面临挑战。CNG 汽车的大规模发展需要建立城市的 CNG 供应母站。而目前天然气储运体系的建设中，缺乏对 CNG 供应母站、CNG 分配和加气站建设的统筹考虑。

归纳起来看，市场秩序、CNG 集中供应和定价机制、加气站用地条件等，将是影响中国 CNG 汽车未来发展的关键政策因素。

专栏 6-9　四川某市 CNG 加气站调研结果

据了解，该市共有两个 CNG 加气站。本次被调研的加气站于 2000 年建成，土地为企业自有，采用了四川本地企业生产的加气站设备（储气能力 2000m^3），初投资大约 1200 万元，预期寿命 20～30 年。建成之初经济效益不佳，主要原因是司机不愿意花 3000 元左右去改车。后来加气站决定出钱让本地企业给出租车改装，并协议每次加气回收一部分费用，此后市场情况开始好转。

2010 年 5 月，该加气站的购气成本约为 1.8 元/m^3（民用气成本仅 1.3 元/m^3），售气价格为 2.7 元/m^3（压力 20 MPa），日销售约 1.3 万 m^3 CNG。现在该市的出租车和公交车基本都改装了 CNG 发动机，还包括一些轻型货车，但总体上社会车辆的数量较少。据某出租车司机反映，改 CNG 汽车后日支付燃料费用仅 20～30 元，而原来用油每天要 50～60 元，燃料费用节约效果显著。但改车对动力性能有影响，而由于气罐体积大，后置在一定程度上也影响使用。此外，据加气站反映，CNG 加气站属于高危行业，需要高度注重安全问题。

该企业建 CNG 加气站的初衷是顺应国家政策、地方政府支持和看中市场，该市政府也帮助了企业的宣传，但原承诺的 CNG 养路费优惠政策没有落实。

本地天然气的开采对该市 CNG 汽车的发展有重要的保障作用，该市附近 100km 左右有一个中石化的气田，日产 26 万 m^3 天然气，其中 24 万 m^3 供给该市，其余上网销售。该气田井口天然气售价仅为 1 元/m^3 左右，输气管网属中石油。此前发生的天然气气荒并没有影响到该市的 CNG 供应。

据了解，目前四川几乎每个县都有 CNG 加注站，出租车几乎都改用了 CNG，公交车也改了很多，还有少量社会车辆。基本上，只要不出四川，CNG 汽车在省内到处都可以跑。总体上，四川 CNG 汽车的发展，国家政策有一定的作用，但主要属于市场自发行为。

资料来源：课题组 2010 年 5 月赴该市调研结果

6.3.5　未来发展建议

CNG 汽车的优势在于技术、政策条件最为成熟，应作为未来天然气汽车发展的主力军。但由于续航里程和安全性的限制，预计未来主要用于城市公交领域。应在城市燃气发展的快速过程中，统筹考虑 CNG 母站、CNG 加气站的基础设施规划和建设，并进一步通过技术研发提高其安全性和效率、环保性能。

6.4　LNG 汽车发展分析

6.4.1　基本技术描述

LNG 汽车的发展随着近年来全世界 LNG 贸易的发展而兴起。与需要加压存储的 CNG 不同，－162 ℃低温的 LNG 在可以以常压条件进行存储和运输，而 LNG 的升温汽化在车内完成，需要单独开发 LNG 汽车。

在液态条件下，同质量的 LNG 体积仅为 CNG 的 1/3，大大增加了天然气的能量密度。与汽油相比，LNG 的单位体积密度是前者的约 60%（陈俊武等，2009）。因此，LNG 汽车相比 CNG 汽车路线可大大减少车载燃料系统的尺寸和质量、减少加注次数和提高续航能力（李西秦和刘冰，2008），适合于固定线路的长途和重型汽车。

发展 LNG 汽车也需要建立 LNG 加气站或在 CNG 加气站内设置小型天然气液化装置。当全部采用 LNG 储运时，还需要专门的 LNG 车载罐箱运输车队。

6.4.2　国内外发展现状

随着世界 LNG 贸易的发展，使用液化天然气的 LNG 汽车近年来也得到了一定发展。例如，在加拿大和美国，采用高压直喷技术的 LNG 汽车已经投入商业运营，汽车的总载质量约为 45t，配备了 2 个 680L 的 LNG 储存箱，可连续行驶 800km。(李广，2008)

中国 LNG 汽车也已经开始起步发展，北京、乌鲁木齐、长沙和贵阳四个城市已有 LNG 城市公交车的示范和应用。自 2003 年开始，中国也着手进行了 LNG 汽车及配件的开发。随着沿海 LNG 接收站的建设，预计未来 LNG 汽车也将快速发展。(李广，2008；周淑慧和李广，2009)

6.4.3　技术性能评价

相比 CNG 汽车，LNG 汽车极大改善了续航能力问题，运输费用也相对更低。但 LNG

汽车购置、维护和储运系统的改造费用较高，还面临 LNG 一旦泄露在空气中容易自挥发所引起的环境污染和安全问题。但低温的 LNG 在冷能回收利用方面（如冷藏车、空调车的应用）具有其他燃料不可比拟的优势。由于仍处于发展早期，LNG 汽车的整体性能还有待进一步的验证。

6.4.4 支撑条件分析

LNG 汽车的技术难度主要在于各个环节的天然气液化、汽化和储存、分配技术上。美国、加拿大在 LNG 液化装置、车辆燃料储罐和发动机的开发和生产上处于领先地位。由于中国的 LNG 进口还是刚刚形成规模，LNG 汽车和加注站的国产化技术开发还处于起步阶段。但中国已经启动了 LNG 载重汽车的研发，部分城市也已经开展了 LNG 公交汽车的示范和应用。另外，中国 LNG 的储罐技术也已经走向成熟。

由于同属天然气汽车，LNG 汽车所享受的政策支持与 CNG 汽车类似，但尚未形成完整产业。市场培育和技术研发支持将是影响 LNG 汽车发展的主要政策因素。

随着沿海地区 LNG 进口量的增长和内陆 LNG 运输的发展，LNG 汽车在这些地区的发展也将有燃料供应上的进一步保障。

6.4.5 未来发展建议

LNG 汽车的优势在于续航里程高于 CNG 汽车，但技术、政策条件尚不成熟，可以说是天然气汽车的生力军。预计 LNG 汽车可在沿海 LNG 进口地区、内地天然气产地附近的固定路线运行的重型车辆上（载重汽车、城际公交等）得到一定推广。应加强对 LNG 汽车、加注设施以及安全防范等方面的技术和政策研究，在合适的地区开展示范和推广。

6.5 GTL 发展分析

6.5.1 基本技术描述

GTL 有直接合成油品和间接合成油品两种路线，但目前成熟的仅是间接合成，该路线由合成气生产、费托合成和产品精制三部分组成。GTL 的油品质量（组分接近柴油）非常高，含硫量极低。除了生产装置，GTL 无需对传统石油车用路线做任何改动。

6.5.2 国内外发展现状

由于石油供应安全问题日益突出，GTL 也引起了天然气生产国或石油资源极度匮乏国家的重视。迄今，全世界已经有十余套 GTL 装置在运行和建设中，已经投运的有 3 套（位于卡塔尔、马来西亚和南非）。其中最大的一套装置在南非的 Mossel Bay，由 Mossgas 公司于 1999 年建成，采用 Sasol 公司技术，产能为 130 万 t/a 炼制产品，原料为浅海生产平台生产的天然气（钱伯章，2002；韩生，2008）。根据 IEA 的预测，GTL 的天然气消费量将从 2006 年 50 亿 m^3 增加到 2030 年的 500 亿 m^3，但主要在天然气输出国建设（IEA，2008）。

由于天然气产量尚小、供需矛盾大和技术尚未突破，目前中国 GTL 的发展条件尚不成熟。但技术原理类似的煤间接液化已经有了较大的发展，可参见第 7 章煤基液体燃料相关章节。

6.5.3　技术性能评价

GTL 项目投资较大，但在石油涨价的情况下其经济优势日益明显。在车用环节，GTL 有助于提高燃油经济性和降低尾气排放，但由于生产环节的能耗和排放，全生命周期的能耗和排放较石油炼制车用油品有较大增加（张可等，2009）。因此，其优势仅在于有助于保障石油安全，但长远也面临天然气安全问题。但通过联产其他炼制产品和化工品，GTL 的综合经济性可大幅改善。

6.5.4　支撑条件分析

GTL 工艺中，合成气生产和产品精制早已有成熟技术，关键在于费托合成。虽然中国目前尚无 GTL 的工业示范和应用，但同样采用费托合成工艺的煤间接液化已经建成了小规模的工业示范。煤间接液化的发展给中国天然气 GTL 的发展提供有力的技术支撑。

在目前中国的天然气利用政策中，GTL 属于限制类项目。但随着天然气的发展和石油安全问题日益突出，政策环境有望改善。

6.5.5　未来发展建议

GTL 的优势在于无需对车辆和基础设施做任何改动，而且油品质量较高，但由于生命周期内会额外增加能耗和排放，只能作为未来发展车用天然气的储备路线。随着煤间接液化技术的逐步成熟，应以掌握技术为目的，开展 GTL 的工业示范。其商业化发展至少在 2030 年之后，因为届时的煤炭供应约束可能会驱动 GTL 得到适度发展。

6.6　结论和建议

6.6.1　天然气的供应能力将持续快速增长

中国天然气的储量/产量正处于快速增长阶段，2009 年的供应能力已经达到了近 900

亿 m^3，几乎比2000年（240亿 m^3）翻了两番。综合考虑常规天然气的产量增长、非常规天然气资源的开发、天然气进口以及煤制天然气的发展等方面的潜力，2020年、2030年和2050年，中国天然气供应能力有望达到2200亿、4500亿和5250亿 m^3 左右。因此，此前车用天然气发展面临的资源约束问题将有较大程度的缓解。

6.6.2 天然气汽车总体将呈现快速发展趋势

在未来中国天然气大发展的格局下，天然气的供应量和管网覆盖率都将得到迅速提高。在一定程度上有利于改善燃油汽车常规污染排放和经济性的天然气汽车（CNG和LNG汽车），将迎来快速发展的契机。但由于天然气总体上仍将延续供不应求的态势，其他部门的需求也将快速增长，天然气汽车的发展仍然受到能源价格以及政策等因素的较大影响。大致估计，在不同的政策和市场条件下，车用天然气的利用总量有望在2030年和2050年前达到200亿~500亿 m^3，可为石油替代作出较大的贡献。

6.6.3 亟须完善车用天然气定价机制和基础设施条件

CNG汽车的发展实践证明，资源可获得性、车用天然气的合理定价及加气站的建设将是影响其发展的关键因素。在资源供应可能得到较大程度改善的情况下，后两者就成为了未来CNG汽车发展的主要制约因素。合理确定车用天然气和车用油品的比价，以及在重点推广地区加强CNG母站、CNG加气站的基础设施规划和建设，将有利于CNG汽车的健康发展。LNG汽车的发展也将面临类似的问题，而LNG汽车的发展还有待解决LNG汽车和加气站技术装备国产化，以及完善政策条件等方面的问题。

6.6.4 重点推广CNG城市公交汽车和示范LNG重型车辆

CNG汽车发展的各方面条件较为成熟，但由于续航里程和安全性的限制，应重点在城市公交领域推广。LNG汽车具有续航里程高的优势，但技术条件尚未完全成熟，应选择合适的地区进行重型车辆（载重汽车、城际公交等）上的示范。待时机成熟再大范围推广。GTL作为石油替代的战略储备技术，近期应加强研发和开展小规模示范。

主要英文缩写对照表

CCS　　二氧化碳捕获和封存（CO_2 capture and sequestration）

CNG　　压缩天然气（Compressed natural gas）

GTL　　天然气合成油（Gas to liquids）

LNG　　液化天然气（Liquefied natural gas）

LPG　　液化石油气（Liquefied petroleum gas）

SNG　　合成天然气（Synthetic natural gas）

参考文献

陈俊武，李春年，陈香生.2009. 石油替代综论. 北京：中国石化出版社.

国家发展和改革委员会.2007. 国家发展和改革委关于印发天然气利用政策的通知.http：//www.ndrc.gov.cn/zcfb/zcfbtz/2007tongzhi/t20070904_157244.htm.

国家能源局.2011.2010年能源经济形势及2011年展望.http：//nyj.ndrc.gov.cn/ggtz/t20110128_393339.htm.

韩生，吴锡惠，高峰.2008. 天然气制合成油的发展前景. 上海化工，33（7）：16-19.

华贲.2007. LNG利用研究论文集. 北京：石油工业出版社.

李广.2008. 中国天然气汽车的发展现状与方向. 国际石油经济，7：69-74.

李西秦，刘冰.2008. 国内外燃气汽车发动机研究动向. 车用发动机，176：8-11.

陆化普，等.2008. 快速城镇化进程中的中国城市可持续交通：理论与中国实践. 北京：中国铁道出版社.

陆家亮.2009. 中国天然气工业发展形势及发展建议. 天然气工业，29（1）：8-12.

钱伯章，朱建芳.2008. 世界液化石油气的市场与应用进展. 天然气与石油，26（3）：48-50.

钱伯章.2002.21世纪油气工业的一大热点—天然气合成油技术. 天然气与石油，1：16-20.

汪寿建.1999. 天然气综合利用评析. 化肥设计，5：5-8.

王庆一.2010. 可持续能源发展财政和经济政策研究参考资料：2010年能源数据. 北京：能源基金会.

殷建平，黄辉.2009. 从俄乌天然气争端谈中国的天然气安全. 中国国土资源经济，5：33-35.

张可，等.2009. 城市客车GTL燃料的全生命周期分析. 汽车工程，31（1）：27-29.

中国工程院.2011. 中国能源中长期（2030、2050）发展战略研究：电力·油气·核能·环境卷. 北京：科学出版社

中国石油新闻中心.2011. 中亚天然气管道战略通道作用凸显.http：//news.cnpc.com.cn/system/2011104/27/0013319.shtml.

中华人民共和国国家统计局能源统计司，国家能源局综合司.2010. 中国能源统计年鉴2009. 北京：中国统计出版社.

中华人民共和国国家统计局能源统计司，国家能源局综合司.2011. 中国能源统计年鉴2010. 北京：中国统计出版社.

周淑慧，李广.2009. 中石油车用CNG业务发展的思考. 石油规划设计，1：

庄尚波.2009. 发展上海的CNG汽车. 能源技术，30（1）：27-29.

BP. 2009. Statistical Review of World Energy.

Chandel M，Williams E. 2009. Synthetic Natural Gas（SNG）：Technology，Environmental Implications，and Economics，Climate Change Policy Partnership，Duke University.

Dakota Gasification Company. 2008. About Dakota Gasification Company and the Great Plains Synfuels Plant.

Gray D，et al. 2007. Technologies for producing transportation fuels，chemicals，synthetic natural gas and electricity from the Gasification of Kentucky coal. Kentucky: University of Kentucky.

IEA. 2008. World Energy Outlook 2008.

IEA. 2010. World Energy Outlook 2008.

NETL. 2007. Industrial size gasification for syngas, substitute natural gas and power production. Report No. DOE/NETL-401/040607.

Perry M, Eliason D. 2004. CO_2 Recovery and Sequestration at Dakota Gasification Company.

Ruby J, et al. 2008. Substitute Natural Gas from Coal Co-Production Project-a Status Report.

Steinberg M. 2005. Conversion of coal to substitute natural gas (SNG).

第7章 煤基液体燃料

7.1 引 言

“以煤为主，立足国内”是长期以来中国能源供应的主要特点，也曾是中国能源发展战略的主要方针之一。而在近年来石油对外依存度迅速上升，国际油价高企的形势下，利用资源相对丰富、价格相对低廉的煤炭生产车用液体燃料，替代石油基汽、柴油，成为中国煤炭行业的发展热点；同时，作为一种保障能源安全的重要技术储备，也受到了国家层面的重视。然而与此同时，煤基液体燃料的发展也因其能源效率低、CO_2 排放高、水资源消耗大等问题而饱受争议，成为国家能源决策领域的难题之一。对于目前已经起步发展的煤基液体燃料，未来应该何去何从，社会各界还尚未形成一致性的认识。

本章立足于从多个层面、多个维度出发，通过煤基液体燃料供应链各方面基础信息的收集和分析，试图对煤基液体燃料技术的发展进行全面、客观的评价，并在此基础上提出初步的发展政策建议。

在本章内容的安排上，7.1节为引言，简要介绍研究背景和研究内容；7.2节为煤基液体燃料的资源供应潜力分析，对中国煤炭的开发和利用的各方面现状进行了概述，在此基础上主要结合煤炭资源的产能约束，对煤基液体燃料的资源供应潜力问题进行了分析；7.3节为煤基液体燃料的技术评价，是本章的重点内容。首先，介绍了煤直接液化、间接液化、煤基甲醇、煤基二甲醚等几种主要技术的发展现状。其次，对转化环节的技术、经济和环境性能进行了比较。第三，对其WTT（Well-To-Tank，矿井到油箱）的能耗和排放进行了案例计算，并进一步分析了碳税对产品成本的影响。最后，基于六维度评价方法，对煤基液体燃料技术进行了综合评价；7.4节为煤基液体燃料的发展政策分析，对以上各种煤基液体燃料的发展现状、发展障碍和未来潜力进行了简要评述，并给出了相应的发展政策建议；7.5节为结论和建议，提炼了研究得到的主要结论和政策启示。

7.2 煤基液体燃料的资源供应潜力分析

虽然中国的煤炭资源总量丰富，但实际上煤炭的可持续供应能力受到生产安全、水资源、生态保护和运输能力等方面的严重制约。而在煤炭可持续产能的约束下，可用于生产车用液体燃料的煤炭量，还将受到其他部门和行业煤炭需求的影响。因此，本节首先围绕煤炭资源、生产、运输、进口和利用等各个方面，对中国煤炭的开发、利用现状进行了概述。在此基础上，对煤炭资源可用于车用液体燃料生产的潜力问题进行了初步分析。

7.2.1 煤炭开发和利用现状

7.2.1.1 煤炭资源

与油气资源相比，中国的煤炭资源相对丰富。据 BP（2010）的统计，2009 年中国煤炭的探明可采储量占到全球的 13.9%，而石油、天然气分别仅占 1.3% 和 1.1%。

总体来看，中国煤炭储量增长的潜力较大，参见图 7-1。按 1999 年中国煤炭资源预测与评价结果，中国煤炭资源总量（远景储量）为 5.55 万亿 t。已累计探明的保有储量约 1 万亿 t（濮洪九，2010），其中已利用资源量为 4036 亿 t，已利用精查储量为 1897 亿 t，探明可采储量为 1145 亿 t。在尚未利用的资源量中，预查资源量为 3049 亿 t，精查资源量为 988 亿 t（中国工程院，2011；BP，2010）。因此，随着勘探开采的技术进步和力度加大，中国煤炭资源的探明可采储量还将持续增长。

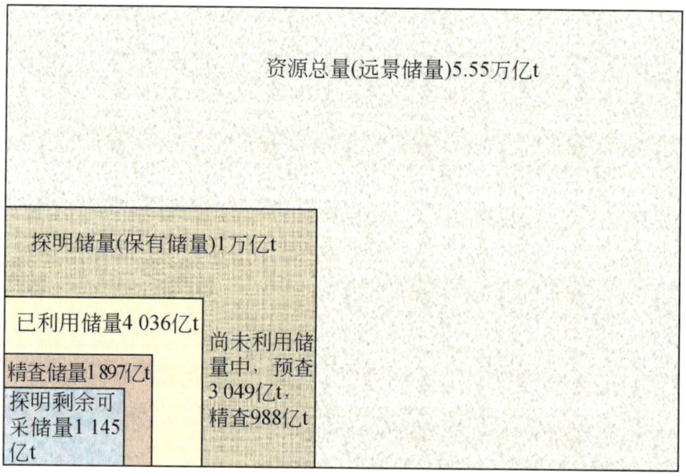

图 7-1 中国的煤炭资源储量

虽然中国煤炭资源总量丰富，但地域分布却严重不均匀，呈现“北多南少、西多东少”的特点：

1）从南北方向看，煤炭资源主要分布于昆仑—秦岭—大别山以北地区：这一线以北的各地区煤炭资源总量之和占全国的 93.1%，而探明保有资源量占全国的 90% 以上。

2）从东西方向看，煤炭资源主要分布于大兴安岭—太行山—雪峰山以西地区：这一线以西的内蒙古、山西、四川、贵州等11个地区，煤炭资源总量之和占全国91.8%，而探明保有资源量占全国的89%。

专栏7-1 煤炭资源储量的名词解释

1）远景储量：按地质预测的垂直深度2000m以浅的煤炭资源量，也称煤炭资源总量。

2）保有储量：已累计探明的煤炭资源量，包括已利用和尚未利用的。尚未探明的称为预测资源量。

3）已利用储量：生产、在建矿井占用的资源量，又分为已达精查程度的和未达精查程度的。达到精查程度的储量可作为设计、建设矿井的依据。

4）尚未利用资源量：保有储量中尚未被生产、在建矿井占用的资源量，按资源详查程度，又可以分为精查储量、详查储量、普查储量和预查储量。

5）探明可采储量：一般理解是已利用精查储量中，扣除已开采资源量后，剩余的可采资源量。

从煤质情况看，中国煤炭资源的煤类较为齐全，包括了从褐煤到无烟煤各种不同煤化阶段的煤，但是其数量和分布并不均衡。在中国，因灰分、硫分、可选性的原因，炼焦用煤资源不多，优质炼焦用煤更显缺乏。高变质煤（贫煤、无烟煤）煤质的主要不足是硫分高。中国煤炭的平均发热量低于在国际上进行交易的煤炭，但与许多其他国家生产的煤炭基本相当。中国煤炭的平均发热量为5400 kcal/kg，美国的煤炭平均发热量为5600 kcal/kg（IEA，2007；毛节华，1999）。

7.2.1.2 煤炭生产

中国煤炭生产的总量巨大，居世界第一位，2009年占全球45.6%。近30年来，煤炭在中国能源生产中的占比始终稳定在70%左右。由于能源需求快速增长，近年来中国煤炭产量迅速增加，从2000年的13亿t增长至2009年的30.5亿t，年均增长9.9%（图7-2）。

受煤炭资源地域分布的影响，中国的煤炭生产主要集中在山西、内蒙古、陕西、河南、山东、贵州、黑龙江等地区。而近年来的新增产量又主要来自晋陕蒙宁地区（山西、陕西、内蒙古和宁夏）。据《中国能源统计年鉴2010》的“分地区原煤生产量”统计，该地区在煤炭生产总量中的占比从2000年的34.6%上升到了2009年的52.4%，贡献了该时段煤炭新增产量的60%。

虽然中国煤炭生产发展迅速，但多年来一直是在超出可持续能力生产，导致了许多突出问题，主要表现在（中国工程院，2011；濮洪九，2010）：

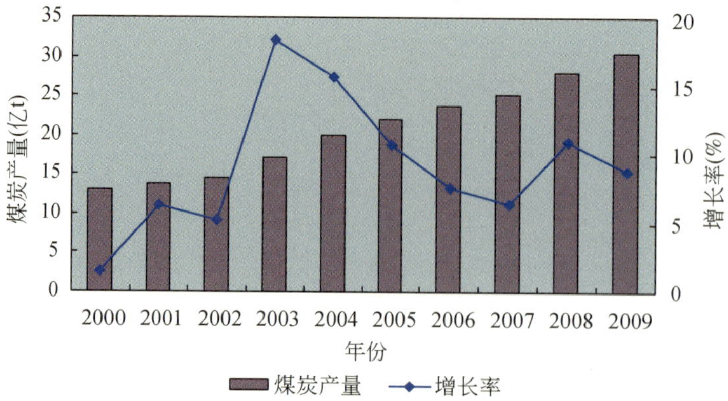

图 7-2　中国历年煤炭产量统计（2000 ~2009 年）

资料来源：BP，2010

1）资源回采率低：只有 49% 的煤炭产量（原国有重点煤矿）能达到 50% 以上的资源回采率，16% 的煤炭产量（地方国有煤矿）资源回采率仅为 30% 左右，而其余 35%（乡镇煤矿）的煤炭产量的资源回采率仅为 10% 左右。

2）生产安全问题：虽然近年来煤矿生产的百万吨死亡率持续下降，但年死亡人数仍居世界首位。2008 年中国煤矿生产的百万吨死亡率为 1.184，为美国的 30 倍，当年中国煤矿生产事故死人数高达 3215 人。

3）土地塌陷问题：中国煤炭工业以井下开采为主，95% 的煤炭产量来自于井工开采，开采沉陷是煤炭工业破坏土地的主要形式。据统计，2005 年全国采煤沉陷土地面积超过了 70 万 hm^2，而塌陷土地累计已超过 80 万 hm^2，造成经济损失累计已超过 500 亿元。而目前，采煤土地塌陷仍以每年 3 万 ~5 万 hm^2 的速度增加。采煤的土地塌陷问题在土地资源相对紧缺的东部地区尤其突出。

4）水资源和生态环境问题：煤矿开采造成了严重的水体污染和水资源破坏等问题。据测算，中国每年因采煤破坏地下水资源达 22 亿 m^3。而煤炭资源和水资源的逆向地域分布，导致煤矿开发不可避免地将面临水资源匮乏的问题。例如，晋陕蒙宁区查明煤炭资源量占全国的 64.4%，而水资源总量仅占全国的 2.6%。晋陕蒙宁及附近地区 13 个生产和在建的大型矿区，日需求水量约 90 万 m^3，而这些矿区水源地日供水能力仅为需水量的一半左右。与此同时，秦岭—大别山以北气候干旱少雨，植被覆盖率低，生态环境十分脆弱。而这一地区集中着近 90% 的煤炭资源，生态环境成为这一地区煤炭开发的重要制约因素。

7.2.1.3　煤炭运输

由于中国煤炭资源主要集中在西部和北部地区，而市场需求主要在东部和南部的沿海经济发达地区，因此，不可避免地带来了煤炭的长距离、大规模运输，呈现出“西煤东运、北煤南运”的格局。

2010 年，中国累计完成煤炭运量高达 20 亿 t（国家能源局，2011）。中国煤炭运输主要采用铁路为主、公路为辅和铁路水运结合的方式，例如先通过铁路运输至沿海、沿江港口，再水路运输至南方消费地。其中，铁路一直以来是煤炭运输的主要方式，铁路运煤占煤炭产量的接近一半（岳福斌，2008）。煤炭又是铁路运输中最大的货品种类，在铁路货运量中的比重历来维持在 40% 以上。煤炭运力也成了近年来中国煤炭供应能力的主要制约因素之一。而煤炭长距离、大范围的运输和中转，也是造成东南部煤炭市场的价格较高的主要原因。

7.2.1.4　煤炭进口

在中国东南部沿海地区，由于煤炭资源相对缺乏以及煤炭运力的限制，近年来煤炭进口量持续增加，也带动了全国煤炭进口量的快速增长。据《中国统计年鉴 2010》“煤炭平衡表”的统计，2000 ~ 2009 年，中国的煤炭进口从 218 万 t 上升到了 1.26 亿 t（2008 年仅为 0.4 亿 t）。2010 年，由于国际煤炭市场需求相对疲软、价格走低，东南沿海电厂加大海外采购力度，带动全国煤炭进口大幅增长，全年累计净进口煤炭 1.46 亿 t（国家能源局，2010）。

7.2.1.5　煤炭利用

煤炭近年来在全国一次能源消费中的占比始终维持在 70% 上下。2009 年中国煤炭消费总量达到 29.5 亿 t，同比增加 2.1 亿 t。中国煤炭的主要利用途径包括（图 7-3 和图 7-4）：

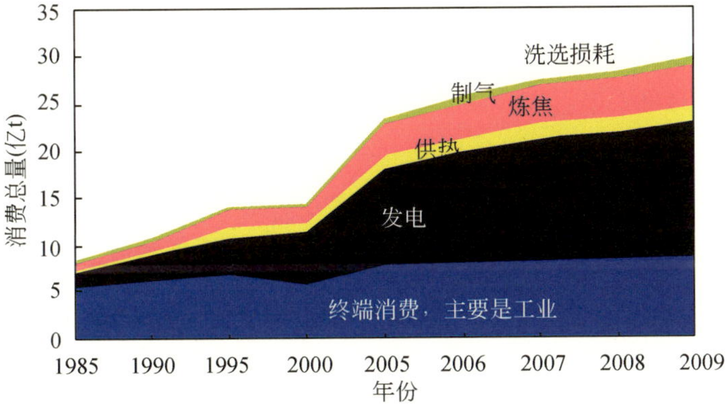

图 7-3　中国煤炭消费总量和构成的历史变化趋势

资料来源：中华人民共和国国家统计局能源统计司，国家能源局综合司，2010

（1）集中发电和供热：近年来在煤炭消费中的比例迅速上升，目前占煤炭消费总量的一半以上，其中又主要是发电。2009 年，煤炭用于发电的比例约 49%，供热约 5%。

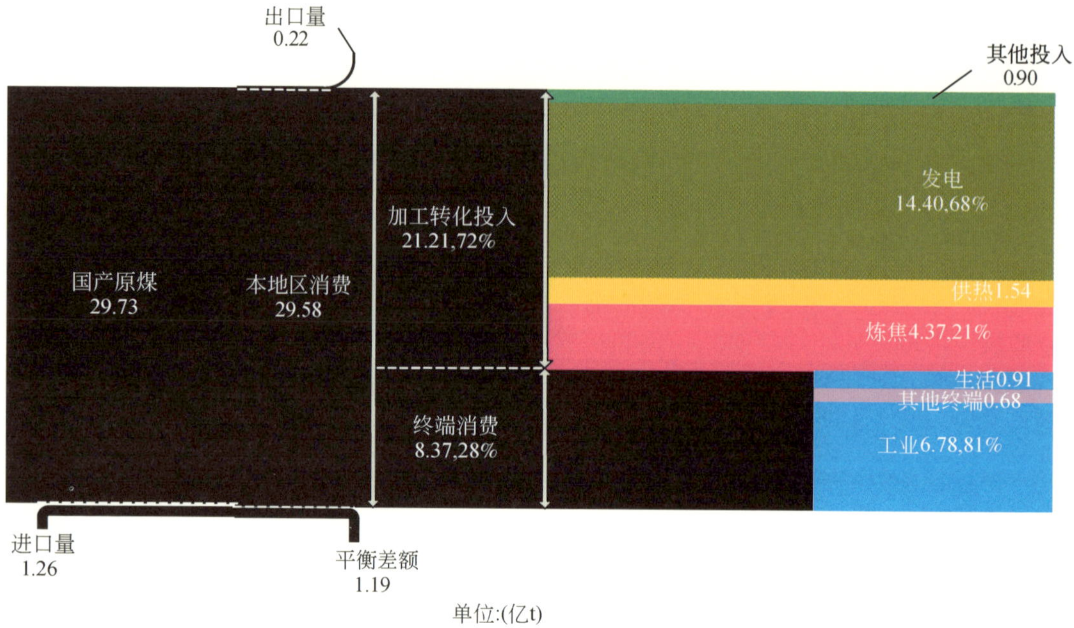

图 7-4　2009 年中国煤炭能流图

资料来源：中华人民共和国国家统计局能源统计司，国家能源局综合司，2010

（2）炼焦和制气：2009 年占煤炭消费总量的 15% 左右。此前在煤炭消费中的比例上升较快，但近年来开始趋于稳定。其中主要是炼焦用煤。

（3）终端消费：包括煤炭直接作为终端部门的燃料以及化工原料的使用，2009 年占煤炭消费总量 28% 左右。其中又主要是工业锅炉/窑炉的直接燃煤。此外，2009 年有 1.5 亿 t 的终端煤炭消费用于了化工生产（化学原料及化学制品制造业），而 2000 年仅为 0.88 亿 t。煤炭的化工生产主要包括合成氨、甲醇和二甲醚以及电石等，包括了煤基液体燃料。

（4）洗选损耗：2009 年占煤炭消费量的 3% 左右。

中国煤炭的大量直接燃烧也导致了严重的环境污染问题。2007 年中国 SO_2 排放量为 2468.1 万 t，NO_x 排放大于 2000 万 t，燃煤贡献分别为 80% 和 70% 左右。而中国 CO_2 的排放量中，燃煤大概贡献了 80% 左右。随着环保政策日趋严格和清洁煤技术的发展，煤炭的常规污染问题有望在将来得到缓解，问题主要在于 CO_2 排放。

煤炭利用要实现大规模碳减排，目前唯一的技术途径是实施 CCS。即将煤炭能源利用集中排放的 CO_2 进行捕捉，运输到指定的埋存地点进行封存，将 CO_2 与大气长期隔离的技术系统。但由于技术难度较大以及对能源效率和能源成本的影响，近期大规模应用的可能性较小。当前，中国迫切需要推进一个完整的 CCS 示范项目来验证该技术的可行性。而相对于燃煤电厂烟气中低浓度的 CO_2 后捕捉而言，煤化工中高浓度的 CO_2 前捕捉更具有技术经济性上的优势，将是中国推进完整 CCS 示范项目的更佳选择。

7.2.2　煤炭资源的产能约束和车用的潜力

如上所述，虽然中国煤炭资源的总量丰富，但煤炭开采面临着生产安全、水资源破坏、生态环境破坏和运力限制等一系列突出问题。因此，合理控制煤炭产能成为了当前中国能源决策领域的议论热点之一。例如，中国工程院（2011a）对资源储量、机械化开采、安全生产、水资源、生态保护和运输等煤炭产能的约束条件进行了综合分析，认为中国煤炭可持续发展的产能不应超过 38 亿 t。而若进一步考虑上述约束条件的相互重叠计算问题，实际的煤炭可持续产能可能更小（中国工程院，2011b）：若只考虑安全生产和机械化开采，可持续产能仅为 35 亿 t 左右；若把安全生产以及水资源、生态保护作为硬约束，可持续产能可能仅为 29 亿 t 左右；若进一步考虑晋陕蒙和新疆地区的运输制约，可持续产能将不到 25 亿 t。而在可持续煤炭产能有限的情况下，也将存在一个煤炭资源利用如何合理配置的问题。

目前，电力、钢铁、建材和化工行业煤炭消费量占国内煤炭消费总量 85% 以上。按这些主要部门来预测煤炭需求，2030 年为 37 亿~40 亿 t，2050 年为 35 亿~38 亿 t。其中 2030 年化工用煤量为 3.5 亿~4 亿 t，2050 年为 4 亿~4.5 亿 t（中国工程院，2011a）。大致估计，除去合成氨、电石、煤制烯烃以及民用液体燃料（例如部分二甲醚）生产的用煤量，可用于生产车用液体燃料的资源量最多为 1 亿~2 亿 t。而若考虑上述更严格的煤炭可持续产能约束和煤炭消费的碳排放约束，实际上可用于生产液体燃料的资源规模可能更小。

虽然在煤炭资源丰富地区就地生产液体燃料，将有助于改善煤炭运力限制的问题，但由于当地水资源缺乏，而煤基液体燃料生产的耗水量巨大，水资源供给能力也将成为其重要的制约。据此前有关专家估计，生产 1t 煤基液体燃料，平均耗水量大致在 10t。

从国际上进口煤炭将有助于缓解中国自身的煤炭可持续供应能力约束，但从国家能源战略高度，煤炭消费总量还将受到 CO_2 排放总量控制的制约。情景分析表明，为将能源利用的 CO_2 排放总量控制在 90 亿 t 以下，中国的煤炭消费量应在 2020 年达到 32 亿~34 亿 t 后开始下降，新增能源需求将主要由核能、天然气和可再生能源满足（中国工程院，2011b）。虽然该情景并没有考虑 CCS 技术，但总体来看，CCS 技术的发展仍然具有较大的不确定性，尤其在近中期可能很难投入规模化应用。

7.3　煤基液体燃料的技术评价

煤基液体燃料转化技术是将固体的煤炭转化为车用液体燃料的洁净煤技术。通过不同的技术路线，可以把煤炭转化为汽油、柴油、甲醇、二甲醚等车用燃料，部分替代目前普遍使用的常规石油基汽油、柴油。

本节将简要介绍以上技术的发展现状，并重点分析煤直接液化、煤间接液化、煤基甲醇、煤基二甲醚的生产环节以及 WTT（Well-To-Tank）过程中的能耗、环境排放和经济性，以及碳税对产品成本的影响。此外，还采用六维度的综合评价方法，试图对煤基液体燃料的优势、劣势进行评价。

7.3.1 技术发展现状

7.3.1.1 煤直接液化

中国从20世纪70年代末开始煤炭直接液化技术的研究。煤直接液化采用的煤种以烟煤、褐煤为宜，其产品主要是汽油和柴油等。近30年开发的新技术与老技术有许多区别，但其工艺原理、基本工业路线等基本相同或相类似，加之近些年的研究开发和新的现代科学技术的支持，使该技术的工艺和技术路线更趋合理（杜铭华，2006）。

1997 ~ 2000年，中国煤炭科学研究总院分别同德国、日本、美国有关政府部门和公司合作，完成了神华煤、云南先锋煤和黑龙江依兰煤在国外已有中试装置上的放大试验以及这3种煤的直接液化示范厂预可行性研究。2001年8月，中国第一个煤炭液化示范项目——神华煤直接液化项目得到最终批准，总设计规模为年生产500万t油品。2009年，该项目首条100万t/a的生产线成功建成并投入试运行。2011年第1季度，该工厂的开工率已经达到了80%以上，生产油品20多万t。

7.3.1.2 煤间接液化

煤间接液化采用的煤种可以是烟煤、褐煤和无烟煤等，主要产品有汽油、柴油、石脑油、航空煤油等。1937年，日本在中国锦州石油六厂引进德国以钴催化剂为核心的F-T合成技术，1943年建成产能约100万t/a的煤间接液化厂。新中国成立后，该厂一度实现了可观的利润。随后因大庆油田的发现，1967年锦州合成油装置停产。

20世纪80年代初，受世界石油危机影响，同时考虑到煤炭资源丰富的国情，中国重新恢复了煤间接液化技术的研究与开发。中国科学院山西煤炭化学研究所在工艺改进和催化剂开发方面均取得相应的成果，并进行了工业试验。国内近年来其他研究机构在F-T合成方面也做了大量研究开发工作，如大连化学物理研究所在担载型铁系催化剂的F-T合成已完成了模试，南京大学与南京化工研究院研究开发了合成气经含氧化合物转化为汽油的两段合成工艺过程，清华大学和原北京化工学院等高等院校也对F-T合成在实验室小试规模上进行了多方面的研究与探索。

由多家大型企业和科研机构共同出资组建成的中科合成油技术有限公司于2006年成立。山西潞安矿业集团采用该公司技术，在山西长治建设年产16万t液体燃料的煤间接液化多联产示范装置。此外，中科公司还分别与内蒙古伊泰集团和神华集团合作，在鄂尔多斯建设年产 16 万 t 和年产 18 万 t 规模的煤间接液化示范装置。2009 年，潞安长治和伊泰鄂尔多斯项目均成功试车，生产出了合格油品。

7.3.1.3　煤基甲醇

中国的甲醇工业近年来发展迅速，总的甲醇年生产能力从 1990 年的不足 100 万 t，发展到 2007 年的 1600 万 t。据有关专家估计，2009 年甲醇年生产能力已经达到了 2500 万 ~ 2600 万 t（煤炭为主要原料）。

但与世界先进水平的生产装置相比，中国甲醇生产装置规模小，技术落后，能耗大，生产成本高。目前中国甲醇生产装置近 200 套，其中大多数为 5 万 t/a 以下的小规模装置。而国外则以大规模甲醇生产装置为主（天然气为主要原料），其中 80% 左右的产能是 30 万 t/a 的大规模装置。国际甲醇的生产成本一般低于国内。

在车用方面，中国已有多个省市开展了甲醇汽车示范。其中，山西省开展了甲醇汽油的全省推广工作，与汽油的掺混比可从 15%（M15）到 85%（M85）再到 100%（M100），不同掺混比的甲醇汽油热当量成本低于汽油。2009 年 7 月 2 日，国家标准化管理委员会发布公告，GB/T 23799-2009《车用甲醇汽油（M85）》标准正式获批准颁布，并于 12 月 1 日起实施。而截止到 2011 年 4 月，M15 的标准还在制定之中。

7.3.1.4　煤基二甲醚

2008 年，中国二甲醚产能已经达到 410 万 t/a 左右，但同期产量仅 205 万 t，开工率严重不足，而新项目仍然在陆续上马。“十一五”期间，拟建、在建的二甲醚项目的产能总量为 500 万 ~ 800 万 t。据有关专家估计，2009 年中国二甲醚产能已经达到了 1000 万 t 以上。

目前，中国研究二甲醚车用燃料的单位有上海交通大学、西安交通大学、吉林大学等。上海、山西久泰和西安交通大学都进行了二甲醚车的开发试验。2006 年 3 月到 2007 年 7 月，上海二甲醚车项目完成了 10 辆二甲醚车的生产、试运行。

7.3.2　技术性能比较

以下将从煤基液体燃料生产环节的技术指标（资源消耗、能量效率）、经济指标（投资、产品成本等）及直接环境排放（主要关注 CO_2、SO_2 和 NO_x）三方面比较各种煤基液体燃料的技术性能。

采用不同的工艺路线，煤基液体燃料生产过程中的技术指标、经济指标和直接环境排放均有所差异。由于国内对此方面的研究已经较多，本章仅对文献中的数据进行整理，并取平均值作为煤基液体燃料生产过程的性能参数，如表 7-1 所示。

煤直接液化、煤间接液化、煤基甲醇以及煤基二甲醚生产过程的资源消耗、能效、投资、产品成本及环境排放的比较如图 7-5、图 7-6、图 7-7 所示，图中以煤直接液化的技术、经济、环境指标为基准（其指标值视为1），其余煤基液体燃料路线的相应指标则以此为参照。例如，在图7-5中，煤间接液化的煤耗是煤直接液化的1.18倍。

表7-1　煤基液体燃料生产过程的技术、经济及环境指标

指标	项目	煤直接液化	煤间接液化	煤基甲醇	煤基二甲醚
技术指标	年产量（万t/a）	250	250	60	20
	生产工艺	HTI	高温/低温合成	—	—
	煤耗（tce/GJ）	0.065	0.076	0.064	0.067
	电耗（kW·h/GJ）	12.80	18.53	19.2	24.11
	水耗（t/GJ）	0.145	0.255	0.31	0.37
	能效（%）	50.31	41.41	50.22	47.455
经济指标	投资（元/GJ）	169.76	199.74	144.12	196.79
	产品成本（元/GJ）	41.41	53.45	46.54	62.23
	财务IRR（%）	10.16	8.615	14.91	10.63
直接环境排放	CO_2（kg-C/GJ）	20.09	35.17	26.55	29.815
	SO_2（kg/GJ）	0.01	0.004	0.003	0.004
	NO_x（kg/GJ）	0.09	0.160	0.17	0.17

①表中的数值为综合比较上述文献的数据，并取均值的结果；②IRR：internal rate of return，内部回收率；③本表及以下分析中，煤直接、间接液化产品热值以41.868 GJ/t计。甲醇取22.7 GJ/t，二甲醚取29.7 GJ/t

资料来源：刘峰等，2009；俞珠峰等，2006；李大尚，2003；张亮和黄震，2006；邝生鲁，2009

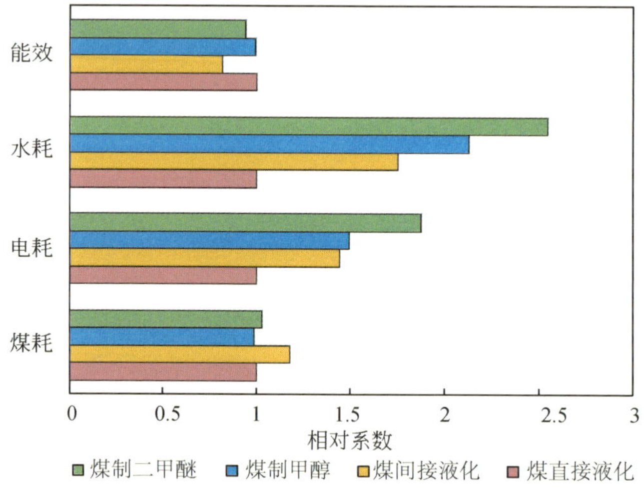

图7-5　煤基液体燃料生产的技术指标比较

由图7-5可以看出，相对而言，煤间接液化的煤耗较高，与之相应的是其生产过程的能效较低。总体而言，生产煤基液体燃料的能效在40%～60%的范围内。生产过程中的用电量和水耗与具体工艺过程、设备、生产规模等密切相关。但初步比较，煤基二甲醚的电

耗和水耗均比较高。在煤基液体燃料生产过程中，水的大量消耗是一个不容忽视的问题。生产煤基液体燃料的水耗约为 0. 145 ~ 0. 370t/GJ，即生产 1 toe 油品需水 6. 07 ~ 15. 49 t。

图 7-6 所示是生产煤基液体燃料所需的投资、产品成本以及 IRR 的情况。相比较而言，煤间接液化和煤基二甲醚的投资和成本都较高，而 IRR 较低；煤基甲醇的投资和成本则较低，且 IRR 较高。因此，从经济性能方面考虑，煤基甲醇优于其他几种煤基液体燃料。

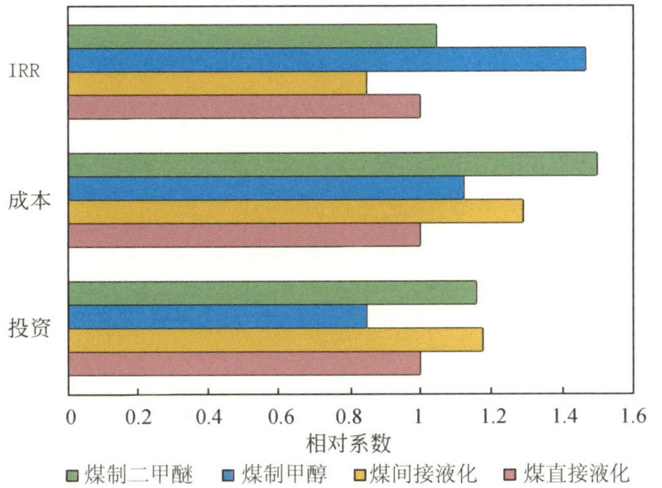

图 7-6　煤基液体燃料生产的经济指标比较

图 7-7 所示是煤基液体燃料生产过程中直接排放的 CO_2 和大气污染物 SO_2、NO_x 的情况。相比较而言，生产 1 GJ 油产品时，煤直接液化排放的 CO_2 和 NO_x 低于煤间接液化、煤基甲醇和煤基二甲醚，但其 SO_2 排放量是其他三种路线的两倍有余。

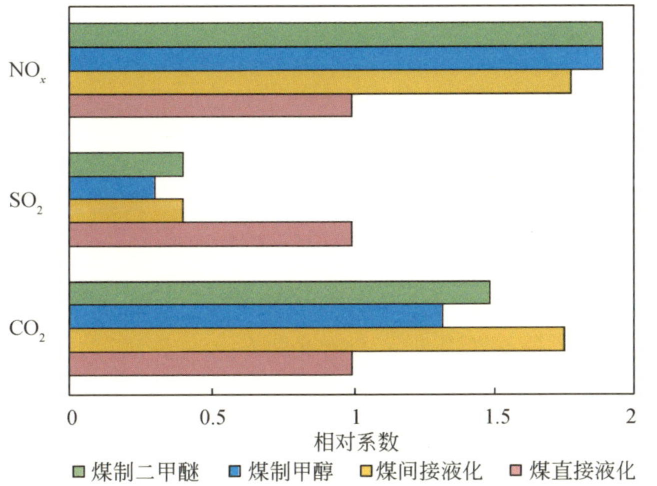

图 7-7　煤基液体燃料生产的环境指标比较

7.3.3 WTT 分析

在煤基车用液体燃料的 WTT 过程中，经历了煤炭的开采、洗选、运输、加工、产品运输等耗能和排放环节。因此，在分析煤基液体燃料的能耗和温室气体排放问题时，仅关注转化环节是不全面的。以下将对各种煤基液体燃料的 WTT 能耗和 CO_2 排放进行分析。

考虑中国的煤炭资源主要分布在西部和北部，而成品油的消费市场则主要在东南沿海地区。因此，一般从煤炭产地到成品油消费地存在长距离的运输过程。而不同运输方式会导致 WTT 过程中能耗和温室气体排放的差异。本节在做 WTT 分析时，主要关注的是不同运输路线下，煤基液体燃料 WTT 过程的能耗和温室气体排放情况。为简化分析，文中仅考虑 WTT 过程中的直接能耗和直接排放，即不追溯到基础设施、生产及运输设备和其他材料消耗的能耗及排放。

7.3.3.1 基本参数及路线设定

烟煤、褐煤都是适用于生产煤基液体燃料的煤种。中国的煤炭资源中，约有 70% 是褐煤，主要分布在内蒙古、新疆和云南。在分析中，采用内蒙古锡林浩特胜利煤田的褐煤作为原料煤，其工业分析如表 7-2 所示。

表 7-2 锡林浩特胜利煤田褐煤的工业分析

工业分析					
M_{daf}（%）	A_d（%）	V_{daf}（%）	发热量（MJ/kg）（$Q_{gr,daf}$）	S_d（%）	C_{ar}（%）
19.56	17.03	43.47	26.3	1.52	39.71

注：M_{daf}为水份；A_d 为灰份；V_{daf}为挥发份；S_d 为含硫量；C_{ar}为含碳量

原煤开采过程的能耗因子取 0.016 tce/t①，CO_2 排放因子为 131.9 g/（kW·h）（山东省质量技术监督局，2007；马忠海，2002）。假定成品油消费地在上海。对各种煤基液体燃料，设定如图 7-8 所示的三条生产—运输路线。

由于甲醇在目前技术水平下较难采用管道运输方式，因此对甲醇只考虑路线 2 和路线 3 的情况，则交通运输的单位能耗及 CO_2 排放情况如表 7-3 所示。

① 2008 年山东省吨原煤生产的能耗限额在 5.2～15.58tce/t，本次设定中取其上限并舍入，作 16tce/t。

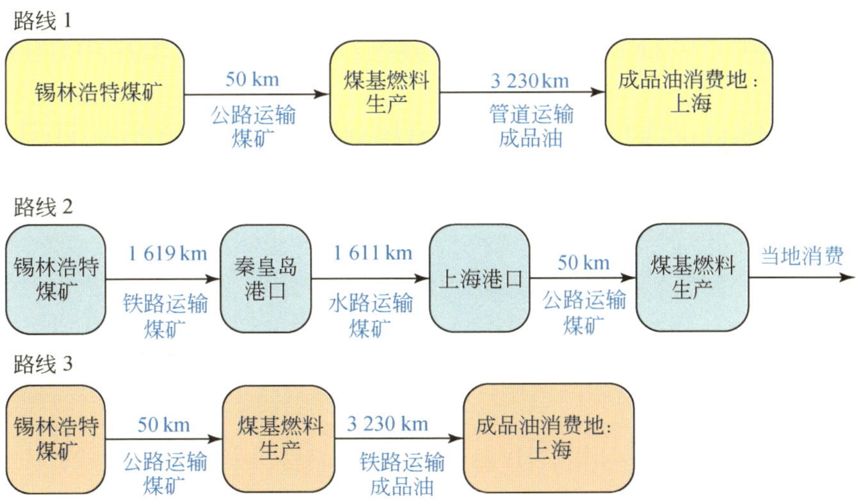

图 7-8　煤基液体燃料 WTT 分析的三种生产—运输路线设定

表 7-3　中国交通运输的单位能耗及 CO_2 排放因子

运输方式	铁路运输	公路运输	水运	管道运输
能耗 [GJ/(t·km)]	0.000 260	0.002 147	0.000 246	0.000 405
CO_2 排放 0.108 [kg/(t·km)]	电力机车 0.069 5　内燃机车 0.019 2		0.159	0.018 3

①表中铁路运输的内燃机车、公路运输、水运均以柴油为动力，铁路运输的内燃机车及管道运输则以电力为动力；②表中的数据时作者根据文献中的数据进一步换算得到。其中，柴油在内燃机中燃烧的 CO_2 排放因子为 74.1 g/MJ，火力发电的 CO_2 排放因子为 267.753 g/MJ。运输过程的 CO_2 排放量 = 能耗 × CO_2 排放因子 [kg/（t·km）]

资料来源：中国经济导报社，2008；吴文化等，2008

7.3.3.2　计算方法

假设运输过程中的损耗为 0.6%，则可以计算得到各种煤基液体燃料从原煤开采、运输、生产到进入成品油市场过程中的能耗及 CO_2 排放情况。计算方法如下：

1）获得 1GJ 的液体燃料，需要的原煤量：

$$M_c = 1 / (1 - \text{运输损耗}) \times \text{生产 1 GJ 液体燃料的煤耗} / \text{标煤与原料煤的转换系数} \quad (7\text{-}1)$$

2）原煤开采过程的能耗、CO_2 排放量：

$$E_1 = M_c \times \text{原煤开采的能耗因子} \quad (7\text{-}2)$$

$$P_1 = M_c \times \text{原煤热值} \times \text{原煤开采的当量 } CO_2 \text{ 排放因子} \quad (7\text{-}3)$$

3）运输过程的能耗、CO_2 排放量：

当运输的是原煤时，

$$E_2 = M_c \times \text{交通运输的能耗因子} \quad (7\text{-}4)$$

$$P_2 = M_c \times \text{交通运输的当量 } CO_2 \text{ 排放因子} \quad (7\text{-}5)$$

当运输的是液体燃料时，

$$E_2 = 1/(1 - \text{运输过程损耗})/\text{液体燃料热值} \times \text{交通运输的能耗因子} \quad (7\text{-}6)$$

$$P_2 = 1/(1 - \text{运输过程损耗})/\text{液体燃料热值} \times \text{交通运输的当量 } CO_2 \text{ 排放因子} \quad (7\text{-}7)$$

4）生产过程的能耗、CO_2 排放量：

$$E_3 = 1/(1 - \text{运输过程损耗})/\text{生产过程的能效} \quad (7\text{-}8)$$

$$P_3 = 1/(1 - \text{运输过程损耗}) \times \text{生产过程的当量 } CO_2 \text{ 排放因子} \quad (7\text{-}9)$$

根据以上公式，获得 1 GJ 煤基液体燃料，从原煤开采、运输、生产到进入成品油市场过程中，能耗 $E = E_1 + E_2 + E_3$，而 CO_2 排放 $P = P_1 + P_2 + P_3$。

7.3.3.3 结果及分析

从各种煤基液体燃料的 WTT 计算结果看，除转化环节外，原煤开采和运输环节也有较高的能耗，而运输环节的 CO_2 排放仅占总排放量的 1% ~7%。不同运输—生产路线下各种煤基液体燃料的 WTT 能耗和排放计算结果如图 7-9、图 7-10 所示。

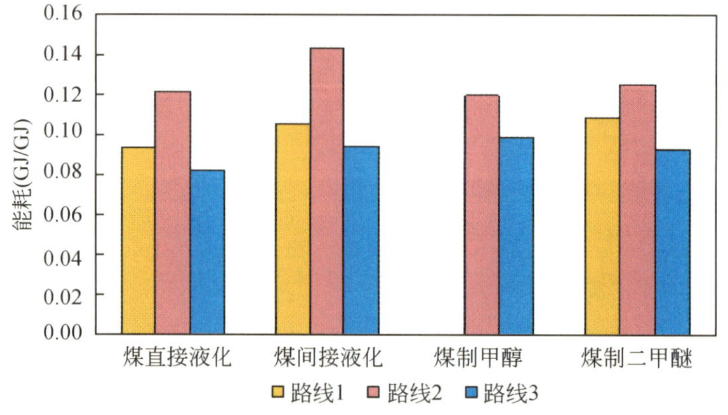

图 7-9 三种路线下煤基液体燃料 WTT 的能耗

对同一种煤基液体燃料生产技术，不同运输—生产路线的 WTT 能耗会有较大的差别（参见图 7-9）。相对来说，路线 3 的能耗较低，而路线 2 的能耗较高。因此可以认为，在煤炭开采地附近建设煤基液体燃料工厂、远距离运输成品油是一种较为节能的方式。而远距离运输煤炭、在成品油市场附近生产液体燃料的方式能耗最大。在计算设定中，长距离管道运输成品油的能耗高于铁路运输，这与中国目前的管道运输发展水平有关。随着管道运输技术的进步，长距离管道运输也将具有进一步降低能耗的潜力。

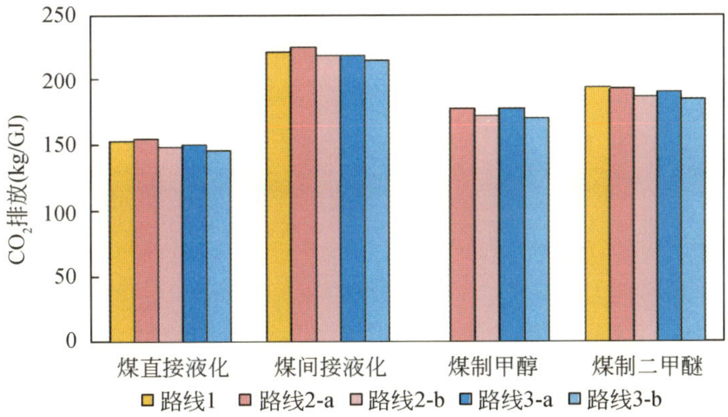

图 7-10 三种路线下煤基液体燃料 WTT 的 CO_2 排放

注：a 表示铁路运输时采用的是电力机车；b 表示铁路运输时采用的是内燃机车

而对同一种煤基液体燃料生产技术，采用不同的运输—生产路线，其 CO_2 排放没有明显的差别（图 7-10）。这是因为 CO_2 的排放主要集中在原煤开采和液体燃料的生产环节。

7.3.4 碳税对成本的影响

在煤基液体燃料的 WTT 全过程中，向环境排放了大量的 CO_2。其中，生产环节的排放占绝大多数。因此，煤基液体燃料的生产环节具有较大的 CO_2 减排潜力。CO_2 减排不仅有赖于相关技术的推广（如 CCS），也需要一定的政策扶持和引导。其中，征收碳税是未来可能实行的用于减排温室气体的重要政策措施之一。

碳税（GHG emission price）是一种污染税，它根据化石燃料燃烧后排放碳量的多少，针对化石燃料的生产、分配或使用来征收税费。政府部门先为每吨碳排放量确定一个价格，然后通过这个价格换算出对电力、天然气或石油的税费。因为征税使得污染性燃料的使用成本变高，这会促使公共事业机构、商业组织及个人减少燃料消耗并提高能源使用效率。另外，碳税能提高替代能源的成本竞争力，使它们能与价格低廉的化石燃料相抗衡。

不同碳税下几种煤基液体燃料转化环节的产品成本分析结果如图 7-11 所示。随着碳税增加，燃料的成本升高。而生产 1 GJ 燃料排放的 CO_2 越多，在图中的曲线斜率越大，即产品成本随碳税增加而升高得越快。当碳税低于 450 元/tCO_2 时，煤间接液化的产品成本低于煤基二甲醚，但当碳税高于 450 元/tCO_2 时，煤间接液化的产品成本高于煤基二甲醚。此时，煤基二甲醚由于排放的 CO_2 少于煤间接液化技术，而具备了一定的竞争优势。

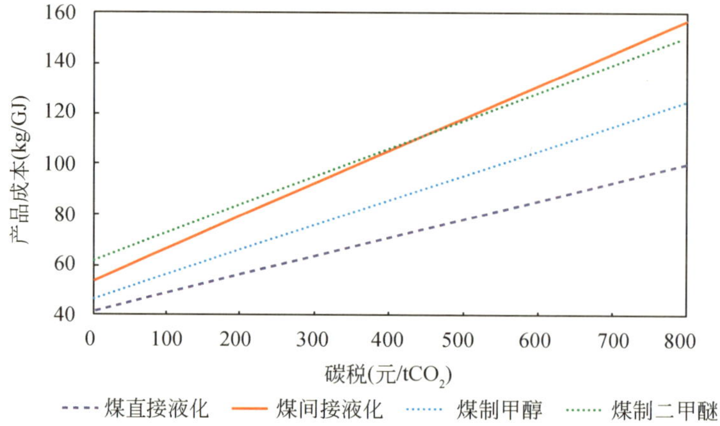

图 7-11　计入碳税后煤基液体燃料的产品成本

7.3.5　六维度综合评价

上述研究初步分析和比较了中国煤基液体燃料的能耗、排放和经济性等技术性能。但实际上，发展煤基液体燃料是一项复杂的系统工程，它受到能源、经济、环境和社会等多个方面因素的影响。因此，以下将在常用的 3E（能源—经济—环境）评价维度上进一步拓展，从能源安全、CO_2 排放、经济、社会、技术、政治六个维度综合考虑，对各类煤基液体燃料的技术路线［范围为矿井到车轮（Well-To-Wheel，WTW）］的优势和劣势进行较为全面的评价（Ma Linwei et al.，2009）。

7.3.5.1　六维度评价方法

为统一评价和比较各种煤基液体燃料的六维度特性差异，每个维度均选取唯一的核心指标作为评价准则，见图 7-12。在分析中，还选取了其他车用替代燃料作为评价的参照。

（1）能源安全维度：本国资源可获得性

替代燃料改善能源安全的能力主要和本国资源的可获得性（如资源储量和能源供应能力）相关。一般来说，可再生能源优于化石能源，煤炭优于油气。而生物质被认为劣于风能和太阳能，因为生物质能源需要消耗土地、水等中国更稀缺的资源，而能源作物的前景尚不确定。

（2）CO_2 排放维度

主要参照了国际上对各种车用替代燃料的 WTW 生命周期 CO_2 排放分析结果（Pehnt，2006；WBCSD，2007）。

（3）经济维度：能源服务成本

能源服务成本主要由能源生产成本决定，如发电成本和液体燃料生产成本。然而，也和与现有基础设施的兼容程度有关，例如电网、汽柴油配送体系和汽车工业体系。从经济

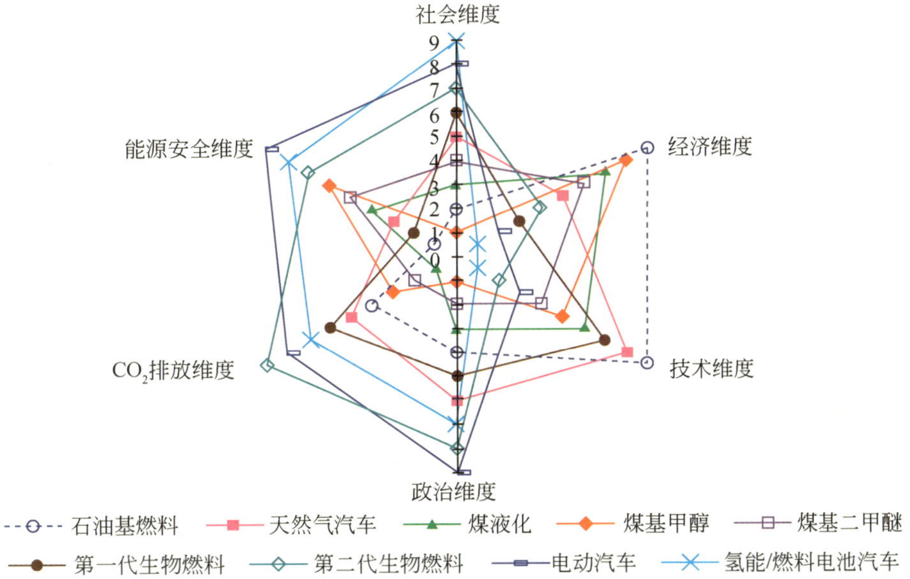

图 7-12　煤基液体燃料的六维度评价结果（以其他车用能源为参照）

效率维度，现有基础设施应得到充分的利用，因为重新建设基础设施的成本高昂，甚至会难以承受。

（4）社会维度：对环境和公众福利的影响

该维度受到诸多因素的影响，也可以理解成为公众接受性。终端的常规污染排放是一个重要因素，但也有其他的重要因素。例如，对甲醇毒性、风电场对当地生态的影响和核电的安全性等问题的公众忧虑（虽然技术上可能不存在实质性的问题）。

（5）技术维度：技术创新风险

技术发展一般要经历研发、示范、推广和商业化四个阶段，不同阶段面临的障碍不同，如技术障碍、工程障碍和成本障碍等，由此会带来一定的风险。一般来说，技术越先进，潜在技术风险越大。

（6）政治维度：和现有大政方针的一致性

现有大政方针可以理解为现行的基本国策，如节能减排、发展可再生能源等。而煤基液体燃料通常缺乏必要的政策、法规支持。如果和大政方针不符，通常需要更长的时间，甚至无限推迟替代燃料的商业化应用。

7.3.5.2　评价结果和分析

为更形象地展示各类车用替代能源技术路线的六维度特性，我们采取了统一打分加雷达图分析的方法显示评价结果。评分标准为 10 级（0 ~ 9 分），分数越高表明该维度特性越好，曲线包围面积越大表明六维度综合性能越好。

考虑各种技术路线之间的相对优劣将其在相应维度上进行排序，最终可得到图 7-13

所示的结果（图中煤液化包括煤直接液化和煤间接液化）。如图所示，石油基燃料仍具有最好的技术经济性，电动汽车、第二代生物燃料和氢能/燃料电池汽车等方向性替代技术路线最有利于长远的能源安全和应对气候变化，也符合政治要求和公众需要，但在技术经济性上远落后于煤基液体燃料、第一代生物燃料、天然气汽车等权宜性的替代技术路线。

由此可以看出，煤基液体燃料的普遍优势是：有利于能源安全，较好的技术经济性。普遍劣势是：高温室气体排放，和既有政治目标的偏离以及较差的社会接受程度。要想获得大规模发展，今后还需要在CCS、节能减排以及宣传教育方面开展大量的工作。

而依据以上评分结果，单独观察几种煤基液体燃料（煤液化、煤基甲醇、煤基二甲醚），如图7-13所示。可以发现，煤基甲醇的主要问题在于政治维度和社会维度上，其他维度特性较好；煤液化的主要问题在于其过高的碳排放；煤基二甲醚除了社会接受程度较好外，没有明显优势。由此得出的有益启示是：煤基甲醇必须着力加强在政治和社会方面的接纳程度；煤液化必须切实解决好碳排放的问题；而推广煤基二甲醚除了社会接受性好外，优点并不突出。

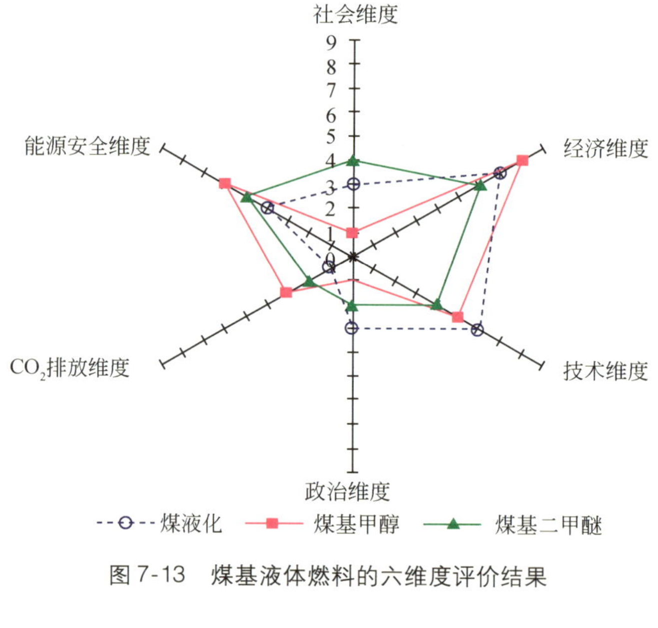

图7-13 煤基液体燃料的六维度评价结果

7.4 煤基液体燃料的发展政策分析

本节旨在简要评述各种煤基液体燃料发展的现状，重点分析其发展面临的障碍和未来潜力，并给出相应的政策建议（麻林巍等，2008）。

7.4.1　各种技术路线的分析

7.4.1.1　煤基甲醇

发展现状：产能迅速增加，并严重过剩，处于局部示范和推广阶段。

主要障碍：主要是产业政策问题。国家层面缺乏明确的指导政策和行业标准（缺 M15 的标准），以及公众接受性方面的问题。还有发动机腐蚀、尾气处理等方面的一些细微的技术问题有待进一步解决。

未来潜力：近期交通上的应用主要在于汽油掺烧以及 M85/M100 车队的发展。中长期的发展潜力在于甲醇灵活燃料汽车，利用甲醇市场保有量大的特点，对抗石油短期中断或油价上涨。

7.4.1.2　煤基二甲醚

发展现状：产能迅速增加，并严重过剩。上海市正在推进二甲醚的公交示范。

主要障碍：主要是工程问题，需加强车辆技术研发和考虑配套基础设施建设。

未来潜力：中长期内具有替代车用柴油的可能性，取决于车辆技术的开发和推广情况。

7.4.1.3　煤直接液化

发展现状：处于商业示范阶段，经济性尚需工业实践证明。

主要障碍：主要是工程问题，如何实现大规模、稳定、连续的工业生产，以及合成油品质问题。生产过程高能耗、水耗，并排放大量 CO_2，长远看会影响煤炭液化的推广。

未来潜力：除替代柴油外，液化油在中短期内另一个较有前景的市场是替代非交通使用的这一部分石油消耗量（燃料油和石化原料）。

7.4.1.4　煤间接液化

发展现状：处于示范阶段，已发展出自主的煤间接液化技术。经济性尚需大规模工业示范考核。

主要障碍：主要是工程问题，需积累工业生产和运行经验。在资源、环境方面也有与煤直接液化类似的问题。

未来潜力：所得运输油品和现有基础设施和车辆匹配，还可联产部分化工产品。

7.4.2　综合发展政策建议

根据以上分析所制定的 2050 年前的各类煤基替代燃料的发展政策安排如图 7-14 所

示，近期的重点是推广煤基甲醇，继续建设煤制油的商业示范。2020 年后煤基替代燃料的发展还取决于能源安全的局势和国家应对气候变化的整体考虑，但考虑煤炭可持续产能的制约和 CCS 技术的前景尚不明确，煤基液体燃料的总量发展规模不宜过大。

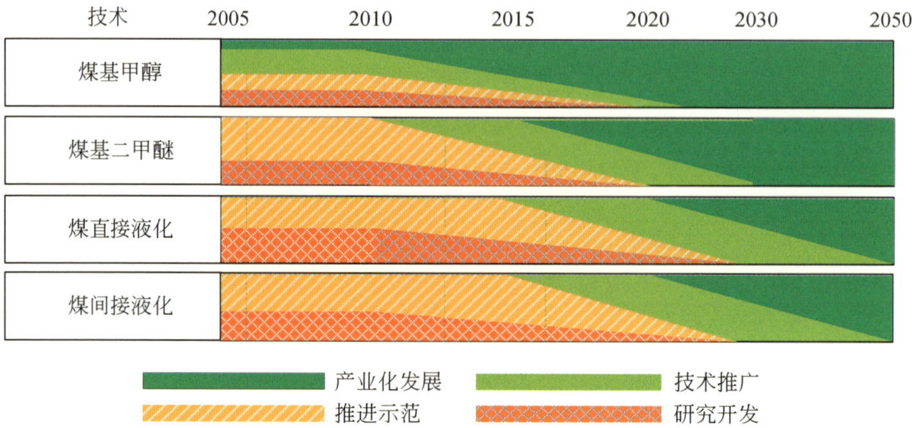

图 7-14　煤基液体燃料的发展政策建议（不同时间段应采取的政策）

对各种煤基液体燃料发展的主要政策建议为：

1）煤基甲醇：给予更明确的产业指导政策和制定行业标准，近期扩大试点范围，重点发展全燃料封闭式运行车队以及开发灵活燃料车。2015 年后基本实现产业化运行。

2）煤基二甲醚：重点推广二甲醚的公交示范，2020 年基本实现二甲醚替代柴油的产业化运行。作为车用柴油替代品，煤基二甲醚也将是应对未来出现的柴油紧缺问题的重要技术途径（参见本书第 5 章）。

3）煤直接/间接液化：继续推进商业示范，进一步提高产品质量和降低生产成本，积累工业化运行经验，作为保障能源安全的战略技术储备。2015 年后视能源安全的需要，可适度推广。

7.5　结论和建议

7.5.1　主要结论

7.5.1.1　煤基液体燃料的资源供应潜力存在限制

虽然中国的煤炭资源总量丰富，但煤炭开采受到生产安全、水资源和生态环保等方面的严重制约，可持续产能估计仅为 30 亿 t 上下，而目前的产能已经接近这一水平。这意味着煤炭的进一步增产将受到较大的限制。虽然可以考虑通过大规模进口煤炭在沿海地区发电来缓解国内的煤炭产能约束，但在 CCS 技术前景尚不明确的情况下，煤炭利

用总量仍将受到 CO_2 排放总量控制的制约，其限制也在 30 亿 t 上下。此外，考虑其他部门和行业也有巨大的煤炭需求，可用于煤基液体燃料生产的煤炭资源估计仅为 1 亿 ~ 2 亿 t，甚至更小。

7.5.1.2 煤基液体燃料有待进一步提高技术性能

虽然煤基液体燃料呈现了快速发展的势头，而且一些技术的发展已经走在世界前列。但总体上，煤基液体燃料有待进一步提高自身的技术性能。文献数据的分析表明，煤基液体燃料转化环节的能效仅为 40% ~60%，生产 1t 油品的单位水耗高达 6.1 ~ 15.5t。除煤基甲醇外，煤直接液化、煤间接液化、煤基二甲醚生产项目的 IRR 均低于 12%。这意味着抗风险（例如煤价上升和油价显著下降）的能力较弱。

WTT 分析结果表明，在煤炭产地就地转化生产液体燃料可能是能耗和排放最低的方式。但这也面临着煤炭资源地水资源紧缺的问题。而若考虑碳税的影响，煤基液体燃料的成本将进一步提高，尤其是对 CO_2 排放较高的煤间接液化而言。因此综合来看，煤基液体燃料的各方面技术性能仍有待进一步提高。

7.5.1.3 煤基液体燃料总量不宜过大，应稳步有序发展

综合资源、环境、经济、技术、政治和社会六个维度的评价结果表明，虽然煤基液体燃料有利于能源安全，相对其他车用替代燃料具技术经济性的明显优势，但由于高温室气体排放和既有节能减排等政治目标的偏离以及较差的社会接受程度，要想获得大规模发展，今后还需要在 CCS、节能减排以及宣传教育方面开展大量的工作，近中期的发展不宜过快。

对 2050 年前各种煤基替代燃料的发展政策分析表明，近期的重点是推广煤基甲醇，继续建设煤制油的商业示范。而 2020 年后煤基替代燃料的发展还取决于能源安全局势和国家应对气候变化的整体考虑。但考虑煤炭可持续产能的制约和 CCS 技术的前景尚不明确，总量发展规模不宜过大。

7.5.2 政策建议

7.5.2.1 煤基液体燃料的生产总体上应合理布局、稳步发展

发展一定规模的煤基液体燃料将有助于国家能源安全，但考虑多方面的负面效益和社会公众接受程度较差，发展不宜过快、规模不宜过大。在生产项目的局部上，应尽量综合考虑煤炭资源、水资源和当地生态环境承受能力，谨慎选择重点项目。与此同时，应加大宣传、教育的力度，使社会公众对于煤基液体有更客观、公正的认识。

7.5.2.2 重点推广车用甲醇，继续建设和完善煤液化的商业示范

煤基车用甲醇的优势是产能有保证，抗经济风险能力较强，可以作为煤基燃料的重点推广方向，但必须保证其长期规范、安全的运行。考虑公众接受性和技术、基础设施方面的一些问题，近期（2020年前）仍应定位于区域推广。

在已有煤直接液化商业示范和煤间接液化技术示范的基础上，近期可进一步建设和完善煤液化的示范项目，进一步提高各方面的技术、经济和环境性能，使其尽快具备推广条件，成为保障能源安全的有力技术储备。

对于煤基二甲醚，仍应加强车辆技术的研发和降低燃料成本。作为柴油替代品，煤基二甲醚也将是应对未来可能出现的柴油紧缺问题的重要技术途径。

7.5.2.3 加强煤基燃料节能、降耗、减排的技术研发，尤其是CCS技术

加大研发投入，为煤基液体燃料进一步节能、降耗和减排提供科技技术的有力支撑。在国家温室气体排放的约束下，CCS将是解决煤基液体燃料 CO_2 排放问题的关键技术途径。同时，煤基燃料的 CO_2 前捕捉相对燃煤电厂的 CO_2 后捕捉具有明显的技术经济优势，应尽可能加快煤基液体燃料CCS技术的示范和应用进程。

参考文献

杜铭华.2006. 煤炭液化技术及其产业化发展. 中国煤炭，32（2）：10-12.

国家能源局.2011. 2010年能源经济形势及2011年展望. http：//nyj. ndrc. gov. cn/ggtz/t20110128_ 39339. htm.

邝生鲁.2009. 高油价给中国煤基液态能源技术的发展带来机遇（下）. 现代化工，9（29）：1~9.

李大尚.2003. 煤制油工艺技术分析与评价. 煤化工，2（1）：17~23.

刘峰，等.2009. 煤液化技术进展与探讨. 化学工程与装备，11：106~110.

麻林巍，付峰，李政，等.2008. 新型煤基能源转化技术发展分析. 煤炭转化，31（1）：82~88.

马忠海.2002. 中国几种主要能源温室气体排放系数的比较评价研究. 北京：中国原子能科学研究院.

毛节华.1999. 中国煤炭资源预测与评价. 北京：科学出版社.

茅于轼，盛洪，杨富强，等.2008. 煤炭的真实成本. 北京：煤炭工业出版社.

濮洪九.2010. 中国煤炭可持续开发利用与环境对策研究. 徐州：中国矿业大学出版社.

山东省质量技术监督局.2007. 吨原煤生产综合能耗限额. 山东省地方标准DB37/ 832-2007.

吴文化等.2008. 交通运输领域能源利用效率、节能潜力与对策分析. 宏观经济研究，（6）：28-33.

俞珠峰，陈贵峰，杨丽.2006. 煤基液体燃料生产技术的评价. 中国能源，2（28）：14~18.

岳福斌.2008. 煤炭蓝皮书——中国煤炭工业发展报告（2006~2010）. 北京：社会科学文献出版社.

张亮，黄震.2006. 煤基车用燃料的生命周期能源消耗与温室气体排放分析. 煤炭学报，10（5）：662~665.

中国工程院.2011a. 中国能源中长期（2030、2050）发展战略研究：节能·煤炭卷. 北京：科学出版社.

中国工程院 . 2011b. 中国能源中长期（2030、2050）发展战略研究：综合卷 . 北京：科学出版社 .

中国经济导报社 . 2008. 煤炭行业风险分析报告 2008. 北京：中国经济导报社 .

中国水利部 . 2007. 中国水资源公报 2006. 北京：中国水利水电出版社 .

中华人民共和国国家统计局能源统计司，国家能源局综合司 . 2010. 中国能源统计年鉴 2009. 北京：中国统计出版社 .

中华人民共和国国家统计局能源统计司，国家能源局综合司 . 2011. 中国能源统计年鉴 2010. 北京：中国统计出版社 .

BP. 2010. BP Statistical Review of World Energy. London：BP.

HL Consulting Co. , Ltd. 2006. China Coal Report. Beijing：Beijing HL Consulting Co. , Ltd.

IEA. 2007. World Energy Outlook 2007. Paris：IEA.

Ma Linwei, et al. 2009. Alternative energy strategies for China towards 2030 Verso. Front. Energy Power Eng. China, 3 (1)：2 ~ 10.

Pehnt M. 2006. Dynamic life cycle assessment (LCA) of renewable energy technologies. Renewable Energy, 31 (1)：55 ~ 71.

WBCSD (World Business Council for Sustainable Development) . 2007. Mobility 2030：Meeting the Challenges to Sustainable Mobility.

第 8 章 生物液体燃料

2000 年到 2010 年的 10 年间，全球生物液体燃料发展迅猛，产量由 160 亿 L 增长至 1000 亿 L（IEA，2011），提高了 5.25 倍。根据国际能源署 2011 年发布的《生物燃料技术路线图》报告的估计，到 2050 年，全球 27% 的交通燃料将采用生物燃料，同时带来 21 亿吨的 CO_2 减排量，可以预见生物燃料将在全球交通替代燃料中发挥重要的能源替代和碳减排作用。

我国生物质能资源丰富，生物质能在一次能源消费中的比例较大，生物液体燃料在 2000 年到 2010 年的 10 年间经历了从无到有、快速增长和相对滞缓的不同阶段，已成为我国国家科技发展战略以及产业发展战略中的重要内容。

8.1 生物液体燃料发展现状

8.1.1 燃料乙醇增速缓慢，2010 年利用量远未实现规划目标

在 10 年的发展历程中，中国燃料乙醇发展经历了三个不同的阶段。起步阶段从 2001 年开始，国家批准在全国建立 4 个燃料乙醇企业，初始生产能力为 102 万 t。2002 年，河南郑州、洛阳、南阳和黑龙江哈尔滨、肇东等 5 个城市开展了为期一年的车用乙醇汽油使用试点工作。2004 年，试点范围进一步扩大到黑龙江、吉林、辽宁、河南、安徽等 5 个省全省及湖北、山东、河北、江苏等 4 个省的部分地市。2004 年到 2006 年间，燃料乙醇增长较快，处于快速增长阶段。到 2006 年 12 月，国家发展和改革委员会、财政部发布了《关于加强生物燃料乙醇项目建设管理，促进产业健康发展的通知》，加强了对燃料乙醇的管制。此后，燃料乙醇产量的增加主要依靠几家定点生产企业产能的扩张，燃料乙醇发展步入了相对滞缓阶段。2010 年年底，中国燃料乙醇的利用量为 186 万 t（赵勇强等，2011）（图 8-1），相比 2007 年制定的《可再生能源中长期发展规划》中燃料乙醇的利用量规划目标，相差甚远，非粮原料燃料乙醇的目标仅实现 18.5%。

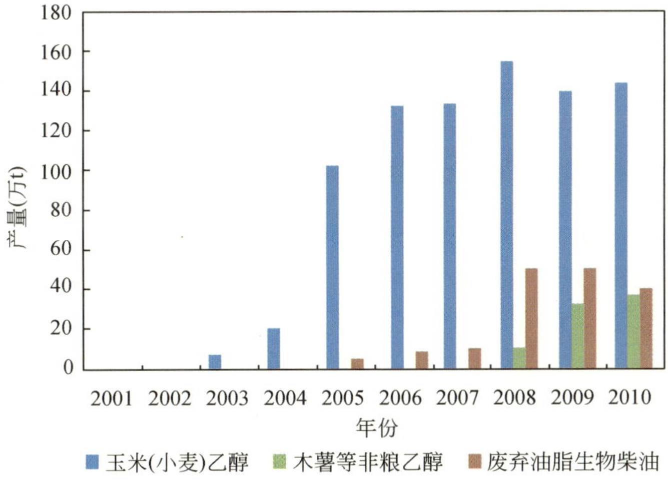

图 8-1　中国生物液体燃料发展状况

8.1.2　生物柴油 2010 年利用量已超规划目标，但与累积产能差距显著

中国生物柴油的主要生产原料是废弃油脂，年产能预计已达 200 万 t（中国可再生能源学会，2011）。以废弃油脂为主要原料，面临原料收集和市场渠道等诸多困难，实际年利用量只有 40 万 t 左右（赵勇强等，2011）（图 8-1）。以小桐子等油料能源作物作为原料的项目也在广泛研发、示范和推广中。2007 年，国家发展和改革委员会批准了 3 个生物柴油产业化示范项目，包括中石油南充炼油化工总厂（年产量 60 000t）、中石化贵州分公司（年产量 50 000 t）和中海油海南（年产量 60 000 t）生物柴油项目。目前已经投产封闭运行的是中海油海南生物柴油项目。

8.2　生物质原料资源潜力

原料资源是生物液体燃料的基本投入，尽管生物质是可再生资源，但是在一定时间段内可以大规模、经济使用的资源量具有较大不确定性。开展生物质资源潜力的评价具有重要的现实意义。本节采取自底向上的方式，根据生产要素（尤其是土地资源）投入要求的不同，将生物质原料资源分为能源植物资源和非种植类资源①两种。其中，能源植物资源是指以能源生产为主要目的而进行种植的一年生或多年生的植物资源；而非种植类资源主要指各种植物残体及其利用过程中产生的固体废弃物，多数为纤维素类生物质。

① 非种植类资源（non-plantation）的概念引自 Bhattacharya 等（2005）和 Li 等（2005），范围非常广泛，本章主要讨论生物液体燃料，并未考虑禽畜粪便和工业有机废弃物等原料资源类型

8.2.1 生物质原料资源的选择

为了加强生物液体燃料产业发展和原料使用的引导和监管，2007年国务院办公厅和国家发展和改革委员会先后印发了《关于促进油料生产发展的意见》和《关于促进玉米深加工健康发展的指导意见》，要求严格控制油菜转化生物柴油项目以及不再建设新的以玉米为主要原料的生物乙醇项目。同时，中国《可再生能源中长期发展规划》（2007年）对生物液体燃料重点发展领域的规划表明，国家近期将不再增加以粮食为原料的燃料乙醇生产能力，合理利用非粮生物质原料生产燃料乙醇；近期将重点发展以木薯、甘薯、甜高粱等为原料的燃料乙醇技术，以及以小桐子、黄连木等油料作物为原料的生物柴油生产技术，逐步建立餐饮等行业的废油回收体系；同时，从长远考虑，要积极发展以纤维素生物质为原料的生物液体燃料技术。根据以上政策规划，本节讨论的能源植物未包括玉米、小麦等粮食作物，也未包括油菜等主要油料作物（表8-1）。

表8-1 生物质原料资源分类

资源类型	原料类型	主要燃料产品
能源植物	非粮（食用糖）糖料、淀粉能源农作物 ——木薯、甜高粱、甘薯等	燃料乙醇
	油料能源植物 ——小桐子、黄连木、无患子等	生物柴油
	木质纤维素植物 ——速生木质能源林、速生能源草	纤维素乙醇、生物柴油或生物油
非种植类原料资源	农业剩余物 ——一次剩余物：农作物秸秆 ——二次剩余物：农业制造业加工剩余物	纤维素乙醇、生物柴油或生物油
	林业剩余物 ——一次剩余物：采伐和造材剩余物、薪炭林采伐物、灌木林平茬更新复壮剩余物、抚育和间伐剩余物、城市绿化更新、修剪剩余物 ——二次剩余物：林木加工剩余物	纤维素乙醇、生物柴油或生物油
	三次剩余物 ——生活垃圾中的木质剩余物	纤维素乙醇、生物柴油或生物油
	其他 ——废弃油脂	生物柴油

8.2.2　非种植类原料资源潜力较大，但面临多种竞争性用途

8.2.2.1　非种植类原料资源潜力

（1）农业剩余物

根据中国主要农作物的产量、秸秆系数和可收集系数，可估算出农业剩余物的大致规模，计算公式如下：

$$CA_j = \sum_{i=1}^{n} P_{ij} \times PRR_{ij} \times \alpha_{ij} \tag{8-1}$$

式中，i 是作物类型，此处 $i = 1,2,\cdots,13$；j 是年份；CA_j 是秸秆可收集量；P_{ij}是作物产量；PRR_{ij} 是秸秆系数；$P_{ij} \times PRR_{ij}$ 是秸秆生成量；α_{ij} 是秸秆可收集系数。中国 2010 年秸秆生成量约为 6.51 亿 t，秸秆可收集量约为 5.4 亿 t（表 8-2）。

表 8-2　秸秆可收集量（2010 年）

农作物		产量（万 t）①	秸秆系数（t/t）②	秸秆生成量（万 t）	可收集系数（t/t）③	秸秆可收集量（万 t）
粮食	稻谷	19 576	1.00	19 576.00	0.75	14 682.00
	小麦	11 518	1.17	13 476.06	0.74	9 972.28
	玉米	17 725	1.04	18 434.00	0.95	17 512.30
	豆类	1 897	1.50	2 845.50	0.88	2 504.04
	薯类	3 114	0.5	1 557.00	0.8	1 245.6
棉花		596.1	2.91	1 734.65	0.9	1 561.19
油料	花生	1 564.4	1.14	1 783.42	0.88	1 569.41
	油菜子	1 308.2	2.87	3 754.53	0.88	3 303.99
	芝麻	58.7	2.01	117.99	0.88	103.83
麻类		31.7	1.73	54.84	0.87	47.71
糖类	甘蔗	11 078.9	0.1④	1 107.89	0.88	974.94
	甜菜	929.6	0.43	399.73	0.88	351.76
烟叶		300.4	0.71	213.28	0.8⑤	170.63
总计				65 054.89		53 999.68

①数据源自中华人民共和国国家统计局（2011）；②秸秆系数采用谢光辉等（2011a）及谢光辉等（2011b）定义，取值为各种作物秸秆系数的全国平均值；③可收集系数采用蔡亚庆等（2011）取值；④采用中国可再生能源发展战略研究项目组（2008）数据；⑤估计值

（2）林业剩余物

林业剩余物的类型较为丰富，包括采伐、造材和加工剩余物、森林抚育和间伐剩余物、经济林抚育修剪剩余物、竹林采伐和加工剩余物等。我国现阶段林业剩余物生成量的

大致规模为 8.55 亿 t，其中可收集量约为 4.61 亿 t（表 8-3）。

表 8-3　林业剩余物资源量

类别		产量	单位	剩余物系数①	单位	剩余物生成量(万 t)	可收集系数①	林业剩余物可收集量（万 t）
采伐和造材剩余物	商品材	15 769.7②	万 m^3	0.47②	t/m^3	7 380.22	0.7③	5 166.15
	非商品材	9 045.8②	万 m^3	0.59②	t/m^3	5 291.79	0.7③	3 704.26
森林抚育与间伐剩余物		19 545.22④	万 hm^2	2.2⑤	t/hm^2	43 021.81	0.25③	10 755.45
薪炭林采伐物		174.73④	万 hm^2	16.00③	t/hm^2	2 795.68	0.80③	2 236.54
灌木林平茬更新复壮剩余物		5 365.34④	万 hm^2	3.33⑥	t/hm^2	17 866.58	1③	17 866.58
其他一次剩余物						5 500③	0.5③	2 750
加工剩余物						3 600③	1③	3 600
总计						85 456.08		46 078.99

①林业剩余物生成量和可收集量的定义与农作物秸秆相同，剩余物系数和可收集系数根据经验值获得；②国务院批准的“十一五”期间全国森林采伐限额，我国每年采伐指标为 2.48 亿 m^3，其中商品材为 1.58 亿 m^3，非商品材为 0.9 亿 m^3；根据各大林区采伐数据和样地数据测算，采伐和造材剩余物（主要是枝丫、树梢、树皮、造材截头、板皮、损伤材等）可以按照树木生物量的百分比计算，其中商品材为 40%，非商品材为 50%；生物量按照 1.17t/m^3 折算；③数据源自张希良和吕文（2008）；④第七次森林资源清查数据中的森林面积、薪炭林面积和灌木林面积数据；⑤根据王国胜等（2006）计算的森林抚育间伐剩余物生物量 3.4 亿～4.3 亿 t 估算；⑥大部分灌木林都需要通过平茬达到复壮更新目的，灌木林平茬生物量为每公顷 8～12t（本书取值为 10t），按照每 3 年一个平茬轮伐期计算

（3）其他非种植类资源

除了农林业剩余物外，我国可用于生产生物液体燃料的非种植类资源还包括废弃动植物油脂等（表 8-4）。

表 8-4　废弃油脂可收集量

类别	来源	消耗量（万 t）	剩余物系数	剩余物生成量（万 t）	可收集系数	可收集量（万 t）
废弃油脂	食用油	2 680①	0.2～0.3	670②	0.5③	335

①按照 2010 年总人口 13.4 亿（中华人民共和国国家统计局，2011），人均食用油消耗量 20kg 估算；②按照剩余物系数 0.25 计算；③估算值

8.2.2.2　非种植类原料资源的竞争性用途

作物秸秆是重要的有机物和能源资源，在农业生产循环中，秸秆还田对保持土地肥力、防止土壤侵蚀、维持作物可持续生产具有重要作用（谢光辉等，2011）。除了还田以外，秸秆还有多种用途。长期以来秸秆都是中国畜牧业主要的饲料来源，也是农村炊事和取暖的主要燃料。“农作物秸秆还田与综合利用”（包括青贮饲料、秸秆氨化养牛、

培育食用菌、秸秆人造板、秸秆纤维素燃料乙醇、非粮饲料资源开发利用以及秸秆沼气和热解、气化和固化成型燃料）和“次小薪材、沙生灌木及（林业）三剩物深加工与产品开发”多年来一直是我国产业结构调整中所鼓励的重要内容［《产业结构调整指导目录》（2005 年本，2011 年本）］。对于林业剩余物来讲，灌木林的平茬更新剩余物可用于饲料、编织、造板利用；进入制材厂的原木，从锯切到加工成木制品，产生的边条、板条、截头、锯末、刨花、木芯、木块、边角余、碎单板等加工剩余物，大部分用于生产人造板、饲料和造纸。图 8-2 为我国当前农林业剩余物的竞争性用途分析，在考虑竞争性用途的前提下，我国秸秆可能源化利用量①仅为 8100 万 t，林业剩余物可能源化利用量仅为 12 441 万 t；如果考虑我国目前的其他生物质能用途（农林剩余物直燃和气化发电、秸秆集中气化和固体成型燃料②），则剩余物中可作为生物液体燃料原料的资源仅 1.85 亿 t。

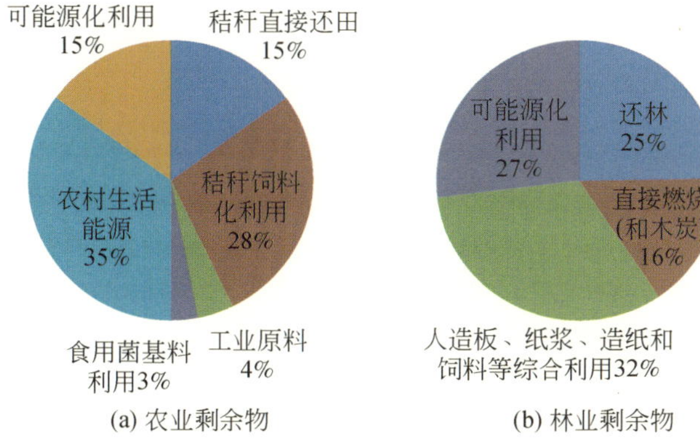

图 8-2　中国当前农林业剩余物的竞争性用途分析

注：农业剩余物中秸秆直接还田比例、秸秆饲料化利用量、工业原料利用量、食用菌基料利用量、农村生活能源利用量数据来自蔡亚庆等（2011），农村生活能源指农户直接燃烧使用；林业剩余物的比例来自常世彦等（2009）

8.2.2.3　非种植类资源潜力及增长趋势

非种植类资源潜力的增长趋势具有一定的不确定性。随着中国生物质能源产业化程度的提高、农林业废弃物能源转换技术的成熟和农林业废弃物收集成本的降低，将有越来越多的农林业废弃物资源被用于生物质能源。从长期增长趋势来看，根据相关的政策规划与研究结论，促进非种植类资源增长的正向因素普遍存在（表 8-5）。

① 根据蔡亚庆等（2011）定义，未包括剩余物直接燃烧的传统生物质能源利用量。

② 2010 年农林业剩余物用于现代生物质能的约为 2100 万 t。

表 8-5　非种植类资源增长潜力相关的政策规划及研究结论

类别	主要指标	参考文献	主要内容
农作物秸秆	粮食产量	《国家粮食安全中长期规划纲要 2008 ~ 2020》（2008 年）	耕地面积大于等于 18 亿亩①为 2020 年约束性指标，同时粮食单产水平由 2007 年的每亩 316.2kg 增长到 2020 年的每亩 350kg，粮食综合生产能力在 2020 年大于 5.4 亿 t
		中国农业科学院农业经济与发展研究所（2007）	对中国 2010 ~ 2050 年的粮食产量进行预测表明，中国到 2050 年粮食产量将持续增长，2050 年当年产量可达 5.97 亿 t
	秸秆量	《农业生物质能产业发展规划（2007—2015 年）》（2007 年）	以“十一五”期间的发展速度测算，预计到 2015 年中国主要农作物秸秆产量将达到 9 亿 t 左右，其中约一半可作为农业生物质能的原料
		石元春（2011）	推算 2030 年作物秸秆生成量将比 2007 年增长 1.37 亿 tce，增长量约为 2007 年作物秸秆量的 64%
林业剩余物	森林覆盖率	《应对气候变化林业行动计划》（2011 年）	未来中国林业应对气候变化的三个阶段性目标是：到 2010 年，全国森林覆盖率达到 20%；到 2020 年，全国森林覆盖率增加到 23%；到 2050 年，森林覆盖率达到并稳定在 26% 以上
	采伐造材剩余物	《全国“十二五”期间年森林采伐限额审核意见的通知》（2011 年）	全国“十二五”期间年森林采伐限额（不包括毛竹采伐限额）为 27 105.4 万 m^3。商品林采伐 21 835.9 万 m^3，公益林采伐（抚育、更新和其他）5269.5 万 m^3

对于农业剩余物来讲，由粮食作物产生的剩余物占农业剩余物的绝大多数。以 2010 年为例，当年粮食产量占几种主要农产品产量的 77%，而根据估算所得的秸秆可收集量中由粮食生成的量所占比例高达 85%。因此，可依据长期粮食产量来推测未来秸秆可收集量：

$$CA_{kj} = P_{kj} \times \beta_{kj} \tag{8-2}$$

式中，$k=1$，2（农业剩余物，林业剩余物）；j 是年份。其中，CA_{1j} 为秸秆可收集量；P_{1j}

① 1 亩约为 666.7m^2

是作物产量；β_{1j}是秸秆综合可收集系数，若统一采用 2010 年秸秆综合可收集系数 1，则 2050 年的秸秆可收集量约为 5.99 亿 t。同理，对于林业剩余物而言，可根据预期的森林面积对未来的林业剩余物总量进行粗略估算，P_{2j}表示森林面积，β_{2j}表示林业剩余物综合可收集系数。

经估算，我国农林业剩余物可收集量到 2050 年约为 11.87 亿 t，其中，可能源化利用量约为 5.35 亿 ~7.72 亿 t，而在考虑其他生物质能利用的前提下，可作为生物液体燃料原料的利用量约为 2.1 亿 ~4.46 亿 t（图 8-3，附录 8-1）。

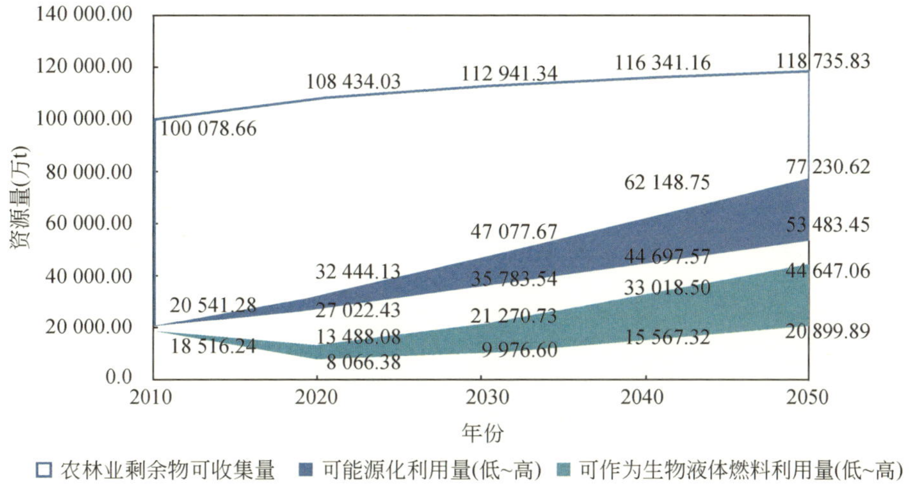

图 8-3　中国农林业剩余物原料资源潜力

8.2.3　能源植物资源潜力不确定性较大，受多重约束影响

中国可用于生产生物液体燃料的能源植物按照化学成分组成可以分为非粮（食用糖）糖料、淀粉植物、油料植物、木质纤维素植物和含油微藻植物（谢光辉，2011）。非粮（食用糖）糖料、淀粉能源作物主要为甜高粱、木薯和甘薯等，油料植物主要以小桐子、黄连木等油料能源树种为主，木质纤维素植物包括杨树等短轮伐期木本植物（short-rotation woody crops，SRWC）和柳枝稷等速生草本植物。

8.2.3.1　能源植物资源潜力

（1）估算方法

能源植物与非种植类原料资源的主要区别在于对土地的需求以及可能引起的土地利用变化（land use change）。能源植物资源潜力通常可根据用于植物种植的预期用地面积与单位面积植物平均生物量或平均产量［t/（hm^2·a）］的估计值计算得到（日本能源学会，2007；Haberl，et al.，2010）。本节的研究结合中国实际情况，采用“直接当量法”（direct equivalent）计算能源植物的资源潜力，对难以计算热值的非粮（食用糖）糖料、淀粉植物和油料植物按照其燃料产品的热值来计算，而对于木质纤维素植物按照其本身的热值计算。其计算方法为

$$P_{lj} = Pro_{lj} \times ML_{lj} \times LHV_{lj} \tag{8-3}$$

式中，l 为不同能源植物；j 为年份；P_{lj}为能源植物资源潜力；Pro_{lj}为边际土地上的平均产量；ML_{lj}为适宜种植能源植物的边际土地面积；当 l 为糖料、淀粉植物和油料植物时，LHV_{lj}为对应能源植物可能的燃料产品的低位热值；当 l 为木质纤维素植物时，LHV_{lj}为对应能源植物本身的低位热值。

专栏8-1　生物质能潜力的三种计算方法

能源植物的资源潜力按照生物质能潜力来进行估算，通常采用的方法包括如下几种。

（1）一次能源法

一次能源法是按照生物质自身的热值来计算的方法，不考虑生物质转化过程中的能量损耗。在全球层面的生物质资源潜力测算中，多采用这一方法。如 Haberl 等（2010）假设所有的生物质都按照其干重来进行计算，且每吨干物质的含碳量相等，均为 0.5t，其对应能值为 18.5MJ/kg。

（2）理论转化率法

对于糖类作物和油类作物，de Wit 和 Faaij（2010）提出按照压榨后糖和油的热值来计算，也就是要乘以一定的压榨率，然后再乘以糖或油的热值，这种方法要比一次能源法计算更精确。

（3）直接当量法（混合方法）

IPCC（2011）在进行可再生能源潜力计算时，对生物质能全部采用一次能源计算方法，但是对风能、太阳能和核能等按照其产品的能值来计算，并把这种方法称为“直接当量法”。在区域层面，因为原料种类可以进一步细化，而每一种原料对应的产量相差较大，也常采用这种混合方法。例如中国可再生能源发展战略研究项目组（2008）和石元春（2011）在计算中国生物质资源潜力过程中，对农林剩余物和速生能源植物采用一次能源法进行计算，对糖料、淀粉和油料植物采用理论转化率法进行计算，已相当于采用了直接当量法。为便于与其他研究结论进行比较，本章也采用这一方法。

（2）主要能源植物

适合在中国种植的能源植物，具有各自不同的种植情况、市场情况和单位产量，见表 8-6。

表 8-6 适合在我国种植的能源植物的主要特点

能源植物		当前种植情况	当前市场情况	单位产量	
				t/hm^2	t/hm^2
能源农作物	木薯	2008 年全国木薯收获总面积为 38.74 万 hm^2，总产量 793.94 万 t（方佳等，2010）。主产区集中在广西、广东、海南、云南、福建 5 个省区，其中，广西占据了全国收获总面积和鲜薯总量的 60% 以上。目前，初步形成了琼西—粤西、桂南—桂东—粤中、桂西—滇南、粤东—闽西南等 4 个木薯种植优势区雏形（黄洁等，2008）	2007 年用于生产饲料（包括农家自用）的木薯占 30%，其余 70% 用于生产淀粉、乙醇和淀粉糖等深加工产品（田益农等，2010）	20.55（2008 年全国平均值）	2.94～4.11（乙醇）①
				45～75（高产）	6.43～15（乙醇）①
	甜高粱	我国在黑龙江桦川、新疆乌鲁木齐、山东安丘、内蒙古呼和浩特和辽宁朝阳等地都开展了甜高粱种植及燃料乙醇生产试点，甜高粱的育种与栽培技术已列入了国家高科技研究发展计划	可少量用于酿酒和饲料等其他用途，目前没有成熟市场	60～80（茎秆）	3.75～5(乙醇)②
	甘薯	2008 年全国甘薯种植面积 476 万 hm^2，产量为 1.02 亿 t（科技部农村科技司等，2009）	50% 用于饲料，15% 用于工业加工，14% 用于食用，另外还有 6% 用于育种，有 15% 腐烂（靳胜英等，2011）	21.47（2008 年全国平均值）	2.39～3.07（乙醇）③
木本油料能源植物④	小桐子	四川攀枝花、海南、广西等地已建立示范种植基地	可少量用于制药等其他用途，目前没有成熟市场	1.5～3（西南地区造林 3～5 年后）	0.5～1(柴油)⑤
				6.75～9（海南省造林 3～5 年后）	2.25～3(柴油)⑤

续表

能源植物		当前种植情况	当前市场情况	单位产量	
				t/hm²	t/hm²
木质纤维素植物	柳枝稷、芒草、芦竹⑥	美国正在通过杂交育种或分子育种等手段培育柳枝稷新品种专用于生物质能源，我国研究机构也开始了能源草的种植和培育。例如根据北京市农林科学院草业与环境研究发展中心的盆栽试验，柳枝稷能够适应我国华北地区贫瘠沙化的边际土地（面砂土、粗砂土和砾石土），但目前在边际土地上直接播种难以成苗，需要通过育苗移栽的方式种植（范希峰等，2010）	可作为生物质发电、供热、固体成型燃料和液体燃料的原料	3.77（柳枝稷）⑦	0.89（柳枝稷）⑦⑧
				11.45（芦竹）⑦	2.71（芦竹）⑦⑧ 2.67～4.5⑨
	速生能源林	速生能源林对自然条件、土地要求较低，林木的适应性强	可作为生物质发电、供热、固体成型燃料和液体燃料的原料，此外还可用于饲料、编织和造板等用途	2～98.8⑩	0.47～23.4⑧

①按照5～7t原料产1t乙醇计算；②按照16t茎秆产1t乙醇计算；③按照7～9t原料产1t乙醇计算；④中国油料能源树种资源丰富，根据国家林业局《林业生物能源原料基地检查验收办法》（2011年），中国主要油料能源树种包括小桐子、文冠果、黄连木、光皮树、油桐、乌桕、无患子等7种；目前已建立了20万hm²的油料能源林基地；⑤根据3t原料产1t生物柴油计算；⑥纤维素类能源草主要有柳枝稷、芒草、荻和芦竹；⑦数据源自侯新村等（2011），为京郊挖沙废弃地规模化种植的实验数据；⑧根据较高纤维素乙醇转化率（300L/t）计算（Ralph et al.，2010）；⑨IEA（2011）所估计的速生能源草作为原料生产纤维素乙醇的全球平均值和2050年预期值；⑩根据现有数据，能源林树种的产出量较高，但对于不同树种差别很大，数据源自张希良和吕文（2008）

（3）能源植物资源潜力

中国能源植物的资源潜力主要取决于可利用边际土地的面积和单位土地上的平均产量。根据现有的技术经济发展趋势，能源植物资源潜力在未来会有一定增长，但增长资源量存在很大不确定性。从驱动因素来看，供应潜力增长的主要因素是可利用边际土地面积的扩大和单位面积产量的提高。能源植物可以通过杂交育种、物理诱变育种、化学诱变育种、细胞工程和基因工程等多种方式进行品种改良，从而提高单位面积产量。从长期来看，边际土地面积是能源植物面临的硬约束。

中国可种植能源植物的边际土地面积不确定性较大，结合各类文献综述，大约有0.83亿～2.03亿hm²（附录8-2）。本书预计约为1.13亿hm²，其中未利用土地中的宜农地为702万hm²，未利用土地中的宜林地为3736.06万hm²，耕地中适合种植能源作物的土地为 2000 万 hm^2，林地中适合种植能源植物的土地为 4824.14 万 hm^2（图 8-4）。

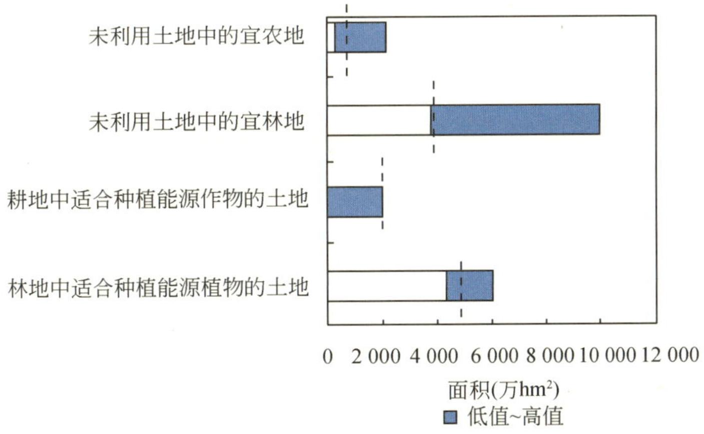

图 8-4　中国可利用边际土地量注：虚线为本章取值

采用"直接当量法"估算，中国能源植物的资源潜力约为 17.29EJ（表 8-7）。

表 8-7　能源植物资源潜力

能源植物	边际土地	面积（万 hm^2）	单位产量（t/hm^2）	热值①（GJ/hm^2）	潜力（EJ）
能源农作物	未利用土地中的宜农地	702	3（燃料乙醇）	80.10	0.56
	耕地中适合种植能源植物的土地	2 000	3（燃料乙醇）	80.10	1.60
油料能源林	未利用土地中的适合种植油料树种的土地	2 200	1（生物柴油）	37.8	0.83
	林地中适合种植油料树种的土地	1 400	1（生物柴油）	37.8	0.53
木质纤维素植物	未利用土地中适合种植木质纤维素植物的土地②	1 536.06	15（原料）	277.50	4.26
	林地中适合种植木质纤维素植物的土地②	3 424.14	15（原料）	277.50	9.50
总计				17.29	

①燃料乙醇热值按照 26.7GJ/t 计算，生物柴油热值按照 37.8GJ/t 计算，木质纤维素植物热值按照 18.5GJ/t 计算（Haberl et al，2010）；②为避免重复计算，适合种植木质纤维素植物的土地面积为，未利用土地中的宜林地和林地中适合种植能源植物的土地中，除去适合发展油料能源植物的部分

8.2.3.2 种植类原料资源的不确定性分析

生物质原料资源潜力的估算是一个相当复杂而困难的工作，涉及的因素较多。考虑不同的范畴，基于不同的假设，得出的研究结果差距较大，而多数研究所假设的预期用地面积和单位产量都不尽相同。例如，就全球生物质原料资源来讲，2050 年的估算值最低为 5EJ，而最高可达 1272EJ（Haberl et al.，2010），两者相差约 1200EJ，约 240 倍。

预期用地是一个非常笼统而模糊的概念，不仅是一个自然科学的概念，也包含社会科学中经济和政策的因素，如从种植技术角度来讲的适生区域，不同于从经济（如土地利用机会成本）角度考虑的适宜种植区域，也不同于从环境保护和政策角度考虑的可种植能源作物的土地。因此，基于不同的内涵，全球可用于种植能源植物的土地面积在 6000 万～37 亿 hm^2，相差 60 多倍（Haberl et al.，2010）（图 8-5）。

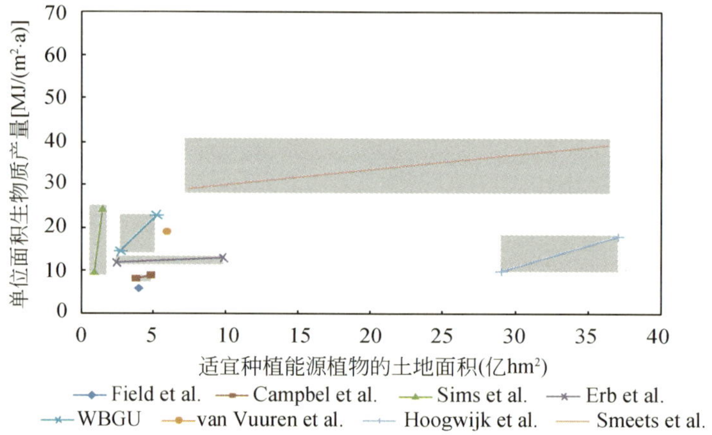

图 8-5　全球适宜种植能源植物的土地面积及相应产量

资料来源：Haberl 等（2010），产量数据经该文献作者采用同一的一次能源转换系数整理

生物液体燃料的发展潜力在很大程度上取决于可利用的边际土地。考虑到以粮食为原料的生物燃料对粮食安全的负面影响，2007 年农业部《农业生物质能产业发展规划（2007－2015）》中就已明确提出“不与人争粮，不与粮争地”的基本原则。中国边际土地的研究基本都考虑了关键的社会和环境因素，如粮食生产、生态保护等。中国可再生能源发展战略研究项目组（2008）认为边际土地是指尚未利用土地中条件比较好以及现利用农林地中条件较差的那些土地。本书基本沿用这一分类体系，并进行适度调整，所考虑的适用于中国的边际土地类型主要有三种：一是可利用而尚未利用土地中的宜林地和宜农地；二是现有林地中的木本油料林和宜林地①；三是在非粮低产农田中可以通过种植结构调整用于种植能源作物的低等地。值得注意的是，即便使用未利用土地中的宜农地（后备

① “林地”为《中华人民共和国森林法实施条例》中的林地概念，除包括郁闭度 0.2 以上的乔木林地以及竹林地、灌木林地、疏林地等外，还包括县级以上人民政府规划的宜林地，即宜林荒山荒地、宜林沙荒地和其他宜林地

耕地）资源来种植能源作物，也具有一定难度。中国后备耕地开发难度较大，后备耕地资源主要分布在东北区、西北区和黄淮海区。东北区的后备耕地资源主要是湿地，开发必须建立排水系统，同时，也受湿地保护的限制。西北区干旱少雨，开垦后备土地资源的主要限制因素是水资源。在后备耕地资源中，面积最大的是荒草地，这部分荒草地大多分布在山地丘陵区（张迪等，2004），所以，中国实际能够用于生物质能源的边际土地仍然需要进一步的科学论证（附录 8-2）。

专栏 8-2　我国耕地（林地）保护政策及土地分类

中国土地资源有限，近数十年来，随着中国经济建设的不断发展，土地开发利用程度不断提高，但是受非农建设占用、生态退耕、自然灾害损毁和农业结构调整等影响，耕地资源逐年减少（图 1）。中国《土地管理法》强调"严格限制农用地转为建设用地，控制建设用地总量，对耕地实行特殊保护"。根据《国家粮食安全中长期规划纲要》，受未来人口增长等因素的影响，中国粮食需求总量将呈刚性增长，到 2020 年需求总量将达到 5725 亿 kg，粮食供求将长期处于不平衡状态。为保障国家粮食安全，中国继续强调了耕地保护战略，设定了坚守 18 亿亩耕地红线的目标，以保障长期粮食安全。

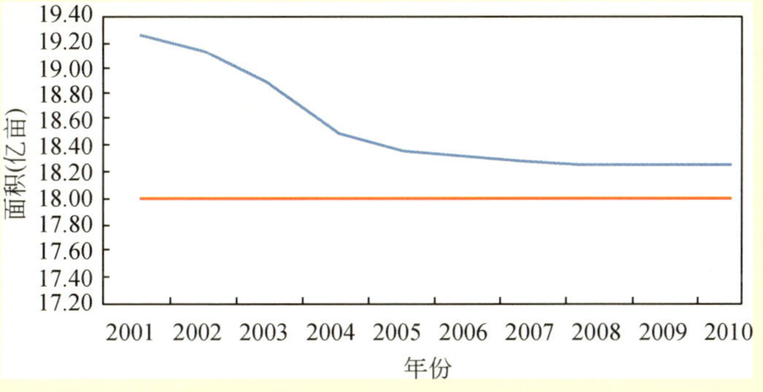

图 1　我国耕地面积总量及增减变动情况

我国耕地（林地）保护的主要政策见下表。

表　我国耕地（林地）保护的相关政策

政策名称	发布机构	发布时间	主要相关内容
《中华人民共和国土地管理法》	全国人民代表大会常务委员会第十一次会议	2004 年 8 月 20 日	严格限制农用地转为建设用地，控制建设用地总量，对耕地实行特殊保护
《中华人民共和国基本农田保护条例》	国务院令第 257 号	1998 年 12 月 27 日	国家实行基本农田保护制度。基本农田保护实行全面规划、合理利用、用养结合、严格保护的方针

续表

政策名称	发布机构	发布时间	主要相关内容
《中华人民共和国国民经济和社会发展第十一个五年规划纲要》	十届全国人大四次会议	2006 年 3 月 14 日	将 1.2 亿 hm^2 耕地保有量确定为约束性指标
《国家粮食安全中长期规划纲要（2008－2020 年）》	国务院常务会议	2008 年 7 月 2 日	到 2020 年，耕地保有量不低于 18 亿亩，基本农田数量不减少、质量有提高
《全国林地保护利用规划纲要（2010－2020 年）》	国务院常务会议	2010 年 6 月 9 日	到 2020 年，林地保有量增加到 3.12 亿 hm^2，占国土面积比重提高到32.5%以上。到 2020 年，森林保有量达到 2.23 亿 hm^2，比 2005 年增加 4000 万 hm^2，森林覆盖率达到 23%以上

中国《土地管理法》对土地根据用途分类，分为农用地、建设用地和未利用地。农用地是指直接用于农业生产的土地，包括耕地、林地、草地、农田水利用地、养殖水面等；建设用地是指建造建筑物、构筑物的土地，包括城乡住宅和公共设施用地、工矿用地、交通水利设施用地、旅游用地、军事设施用地等；未利用地是指农用地和建设用地以外的土地。结合《土地利用现状分类》和中国《全国林地保护利用规划纲要（2010－2020 年）》中林地相关概念及划分标准，中国土地用途分类体系如图 2 所示。

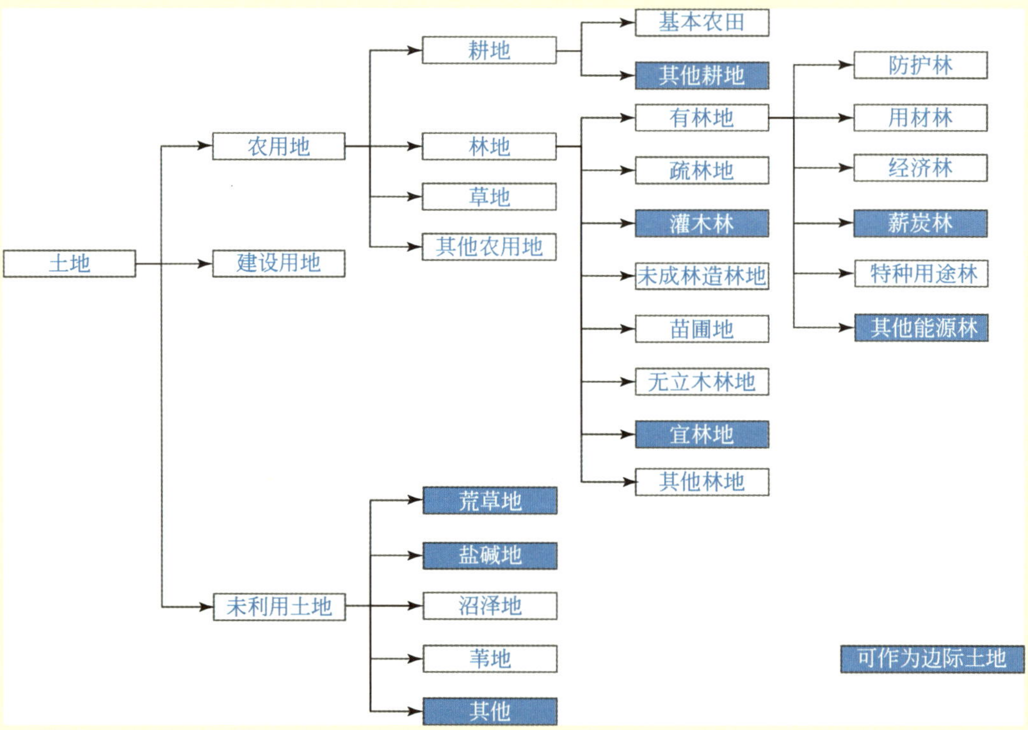

图　中国土地利用分类与可能的边际土地

8.3　生物液体燃料技术发展与产业政策

生物燃料技术可根据不同原料、转化方式和燃料产品进行划分（图 8-6）。我国学者通常将以非粮糖料或淀粉能源农作物为原料的燃料乙醇和以油料能源树种为原料的生物柴油等称为非粮 1.5 代生物液体燃料，而将纤维素乙醇、F-T 合成生物柴油等称为 2 代生物液体燃料，同时将藻类生物柴油归为 3 代生物液体燃料。

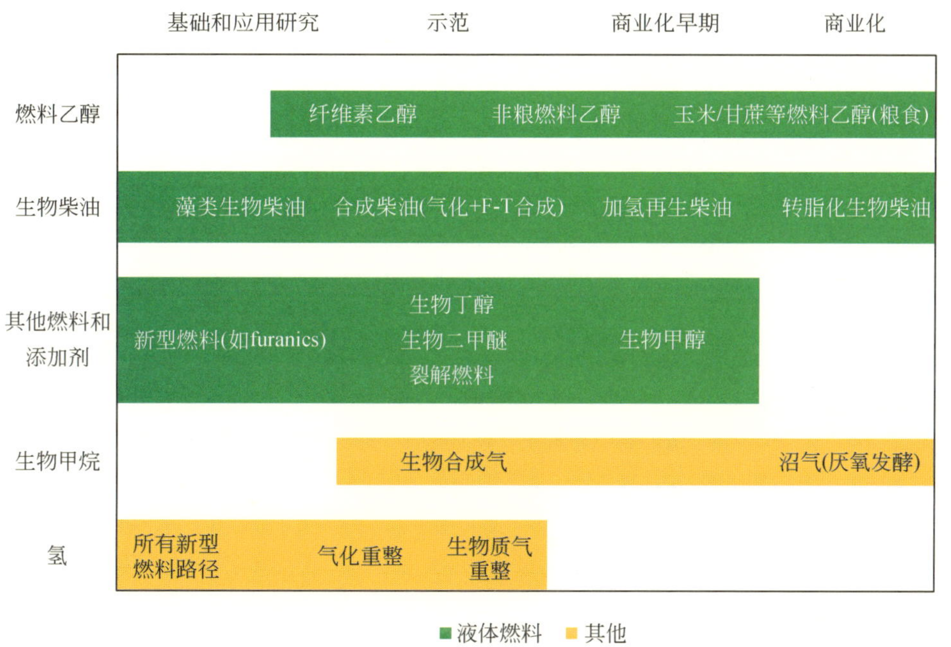

图 8-6　主要生物燃料转化技术发展阶段

资料来源：基于 Bauen 等（2009）修改

8.3.1　非粮 1.5 代生物液体燃料技术

8.3.1.1　非粮 1.5 代生物液体燃料技术发展现状

从全球范围来看，以玉米和甘蔗为原料生产燃料乙醇的技术路线相对成熟，但面临着威胁粮食安全的争议。为了解决原料保障问题，国际上积极探索开发以高产非粮作物为原料的燃料乙醇。根据自身的土壤和气候条件，中国规划种植可以在边际土地上生长的甜高粱和木薯等非粮作物作为生产燃料乙醇的原料。相比玉米和小麦等技术路线成熟的粮食作物，在甜高粱、木薯等非粮作物生产乙醇的技术链条上，不仅需要开展燃料转化技术的专项研究，还需要开展甜高粱和木薯等非粮能源作物的育种、培育和土地适宜性研发。以甜高粱和木薯等非粮作物为原料生产乙醇，仍然处于示范或应用推广阶段。

中国在广西建立了20万t木薯燃料乙醇的示范项目，并在广西境内推广应用。在黑龙江桦川建立的5000t甜高粱乙醇示范工程，采用固态发酵工艺，项目设备要求简单，主要的工艺设备包括茎秆粉碎机、增温混合联合作业机、发酵池和甑锅等，投资成本和变动成本都相对较低，适宜在经济技术不发达的农村地区推广应用（肖明松和杨家象，2006）。为缩短发酵时间，解决甜高粱储存运输困难问题和实现甜高粱产乙醇的工业化生产，清华大学核能与新能源技术研究院开发了新型固态发酵工艺，并在内蒙古运行了127m^{3}规模的发酵罐示范工程。

生物柴油的制备主要采用酯交换反应，包括化学催化法、生物酶催化法和超临界法等技术。化学法制备生物柴油存在设备投资高、有酸或碱排放、需要大量水洗、能耗较高等缺点。利用环境友好的生物酶法生产生物柴油在近年已备受人们的重视，但在生物酶法生产生物柴油的传统工艺中，原料甲醇和副产物甘油对酶活性产生严重的抑制而使酶快速失活，这已成为生物酶法工业化生产生物柴油的技术“瓶颈”。针对传统酶法工艺技术“瓶颈”，清华大学化工系再生资源与生物能源实验室提出了全新的生产工艺。湖南海纳百川公司采用该技术路线建成了一套年产2万t生物柴油的生物柴油酶法工业化生产装置，并于2006年投料试车。

目前，采用小桐子和黄连木等油料能源作物果实生产生物柴油，由于原料成本很高，总生产成本相对较高（表8-8）。

表8-8　中国非粮1.5代生物液体燃料技术和产业发展现状

技术	薯类乙醇	甜高粱乙醇	废弃油脂生物柴油	小桐子等生物柴油
发展阶段	初步商业化	示范推广	初步商业化	小规模中试项目
发展现状	中国拥有目前世界上最大的木薯乙醇生产装置	建成5000吨级中试项目；国家发展和改革委员会已批准中兴能源（内蒙古）年产10万t甜高粱茎秆生产燃料乙醇项目开展前期工作（刘群等，2011）	目前国内约有40家以废弃油脂为原料的生物柴油生产企业	全国建设林业生物柴油基地300万亩左右（王晓华，2011）中海油6万t项目已于2009年12月建成投产，但目前的原料仍然以废弃油脂为主
成本估算(元/t)	4 887～6 802	5 444～5 968	7 000	8 000
其中：原料成本的比例（%）	55.8～68	70.5～73	79.37	75
技术产业“瓶颈”	稳定的原料种植、供应模式尚不成熟	连续生产的技术装备和模式不完备	收集体系不健全	植物种植、收集技术和体系不成熟
近期发展前景	亟待健全产业体系	亟待健全产业体系	亟待健全产业体系	有待提高育种、种植技术，亟待健全产业体系

资料来源：根据王仲颖等（2010）修改

8.3.1.2　非粮生物液体燃料技术的产业政策

中国非粮液体燃料的产业政策类型十分丰富，但是，与燃料乙醇相关的主要政策多出台于 2007 年之前，2007～2009 年基本没有新政策推出；生物柴油产业政策虽然活跃，但由于缺乏完整的产业链支持方案，政策效果不甚明显（图 8-7）。具体政策细节见附录 8-3。

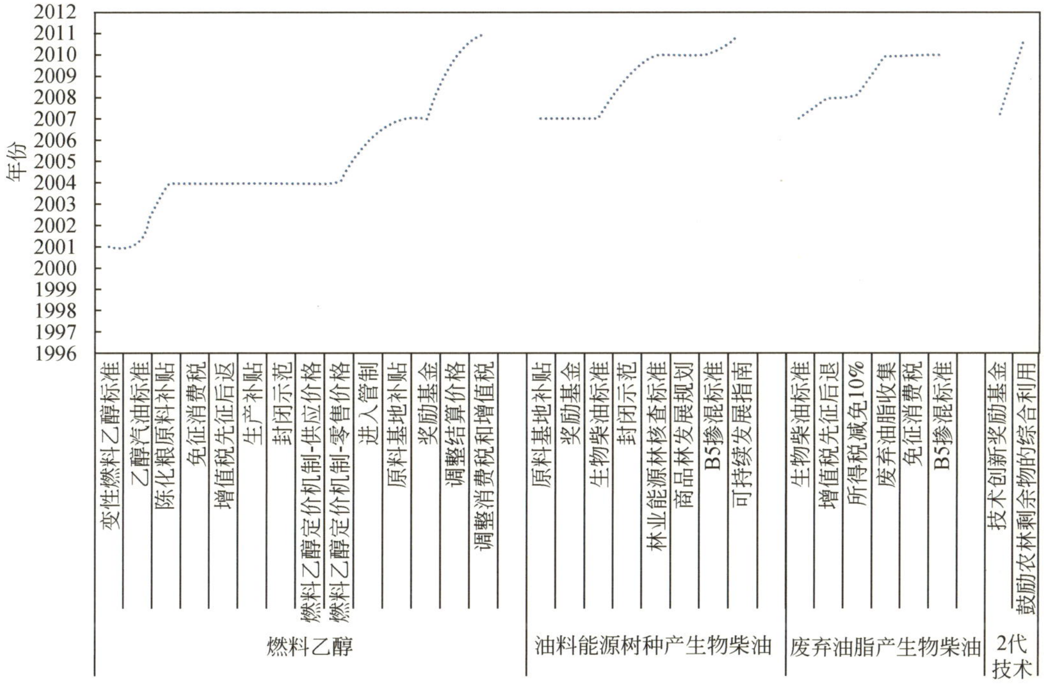

图 8-7　中国生物液体燃料主要政策出台时间

8.3.2　2 代生物液体燃料技术

8.3.2.1　2 代生物液体燃料技术发展现状

以纤维素等更为广泛的生物质资源为原料的技术称为 2 代生物液体燃料技术，这一代技术的燃料产品种类繁多，技术路线多样，大致可分为生物化学方法、热化学方法和混合方法三种。根据 IEA（2010）的统计，包括目前计划、在建和营运的项目，预计到 2012 年，全球 2 代生物燃料的产能将达到每年 68 万 t，而到 2016 年将超过每年 160 万 t 的水平（图 8-8，图 8-9）。

美国是最大的 2 代生物液体燃料技术研发国家，不仅体现在其预期产能上，而且体现在其技术研发和示范类型上（图 8-10）。

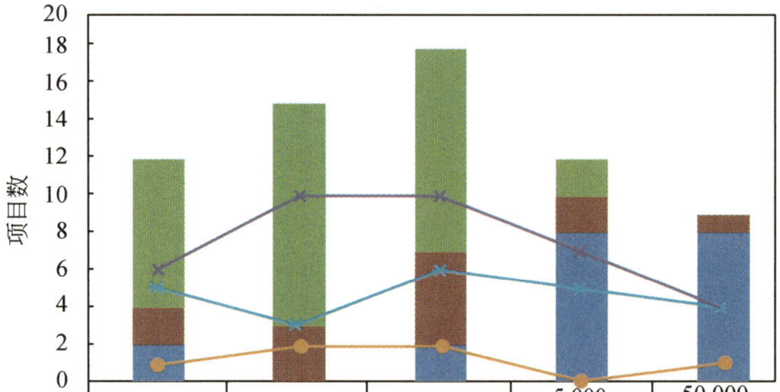

0~50	50~500	500~5 000	5 000~50 000	50 000~500 000
8	12	11	2	0
2	3	5	2	1
2	0	2	8	8
6	10	10	7	4
5	3	6	5	4
1	2	2	0	1

产能(t)

运营中 建设中 计划
生物化学 热化学 混合

图 8-8　全球 2 代技术项目数

资料来源：IEA，2010

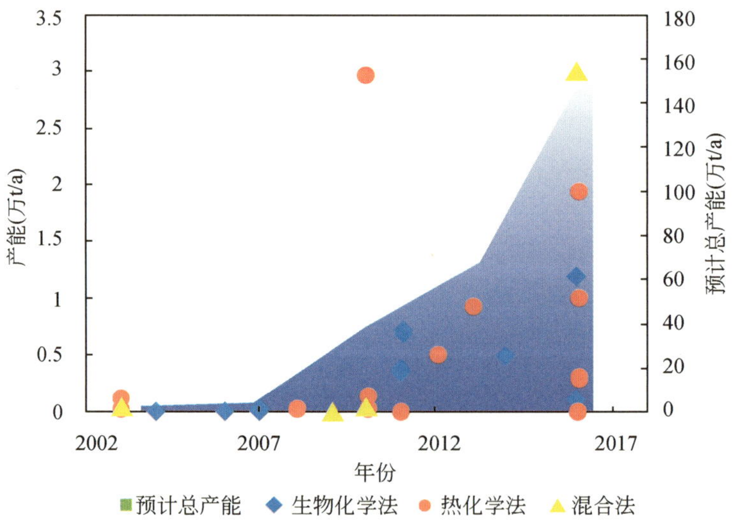

图 8-9　基于现有项目产能统计的未来 2 代技术产能预计

资料来源：IEA，2010

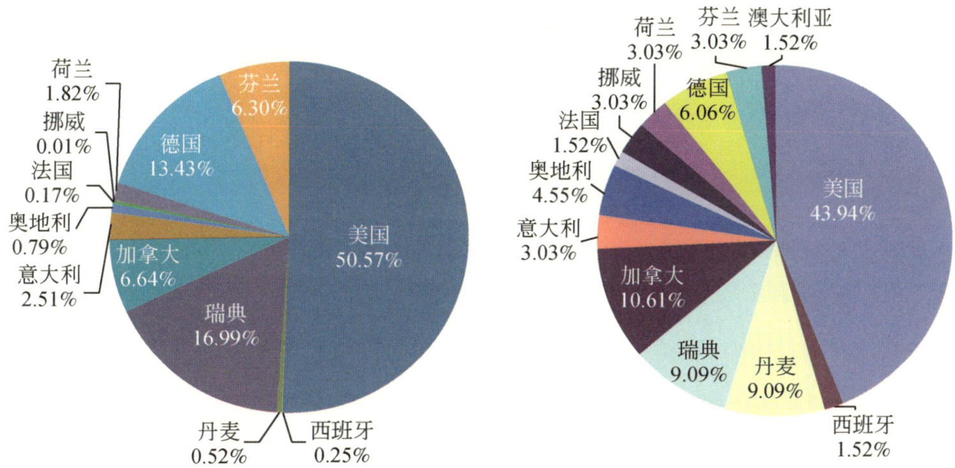

(a) 预计产能构成　　(b) 项目总数构成

图 8-10　2 代生物燃料 2016 年预计产能和项目总数

注：未包括中国的 2 代技术项目

资料来源：IEA，2010

（1）生物化学方法

生物化学方法是较为常见的 2 代生物液体燃料转化方法，如图 8-8 所示，66 个已统计的计划、在建和营运的项目中，有 37 个采用生物化学法，占 56%，通过水解—发酵制取纤维素乙醇即为生物化学方法。水解的工艺路线包括酸水解和酶水解两种。与 1 代生物燃料相比，主要的区别是在其转化前端增加了预处理和糖化等程序（Sims et al.，2009）。根据发酵和糖化整合过程的不同，可以分为水解发酵二段法（SHF）、分离糖化同步发酵（SHCF）、同步糖化发酵（SSF）、同步糖化共发酵（SSCF）、统合生物工艺（CBP）等不同技术过程。中粮集团于 2006 年在黑龙江肇东启动建设的 500t/a 纤维素乙醇实验装置采用的是混合糖化发酵（HHF）工艺。清华大学核能与新能源技术研究院与牛津大学共同开发了同步多酶合成和水解分离发酵（SMEHF）工艺。

采用酶解法生产纤维素乙醇的技术原理虽然简单，但要实现产业化仍存在很多技术屏障。纤维素酶占纤维素乙醇生产成本的 50% ~60%，所以纤维素酶的研发需要取得两方面进展，一是提高纤维素酶生产的经济性；二是提高纤维素酶的技术性能。丹麦诺维信公司 2010 年宣布研制成功的 Cellic® CTec2，使生产纤维素乙醇所需酶的成本降低至 50 美分/gal，从而使领先的生物燃料生产商们能够以不到 2 美元/gal（约合 3.6 元人民币/L）的成本实现纤维素乙醇的大规模商业化生产。Mogensen（2009）根据诺维信公司纤维素乙醇试验对 2010 ~2015 年中国纤维素乙醇生产进行了物料平衡、能量平衡和设备投资成本的预测，采用净现值（NPV）为零的成本计算方法得出 2010 年每吨干物质可生产 74gal 纤维素乙醇，合计 2.59 美元/gal，2015 年每吨干物质可生产 92gal 纤维素乙醇，合计 1.5 美元/gal。

2006 年 5 月中石化、中粮集团和丹麦诺维信公司共同启动了商业化玉米秸秆生产燃料乙醇项目，采用同步开发酶产品和新的转化工艺的方法，于 2006 年 10 月生产了第一批乙醇，到 2007 年底酶成本降低了 3 倍，预计酶的成本将进一步下降。中国目前至少有三家机构建立了 2 代生物液体燃料——纤维素乙醇的示范生产装置（表 8-9）。

表 8-9　中国纤维素乙醇的主要试验/示范项目

机构	地点	设计原料	试验容量（t）	技术工艺
中粮生化能源有限公司	黑龙江肇东	玉米秸秆	500	酶水解
河南天冠集团	河南南阳	玉米秸秆	3 000	酸水解和酶水解
上海华东理工大学	上海集贤	锯末和稻谷	600	稀酸水解

（2）热化学方法

生物质气化合成和生物质直接液化是较为常见的热化学方法。生物质气化合成主要原理是将生物质先气化制成合成气，再利用费 - 托（Fischer-Tropsch，简称 F-T）合成等相关工艺生产出高品质的醇、醚及烃类等燃料。气化后 F-T 合成柴油技术在工业上已经基本实现，但是多采用化石燃料为原料，以生物质为原料制造合成气的 F-T 技术仍然在研究开发之中。德国 CHOREN 公司采用木材、秸秆等为原料生产合成柴油，并开发了生物质气化工艺——Carbon V。该公司自 1990 年成立以来，就致力于相关工艺的研究，1998 年建立了示范规模的项目，2007 年建成了年产量 15 000t 的商业规模工厂，目前正在规划建立年产量 200 000tBTL 工厂。其主要燃料产品 Sunfuel 性能优良，可直接以任意比例用于现有柴油机。

目前生物合成燃料的成本较高，生物质气化生产的 F-T 柴油成本比纤维素乙醇高约 20%，未来发展趋势仍然存在争议。也有研究认为，由于生物质热解液化和气化合成的过程与煤的液化过程相似，核心技术已经突破，技术的难度比纤维素酶解生产燃料乙醇低，在 10 年内有可能比纤维素乙醇提前一步实现产业化（表 8-10）。

表 8-10　生物化学方法与热化学方法比较

方法	生物燃料产量（L/t）	能量（MJ/t）	能源产出（GJ/t）
生物化学			
酶水解	110～300	21.1	2.3～6.3
热化学			
F-T 合成生物柴油	75～200	34.4	2.6～6.9
合成气制乙醇	120～160	21.1	2.5～3.4

资料来源：IEA，2008

IEA（2008）对生物液体燃料的成本进行了估计，认为如果以一个较为乐观的学习曲线来估计，纤维素乙醇和生物合成柴油的生产成本都将在 2010 年后有大幅降低，在 2030 年时达到一个稳定水平。如果以一个较为悲观的学习曲线来估计的话，生产成本下降的速度较慢，直到 2050 年生产成本仍然在 0.65 ~ 0.7 美元/L 汽油当量之间（表 8-11）。

表 8-11　2 代生物燃料技术生产成本

2 代生物燃料技术	假设	生产成本（元/t）①		
		2010 年	2020 年	2030 年
纤维素乙醇②（生物化学法）	乐观估计	6 806	5 105	4 934
	悲观估计	6 806	5 955	5 785
BTL 合成柴油③	乐观估计	10 000	6 500	6 000
	悲观估计	10 000	8 000	7 800

①1 美元 = 8 元（2005 年价格）；②1L 纤维素乙醇相当于 0.84L 汽油当量；③1L 合成柴油相当于 1L 汽油当量

资料来源：IEA，2008

（3）混合方法

除以上两种方法外，国际上还在探讨更为高效的能源转换技术，如生物质气化—生物合成技术。该项技术是生物液体燃料生产中的前沿发展技术，初步研究和评价结果显示其具有良好的经济性。美国 Coskata 公司建立了一家生物质气化—生物合成示范厂，其主要工艺流程见图 8-11。

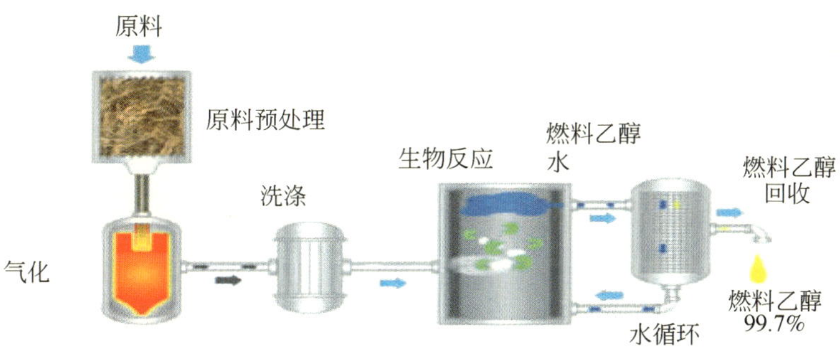

图 8-11　Coskata 公司的生物质气化 - 生物合成制纤维素乙醇工艺流程

资料来源：http：//www. coskata. com/About. asp

8.3.2.2　2 代生物燃料技术的政策

在技术的不同阶段，采取不同的政策工具促进技术发展，是可再生能源和新能源技术发展中不可或缺的重要环节。中国自 2001 年以来在部分区域推广生物燃料，对 1 代生物燃料技术实施了从 R&D 支持到生产补贴、再到封闭推广等一系列政策。但是对于 2 代技术，除 R&D 支持外，所有技术阶段的政策都在准备和讨论中（图 8-12）。

8.3.2.3　2 代生物燃料的技术进步方向

面向更为广泛的生物质资源，提高生物质资源利用效率，同时解决生物质资源需求与

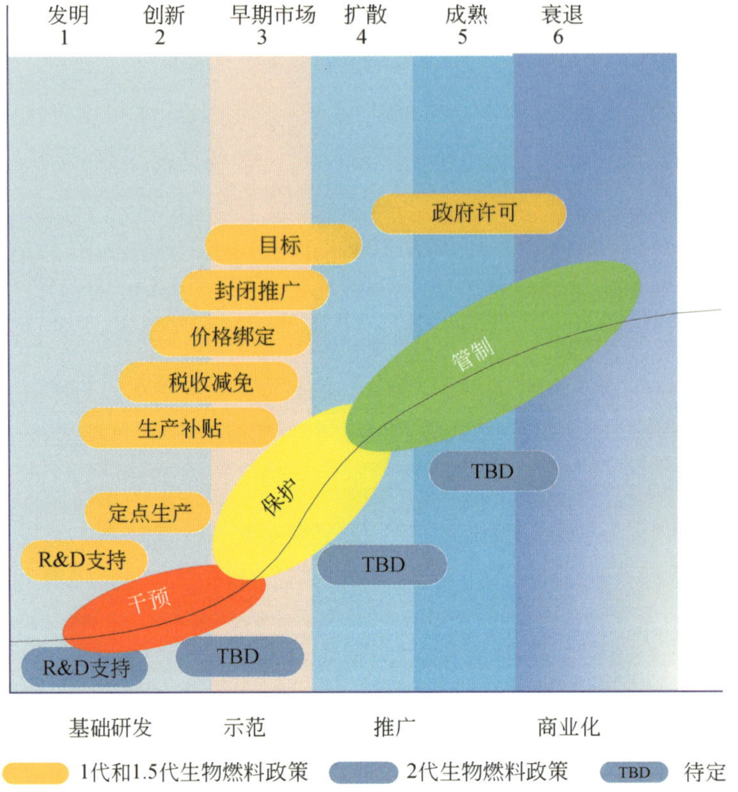

图 8-12 我国 1 代和 2 代生物燃料技术政策

可持续发展之间的矛盾，是 2 代生物液体燃料技术进步的主要方向。中国科学院生物质资源领域战略研究组，2009 认为可通过如图 8-13 所示的途径来实现。

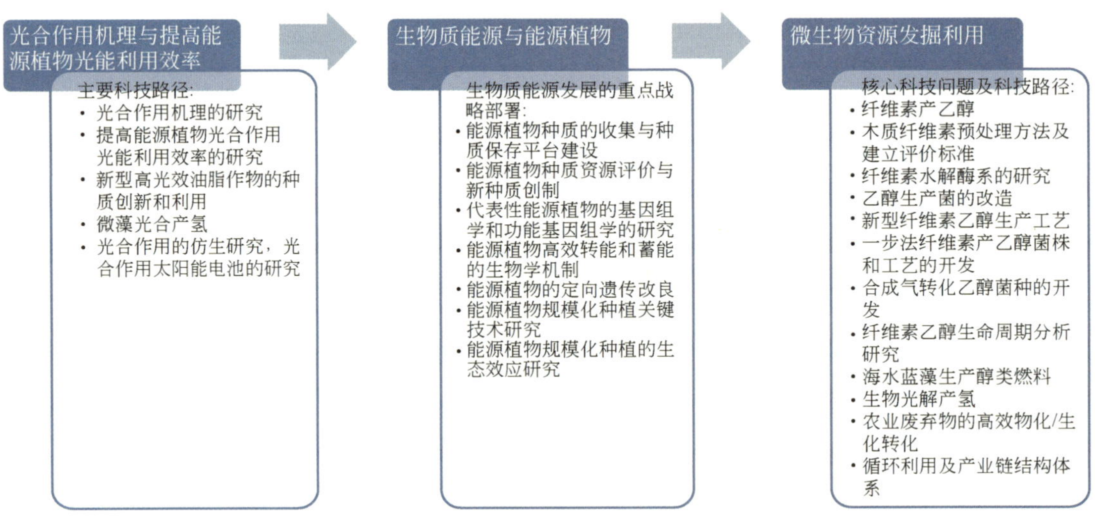

图 8-13 生物燃料科技发展路径

资料来源：中国科学院生物质资源领域战略研究组，2009

8.3.3 微藻产生物柴油

藻类是低投入、高产量的生物燃料原料，单位面积产量可以比陆地植物高30倍左右，具有不与农业争地的明显优势，而且可用海水作为天然培养基进行大量繁殖。以藻类细胞为原料，通过细胞工程和生物化工技术生产生物柴油和生物质热解燃油等生物燃料，是当前的一个研发热点。我国新奥公司已开始该技术的技术研发，达旗微藻固碳生物能源示范项目已启动建设。

8.4 生物液体燃料发展情景

8.4.1 技术选择

本书根据中国的具体情况，重点选择18种生物液体燃料技术进行分析，这其中既包括了以木薯、甜高粱和小桐子等为原料的非粮1.5代生物液体燃料技术，也包括以农业秸秆、林业剩余物为原料的2代生物液体燃料技术（表8-12）。

表8-12 生物液体燃料技术

序号	初始资源	原料	转化技术	燃料产品
1	耕地	玉米/小麦	传统发酵	燃料乙醇
2	边际土地	木薯	传统发酵	燃料乙醇
3	边际土地	甜高粱	传统发酵	燃料乙醇
4	边际土地	甘薯	传统发酵	燃料乙醇
5	工业/服务业	废弃油脂	酯交换法	生物柴油
6	边际土地	小桐子	酯交换法	生物柴油
7	边际土地	黄连木/文冠果	酯交换法	生物柴油
8	农业	农业一次剩余物	水解发酵	纤维素乙醇
9	制造业	农业二次剩余物	水解发酵	纤维素乙醇
10	林业	林业一次剩余物	水解发酵	纤维素乙醇
11	制造业	林业二次剩余物	水解发酵	纤维素乙醇
12	农业	农业一次剩余物	气化合成	F-T合成生物柴油
13	制造业	农业二次剩余物	气化合成	F-T合成生物柴油
14	林业	林业一次剩余物	气化合成	F-T合成生物柴油
15	制造业	林业二次剩余物	气化合成	F-T合成生物柴油
16	城市	城市生活垃圾固体废弃物	气化合成	F-T合成生物柴油
17	边际土地	速生能源林/能源草	水解发酵	纤维素乙醇
18	边际土地	速生能源林/能源草	气化合成	F-T合成生物柴油

8.4.2 情景设定

8.4.2.1 技术发展的设定

2 代生物燃料技术的发展在很大程度上决定了未来生物燃料的发展方向，被认为是能够以较低的资源投入同时解决能源安全与环境保护的重要突破点。但是从目前的研发状况来看，其发展仍存在较大不确定性因素。国际上许多能源研究机构对 2 代生物燃料技术提出了不同的展望，其创新成功的时间跨度相差达到 10 ~20 年。如表 8-13 所示，在 2008 年 IEA《能源技术展望报告》的 ACT 情景和 BLUE 情景中，2 代生物燃料技术将分别在 2015 年后和 2012 年后开始进入技术推广和应用阶段，并分别于 2035 年和 2030 年实现真正的商业化生产；而欧佩克国际发展基金（the OPEC fund for international development，OFID）和国际应用系统分析研究所（international institute for applied system analysis，IIASA）（OFID & IIASA，2009）的 WEO-V2 情景和 TAR-V2 情景中假设 2 代生物燃料技术在 2030 年后才开始阶段性的应用。因此，根据 2 代生物燃料技术可能的发展状况，可以分为 2 代生物燃料技术滞后发展情景和 2 代生物燃料技术加速发展情景。

表 8-13　2 代技术展望综述

参考文献	技术情景	情景描述
IEA，2008	ACT	2050 年全球 CO_2 排放量回到当前水平（CO_2 浓度达到 485ppm），2 代生物燃料技术的推广和应用在 2015 年后开始，并于 2035 年实现完全的商业化
	BLUE	2050 年全球 CO_2 排放量相比当前水平减少 50%（CO_2 浓度稳定在 450ppm），2 代技术的推广和应用在 2012 年后开始，并于 2030 年实现完全的商业化
OFID & IIASA，2009	WEO-V1/ TAR-V1	2 代技术的生产在 2015 年后达到商业规模
	WEO-V2 /TAR-V2	2 代技术创新缓慢实现，2030 年前基本上全部为 1 代生物燃料技术
	TAR-V3	2 代技术加速发展，发达国家 2 代生物燃料在生物燃料总量中的比例，由 2020 年的 33% 提高到 2030 年的 50%

8.4.2.2 政策设定

未来中国生物燃料政策走向（storyline）大致可以分为两个方向：一是维持现有政策情景，等待 2 代生物燃料技术的创新成功，这一情景类似于联合国粮农组织（food and agriculture organization，FAO）（FAO，2008）设定的第二类生物燃料政策情景——“延缓发展情景”（moratorium），提倡五年的延缓期用以实现可持续生物燃料技术和政策的积累与储备，同时防止生物燃料造成的对环境、社会和人权的负面影响；二是采取更为积极的发展政策，加大 2 代生物燃料技术的研发投入，加强生物燃料能效、温室气体排放等可持续标准的制定和行业监督与管理，对符合可持续发展要求的生物燃料项目予以大力支持，引导生物燃料从 1 代技术到 2 代技术的有序过渡。

综合以上技术和政策信息，从政策选择和技术展望两个维度，本书对我国生物燃料的发展设定了 4 类情景，参见表 8-14。

表 8-14　中国生物燃料发展情景设定

	情景简称	情景名称	情景描述
2 代生物燃料技术滞后发展	M1	延缓发展情景 1	技术展望：2 代生物燃料技术在 2025 年开始进入技术推广阶段 政策选择：2025 年前较少的 1.5 代和 2 代生物燃料技术示范和推广投入；等待 2 代生物燃料技术在全球范围的应用；严格的土地利用政策，禁止各类耕地用于生物燃料生产，同时对未利用土地中可利用土地设置 20% 的开发上限
	L1	适度发展情景 1	技术展望：2 代生物燃料技术在 2025 年开始进入技术推广阶段 政策选择：2025 年前较多的 1.5 代和 2 代生物燃料技术示范和推广投入；加强生物燃料能效、温室气体排放等可持续标准的制定和行业监督与管理，允许适宜的边际农地、边际林地用于生物燃料生产，同时对未利用土地中可利用土地的开发设置 50% 的上限
2 代生物燃料技术加速发展	M2	延缓发展情景 2	技术展望：2 代生物燃料技术在 2015 年开始进入技术推广阶段 政策选择：2025 年前较少的 1.5 代和 2 代技术示范和推广投入；严格的土地利用政策，禁止各类耕地用于生物燃料生产，同时对未利用土地中可利用土地设置 20% 的开发上限
	L2	适度发展情景 2	技术展望：2 代生物燃料技术在 2015 年开始进入技术推广阶段 政策选择：2025 年前较多的 1.5 代和 2 代生物燃料技术示范和推广投入；加强生物燃料能效、温室气体排放等可持续标准的制定和行业监督与管理，允许适宜的边际农地、边际林地用于生物燃料生产，同时对未利用土地中可利用土地的开发设置 50% 的上限

8.4.3　成本与技术扩散

8.4.3.1　成本计算方法

按照供应链成本计算方法，将同一技术路径划分为不同阶段，计算方法如下：

$$C_{qj} = \sum_{p=1}^{n} CAPEX_{pqj} + FO\ \&\ M_{pqj} + VO\ \&\ M_{pqj} \tag{8-4}$$

式中，q 为不同技术路径；j 为年份；C_{qj} 为技术 q 在 j 年的单位成本；p 为技术的不同阶段，共 n 个；$CAPEX_{pqj}$ 为单位投资成本；$FO\ \&\ M_{pqj}$ 为单位固定运营成本；$VO\ \&\ M_{pqj}$ 为单位变动运营成本。技术的不同阶段 n，根据生物液体燃料技术能流图进行划分（图 8-14）。

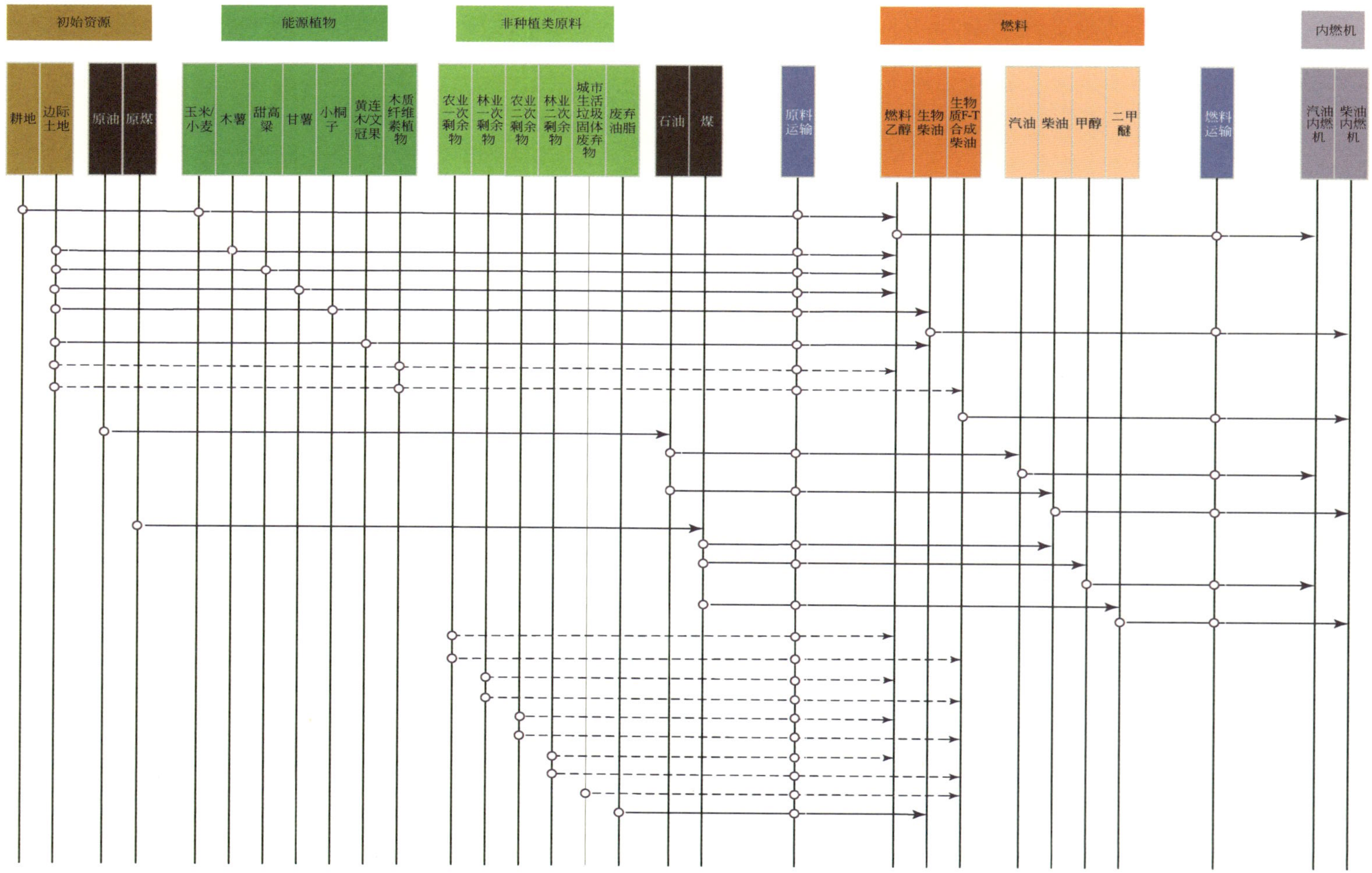

图8-14 生物液体燃料技术能流图（包括化石燃料技术作为参考技术路线）

注：实线表示技术处于推广和初步商业化阶段，虚线表示技术处于研发示范阶段

8.4.3.2 不同生物燃料技术路线的成本

非粮1.5代生物燃料技术成本的特点是原料成本所占比重较大，长期成本降低主要依靠转化效率的提高和转化成本的降低，单位原料成本降低的潜力不大。从中国农产品成本核算体系看，物质与服务费用、人工费用和土地成本是构成能源植物成本的主要部分。此外，对于使用边际土地种植能源植物，还需考虑建设标准化能源植物基地的土地开发整理成本（图8-15）。中国主要粮食作物的生产成本以物质和服务投入为主，其次为人工费用，土地成本较低。1978～2009年，平均土地成本从每亩2.23元增长到了每亩114.62元（图8-16），增长超过50倍。尽管对于粮食作物来讲，土地成本相对低廉，但是中长期仍然有增长潜力，对于生物燃料的生产来讲，土地成本会相对昂贵。

2代生物液体燃料技术的成本下降，在近期主要依赖于技术创新突破，而在远期还可取决于规模经济和技术学习。对不同情境下生物液体燃料成本的预期，如图8-17所示。

8.4.4 主要约束条件

对于长期生物液体燃料的发展展望，主要考虑以下四类约束条件：能流平衡约束、产能约束、技术变化动态约束和环境约束（图8-18）。

8.4.5 中国生物液体燃料发展潜力情景分析与评价

8.4.5.1 车用燃料替代量

如图8-19所示，中国生物液体燃料产量将持续增长，到2050年实际供应能力约32.4M～79.7 Mtoe。其中，M1情景中的油品替代效应最低，2050年产量与L2情景相差4731万t。由于采取较为严格的政策管制，M1和M2情景中我国生物燃料产业发展缺乏内在动力，2020年燃料乙醇产量仅为382万t和417万t，不能实现我国《可再生能源中长期发展规划》中1000万t燃料乙醇的预期目标，但是生物柴油的产量在4个情景中均可实现300万t以上的产量，超过200万t生物柴油的预期目标。生物液体燃料产量的增长，近期主要取决于1.5代能源植物种植的技术扩散、原料成本的降低及相关的产业政策；中期主要取决于2代生物燃料技术创新突破及技术扩散；而远期取决于生物质的资源潜力及对应的市场潜力。

其中，由于生物柴油与已有交通基础设施兼容性高且市场需求高，生物柴油的比例将持续上升，在2030年后占50%以上（图8-20）。

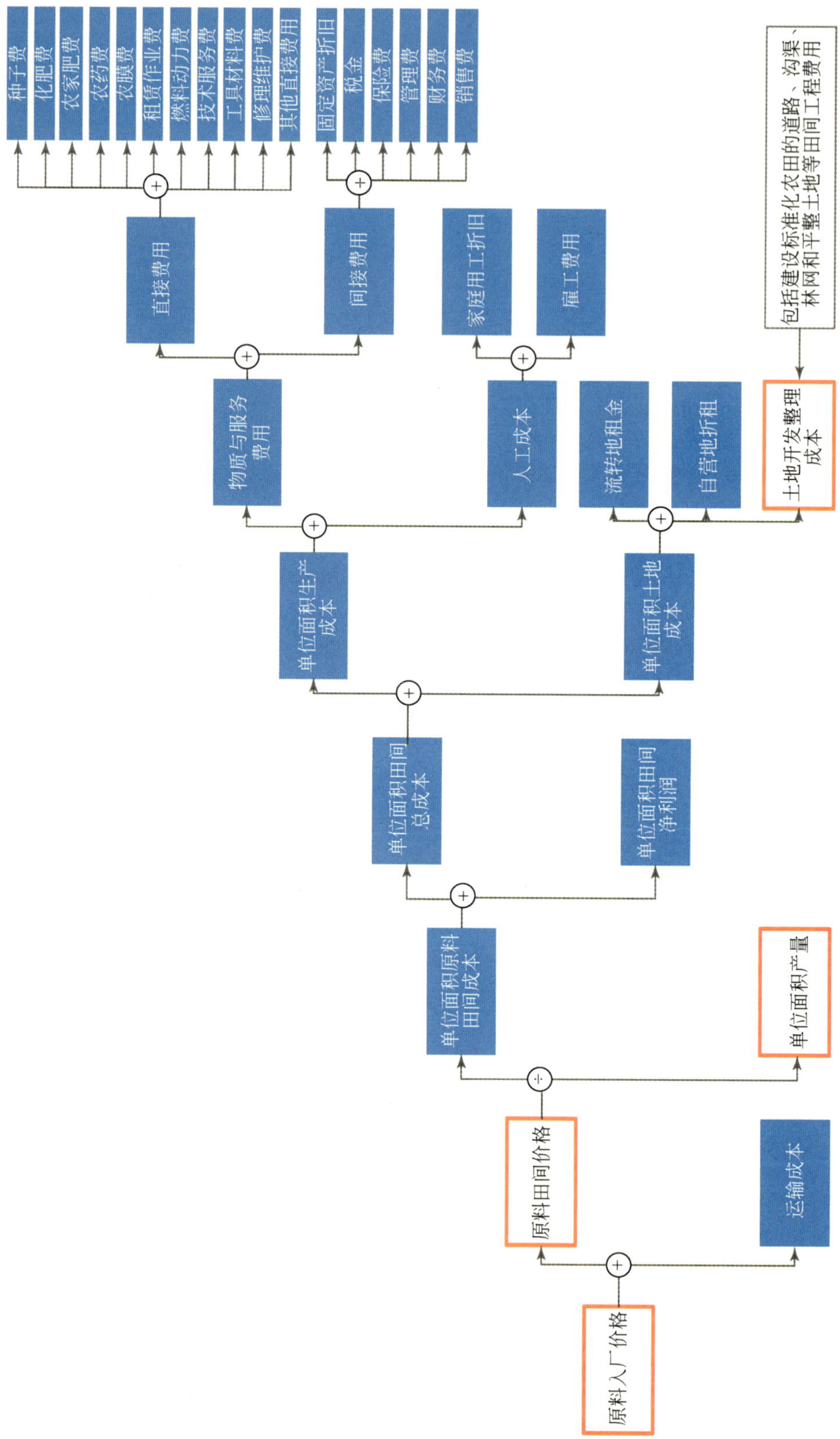

图8-15 我国农产品成本核算体系

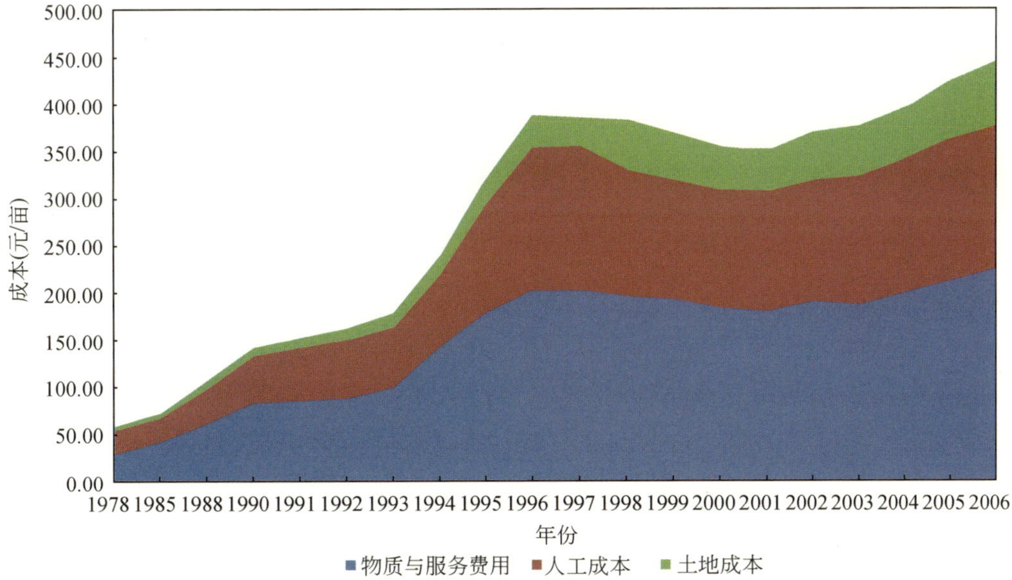

图 8-16　中国三种粮食作物（稻谷、小麦、玉米）亩均成本构成

资料来源：国家发展和改革委员会价格司（2004，2010）

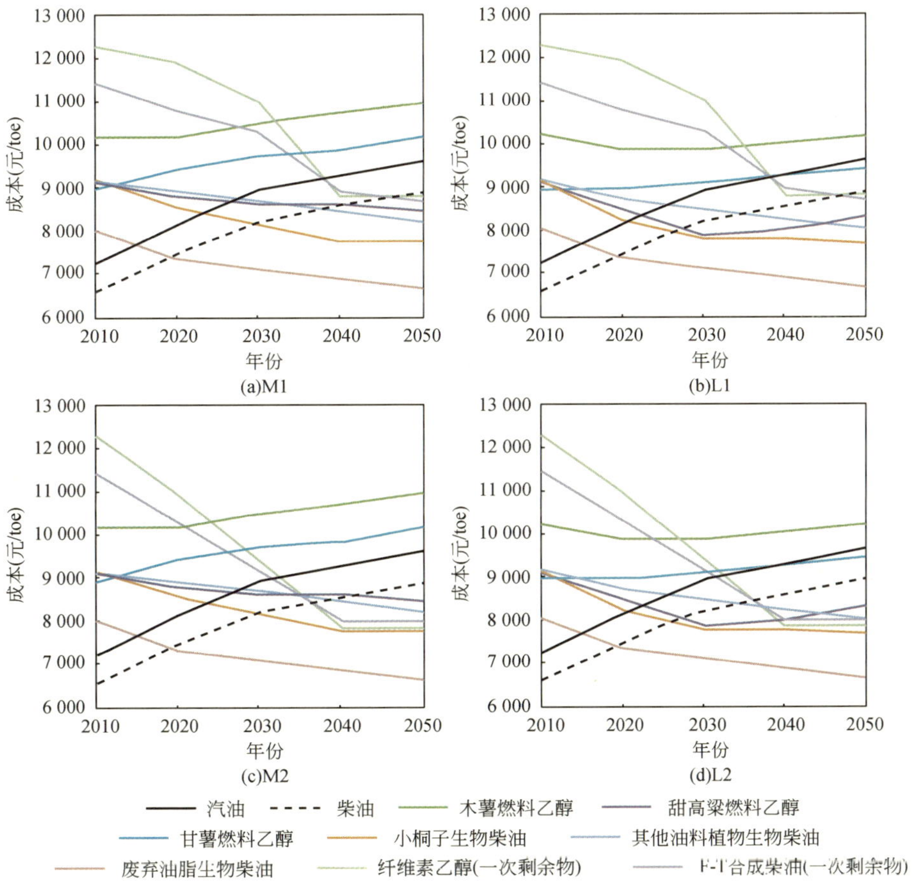

图 8-17　生物燃料技术成本

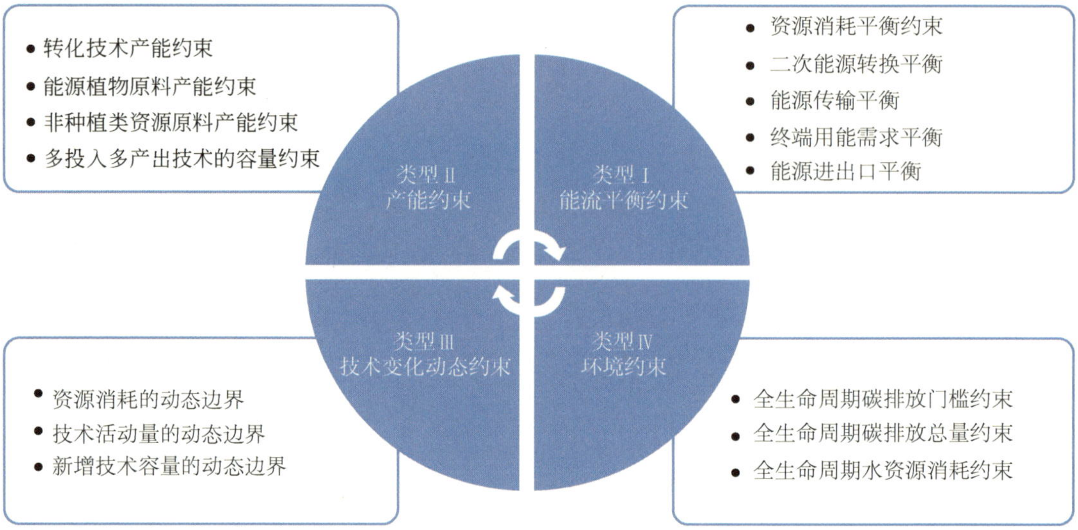

图 8-18 主要约束条件

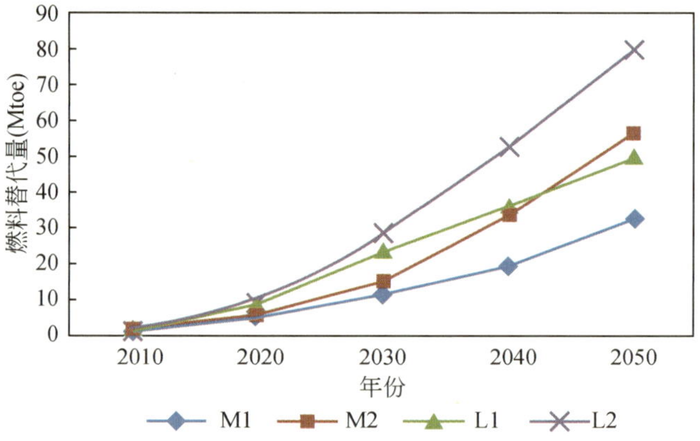

图 8-19 生物燃料产量

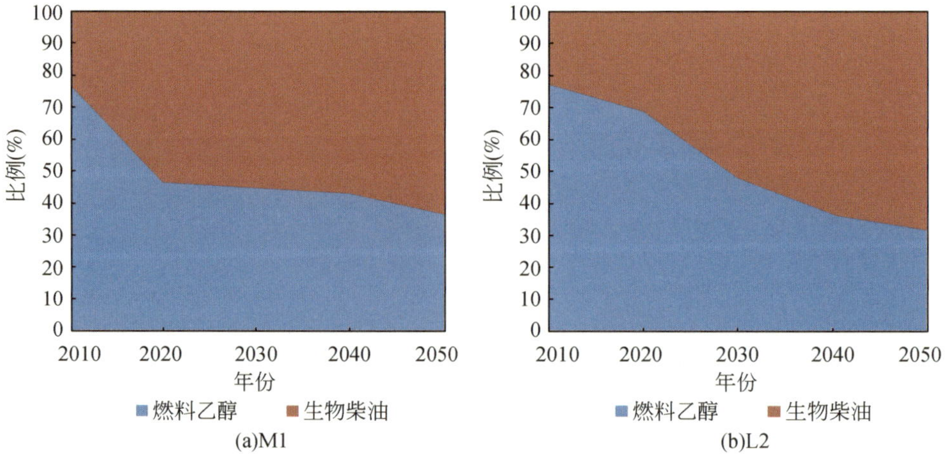

图 8-20 M1 和 L2 情景中燃料乙醇（包括纤维素乙醇）和生物柴油（包括 F-T 合成柴油）的比例（基于能值）

8.4.5.2　2 代生物液体燃料

不同情景下 2 代生物液体燃料的产量差别较大，但是在生物液体燃料总量中的比例都呈现明显的上升趋势。到 2050 年，在 4 个情景中有 3 个情景的比例都将大于 50%（图 8-21，图 8-22）。

8.4.5.3　原料构成

不同情景下生物液体燃料的原料构成比例不同，总体趋势是由能源农作物生产的液体燃料比例逐渐降低，由油料能源树种生产的液体燃料在中期将占有较大比例，由农林业剩余物为原料生产的液体燃料在 2030 年后将占据重要地位，同时，由木质纤维素植物为原料生产的液体燃料也将在 2030 年后开始逐渐发挥作用（图 8-22）。

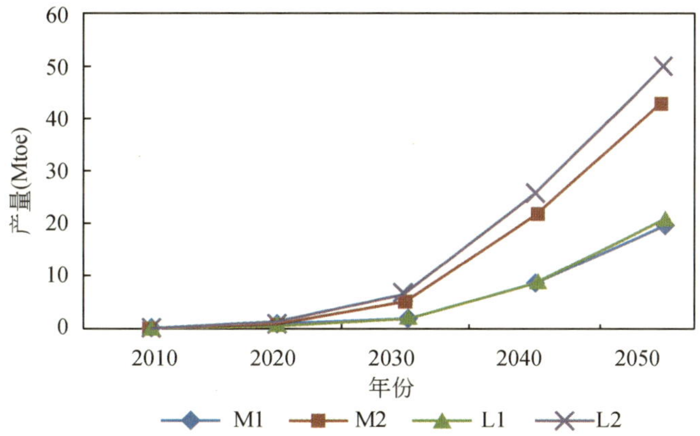

图 8-21　2 代生物液体燃料的产量

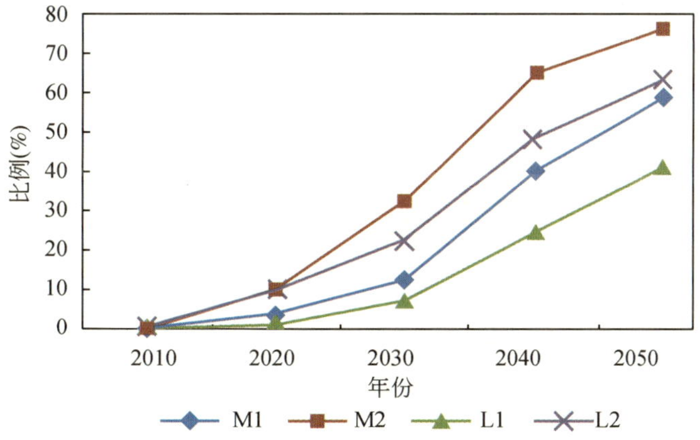

图 8-22　2 代生物液体燃料的比例（基于能值）

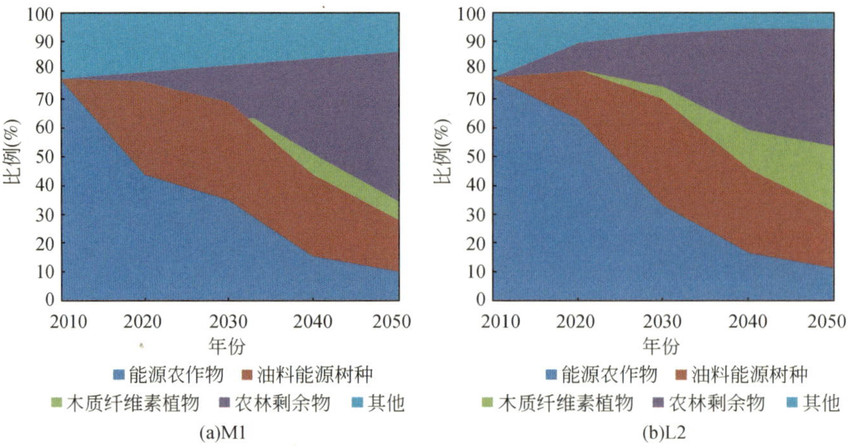

图 8-23　M1 和 L2 情景下的原料构成

8.5　结论和建议

8.5.1　主要结论

(1) 生物液体燃料 2050 年的车用燃料替代量为 32.4M ~ 79.7 Mtoe

情景分析表明，中国生物液体燃料 2050 年的车用燃料替代量为 32.4M ~ 79.7 Mtoe。生物液体燃料产量的增长，近期主要取决于非粮 1.5 代能源植物种植的技术扩散、原料成本的降低及相关的产业政策；中期主要取决于 2 代生物燃料技术创新突破及技术扩散；而远期取决于生物质的资源潜力及对应的市场潜力。

(2) 生物质资源量

中国农林业剩余物可收集量到 2050 年约为 11.87 亿 t，其中，可能源化利用量约为 5.35 亿 ~7.72 亿 t，而在考虑其他生物质能利用的前提下，可作为生物液体燃料原料的利用量约为 2.1 亿 ~4.46 亿 t；采用“直接当量法”估算，我国能源植物的资源潜力约为 17.29EJ。

(3) 生物燃料的燃料构成、技术构成和原料构成

燃料构成：用于替代汽油和替代柴油的不同生物液体燃料都具有长期发展潜力。由于生物柴油（包括 F-T 合成生物柴油）与已有交通基础设施兼容性高且市场需求高，生物柴油的比例将持续上升，在 2030 年后占 50% 以上。

技术构成：非粮 1.5 代燃料乙醇和生物柴油技术产生革命性技术变迁的可能性不大，可以通过渐进性的技术创新（incremental innovation），如提高能源作物产量、提高原料转化效率和解决废液、废物的综合利用等来降低成本。但是，市场化程度较高的能源作物，如木薯等，在中国不具备成本优势；而采用边际土地种植甜高粱和小桐子等能源作物又将要负担额外的土地开发成本。因此，在未来的 10 ~ 20 年内，原料成本将始终是困扰非粮 1.5 代生物燃料技术在我国规模化发展的主要问题。我们仍然需要期待 2 代生物燃料技术的突破性技术创新。从长期来看，非粮 1.5 代生物燃料技术是一种权宜性的替代燃料技术，整体趋势是在 2030 年后基本趋于稳定，增长率趋缓。其贡献主要体现在 2020 ~ 2040 年，这段时期恰恰是交通燃料，尤其是汽油和柴油需求快速增长的时期。2 代生物燃料技术的规模化发展将始于 2020 年到 2030 年期间，可以预期在更为长远的时间跨度内，它将作为重要的替代燃料发挥作用。

原料构成：不同情景下生物液体燃料的原料构成比例不同，总体趋势是由能源农作物生产的液体燃料比例逐渐降低，由油料能源树种生产的液体燃料在中期将占有较大比例，由农林业剩余物为原料生产的液体燃料在 2030 年后将占据重要地位，同时，由木质纤维素植物为原料生产的液体燃料也将在 2030 年后开始逐渐发挥作用。

（4）生物燃料技术研发和产业政策

从短期来看，中国谨慎的生物燃料发展政策具有一定的合理成分，但是为促进生物液体燃料发展，需要进一步的政策支持。

8.5.2 建议

1）2 代生物液体燃料技术将是未来发展的重心，具有重要的战略意义。中国应加强 2 代技术的研发投入，同时将技术支持扩展到千吨级和万吨级以上的技术研发示范项目；尽快制定符合技术发展现状的示范补助办法，并确保执行。

2）生物柴油在中国具有较大的发展潜力。废弃油脂产生物柴油无论在技术上还是产业上都较为成熟，需要尽早建立严格的废弃油脂回收管理体系；油料能源树种资源丰富，并且将在中期车用燃料替代中发展重要作用，需要加强政策支持力度；最后，可适度调高生物柴油 2020 年政策规划目标，引导和支持生物柴油在车用能源领域的利用。

3）非粮能源农作物、油料能源林和木质纤维素植物这三类能源植物，将分别在生物液体燃料发展的近期、中期和远期发挥重要作用。非粮能源农作物已有一定时间的技术研发积累，需要给予产业示范和推广方面的政策支持，制定政策以引导其合理、可持续发展；油料能源树种缺乏以能源生产为功能导向的育种和种植技术研究，需要在 10 ~ 15 年内加强技术积累和产业经验积累，争取构建适合我国国情的原料培育体系；木质纤维素植物的贡献主要体现在中远期，可适当提前布局，加强试点试验。

4）以废弃油脂和农林业剩余物为原料生产生物液体燃料，较少可持续性方面的争议，与现有产业政策和环境政策兼容程度高，在“少欠新账，多还旧账”的思路下，应考虑优先发展。

5）应加强宏观和微观层面的生物液体燃料影响分析。在宏观层面，加强生物液体燃料不同发展技术路线图下的经济承载力和环境承载力研究，探讨经济承载力与环境承载力的内涵、生物液体燃料发展与土地利用的合理边界、生物液体燃料发展与能源替代和温室气体减排之间的相互影响关系，加强“能源 - 经济 - 环境 - 土地”复杂系统的耦合研究；在微观层面，加强生物液体燃料的全生命周期能耗和碳排放研究，为制定生物液体燃料可持续标准做好准备。

附　录

附录 8-1　非种植类原料资源潜力预测的相关参数

参数	单位	2010 年	2020 年	2030 年	2040 年	2050 年
粮食产量	万 t	53 830	56 202①	58 439①	59 572①	59 703①
森林面积	万 hm^2	19 545. 22②	22 080③	23 040④	24 000④	24 960③
农业剩余物综合可收集系数	t/t	1	1	1	1	1
林业剩余物综合可收集系数	t/hm^2	2. 36	2. 36	2. 36	2. 36	2. 36
农林剩余物生物质发电装机⑤	万 kW	232	1 769	2 193	2 628	3 083
生物质固体成型颗粒	万 t	280	5 000	8 000	8 000	8 000
农林剩余物生物质集中供气	$10^3 m^3$	456 706	4 567 060	8 668 750	12 775 000	16 881 250

①数据源自中国农业科学院农业经济与发展研究所（2007）；②第七次森林资源清查数据；③国家林业局《应对气候变化林业行动计划》明确提出，未来我国林业应对气候变化的三个阶段性目标是，到 2010 年，全国森林覆盖率达到 20%；到 2020 年，全国森林覆盖率增加到 23%；到 2050 年，森林覆盖率达到并稳定在 26% 以上；④2020 ~ 2050 年森林覆盖面积的直线插值；⑤包括直燃发电、气化发电和 IGCC，2010 年装机容量未包括蔗渣发电

附录 8-2　关于我国边际土地相关研究的综述

边际土地类型	面积（万 hm^2）	相关研究综述
未利用土地中的宜农地	702①（304. 36 ~ 2 136）	1）中国可再生能源发展战略研究项目组（2008）基于国土资源部的《耕地后备资源调查评价》（温明炬和唐程杰，2005）得到未利用土地中的宜农地为 734. 4 万 hm^2 2）按照谢光辉等（2007），Ⅰ类边际土地的内涵应包括耕地后备资源及坡度在 15°以下的可以种植能源植物的荒山荒地，占总面积的 30%，即 2 136 万 hm^2 3）中国能源作物可持续发展战略研究编委会（2009）认为，考虑我国的退耕还林政策，以疏林地和灌木林地改作耕地不合适，因此选择使用国土资源部后备耕地数据作为基础；同时从保护生态的角度出发，沼泽地和芦苇地即使有开发耕地潜力，也不宜垦殖，因此扣除可开垦沼泽地和苇地，得到后备耕地资源潜力为 702 万 hm^2 4）Zhang 等（2010）基于 GIS 数据，综合考虑气候、土壤、地形和土地利用等因素，得到未利用土地上种植甜高粱的潜力仅为 78. 6 万 hm^2；本章作者综合这一结论与中国能源作物可持续发展战略研究编委会（2009）研究结论，得到未利用土地中宜农地最低值为 304. 36 万 hm^2 5）国土资源部最新的全国耕地后备资源状况调查（2011 年）显示，目前我国集中连片后备耕地为 734. 39 万 hm^2

续表

边际土地类型	面积（万 hm^2）	相关研究综述
未利用土地中的宜林地	3 736.06①（3 736.06 – 10 000）	6）吕文等（2008）认为中国有中轻度盐碱地、干旱半干旱沙地，以及矿山、油田复垦地等不适宜农耕的边际性土地近 1 亿 hm^2；我国油料能源林在未利用土地上的适生面积约为 2 400 万 hm^2 7）未利用土地中的宜林地的低值 = 可利用而尚未利用土地面积（温明炬和唐程杰，2005）–宜农后备土地面积（温明炬和唐程杰，2005b）–林地中的宜林地面积（国家林业局，2009）= 8 874 – 734.4 – 4 403.54 = 3 736.06（万 hm^2）
林地②中适合种植能源植物的土地（包括木本油料林和宜林地③，薪炭林和灌木林按照剩余物计算）	4 824.14①（4 296.3 ~ 6 047）	1）中国可再生能源发展战略研究项目组（2008）基于《2005：中国森林资源报告》得到我国油料林地为 343 万 hm^2，宜林后备土地 5 704万 hm^2，共 6 047 万 hm^2 2）谢光辉等（2007）认为该类土地主要包括适合于发展灌木能源林的坡度在 15°以上、25°以下的荒山荒地 3 285 万 hm^2，采伐迹地 251 万 hm^2 和火烧迹地 60 万 hm^2，以及适合于发展旱生灌木能源林的宜林沙荒地 700.3 万 hm^2，共 4 296.3 万 hm^2 6）吕文等（2008）给出我国油料能源林适生面积总量约为 3 600 万 hm^2，其中宜林地 1 200 万 hm^2 8）根据国家林业局 2009 年公布的《中国森林资源报告——第七次全国森林资源清查》数据，我国林地面积中有宜林地 4 403.54 万 hm^2；这一结论结合张希良和吕文（2008）所提到的 420.6 万 hm^2 的木本油料林面积，共得到 4 824.14 万 hm^2

续表

边际土地类型	面积（万 hm^2）	相关研究综述
耕地中适合种植能源植物的土地（耕地中适合种植能源植物的土地主要集中于非基本农田的非粮中低产田）	2 000① （0～2 091）	1）中国可再生能源发展战略研究项目组（2008）根据经验判断，认为我国 5 024 万 hm^2 低产农田中可设定 40%，约 2 000 万 hm^2 作为从事生物质原料生产的边际性农地 9）石元春（2011）为这一部分判断提供了较为科学的依据，他认为这一部分可以根据国土资源部 2009 年公布的《中国耕地质量等级调查与评定》来计算。国土资源部在这一调查中将全国耕地分为 15 等，1 等耕地质量最好，15 等最差，排在末三位 13～15 等的非粮地面积为 2 091 万 hm^2。这些耕地属于自然条件较差，产量低而不稳定的低等地
未分类宜能荒地	2 680	10）财政部《生物能源和生物化工原料基地补助资金管理暂行办法》（2007 年）所指原料基地应符合的条件有：“不得占用耕地或已规划用作农田的未利用土地”等 11）最为保守的观点是不得使用任何形式的已有耕地种植能源植物 12）农业部组织各级农村能源管理部门，以县为单位开展了《适宜种植能源作物边际土地资源调查评估》，调研范围为宜能荒地和宜能冬闲田。宜能荒地指适宜于开垦种植能源作物的天然草地、疏林地、灌木林和未利用地。调研得到全国各类宜能边际土地 3 420 万 hm^2，其中宜能荒地 2 680 万 hm^2，宜能冬闲田 740 万 hm^2（寇建平等，2008）；石元春（2011）也采用了 2 680 万 hm^2 这一数据
总计	11 262.2① （8 336.72～20 274）	

①本章所采用数值。②此处“林地”为《中华人民共和国森林法实施条例》中的林地概念，除包括郁闭度 0.2 以上的乔木林地以及竹林地、灌木林地、疏林地等外，还包括县级以上人民政府规划的宜林地，即宜林荒山荒地、宜林沙荒地和其他宜林地。③国家林业局 2003 年颁发的《森林资源规划设计调查主要技术规定》中指出：宜林地包括宜林荒山荒地、宜林沙荒地和其他宜林地。其中，宜林荒山荒地是指那些未达到有林地、疏林地、灌木林地、未成林造林地标准，经县级以上人民政府规划为林地的荒山、荒（海）滩、荒沟、荒地等；宜林沙荒地是指那些未达到有林地、疏林地、灌木林地、未成林造林地标准，造林可以成活，经县级以上人民政府规划为林地的固定或流动沙地（丘）、有明显沙化趋势的土地等

附录 8-3 生物液体燃料政策

生物燃料	阶段	主要政策	政策来源	适用范围
糖料及淀粉能源作物转化燃料乙醇	原料	调配车用乙醇汽油用变性燃料乙醇所使用的陈化粮享受陈化粮补贴政策	国家发展和改革委员会等部门，2004 年，《车用乙醇汽油扩大试点方案》和《车用乙醇汽油扩大试点工作实施细则》	仅限于国家批准的指定项目
		中央财政安排专项资金对符合条件的原料基地予以补助，补助标准为 180 元/亩	财政部，2007 年，《生物能源和生物化工原料基地补助资金管理暂行办法》	
	转化	减免用于调配车用乙醇汽油的变性燃料乙醇 5% 的消费税	国家发展和改革委员会等部门，2004 年，《车用乙醇汽油扩大试点方案》和《车用乙醇汽油扩大试点工作实施细则》 财政部和国家税务总局，2011 年，《关于调整变性燃料乙醇定点生产企业税收政策的通知》	仅限于国家批准的指定项目
		增值税先征后退	同上	仅限于国家批准的指定项目
		变性燃料乙醇生产和变性燃料乙醇在调配、销售过程中发生的亏损实行定额补贴	国家发展和改革委员会等部门，2004 年，《车用乙醇汽油扩大试点方案》和《车用乙醇汽油扩大试点工作实施细则》	仅限于国家批准的指定项目
		准入门槛	国家发展和改革委员会财政部，2006 年，《关于加强生物燃料乙醇项目建设管理，促进产业健康发展的通知》	
		生物能源和生物化工非粮引导奖励资金	财政部，2007，《生物能源和生物化工非粮引导奖励资金管理暂行办法》	尚未实施
	分销	标准	变性燃料乙醇国家标准（GB 18350－2001） 车用乙醇汽油国家标准（GB 18351－2001）	
		试点地区强制掺混比例规定为 10%	国家发展和改革委员会等部门，2004 年，《车用乙醇汽油扩大试点方案》和《车用乙醇汽油扩大试点工作实施细则》	仅限于国家批准的指定项目
		确定变性燃料乙醇生产企业与石油、石化企业的结算价格机制	同上（2011 年 3 月 1 日以前） 国家发展和改革委员会，2010 年，《关于调整燃料乙醇结算价格的通知》（2011 年 3 月 1 日起执行）	仅限于国家批准的指定项目
		确定车用乙醇汽油的零售价格机制	国家发展和改革委员会等部门，2004 年，《车用乙醇汽油扩大试点方案》和《车用乙醇汽油扩大试点工作实施细则》	仅限于国家批准的指定项目

续表

生物燃料	阶段	主要政策	政策来源	适用范围
油料能源植物转化生物柴油	原料	中央财政安排专项资金对符合条件的原料基地予以补助，补助标准为200元/亩	财政部，2007年，《生物能源和生物化工原料基地补助资金管理暂行办法》 国家林业局，2010年，《林业生物能源原料基地检查验收办法》	
		可持续发展指南	国家林业局，2011年，《能源林可持续培育指南》，《小桐子可持续培育指南》	
	转化	生物能源和生物化工非粮引导奖励资金	财政部，2007年，《生物能源和生物化工非粮引导奖励资金管理暂行办法》	尚未实施
	分销	标准	《柴油机燃料调和用生物柴油国家标准》（BD100）（GB/T 20828－2007） 《生物柴油调合燃料（B5）》标准（GB/T 25199－2010）	
		试点地区强制掺混比例规定为5%	海南省人民政府办公厅，2009年，《关于海南省生物柴油市场推广使用工作方案的通知》	仅限于海南省的示范项目
废弃油脂转化生物柴油	原料	收集	住房和城乡建设部等，2010年，《关于进一步加强城市生活垃圾处理工作的通知》	
	转化	增值税先征后退	财政部，2008年，《关于资源综合利用及其他产品增值税政策的通知》	
		减免所得税10%	财政部，2008年，《资源综合利用企业所得税优惠目录（2008年版）》	
		免除消费税	财政部和国家税务总局，2010年，《关于对利用废弃的动植物油生产纯生物柴油免征消费税的通知》	
	销售	标准	《柴油机燃料调和用生物柴油国家标准》（BD100）（GB/T 20828－2007） 《生物柴油调合燃料（B5）》标准（GB/T 25199－2010）	
2代生物燃料	原料	鼓励利用农林废弃物	国务院和国家发展和改革委员会，2011年，《产业结构调整指导目录（2011年本）》	
	转化	生物能源和生物化工非粮引导奖励资金	财政部，2007年，《生物能源和生物化工非粮引导奖励资金管理暂行办法》	尚未实施

参考文献

蔡亚庆，仇焕广，徐志刚，等. 2011. 中国各区域秸秆资源可能源化利用的潜力分析. 自然资源学报，26（10）：1637-1646.

常世彦等. 2009. 生物燃料资源潜力分析报告（林业篇）. 北京：清华大学中国车用能源研究中心.

范希峰，侯新村，左海清，等. 2010. 边际土地类型及移栽方式对柳枝稷苗期生长的影响. 草业科学，27（1）：97-102.

方佳，濮文辉，张慧坚. 2010. 国内外木薯产业发展近况. 中国农学通报，26（16）：353-361.

国家发展和改革委员会价格司. 2004. 全国农产品成本收益资料汇编. http：//www. npcs. gov. cn/web/Column. asp? ColumnId = 46&ScrollAction = 2［2011-12-02］.

国家发展和改革委员会价格司. 2010. 全国农产品成本收益资料汇编. 北京：中国统计出版社.

国家林业局. 2009. 中国森林资源报告——第七次全国森林资源清查. 北京：中国林业出版社.

国土资源部. 2008. 中国国土资源统计年鉴 2008. 北京：地质出版社.

侯新村，范希峰，武菊英，等. 2011. 京郊挖沙废弃地能源草生产潜力评价. 自然资源学报，26（10）：1768-1774.

黄洁等. 2008. 我国的木薯优势区域概述. 广西农业科学，39（1）：104-108.

靳胜英，孙守峰，宋爱萍，等. 2011. 我国非粮燃料乙醇的原料资源量分析. 中外能源，5：40-45.

科技部农村科技司等. 2009. 中国农产品加工业年鉴. 北京：中国农业出版社.

寇建平，毕于运，赵利欣，等. 2008. 中国宜能荒地资源调查与评价. 可再生能源，26（6）：3-9.

刘群，翟广伟，姜秉玺，等. 2011. 燃料//刘铁男. 中国能源发展报告 2011. 北京：经济科学出版社.

吕文. 2008. 森林能源资源及发展潜力分析//张希良，吕文. 中国森林能源. 北京：中国农业出版社.

日本能源学会. 2007. 生物质和生物能源手册. 史仲平，华兆哲译. 北京：化学工业出版社.

石元春. 2011. 中国生物质原料资源. 中国工程科学，13（2）：16-23.

田益农，卢赛清，付海天，等. 2010. 以木薯为原料的生物质能源在中国的发展潜力. 安徽农业科学，38（28）：15763-15766.

王国胜，吕文，刘金亮，等. 2006. 中国林木生物质能源资源培育与发展潜力调查. 中国林业产业，（1）：12-21.

王晓华. 2011. 当前我国林业生物柴油发展基本情况. 北京：2011 年生物柴油关键技术与产业发展研讨会.

王仲颖，任东明，高虎，等. 2010. 中国可再生能源产业发展报告 2009. 北京：化学工业出版社.

王仲颖，赵勇强，张正敏，等. 2010. 中国生物液体燃料发展战略与政策. 北京：化学工业出版社.

温明炬，唐程杰. 2005. 中国耕地后备资源. 北京：中国大地出版社.

肖明松，杨家象. 2006. 甜高粱茎秆固体发酵制取乙醇产业化示范工程. 农业工程学报，22：207-210.

谢光辉，郭兴强，王鑫，等. 2007. 能源作物资源现状与发展前景. 资源科学，29（5）：74-80.

谢光辉，韩东倩，王晓玉，等. 2011a. 中国禾谷类大田作物收获指数和秸秆系数. 中国农业大学学报，16（1）：1-8.

谢光辉，王晓玉，韩冬倩，等. 2011b. 中国非禾谷类大田作物收获指数和秸秆系数. 中国农业大学学报，16（1）：9-17.

谢光辉.2011. 能源植物分类及其转化作用. 中国农业大学学报，16（2）：1-7.

张迪，张凤荣，安莉萍，等.2004. 中国现阶段后备耕地资源经济供给能力分析. 资源科学，26（5）：46-52.

张希良，吕文.2008. 中国森林能源. 北京：中国农业出版社.

赵勇强，时璟丽，高虎，等.2011. 中国可再生能源发展状况、展望及政策措施建议. 可再生能源，33（4）：5-9.

中国科学院生物质资源领域战略研究组.2009. 中国至2050年生物质资源科技发展路线图. 北京：科学出版社

中国可再生能源发展战略研究项目组.2008. 中国可再生能源发展战略研究丛书综合卷. 北京：中国电力出版社.

中国可再生能源学会.2011. 中国新能源与可再生能源年鉴2010. 广州：中国科学院广州能源所.

中国能源作物可持续发展战略研究编委会.2009. 中国能源作物可持续发展战略研究. 北京：中国农业出版社.

中国农业科学院农业经济与发展研究所.2007. 中国农业政策分析与决策支持研究（下）. 北京：科学出版社.

中华人民共和国国家统计局.2011. 中国统计摘要2011. 北京：中国统计出版社.

Bauen A，Berndes G，Junginger M，et al. 2009. Bioenergy-A sustainable and reliable energy source：A review of status and prospects. IEA Bioenergy. http：//www. ieabioenergy. com/LibItem. aspx? id = 6479［2011-12-12］.

Bhattacharya S C，Abdul Salam P，Hu R Q，et al. 2005. An assessment of the potential for non-plantation biomass resources in selected Asian countries for 2010. Biomass and Bioenergy，29：153-166.

de Wit M P，Faaij A. 2010. European biomass resources potential and costs. Biomass and Bioenergy，34：188-202.

FAO. 2008. Bioenergy，food security and sustainabiligy：towards an international framework. High-level conference on world food security：the challenges of climate change and bioenergy. Rome. http：//www. fao. org/fileadmin/user_ upload/foodclimate/HLCdocs/HLC08-inf-3-E. pdf［2011-12-05］.

Haberl H，Bringer T，Bhattacharya S C，et al. 2010. The global technical potential of bio-energy in 2050 considering sustainability constraints. Current Opinion in Environmental Sustainability，2：394-403.

Hoogwijk M，et al. 2005. Potential of biomass energy out to 2100，for four IPCC SRES land-use scenarios. Biomass and Bioenergy，29：225-257.

IEA. 2008. Energy Technology Perspectives 2008：Scenarios & Strategies to 2050. Paris：OECD/IEA

IEA. 2010. Status of 2nd generation biofuels demonstration facilities in June 2010. Report T39 – P16. http：//www. ascension – publishing. com/BIZ/IEATask39：0610. pdf［2011-12-05］.

IEA. 2011. Technology roadmap：biofuels for transport. www. iea. org［2011-12-12］.

IPCC（Intergovernmental Panel on Climate Change）. 2011. Special Report on Renewable Energy Sources and Climate Change Mitigation. http：//srren. ipcc-wg3. de/［2011-12-15］.

Li J F，Hu R Q，Song Y Q，et al. 2005. Assessment of sustainable energy potential of non-plantation biomass resources in China. Biomass and Bioenergy，29：167-177.

Mogensen J. 2009. 中国 2010/2015 年纤维素乙醇生产成本 . //诺维信 . 纤维素乙醇在中国现状和展望 . 丹麦：诺维信 .

OFID/IIASA. 2009. Biofuels and food security：Implications of an accelerated biofuels production. http：//www. ofid. org/publications/PDF/biofuels_ book. pdf [2012-12-15] .

Ralph E H S，et al. 2010. An overview of second generation biofuel technologies. Bioresource Technology，101：1570-1580.

Sims R E H，Mabee W，Saddler J N，et al. 2009. An overview of second generation biofuel technologies. Bioresource Technology. Doi：10. 1016/j. biortech. 2009. 11. 046.

Smeets E M W，Faaij A PC，Lewandowski I M，et al. 2007. A bottom-up assessment and review of global bio-energy potentials to 2050. Progress in Energy and Combustion Science，33：56-106.

Zhang C X，Xie G D，Li S M，et al. 2010. The productive potentials of sweet sorghum ethanol in China. Applied Energy，87：2360-2368.

第9章 车用电力能源

电动汽车的研发目前已成为世界汽车工业发展的一个重要趋势。电动汽车作为一种新型用电负荷，其发展必然会对电网的运行和发展产生很大影响，同时也带来一些不可忽视的技术和经济问题。电动汽车充电对电网的影响有正负两方面（陈新琪等，2008；雷黎和刘权彬，2000；邹逸桥，2008）。正面影响是在低谷负荷时段对车用电池充电，可以减少电网峰谷差，提高电力系统各种设施的实际利用率，拓展终端电能消费市场。负面影响则是由于车用电池充电机属于非线性用电装置，会对供电系统产生谐波污染，导致其功率因数下降，对供电系统的电能质量带来不利影响；在用电高峰时充电，会加重供电系统的负担。因此，深入研究电动汽车和电力系统二者在发展过程中的相互影响，对于促进电动汽车发展、保障电力系统合理规划和发展具有重要的意义。

本章介绍了中国电力系统的发展现状及若干年份的情景预测，讨论了影响其发展的若干关键因素，从而为分析电动汽车在电力消费结构中允许的份额区间提供了基本限制参数，探讨了电能作为车用化石能源的替代能源的可能性，并对可行的技术路线进行了展望。

9.1 电力发展预测及电动汽车用能供需分析

9.1.1 中国电力现状及发展趋势分析

9.1.1.1 电源

中国发电总装机容量和发电量已经连续14年位居世界第二位。表9-1列出了2007～2010年中国的总装机容量、发电量及其增量。

表9-1 中国2007～2010年的总装机容量、发电量及其增量

年　份	2007	2008	2009	2010
总装机容量（MW）	713 290	792 530	873 948	962 190
装机净增容量（MW）	91 290	74 314	81 418	88 242
比上年增长的比例（%）	14.48	10.35	10.27	10.10
总发电量（亿kW·h）	32 559	34 334	36 639	42 280

资料来源：中国电力企业联合会，2011

截至2010年年底，全国装机容量达到96 219万kW，其中水电21 340万kW，占全国装机容量的22.2%，火电70 663万kW，占全国装机容量的73.4%，核电1082万kW，占全国装机容量的1.1%，风电3107万kW，占全国装机容量的3.2%。图9-1给出了2010年中国的装机容量组成情况。2010年，全国全口径发电量达到42 280亿kW·h，居世界第二位，其中水电6863亿kW·h，火电34 145亿kW·h，核电768亿kW·h，风电501亿kW·h，其他（含光伏发电）2.77亿kW·h。图9-2给出了2010年中国的发电量组成结构。

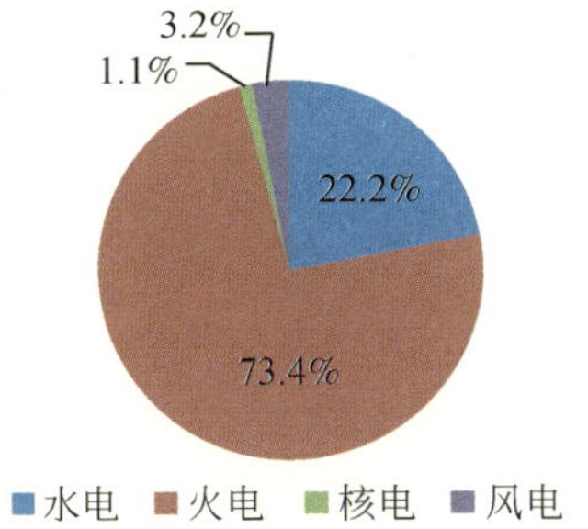

图9-1 中国2010年装机容量组成结构

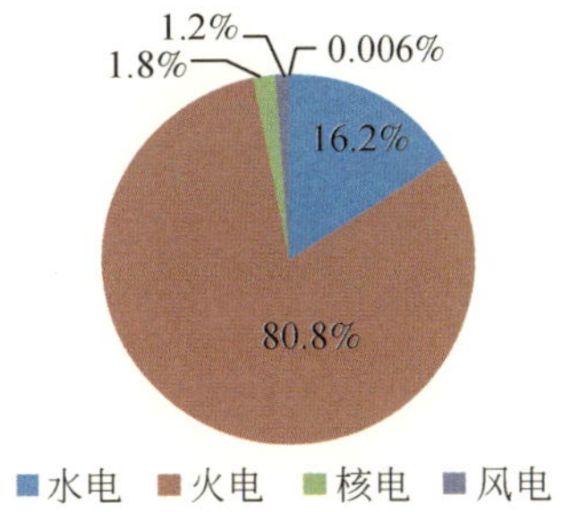

图9-2 中国2010年发电量组成结构

中国目前发电能源的特点是以煤电为主，水电占第二位，其他可再生能源比重很小，另外天然气和石油发电比重也极小。这符合中国“富煤、少油、少气”的基本国情，而且发电也是煤炭利用的最佳方式。

从发展趋势来看，中国发电能源结构持续优化，清洁能源发电比例持续提高。火电机组继续向大容量、高参数、环保型方向发展；水电装机比例有所提高，中国已成为世界上水电装机容量最大的国家；非化石能源发电装机容量所占比重加大。

但是，中国火电比重过高和部分地区水电及风电比重大的问题同时存在。虽然在2008年金融危机后中国发电供应能力比较充足，但是在各地区的结构不平衡问题突出。“三北”地区在冬季风电上网和市场消纳难度增大；2009年下半年，西南地区水电出力同比大幅下降，火电装机及其电煤供应无法弥补水电下降的缺口，供需矛盾比较突出。

9.1.1.2 电网

电网输变电设施方面，截止到2009年年底，全国220kV及以上输电线路回路长度39.94万km，比上年增长11.29%；220kV及以上变电设备容量17.62亿kV·A，比上年增长19.40%。其中500kV及以上交、直流电压等级的跨区、跨省和省内骨干电网规模增长较快，其回路长度和变电容量分别比2008年增长了16.64%和25.97%。目前，中国电网规模已超过美国，跃居世界首位。

从发展趋势来看，中国电网建设速度加快，规模进一步扩大，已形成由三峡外送、西电东送和全国各受端电网为骨干的全国六大区域电网，区域电网之间已实现不同规模和方式的互联。跨区电网规模加大、电压等级进一步提高，对资源进行更大范围优化配置的作用增强。

但是，中国电网输电能力偏低，网损较高，而且配电网建设相对滞后。目前，中国500kV长距离送电线路输送能力受暂稳极限限制，大部分在60万~100万kW，与国外先进水平相比尚存在约40万~80万kW的差距。2010年中国网损率为6.49%，高于世界先进水平约1~2个百分点，相当于每年多损耗电量370亿~650亿kW·h。在配电网环节，中国部分受端电网结构不尽完善、受电地区配电网供电距离过长，同时，高损耗变压器多以及无功补偿设备容量和调节能力不足的问题在部分地区仍然存在，影响供电能力和电压质量，线路损耗大。配电网建设速度相对输电网缓慢，加之配电网历史欠账较多，仍然存在“卡脖子”问题。因此，配电网仍是电网中的薄弱环节。

9.1.1.3 电力消费

2009年，中国全社会用电量为36 596亿kW·h，比2008年增长6.44%，增速提高0.95个百分点。其中第一、二、三产业和城乡居民用电量分别为940亿kW·h、27 137亿kW·h、3944亿kW·h和4575亿kW·h，分别比2008年增长6.90%、4.69%、12.74%和12.08%，占全社会用电量的比重分别为2.57%、74.15%、10.78%和12.50%，其组成比例如图9-3所示。中国工业用电量为26 755亿kW·h，比2008年增长4.60%，占中国全社会用电量的比重为73.11%，比2008年下降1.29个百分点；其中重工业用电量占工业用电量比重为82.67%，比2008年上升0.55个百分点。

图9-4给出了2009年美国的全社会用电量分类比例统计结果。

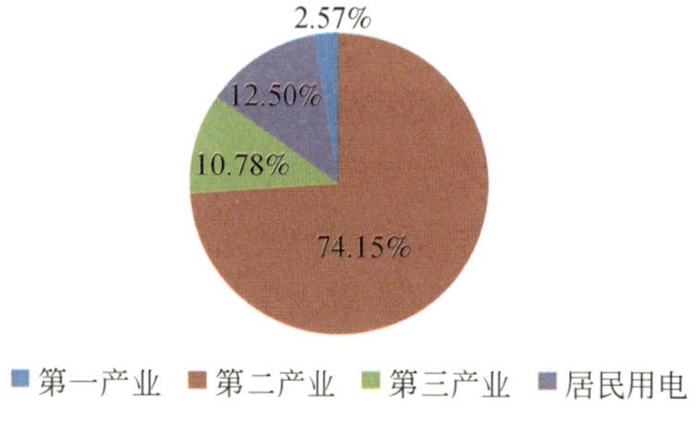

图9-3 中国2009年的全社会用电量分类比例统计

资料来源：中国电力企业联合会，2010

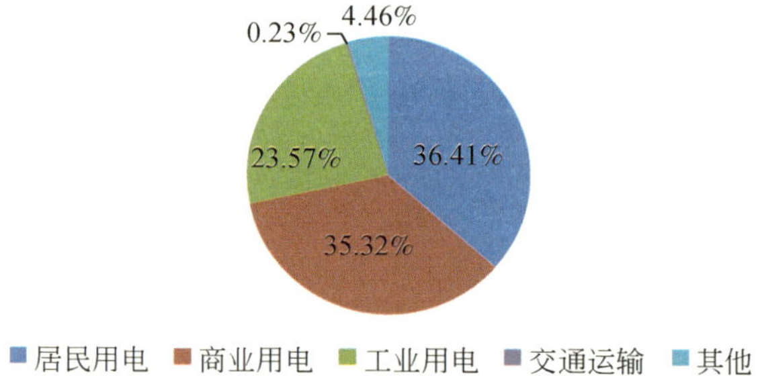

图9-4 美国2009年的全社会用电量分类比例统计

资料来源：U. S. Energy Information Administration，2009

对比图9-3和图9-4可知，中国的电力消费结构和美国有比较大的差别。中国的电力消费中工业用电达到了75%左右，占绝对优势，而美国的工业、商业和居民用电接近于各占1/3。

9.1.2　中国电力发展预测

9.1.2.1　电力系统发展面临的形势分析

随着智能电网概念的提出和快速推广，建设更加清洁、高效、安全、可靠、经济的新一代电网成为全球的技术趋势，欧美国家纷纷提出了各自的智能电网战略，中国也提出了“构建覆盖城乡的智能、高效、可靠的电网体系”的目标。智能电网是实施新的能源战略和优化能源资源配置的重要平台，涵盖发电、输电、变电、配电、用电和电力调度各环节，将广泛利用先进的信息技术和材料技术等新技术，实现清洁能源的大规模接入与利用，提高能源利用效率，确保安全、可靠、优质的电力供应。

气候变化和能源变革要求加强清洁能源的利用。随着经济社会高速发展，工业化和城市化快速推进，中国面临越来越大的节能减排压力。为积极应对气候变化，保证中国能源和电力可靠供应，实现电力工业与环境的可持续发展，满足经济社会快速发展的用电需求，也需要加强清洁能源的应用。同时应提高线路输送能力和运行控制的灵活性，加大资源优化配置能力和有效抵御各类严重故障的能力；适应各类电源、用户便捷接入和退出的需要，实现电源、电网和用户资源的协调互动。

新能源的快速发展，要求加强电网建设，提高电网的适应性和接纳能力，解决风能、太阳能等可再生能源发电的间歇性、不确定性问题，保证其大规模接入和远距离送出。

能源资源的不均衡分布决定了必须采用大范围的优化配置和能源基地的集约化开发。中国一次能源产地与主要电力消费地呈逆向分布的特点长期存在，随着国民经济的快速发展，能源产地与能源消费地区之间的远距离必然造成能源和电力跨区域的大规模调动。这决定了中国需要建设大容量、长距离的输电线路，将西部和北部地区的电力送往中部、东部和南部地区。因此，电力的远距离、大容量输送成为中国电力发展的持续需求。

土地资源日益紧张，对电网发展的要求进一步提高。随着国民经济的快速发展，未来中国土地资源将越发紧张，输电线路走廊空间减小，工程造价也将随之大幅度上涨。同时，社会发展对环境保护的要求也越来越高。为了节约宝贵的土地资源，减少输电线路走廊空间，降低输电损耗，减少能源输送浪费，降低能源输送成本，需要建设坚强的超/特高压输电网，发展大容量交、直流输电技术，普遍应用大截面导线、紧凑型线路、同塔多回路、大容量变压器、串联电容补偿等先进实用技术，从而实现电力工业的可持续发展。

9.1.2.2　电力系统中长期发展预测

纵观电力系统的发展历史，大体可分为三个阶段。第一个阶段是电力系统产生与兴起阶段，电网规模比较小，以孤立电网、城市电网为主，发电机组都是小型机组；第二个阶段是电力系统现代化工业阶段，以大机组、大电厂、大系统、高电压、资金密集、技术密集、高度信息化为主要特征；第三个阶段是电力系统可持续发展阶段，和谐、可持续发展成为发展目标，清洁化成为主要特征，传统发电方式追求清洁高效，新发电方式应用高新技术获得发电、环保、经济的综合效益，建立安全、经济、高效、清洁、低碳、灵活、智能和可持续发展的智能电网是这一阶段的重要目标。

根据中国工程院的《中国能源中长期（2030、2050）发展战略研究咨询项目综合报告》，能源短缺和电力短缺是我国未来的基本情况，控制能源消费、实施科学绿色低碳的能源战略成为必然选择。社会和环境的压力迫使我们不能按照电力技术自身的规律按部就班地发展，要实现国家的社会经济发展目标，必须实现电力工业的跨越式发展，利用高新技术来提高效率，放缓装机容量的增速。通过建模预测，中国发电装机容量的中长期预测结果如表 9-2 所示，分部门电力消费量预测结果如表 9-3 所示。

表 9-2　中国发电装机容量的中长期预测　　（单位：亿 kW）

年　份	2020	2030	2040	2050
煤电	7.23～7.62	6.34～6.70	6.01～7.11	6.09～6.80
油电	0.13	0.11～0.12	0.10～0.11	0.09～0.10
天然气发电	0.54～0.57	1.13～1.30	1.61～1.67	1.76～1.92
水电	2.81～2.95	4.25～4.51	4.75～4.85	4.80～4.89
核电	0.83～0.87	2.14～2.25	3.33～3.55	4.29～4.63
风电	1.46～1.54	2.96～3.16	3.74～4.17	4.10～4.88
太阳能发电	0.24～0.25	0.78～1.07	2.18～2.23	4.32～5.06
生物质发电	0.18	0.21～0.23	0.21～0.23	0.20～0.23
合计	13.41～14.11	17.93～19.34	21.99～23.85	25.82～28.35

资料来源：中国能源中长期发展战略研究项目组，2011

表 9-3　中国分部门电力消费量的中长期预测　（单位：10 亿 kW・h）

年　份	2020	2030	2040	2050
农业	144～157	176～208	194～250	208～280
工业	3 278～3 386	3 813～4 137	4 394～4 891	5 034～5 499
建筑业	52	52	54	55
服务业	808～909	1 244～1 257	1 618～1 634	1 860～1 880
城市	462～508	740～846	903～1 066	1 047～1 257
农村	254	326	369～379	391～416
交通	59	186	279	344
电力	571～605	752～808	908～993	1 048～1 135
合计	5 627～ 5 929	7 304～7 809	8 744～9 519	10 033～10 823

资料来源：中国能源中长期发展战略研究项目组，2011

9.1.3　电动汽车用能的供需平衡分析

根据表 9-2 中给出的中国发电装机容量预测和本书第 12 章“车用能源发展情景”中参考情景和综合政策情景对中国电动汽车保有量的预测，可以计算出参考情景和综合政策情景的电动汽车用能总量，如表 9-4 所示。

表 9-4　电动汽车用电能量的中长期预测　　（单位：亿 kW·h）

年份	2020	2030	2040	2050
参考情景	215	361	515	644
综合政策情景	535	1 240	2 220	2 926

对比表 9-3 和表 9-4 的数据可以发现，在预测模型提供的情景下，电动汽车的电能消费总量很小，对电力供需平衡不产生显著的影响。

9.2　电动汽车电能补充方式比较及对充电功率的需求

9.2.1　三种典型的电能补充方式

典型的车用电池的充电电路如图 9-5 所示。

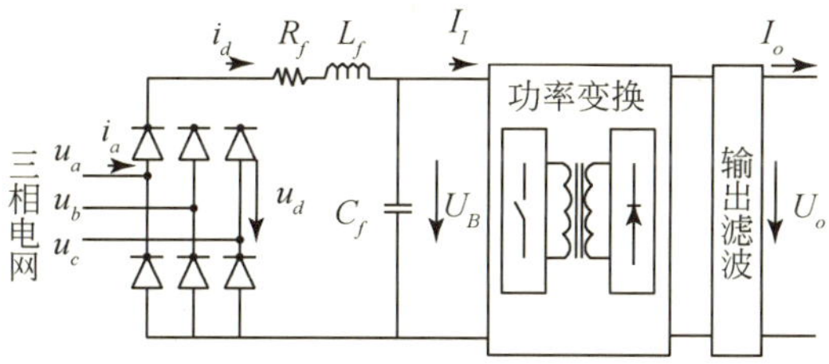

图 9-5　车用电池充电的电路示意图

图 9-5 中，u_a、u_b、u_c 为电源三相相电压；i_a 为 a 相充电电源；i_d 为整流后的直流侧电流；R_f、L_f、C_f 为滤波电感、电容参数；I_I 为滤波后功率变换器的输入电流；U_B 为功率变换器的输入电压；U_o、I_o 是实际输出的充电电压和充电电流。以电力电子技术的目前发展水平来说，要实现这样一个充电电路并对其进行控制是不难做到的（张允等，2011）。因此决定电动汽车电能补充方式的因素是充电设备以外的其他原因。

目前世界各国电动汽车发展普遍采用的三种电能补充方式是小电流的常规充电、大电流的快速充电和电池更换（也称机械充电）（尹华军和王珂，2010）。

9.2.1.1 常规充电

常规充电的充电电流通常较小，大小约为0.1C。常规充电一般采用分段式恒压恒流充电，根据电池容量大小，充电时间一般为5～8h，较长的达到10～20h。

常规充电使用的充电机可以车载也可以由外部基础设施提供。若使用车载充电机，如图9-6所示，基础设施建设成本较低，因为只需要提供交流电接口，而用于对电池进行充电的交流/直流变换装置由汽车生产商随车提供，因此也称为交流充电。车载充电机通常体积较小，功率为3～5kW，一般适用于电池容量较小的小型电动汽车。若交流/直流变换装置安装在充电桩或充电站上，即非车载方式，如图9-7所示，提供给车辆的已经是直流电源，直接对电池进行充电，则称为直流充电。非车载充电装置的功率可以做得较大，通常用于电池容量较大的大中型电动汽车（图9-8）。

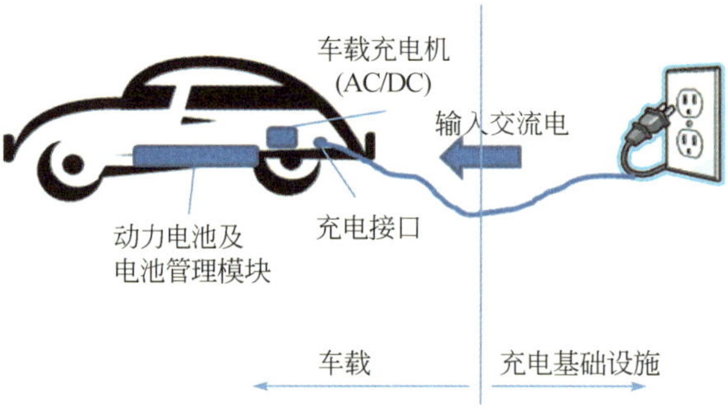

图9-6 带有车载充电机的常规充电

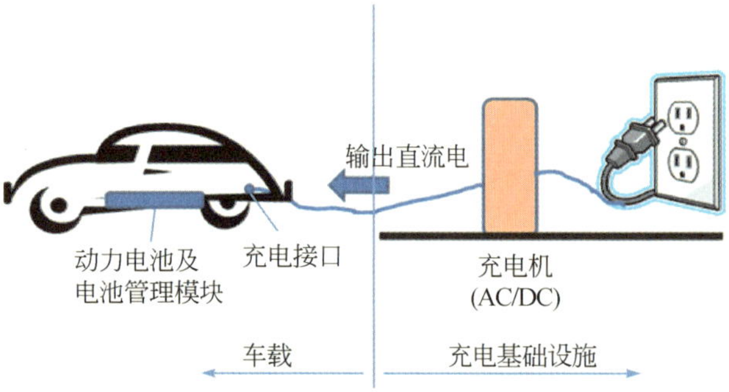

图9-7 非车载充电机的场站常规充电

图9-8 采用非车载充电机的电动公交车

常规充电的特点为：充电电流和充电功率都比较低，对电池寿命影响较小，对电网冲击也比较小；可充分利用电力低谷时段进行充电，降低充电成本。主要缺点是充电时间较长，需要占用一个停车位进行充电；当车辆有紧急充电需求时难以满足。

9.2.1.2　快速充电

常规充电模式需要的时间较长，给电动汽车的实际使用带来许多限制和不便。电池快速充电技术的出现，为纯电动汽车的商业化提供了有力支持。如图 9-9 所示，快速充电是在电动汽车停车的 20min ~ 2h 内，以较大电流为其提供短时快速充电服务，一般充电电流为 150 ~ 400 A。例如法国波尔多市普及应用的快速充电机能够在 25min 内为中型厢式电动货车充电至 90% 的电池容量。

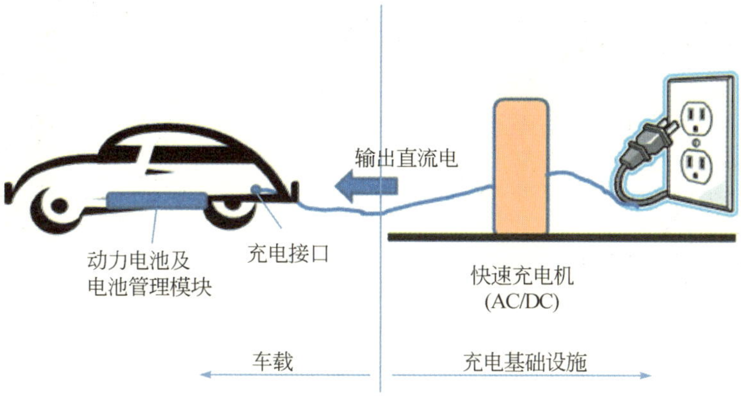

图 9-9　快速充电

为在电池充电过程中实现去极化处理，目前较常采用的快速充电方式是脉冲快速充电。需要指出的是，脉冲快速充电方式的许多优势是以选择合理的脉冲充电参数为前提的。实际应用中往往由于对充电规律掌握不够，造成充电电流的调控不够合理，以至无法体现脉冲充电的优势，甚至会产生电池损坏等副作用。

目前，快速充电模式推广应用的主要难点如下。

1）快速充电对电池寿命影响较大；

2）由于电动汽车用电池标准化程度较低，使得与电池相匹配的快速充电装置通用性差；

3）快速充电装置的成本显著高于用小电流恒流或恒压充电的常规充电装置，其操作和维护也需要专门的技术人员；

4）快速充电装置工作时，输出电流会发生剧烈变化，其峰值能达到数百安培，而且电流上升沿/下降沿时间不超过一分钟，这样的电流变化对电网造成的冲击和充电时的电能大功率输出给电网增加的负荷是很可观的，尤其是大量电动汽车在相近时段内密集进行快速充电时，负荷总量将给电网的稳定性和承载力带来严峻考验。

因此，快速充电适用于有较完备技术保障的专用充电站，定位为对常规充电的补充，以满足应急之需。

9.2.1.3 快速更换电池组

快速更换电池组又称为“换电”，是通过直接用充好电的电池组更换车辆上能量已经耗尽的电池组来达到为电动汽车“充电”的目的。由于电池组重量较大，更换电池的专业化要求较强，需配备专业人员借助专业设备来实现电池的维护和快速更换。服务于2008年北京奥运会的电动公交车即采用这种电能补充方式，如图9-10所示。

图9-10 北京奥运电动公交车充电站电池组更换车间

换电方式具有如下优点：电动汽车用户可租用可更换的蓄电池组，降低了电动汽车的初次购置成本；电能补充速度快；对更换下来的蓄电池组可以利用用电低谷时段进行充电，降低了充电成本；便于对电池进行专业的充电和维护，有利于提高电池的寿命；拥有大量电池组的换电站还可以作为储能电站参与电网调频、调峰或调节可再生能源的功率波动。

应用这种方式面临的几个主要问题有：车用电池的标准化和系列化；与电动汽车发展同步的电池性能改进；换电站的区域建设和联网管理；标准化电池的流通管理；准确的电池能量管理；电池质量的定量评价，合理的商业运营模式等。

9.2.1.4 电动汽车电能补充方式比较

电动汽车的能量补充方式需要根据未来电动汽车的目标市场定位，结合电动汽车的运营方式和技术特点进行设计和选择。

对于一次充电就可满足全天行驶要求的车辆（如城市环卫、工程车等），可在夜间停驶时段对其进行常规充电；对于一次充电不能满足全天行驶需要的（如公交车、景区用车、出租车等），则应配合快速充电或换电方式，满足其行驶需求。

私家车、政府公务车和企业公务车虽然出行线路也存在一定的不确定性，但由于其夜间基本停驶，因此可以充分利用用电低谷时段对其进行充电，如在居民区、单位停车场建设相应的充电站。

选择充电模式时，还应考虑电动汽车不同发展时期的需求。在电动汽车发展初期，可在公共停车场（停车位）或小区停车场建设无人值守的常规充电设施（充电机、充电桩）或快速充电站。电动车辆用户通过刷卡方式就可完成快速充电或预约时段充电，满足用户使用要求。随着电动汽车产业化的推进和电池的标准化，可以建立较大规模的快速充电站，充电站集成了快速充电和快速更换电池服务，可满足不同用户的大量需求。

上述三种电能补充方式各有优缺点，今后的发展将是一个并行前进的过程（夏德建，2010；张树伟，2010）。其中，无论从电池维护的角度还是从充电对电网产生的影响角度看，换电方式最为理想，但是由于其涉及整个汽车工业模块化生产流程的重整，采用这一方式的“启动”难度也最大。

9.2.2　不同电能补充方式的功率需求

不同的充电模式对电网产生的瞬时功率需求差异非常大，表9-5给出了即将实施的“电动汽车传导式充电接口”标准中规定的不同充电方式供电设备额定值。

表9-5　不同充电方式的供电设备额定值

充电方式	额定电压（V）	额定电流（A）	备注
1	220（AC）	16	使用符合国标2009.1要求的额定电流不小于16A的标准插头插座连接交流电网
2		32	通过特定的供电设备为电动汽车提供交流电源
3	400/750（DC）	125	通过非车载充电机对电动汽车进行充电
		250	
		400	

注：①在供电设备一侧应安装漏电流保护装置；②公共场所提供的交流供电设备应满足充电方式2的要求

根据表9-2中给出的中国发电装机容量预测和本节第12章“车用能源发展情景分析”中参考情景和综合政策情景对中国电动汽车保有量的预测，可以计算出不同充电模式的功率需求，从而更直观地认识不同充电模式对电网带来的功率冲击程度的大小。计算结果如表9-6所示。假设交流充电（慢充）的同时系数（factor of simutaneous charging，FSC）为80%，直流充电（快充）的同时系数为20%。

由表9-6可以看出：在电动汽车不被重点发展的参考情景中，到2015年电动汽车采用直流快速充电方式所需的功率最大将达到中国同期电力系统总装机容量的16.4%。而参考情景下汽车对化石能源的需求总量状态是不可持续发展的，从能源安全和环境安全角度考虑，都要求中国未来要大规模推广乘用车电动化，也就是综合政策情景中对电动汽车保有量的预测。可以看出即使采用慢充方式，到2020年电动汽车的充电功率需求也会达到届时发电总装机容量的21.9%左右。因此必须采用适当的技术和政策对电动汽车的充电方式和充电时间加以引导，以实现有序充电。

表 9-6 不同充电方式的功率需求预测

年份					2010	2015	2020	2030	2040	2050
全国发电装机容量（亿 kW）					9.5	13.5	14.1	19.4	23.9	28.4
参考情景	电动汽车保有量（万辆）				0.0	370.0	850.0	1 102.0	1 356.0	1 504.0
	不同充电模式的功率需求与同期发电装机容量的比例（%）	1	220V AC	16A	0.0	0.8	1.7	1.6	1.6	1.5
		2	220V AC	32A	0.0	1.5	3.4	3.2	3.2	3.0
		3	400V DC	125A	0.0	2.7	6.0	5.7	5.7	5.3
				250A	0.0	5.5	12.1	11.4	11.3	10.6
				400A	0.0	8.8	19.3	18.2	18.2	16.9
			750V DC	125A	0.0	1.2	11.3	10.7	10.6	9.9
				250A	0.0	10.3	22.6	21.3	21.3	19.9
				400A	0.0	16.4	36.2	34.1	34.0	31.8
综合政策情景	电动汽车保有量（万辆）				0.0	258.0	515.0	5 116.0	15 658.0	27 364.0
	不同充电模式的功率需求与同期发电装机容量的比例（%）	1	220V AC	16A	0.0	0.5	1.0	7.4	18.4	27.1
		2	220V AC	32A	0.0	1.1	2.1	14.9	36.9	54.3
		3	400V DC	125A	0.0	1.9	3.7	26.4	65.5	96.4
				250A	0.0	3.8	7.3	52.7	131.0	192.7
				400A	0.0	6.1	11.7	84.4	209.6	308.3
			750V DC	125A	0.0	3.6	6.8	49.4	122.8	180.7
				250A	0.0	7.2	13.7	98.9	245.7	361.3
				400A	0.0	11.5	21.9	158.2	393.1	578.1

注：各种方式下的充电功率为充电功率 $P = V \times I \times \mathrm{FSC} \times$ 电动汽车保有量，其中 V 为充电电压，I 为充电电流

9.3 电动汽车与电网的相互影响及协调发展

9.3.1 由充电引起的电能质量问题

大功率纯电动汽车充电机的一般结构如图 9-5 所示，三相电网输入交流电，经过三相桥式不可控整流电路整流变成直流电，滤波后提供给高频 DC-DC 功率变换器，功率变换器经过 DC-DC 变换输出需要的直流电，再次滤波后为纯电动汽车动力蓄电池充电。

充电机本质上是一个整流负荷，因此它产生的最主要电能质量问题是谐波（卢艳霞和张秀敏，2006；黄少芳，2008；陈新琪等，2008）。充电站（机）在工作时产生的大量电流谐波注入电网，对电网造成污染，产生诸多危害。

1）对电费计量系统：将谐波电流计为有功电流，造成用户多支出电费。

2）对计算机等精密电子设备：较高的谐波可导致控制设备误动作，进而造成生产或运行中断。

3）对变压器：谐波电流可导致铜耗和杂散损耗增加，谐波电压则会增加铁耗，加剧变压器的发热，而且谐波也会导致变压器噪声增加。

4）对电力电缆：导致电缆线损增加。

5）对发动机和电动机：机械振动会受到谐波电流和基波频率磁场的影响，如果机械谐振频率与电气励磁频率重合，可诱发共振而产生很高的机械应力，导致机械存在受损的危险。

6）对控制和通信设备：电压谐波畸变可导致控制系统对电压过零点与电压位置点的判断错误，使控制系统失控。而电力与通信线路之间的感性或容性耦合亦可造成对通信设备的干扰。

7）对开关和继电保护：导致电子保护式低压断路器的固态跳脱装置不正常跳闸，电网上一般的谐波很可能对由序分量滤波器组成启动元件的保护及自动装置产生干扰。

8）对功率因数补偿电容器：谐波引起的发热和电压增加会导致电容器使用寿命缩短。谐波引起的电网中局部的并联谐振和串联谐振将导致谐波电压和电流会明显高于无谐振情况下出现的谐波电压和电流。

基于谐波的上述危害，在充电站必须采取措施抑制谐波。谐波的抑制效果必须满足国家标准《电能质量公用电网谐波》（GB/T 14549 -93）。

以 MATLAB/Simulink 软件作为仿真平台，分别对单台充电机和多台充电机充电过程进行仿真。单台充电机仿真模型如图 9-11 所示，电池采用分阶段式常规充电（先恒流充电，再恒压充电）。仿真模型中供电电源、变压器、整流器等模块的参数设置以北京奥运电动公交车充电站的设备参数为依据。

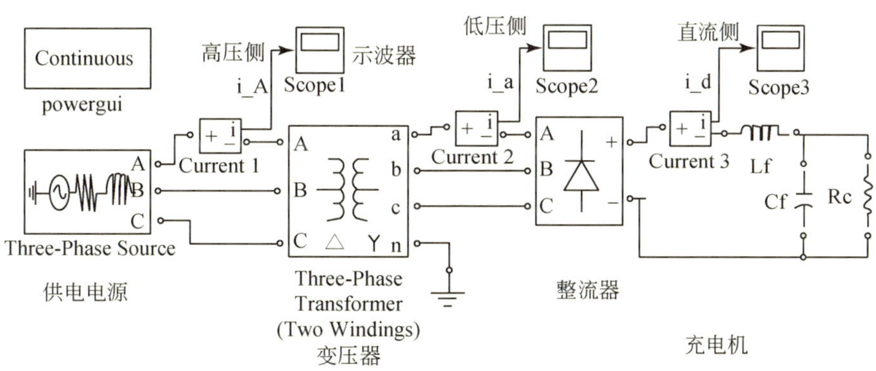

图 9-11 充电站（含单台充电机）的 MATLAB 模型

（1）单台充电机的仿真分析

通过运行单台充电机仿真模型，分析仿真结果得到以下结论。

1）电网侧谐波次数主要为 6k ±1 次（k =1，2，3，…），即 5，7，11，13，…；谐波次数越高，谐波幅值越小。

2）负载侧谐波次数主要为 6k 次（k =1，2，…），即 6，12，…；谐波次数越高，谐波幅值越小。

3）整个充电过程中，不同时刻系统侧 5、7 次谐波含量分布大致相同，5、7 次谐波与基波最大百分比均出现在恒流充电向恒压充电方式转换时刻。

4）整个充电过程中，11 次谐波与基波百分比最大值出现在恒压充电阶段，13 次谐波与基波百分比没有明显突出，恒流充电阶段较大。

5）当电压和负载等效电阻一定时，滤波电感越大，越有助于减小谐波电流和总谐波失真（total harmonicdis tortion，THD），这是因为串联电感抑制冲击电流从而抑制了交流电流的畸变。

6）当变压器接线方式从△ - Y 变为△ - △时，系统侧谐波含量略有增大。因为△ - Y 或 Y - △联结可消除 3 的倍数次的高次谐波。

在整个充电过程中，各次谐波含量及其与基波的比值是变化的。负载等效阻值越小，谐波电流有效值越大。各次谐波的变化规律也不完全相同。在恒流充电模式下，谐波含量基本不变；在恒压充电的初期，低次谐波含量会有明显增大；后期随着充电电流的减小，谐波含量又逐渐降低。

（2）多台充电机的仿真分析

将单台充电机的模型进行封装，然后随机设置其中充电机等效的非线性电阻的数值，就可以模拟充电站多台充电机不同时充电的情形。得到结论如下。

1）多台充电机同时充电时，电网侧谐波次数仍然主要为 5、7、11、13，随着谐波频率增加，谐波有效值减小。

2）多台充电机同时充电时，在干线上会发生谐波电流相互抵消现象，使得各次谐波电流虽然数值有所增加，但小于各台充电机产生的各次谐波电流之代数和，所以各次谐波与基波百分比呈现随台数增多下降的趋势。

综合比较单台充电机工作和充电站多台充电机工作时产生谐波的情况，并结合仿真的结果，对充电站的设备选择提出如下建议。

1）在其他条件不变的情况下，充电站的进线变压器由低一级的电压等级的电源供电更好，可以在满足国家谐波标准的前提下带更多的充电机。

2）多台充电机充电时，各次谐波电流虽然数值有所增加，但并不是各台充电机自身产生各次谐波电流的代数和。因此在装设谐波抑制装置时，建议在全部充电回路的总出线端安装。

3）在经济条件和电源容量允许的情况下，单台充电机的功率应选得大一些。

4）充电站还应采用距离较近的上级电源供电；充电站配电变压器采用 Dyn11 接线方式也有助于抑制 3 次谐波。

9.3.2 电动汽车双向能量转换技术

目前，电网峰谷差扩大及调峰容量不足已经成为电网运行的一个基本状况，各大电网的平均峰谷差率已经达到60%上。随着地区经济的发展，电网峰谷差率还将增大。除了常规的调峰手段，如何利用需求侧管理，将用户纳入电网的调峰运行中来是一个新的技术趋势和研究方向。电动汽车的大发展，为电网的“填谷”也提供了一种新的可能。

若采用适当的与电网连接的技术和控制方法，完全可以让未来数量众多的电动汽车成为一群分布式电源，它们可以向电网送入电能，满足电网的应急之需，提高电网运行的可靠性（杨健等，2010）。实现这种可能的技术就是车网互动（vehicle to grid，V2G）。V2G最早是在1997年由美国特拉华大学（University of Delaware）的教授Kempton和Latendre提出的（Kempton and Latendre，1997）。V2G描述了电动汽车与电网的关系，当电动汽车不使用时，车载电池的电能可销售给电网，如果车载电池需要充电，电流则由电网流向车辆。在V2G的概念中实现了电网与电动汽车的能量双向流动。而要实现能量交互的良好控制，还必须具备信息的双向沟通。V2G技术能满足电动汽车产业化和智能电网发展的双重要求，是二者协调发展的理想模式。

专栏9-1 三种电动汽车能量转换模式

（1）单向无序电能供给（V0G模式）

V0G（vehicles plug-in without logic/control）模式：电动汽车即接入电网即充电。V0G是目前电动汽车最常见的充电方式，电动汽车作为普通用电设备接入电网，如电动公交车、高尔夫车、机场摆渡车等。这种模式的充电设备主要采用单向变流技术，目前技术装备已经成熟，国内外已经建成一些公共充电设施，如北京奥运会电动汽车充电站。

这种模式存在的问题是电动汽车充电作为大功率用电负荷无约束的使用，反而可能会增大电网的高峰负荷。

（2）单向有序电能供给（TC及V1G模式）

TC（timed charging）模式：时间控制方式，电动汽车在给定的时刻开始充电。TC模式考虑到了电动汽车在电网负荷高峰时段充电对电网的影响，通过控制开始充电时间来实现错峰充电，能够使用户享受到利用谷电的经济效益。但是其控制方式简单，未能实现根据实时电价或电网峰谷状态灵活地控制充电过程。这种模式的充电设备仍然主要采用单向变流技术，但不需要与电网进行实时通信，目前技术装备已经成熟，处于示范运行阶段。

V1G（vehicles plug-in with logic/control regulated charge）模式：电动汽车充电受电网控制方式，电动汽车与电网进行实时通信，可在电网允许时刻进行充电，能够优化充电安排，提高电网效率，但不能向电网反馈送电。

（3）双向有序电能供给（V2G模式）

V2G（vehicle to grid，vehicles plug-in with logic/control regulated charge/discharge）模式：电动汽车与电网的能量管理系统通信，并受其控制，实现电动汽车与电网间的能量交换（充、放电）。此种方式下，电动汽车可以作为电能存储设备、备用电源设备来使用。

目前V2G模式还处于试验示范阶段，仍需研究技术可靠、成本低廉的满足V2G商业化运行的双向变流及通信装备，同时支持V2G模式的电网智能化水平以及电力市场环境还不具备，一方面需要先进的电网通信与调度、控制与保护技术配合，另一方面需要峰谷电价政策以及电动汽车接入电网提供调峰调频、负荷调整、需求响应等有偿服务政策的支持。

V2G技术的提出，主要基于以下技术背景。

1）电力系统目前仍不能实现有效的大容量电能存储，因此，发电机和输电网都要为适应负荷的随时波动而实时调控。

2）汽车的动力系统为了适应交通路况的多变性而留有很大的容量裕度，平均容量系数大约为57%。

3）家用车辆的使用时间比例很低，一般只有5%～10%（即每天行驶2h左右），90%左右的时段都处于空闲状态。

因此，当电动汽车发展到适度规模后，电动汽车有充分的容量和空闲时间作为一种新型的储能设备参与电力系统运行。这种“兼职”的储能设备，作为负荷中心的就地补充电源，没有输电损耗，节能环保，对电网具有削峰填谷的作用，有效提高了电动汽车电池的利用率。当然，考虑到汽车的主要功能是作为交通工具，电动汽车通过V2G技术参与电力市场的定位应为高价值、短时段的峰荷电力供应，而非基础负荷电力供应。

V2G的典型运行模式如图9-12所示。首先需要通过GPS对汽车进行定位，从而了解电网中汽车的分布情况。然后，电网运行人员通过互联网、无线通信等方式将电力命令传递给电动汽车，电动汽车则根据实时的电力命令进行响应。电动汽车可以通过各种通信方式与系统运行人员、汇集器或电力公司进行沟通。图中“$”表示在这种运行模式中，电动汽车充电或提供电能的费用信息也都可以通过网络进行结算。

V2G技术的几个关键问题如下。

1）不同类型的电动汽车对电网发挥的作用是不一样的。纯电池驱动的电动汽车总的来说仍然只能是一个纯负荷，因为它能发出的能量永远不可能大于它被充入的能量；而混合动力或燃料电池驱动的电动汽车则可以作为一个小型发电机为电网提供能量，它们自身

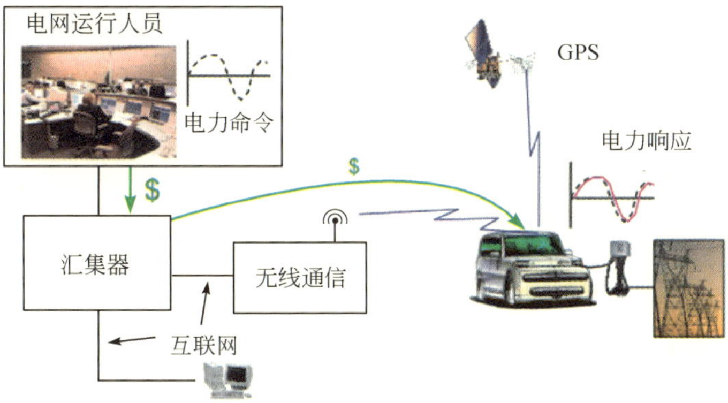

图 9-12　V2G 的运行模式

有能力将其他形式的能量转化为电能；而只要是插电式（plug-in）的电动汽车就可以用来吸收可再生能源发出的电网接纳不了的多余的能量。

2）电动汽车电池的单位造价与电力系统储能（如抽水蓄能）的单位造价相比，要具有明显的价格优势，电网才有意向从电动汽车用户那里买电；从另一方面说，综合考虑电池的使用寿命等因素，电网买电的价格也要有竞争力，用户才愿意卖电。

3）电动汽车电池的总容量要达到一定规模，才可以为区域配电网提供有效支撑。

4）需要采用高级电能计量技术（advanced measurement interface，AMI）。与一般的负荷不同，采用了 V2G 技术与电网相连的电动汽车与电网之间的能量是双向流动的，因此需要有先进、简便的电能计量技术。图 9-13 是 Kempton 提出的一种电能计量界面。

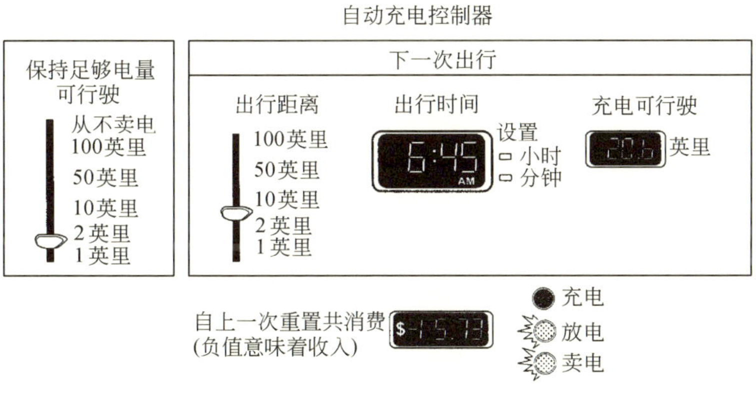

图 9-13　V2G 技术中电动汽车的电能计量界面

注：此为估计值。满载或山区路况时可行驶里程将缩短

目前，V2G 面临的技术难点主要体现在以下几个方面。

1）电池循环使用次数有限，向电网售电成本高。

2）缺乏充电站/充电桩等基础设施的支持。

3）由于电动汽车电池是直流电，给电网供电还需要进行变换和升压，基础设施建设成本大。

4）电动汽车数量多、分布广，如何对这种大规模的小电源进行协调管理。

5）谐波及其他电能质量问题。

根据中国电力企业联合会发布的数据，到 2009 年年底，中国各类发电设备的总装机容量是 0.894TW，而到 2009 年年底中国各类汽车的保有量约 7619 万辆。如果每辆车发动机功率计为 100hp 即 73.5kW［Kempton 取的美国汽车的平均功率为 125hp 即 93kW（Kempton and Latendre，1997）］，则所有汽车发动机拥有的功率为 5.6TW，约为同时期发电装机容量的 6 倍还多。由此可见，哪怕是 1% 的汽车实现电动化，如果都采用 V2G 技术与电网互联，也会对电网产生巨大的作用。

9.4　支撑电动汽车发展的电网基础设施及技术标准

9.4.1　基础设施建设与电力系统升级改造

和日本、法国类似，中国的电动汽车充电基础设施主要也是由中国最主要的电力运营商——国家电网公司和中国南方电网有限责任公司（简称南方电网公司）负责建设。

国家电网公司 2010 年在全国 27 个城市建立了 75 座充电站和 6209 个充电桩。截至 2010 年年底，国家电网公司共建成并投入运行 87 座充换电站、5179 台充电机和 7031 个交流充电桩，充换电服务网络已初步形成。至 2010 年年底，中国投入运行的充换电设备数量居世界首位。国家电网公司已将电动汽车充换电站的基本商业模式确定为“换电为主、插电为辅、集中充电、统一配送”。国家电网公司还加强充换电设施标准及技术研究，承担（参与）了 12 项国家标准和 13 项行业标准编制，制定了 9 项企业标准，完成了 4 款电池更换设备研发，申请发明专利 38 项、实用新型专利 31 项、外观设计专利 11 项。

国家电网公司 2011 年初在浙江建成了中国首个电动汽车智能充换电服务网络，也是国际上首个实现城际互联的电动汽车智能充换电服务网络。示范工程采用“换电为主，插充为辅”的电能供给模式，融合智能电网技术、物联网技术和现代物流技术，将浙江杭州、金华、宁波等地的 14 座电动汽车充（换）电站，以及全省 11 个地区的 500 个交流充电桩成功互联到一起，形成了以“集中充电，统一配送，灵活换电，广域覆盖，里程计费，专业运营”为运营方式的智能充换电服务网络。

采用换电这种电能补充方式有如下优点。

1）电池由电网公司等运营商提供，既降低了电动汽车购置成本，提高了其市场竞争力，又省去了消费者的电池保养等成本。

2）电池更换完全能够实现机械化自动作业，因而所需时间较短，充电站占地相对较小，便于在土地资源紧张的大城市灵活布局。

3）电池由电动汽车运营服务公司负责租赁，在充电站中对电池进行集中充电和专业维护，能有效保证电池使用寿命。

4）利用用电低谷时段充电的方式使得在做好电动汽车电能供给服务的同时，消除了电动汽车普及后电池大规模充电给电网带来的负荷高峰压力，保证了电网安全运行，提高了社会资源利用率。

5）通过建设蓄电池储能电站，利用退役动力电池组在晚间低谷时段充电，白天高峰时段向电网并网送电，实现了电池的梯级利用。

2010 年年底国家发展和改革委员会在其官方网站上公布了与电动汽车充电接口相关的三项国家标准征求意见稿，未来只要电池标准能够统一，便宜便捷的换电方式必将刺激电动汽车市场快速发展。当然，在现阶段采用换电方式还存在许多问题，在本书 9. 2. 1. 3 节中已有说明。

南方电网公司于 2011 年初发布规划：到 2012 年，将在深圳建设 89 个充电站以及 29 500个充电桩，预计总投资额将超过 10 亿元，将打造覆盖全市主要干道、居民小区、公共停车场的以“慢充为主、中快充为辅”的充电服务网络。

2010 年年底，由中国普天信息产业股份有限公司（简称中国普天）自主研发的国内首套动力电池自动快换系统投入使用。该套系统仅需 3min 就可以将不同类型电动汽车的乏电电池更换为满电电池，整个过程耗时与传统汽车加油或加气所用的时间几乎一样。中国普天在提供快换电服务的同时，对动力电池实施统一购买、管理、维护和梯次利用，形成了完整配套的智能化管理，不但延长了动力电池的循环寿命，而且解决了动力电池回收可能带来的污染问题。

另外，在上海、重庆、武汉、广西等地也都纷纷建成了电动汽车充电站（李玲，2010）。完善的基础设施是电动汽车大规模使用的重要前提，而基础设施建设所需的投资是巨大的。据统计，即使不考虑土地费用，建设为 50 辆电动公交车提供更换电池服务的电池租赁站（不含电池）总投资高达 3000 万~4000 万元；在已有停车场的基础上建设为 30 辆电动公交车充电的站点总投资额为 1000 万元；建设拥有 9 个充电车位的商业化充电站总投资额至少 500 万元；一个路边充电桩的投资额至少为 2. 5 万元（王秋凤，2010）。截至 2011 年年底，中国已建成投运 243 个充换电站、13 283 台交流充电桩。在电动汽车数量还很少的情况下，未来相当长时间内这些充电站或充电桩很难实现赢利。这无疑会增大政府或企业的投资风险，在充电设施运营模式不明确的情况下，也会降低投资者的投资热情，从而不利于电动汽车产业的长远发展。

除了要完全从零起步的基础设施建设外，配套的电力设施也需要进行升级改造。常规充电对电网造成的功率冲击较小，在电动汽车产业发展初期充电桩还很少的情况下，其对电网的影响可以不予考虑。但快速充电和大型充电站所需充电功率较大，必须建设专用的变电站和配电网络；在充电桩数量很多的情况下，现有的停车场或小区的配电容量也不能满足其功率需求，需要进行扩容。配电系统的这些升级改造所需投资几乎与充电基础设施建设不相上下，目前基本完全由电网公司（国家电网公司和南方电网公司）承担。从电动汽车产业长远发展来看，电网公司显然无法独自承担如此庞大的投资，需要有充足的投资来源和合理的运营模式来保证电力系统的升级改造，以满足电动汽车充电之需。

9.4.2 电动汽车技术标准

中国的电动汽车标准制定工作始于1998年。2010年5月29日，工业和信息化部公布了2010年第1批行业标准制修订计划，其中涉及汽车行业的标准有61项（均为推荐性行业标准），包括首次制定38项和修订23项，与电动汽车相关的有11项（含混合动力汽车1项）（肖献法，2010），如表9-7所示。

表9-7 2010年电动汽车行业标准制修订计划

序号	标准编号	标准名称	性质	制修订	完成年限
1	2010-1843T-QC	低速纯电动汽车技术条件	推荐	制定	2011
2	2010-1844T-QC	电动汽车车载充电机技术条件	推荐	制定	2011
3	2010-1845T-QC	电动汽车充电站监控管理系统通用技术要求	推荐	制定	2011
4	2010-1846T-QC	电动汽车充电桩技术规范	推荐	制定	2011
5	2010-1847T-QC	电动汽车传导式充电接口	推荐	制定	2011
6	2010-1848T-QC	电动汽车电池管理系统和非车载充电机之间的通信协议	推荐	制定	2011
7	2010-1849T-QC	电动汽车电池管理系统技术条件	推荐	制定	2011
8	2010-1850T-QC	电动汽车非车载充电机技术条件	推荐	制定	2011
9	2010-1851T-QC	电动汽车用动力蓄电池产品规格尺寸	推荐	制定	2011
10	2010-1853T-QC	电动汽车用动力蓄电池的循环性能要求	推荐	制定	2011
11	2010-1854T-QC	混合动力汽车动力总成系统性能试验方法	推荐	制定	2011

截至2010年年底，中国电动汽车领域现行有效的国家和行业标准共有46项，已完成制修订工作、上报待批的标准共有15项，正在制修订的标准项目50余项，经过行业推荐和专家评审，在未来4年需要制修订的电动汽车标准超过200项，是世界上覆盖范围最广、数量最多的一个电动汽车标准体系。

在已经发布的标准中，按不同分类统计如下。

1）推荐性国家标准31项，指导性国家标准2项，行业标准13项。

2）纯电动汽车标准12项，混合动力汽车标准7项，燃料电池汽车标准4项，动力蓄电池标准7项，驱动电机标准3项，充电相关标准7项，电动摩托车标准6项。

3）等同或等效采用国际标准4项，修改采用或参考国际标准重新制定16项，完全自主制定 26 项。

这些标准的颁布和实施对中国的电动汽车技术和产业化发展起着重要的促进作用。

9.5　结论和建议

从电力系统的角度分析，目前在中国发展电动汽车的主要制约因素有以下几方面。

1）区域差异严重。中国区域经济发展不平衡度大，区域电网对电动汽车发展的支撑能力差别大。如果在大中型城市优先发展电动汽车，会显著加剧局部时段的电力供需矛盾，但其基础设施相对比较完善，电网改造成本低。如果在相对欠发达地区，甚至农村地区首先发展电动汽车，电力需求矛盾不突出，但其基础设施薄弱，为适应电动汽车的发展所需初期电网改造投入成本高。而且，这种区域差异导致对电动汽车发展途径的选择具有多元化的特点。如果在中心城市优先发展电动汽车，宜以中高档乘用车为主；而在欠发达地区发展电动汽车，宜优先发展中低档的代步用途的小型汽车。

2）技术标准缺乏。尤其是充电基础设施的技术标准缺乏，会显著影响充电基础设施未来的通用性和赢利能力。

3）赢利模式不明确。这显著影响了包括国家电网公司在内的电力供应商投资充电基础设施的热情，延缓了充电网络的建设速度。

根据本章前四节的分析和预测，从电力系统的角度对电动汽车的发展给出如下结论和建议。

1）到 2030 年之前，中国电力系统无论是电源还是电网，仍然会保持一个高速发展的趋势，电动汽车的总用电量是可以得到保证的。但从全天的典型负荷曲线看，应采用适当的技术（如利用嵌入式芯片和无线通信等技术实现在规定时间的预约充电等）控制电动汽车的充电时段，保证其起到“填谷”的作用。因此，如何保证电动汽车的有序充电是实现汽车与电网友好互动的关键。

2）现阶段电池已经成为制约电动汽车发展的“瓶颈”。电池能量密度低、电池组价格昂贵且循环寿命有限等关键问题是目前仍然需要突破的难题。

3）相比于常规充电和快速充电两种电能补充方式，换电方式可以通过专业维护有效延长电池使用寿命、减少大规模充电对电网的影响，电池的梯级利用（即不宜再作为车用动力电池使用的退役电池可用作电网的静态储能装置）还可以提高电池的利用价值。大规模推广换电方式的难点在于标准充电接口的推广和运用、统一的电池规格和合理的运营模式。

4）对为了保证电动汽车的方便使用而建设的充电基础设施的投资也许会大于电动汽车本身，确定合适的投资主体和运营模式，是推动充电基础设施建设、促进电动汽车产业健康发展的重要条件。

5）电动汽车充电会明显影响电力系统的电能质量，这一点可以用电力电子技术加以解决；当电动汽车发展到一定规模并且电池性能实现重大突破后，利用 V2G 技术还可以将其作为分布式电源参与电力系统调峰或调频，既可以减小电力系统的旋转备用容量，还可以增加电动汽车用户的收益，实现双赢。

6）应联合电池制造商、电动汽车生产商和充电设备制造商，兼顾电力系统的要求，尽快制定充电设备的相关技术标准，包括接口类型（交流或直流）、额定电压、额定电流、通信协议等，提高充电设施的兼容性和利用率，推动电动汽车产业快速健康发展。

参考文献

陈新琪，李鹏，胡文堂，等.2008. 电动汽车充电站对电网谐波的影响分析. 中国电力，41（9）：31-36.

黄少芳.2008. 电动汽车充电机（站）谐波问题的研究. 北京：北京交通大学.

雷黎，刘权彬.2000. 电动汽车使用对电网负荷曲线的影响初探. 电机技术，（1）：37-39.

李玲.2010-09-13. 国内车用电池产业现状大盘点. 商用汽车新闻，第7版.

卢艳霞，张秀敏.2006. 电动汽车充电站谐波分析. 电力系统及其自动化学报，18（3）：51-54.

滕乐天.2009. 电动汽车充电机（站）设计. 北京：中国电力出版社.

王秋凤.2010-11-08. 中国电动汽车现状调查. 第一财经日报，第C02版.

夏德建.2010. 电动汽车研究综述. 能源技术经济，22（7）：49-55.

肖献法.2010. 2010年第1批汽车行业及整车类行标、国标制修订计划情况. 商用汽车，（S6）：9.

杨健等.2010. 电动汽车动力电池参与电网调峰的应用. 华东电力，38（11）：1685-1687.

尹华军，王珂.2010. 如果充电站取代了加油站. 当代汽车，（2）：68-75.

张军，李小春等，2007. 国际能源战略与新能源技术进展. 北京：科学出版社.

张树伟.2010. 以技术动力学角度看电动汽车的发展前景. 能源技术经济，22（8）：37-41.

张允，陆佳政，李波.2011. 利用有源滤波功能的新型电动汽车交流充电桩. 高电压技术，37（1）：150-156.

中国电力年鉴编辑委员会.2008. 中国电力年鉴. 北京：中国电力出版社.

中国电力企业联合会.2009. 2009年全国电力工业统计快报. 中国电力发展与改革研究，（01）：44-48.

中国电力企业联合会.2010. 中电联发布2009年全国电力工业统计快报.http：//www.cec.org.cn/nengyuanyudianlitongji/hangyetongji/2010-11-27/29958.html［2011-01-15］.

中国电力企业联合会电力可靠性管理中心.2011. 中国电力可靠性管理简报（输变电部分）：2001－2010

中国能源中长期发展战略研究项目组.2011. 中国能源中长期（2030、2050）发展战略研究. 北京：科学出版社.

邹逸桥.2008. 中国电力工业发展水平及结构分析. 电业政策研究，（9）：16-21.

Kempton W，Latendre S E. 1997. Electric vehicles as a newpower source for electric utilities. Transportation resources-D，2（3）：157-175.

Ou X M，Zhang X L，Chang S Y. 2010. Alternative fuel buses currently in use in China：life-cycle fossil energy use，GHG emissions and policy recommendations. Energy Policy，38：406-418.

Weisser D. 2007. A guide to life-cycle greenhouse gas（GHG）emissions from electric supply technologies. Energy，32（15）：43-1559.

第10章 车用氢能路径分析

10.1 中国氢气的生产

10.1.1 煤制氢

以煤为原料制取氢气主要有两种途径：一是煤焦化，二是煤的气化。煤焦化是指煤在隔绝空气条件下，加热到900～1000℃制取焦炭，副产品为焦炉煤气。一般每吨煤可得焦炉煤气300～350Nm^3，焦炉煤气中氢气含量可达60%，另外还含有少量的CO（5%～8%）、含两个以上碳的不饱和烃（2%～4%）、CO_2（1.5%～3%）、O_2（0.3%～0.8%）、N_2（3%～7%）。焦炉煤气热值为17～19MJ/Nm^3，适合用作高温工业炉的燃料和城市煤气。

煤的气化是指煤在高温常压或加压条件下，与水蒸气或氧气（空气）反应转化成气体产物。气体产物中含有氢气等成分，其含量随不同气化方法而异。煤的气化的目的是制取化工原料或城市煤气。煤的气化是煤制氢的主要技术，经过多年的发展，煤的气化技术已经是煤炭深加工的最主要的技术之一（谢继东等，2007）。

中国煤制氢大部分作为原料用于合成氨和甲醇，如图10-1所示，2007年中国煤制氢规模约713万t，其中约560万t用于合成氨，约100万t用于合成甲醇（Deng et al.，2010）。在这两种产品的合成过程中，少量氢气会伴随驰放气排放到大气中。

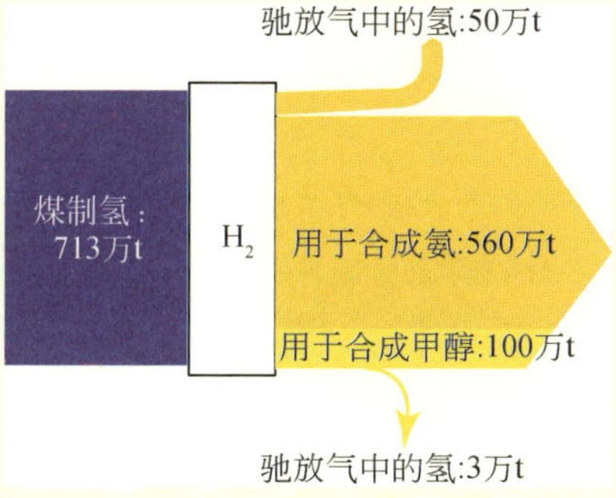

图10-1　中国煤制氢及其使用（2007年）

10.1.2 天然气制氢

天然气制氢工艺成熟，制氢效率高，被中小规模化工厂所运用。由于天然气制氢的生产装置投资和生产成本较低，全球接近60%的氢气是以天然气为原料制取得来。中国天然气资源紧缺，制约了天然气制氢的生产规模。

天然气制氢技术包括天然气重整制氢、天然气催化部分氧化制氢和天然气高温裂解制氢。天然气重整制氢生成的合成气含氢约44%，理论上天然气重整制氢产出比为1∶4，即1个天然气分子可以生产出4个氢气分子，但在实际制氢过程中，由于需要燃烧部分天然气或者合成气为制氢过程提供热量，产氢量将大幅度降低。目前合成氨、合成甲醇厂满负荷运转的天然气水蒸气重整设备一般能达到1∶2的产出比例，能量转换效率在60%左右。2010年中国天然气制氢规模约287.5万t，如图10-2所示，其中约197.42万t用于合成氨，约12.83万t用于合成甲醇，约56.1万t用于补充原油加工对氢气的需要。

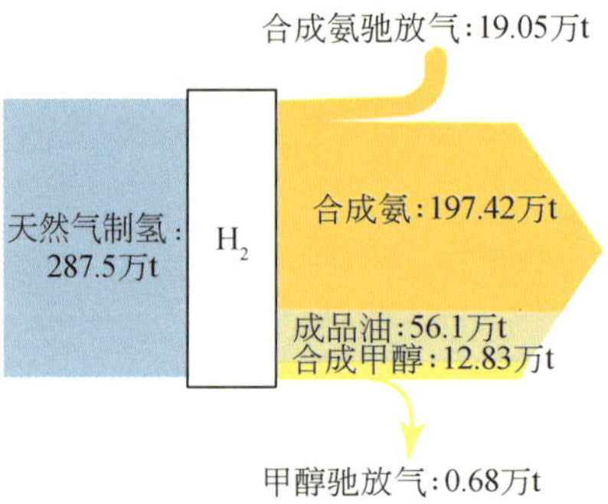

图10-2 中国天然气制氢和使用用途

10.1.3 石油制氢

在石油炼制过程中，需要消耗大量的氢气提高成品油的产量和品质，通常是利用炼油厂本身具有的石脑油或重油进行部分氧化制氢。重油原料包括石油炼制过程中常压、减压过程产生的渣油及石油深度加工后的燃料油。石脑油或重油与水蒸气和氧气反应制得含氢气体产物，气体产物体积组成大致为：H_2 46%，CO 46%，CO_2 6%。制氢过程中要燃烧部分重油提供转化反应所需热量和维持一定的反应温度。目前，世界氢气的产量中有18%由石脑油和重油制氢工艺提供（汤林和陈宝生，2002）。

目前中国建有大型石脑油或重油部分氧化制氢工业化装置，所制氢气除了供应炼油厂，也可作为合成氨和甲醇的原料气。2010年中国石油制氢规模约244万t，如图10-3所示，其中约118万t用于补充原油炼制的氢气需要，约103万t用于合成氨，约11万t用于合成甲醇，另外还有少量通过驰放气排放的氢气。

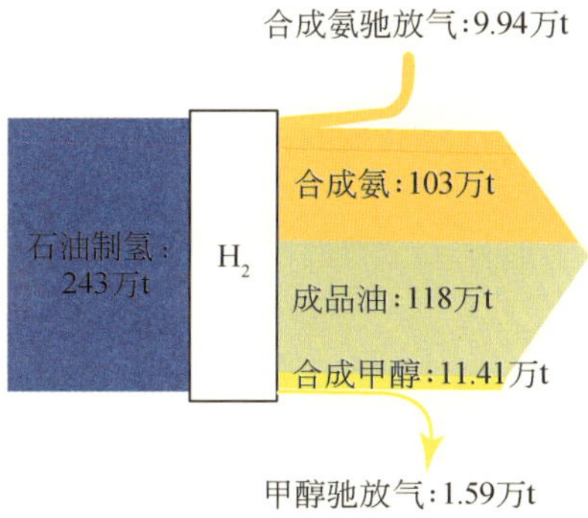

图 10-3　中国石油制氢和使用

10.1.4　工业过程副产氢

中国的氯碱厂、焦化厂和钢铁厂的尾气中富含氢气，这部分氢气通常称为工业副产氢，可通过变压吸附技术制取高纯度氢气进行循环利用。

10.1.4.1　氯碱工业副产氢

工业常见的制取烧碱工艺是电解食盐水，生产过程中同时生成氢气。国内对烧碱生产过程的副产氢通常予以回收用于制取盐酸等化工产品并出售以降低生产成本。通常每生产 1t 烧碱，副产 $270m^3$ 氢气（陈霖新，2002）。图 10-4 为根据中国 2000 ~2007 年烧碱产量估算的相应副产氢量，由图可知中国 2007 年烧碱产量达到 1759. 29 万 t，副产氢约 41. 57 万 t。

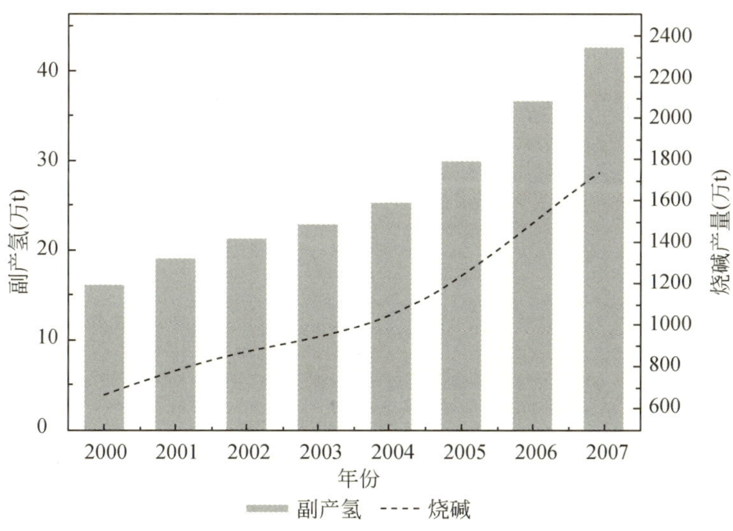

图 10-4　中国 2000 ~2007 年烧碱产量及副产氢

10.1.4.2 焦炉气副产氢

作为钢铁工业所必需的原材料，焦炭产量随着钢铁工业的发展大幅增加，2007 年中国焦炭产量达到 3.35 亿 t。焦炉煤气是煤炭工业和钢铁工业炼焦过程产生的重要副产气，通常生产 1t 焦炭可副产 425.6Nm^3 焦炉煤气，通过变压吸附技术通常 1m^3 的焦炉煤气可制取约 0.44m^3 的氢气（上官方钦，2009）。图 10-5 为根据中国 2000 ~2007 年焦炭产量估算的相应副产氢量，由图可知中国 2007 年焦炭产量达到 3.35 亿 t，相应的炼焦副产氢气理论上有 563.86 万 t。调查显示，部分副产气作为企业燃料或者居民燃气得到了利用，但仍有近一半直接排放到大气中，没有得到高效、合理的利用（张学镭，2006；廖洪强，2008）。

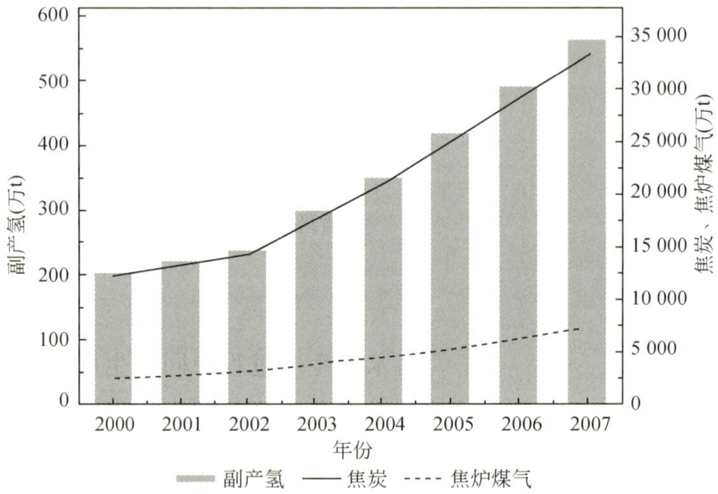

图 10-5　中国 2000 ~2007 年焦炭、焦炉煤气产量及副产氢

综上，中国副产氢资源主要集中在氯碱化工和炼焦过程产生的副产氢气。图 10-6 为中国近年副产氢总量，2007 年超过 605 万 t。

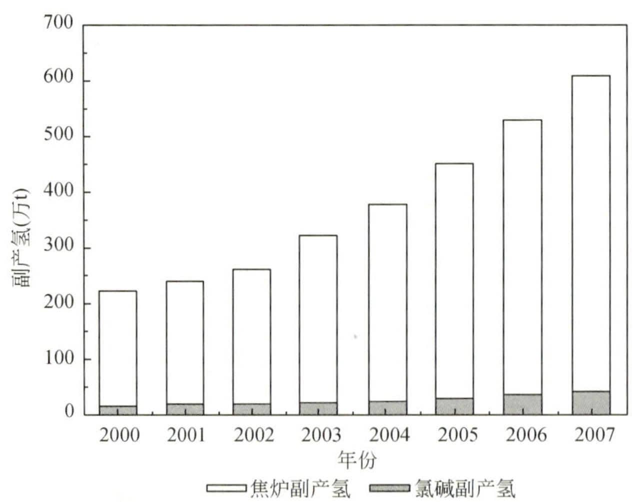

图 10-6　中国 2000 ~2007 年副产氢总量

10.2　中国的氢气利用

中国的氢气主要是用作化工合成的原料或中间产品，大部分的氢气生产和消费集中在大型的合成氨、炼油、精甲醇和氯碱化工的生产企业，此外钢铁企业对氢气也有一定的需求。多数企业都是购置设备通过煤焦化制氢、天然气重整制氢和重油部分氧化制氢来生产氢气以满足本企业的需要。

10.2.1　合成氨生产消耗氢气

合成氨的工业生产普遍采用直接合成法，就是将氢与氮在一定的温度及压力下借助催化剂的作用使之合成，合成氨的原料只有氢和氮。理论上每合成 1t 氨耗氢量为 176.46kg。但由于氨的合成是可逆反应，为提高氨的合成率，氨中间罐中要峦放出来含氢气的驰放气。所以在扣除驰放气中的损失部分后，氢气的利用率约 91.2%，每吨氨耗氢量要提高大约 10%。2008 年，中国实际运行的合成氨每吨耗氢量大致为 180kg，比 1997 年的实际值（1997 年全国合成氨 2700 万 t，消耗氢气 500 万 t，平均耗氢 185kg/t）有所降低（朱起明等，1997）。

中国 2008 年合成氨产量为 5158.90 万 t，对应氢气消费量接近 941.19 万 t，其中约 82.82 万 t 氢气作为驰放气排出，部分有尾气回收设备的企业将其部分回收。中国合成氨生产总体原料以煤为主，以煤为原料的制氢量占氢气消费总量的 62% ~ 65%，以石油为原料的制氢量占氢气消费总量的 12% ~16%，天然气的制氢量占氢气消费总量的 18% ~ 23%（毛宗强，2006）。图 10-7 为根据上述数据获得的中国 2007 年合成氨产业中的氢能流动情况（Deng et al.，2010）。

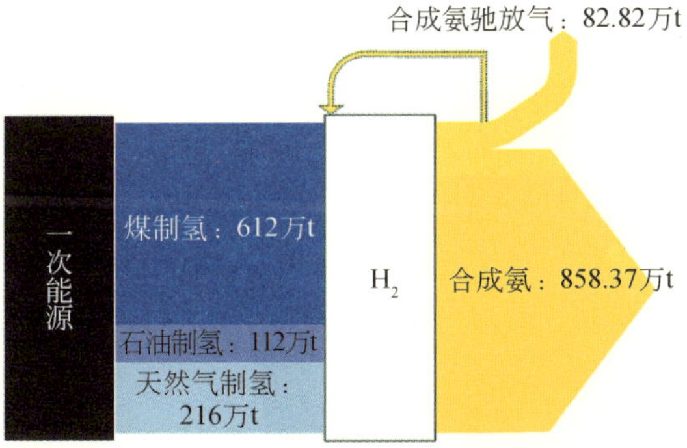

图 10-7　中国合成氨的氢气供应和消费

10.2.2　甲醇生产消耗氢气

甲醇是重要的化工原料，中国是甲醇生产大国，占世界甲醇产量的 20% 以上。根据甲醇的合成工艺，理论上每合成1t甲醇，需要氢气125kg。实际上，在甲醇合成过程中，为防止由于合成过程中惰性气体的积累导致反应变缓甚至反应终止，需要从系统中连续排放含有惰性气体和氢气等成分的驰放气，因此将增加相应的氢气消耗量。在扣除驰放气中的损失部分后，氢气的利用率会因为合成甲醇厂规模大小而有差别，为87.87%~95%。朱起明等估计1995年中国150万t的甲醇产量的用氢量为20万t，大约为每吨甲醇用氢气133kg。

中国2008年甲醇产量已达1036.77万t，对应氢气消耗量超过131万t，其中6.55万t为甲醇驰放气。中国的资源结构决定，中国甲醇生产原料以煤为主，煤占总生产能力的77.0%，天然气占10.3%，乙炔占3.4%，重油占9.3%（赵骧等，2004）。由此可以获得中国2008年甲醇合成产业中氢能的流动情况，见图10-8（Deng et al.，2010）。

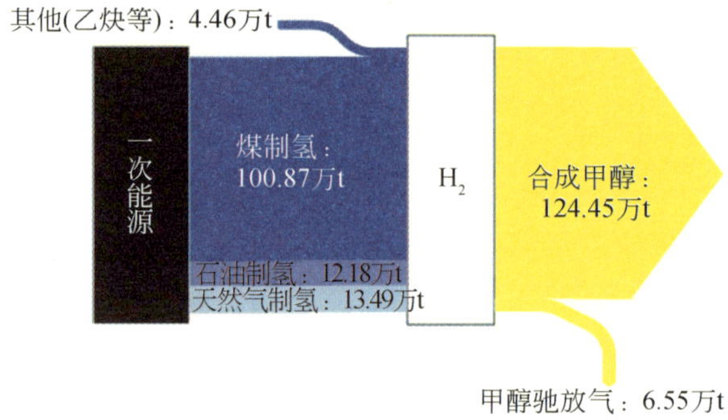

图10-8 中国甲醇合成的氢气供应和消费

10.2.3 成品油生产用氢气

石油炼制工业中用氢主要为了脱硫除杂，提升成品油质量，并改善炼油环境、保护炼油设备。由于中国原油产量不足，能源的供需矛盾日益突出，进口原油量增长很快，特别为降低成本，购进不少高含硫原油。而高硫油的加工量的增加，和国家法规对油品要求的提高，使炼制工艺对氢气的需求进一步扩大。

油品加氢反应是一个耗氢过程，向加氢反应系统补充的新鲜氢气主要消耗在化学反应、溶解损失、设备漏损和废气排放损失四个方面。大部分氢气消耗在化学反应上，也就是消耗在脱除进料中的硫、氮、氧元素及烯烃和芳烃饱和反应以及加氢裂化和开环等反应中。一般具有原油加氢能力的炼厂的氢气耗量占原油加工量的0.8%~2.7%（任洪理，2008）。炼油工艺中，对氢气的使用主要有加氢精制和加氢裂化两种工艺。加氢精制工艺过程的吨原油氢耗工业数据为0.974%，而加氢裂化工业工艺的吨原油氢耗工业数据为1.888%（侯震，2004）。中国原油加氢装置的工作能力仅占原油加工能力的近30%（任洪理，2008），这一比例将随着对石油产品质量要求的提高和加工含硫及高硫原油数量的增加而得到提升。

中国 2007 年原油加工量已达 37 832.6 万 t，对应氢气消耗量接近 170 万 t。石油制氢约占石油自身耗氢的 67% 左右，不足部分通过简易制氢装置来弥补，通常是采用建设天然气转化装置的方式。图 10-9 为中国原油加工过程中的氢流动情况（Deng et al.，2010）。

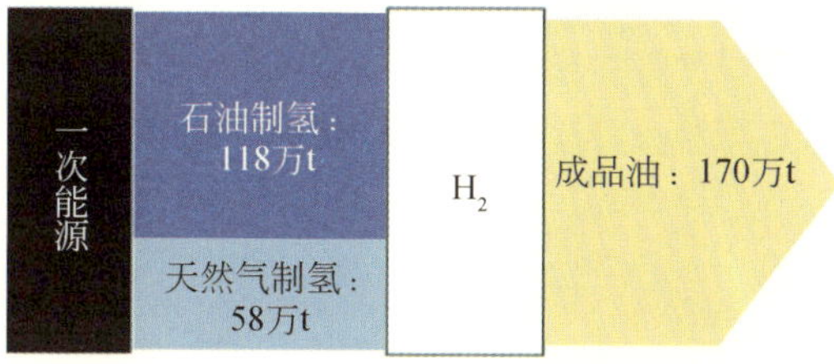

图 10-9　中国加工原油的氢气供应和消费

10.2.4　商业氢气

目前，在电子半导体、冶金、食品加工、浮法玻璃、精细有机合成、航空航天以及车辆示范运行等行业还消耗了一部分氢气。这部分氢气作为商业氢气在中国总氢气的消费量中所占比例小，对中国氢气总消费量的影响不大，但增长趋势明显。直接作为交通燃料使用的氢气数量还很少，目前仅燃料电池汽车的示范运行在使用少量的氢气，如 2008 年 7 月至 2009 年 8 月期间，氢能燃料电池城市公交车在北京公交系统进行商业化示范运行，3 辆车载客运营里程共计 5.38 万 km，消耗的氢气量共 5.33t。

10.3　中国氢气流动图谱

综合中国氢气生产和使用现状，可看出中国工业氢气主要用作化工合成的原料，集中在大型合成氨、炼油和甲醇的生产企业，这些企业的消费量超过氢气总消费量的 95%。如图 10-10 所示，中国氢气消费量已从 2000 年的约 700 万 t 增长到 2007 年的 1200 万 t，年均增长率超过 9%。其中，合成氨生产近年保持年均 8.8% 的增长率，耗氢量占比 75% 左右；石油消费上升较快，年均增长 7.17%，随着石油需求增长、高硫原油进口量增加和成品油质量要求提升，石油炼厂的耗氢量将持续增长；中国各地甲醇生产量增长迅速，年均增长 38.7%，氢气消费量相应增长，占比扩大。

由于行业发展的不均衡，氢气利用领域的份额也在发生重大变化。如图 10-11 所示，尽管总体上合成氨生产仍是氢气利用的最大行业方向，但其所占比例已有显著下降，如 2002 年其比例高达 85%，但到了 2007 年则下降到 76%；石油炼制行业的氢气使用量不仅仍然排在第二位，并且其比例也有小幅度上升，5 年间其比例从 10% 上升到 11%，这主要是源于车辆数量增加带来的汽油和柴油消耗量上升；近几年由于中国的甲醇生产能力和产

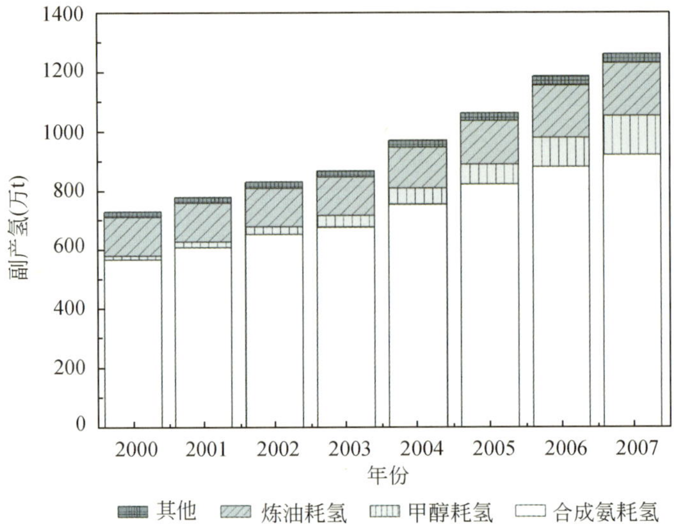

图 10-10　2000 ~2007 年中国工业氢气消费情况

量大幅度增加（产量从2002年的210万t上升到2007年的1072万t，增加了约4倍），其氢气使用量也相应地高速增长，造成甲醇行业使用的氢气比例从2002年的3%增长到2007年的11%，几乎与石油炼制的氢气使用量相当。

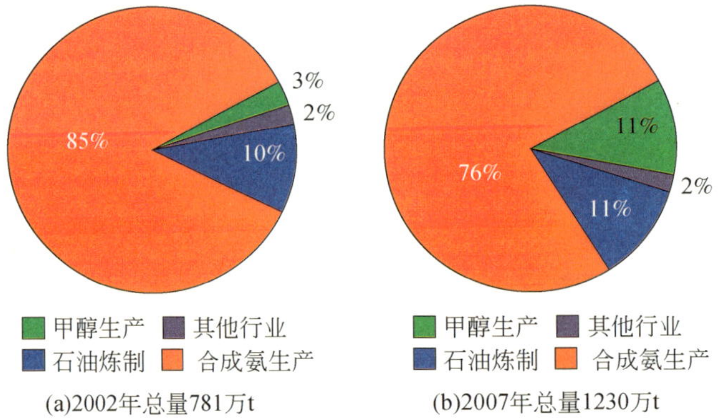

图 10-11　中国氢气消费领域变化（2002 年与 2007 年）

中国的氢气生产主要来自煤、石油和天然气等化石燃料转化制氢，各种工业生产的尾气回收或焦化厂、氯碱厂副产氢以及水电解制氢等；由于储存和运输困难，大部分的氢气都采用就地制取和就近消费方式。图10-12为中国2007年氢气的生产和消费活动中的氢能流动图谱（Deng et al.，2010）。其中煤制氢712.64万t、天然气制氢287.97万t、利用石油中的重油制氢243.94万t；另外中国有丰富的副产氢资源，炼焦和钢铁行业副产氢529.94万t，制碱工业副产氢41.57万t；小规模对氢的需求可通过电解水制取。对应氢气的生产，中国氢气的消费也主要集中在合成氨、合成甲醇和成品油炼制方面，合计约1100

万 t；应用于钢铁冶炼、电子半导体、冶金、食品、浮法玻璃、精细有机合成、航空航天等行业的商业氢气需求逐步增长；同时存在包括焦炉煤气、工业驰放气在内的超过 500 万 t 的氢气，没有得到合理充分的利用，被简单燃烧甚至放空，这部分氢气是未来商业氢气的重要来源。

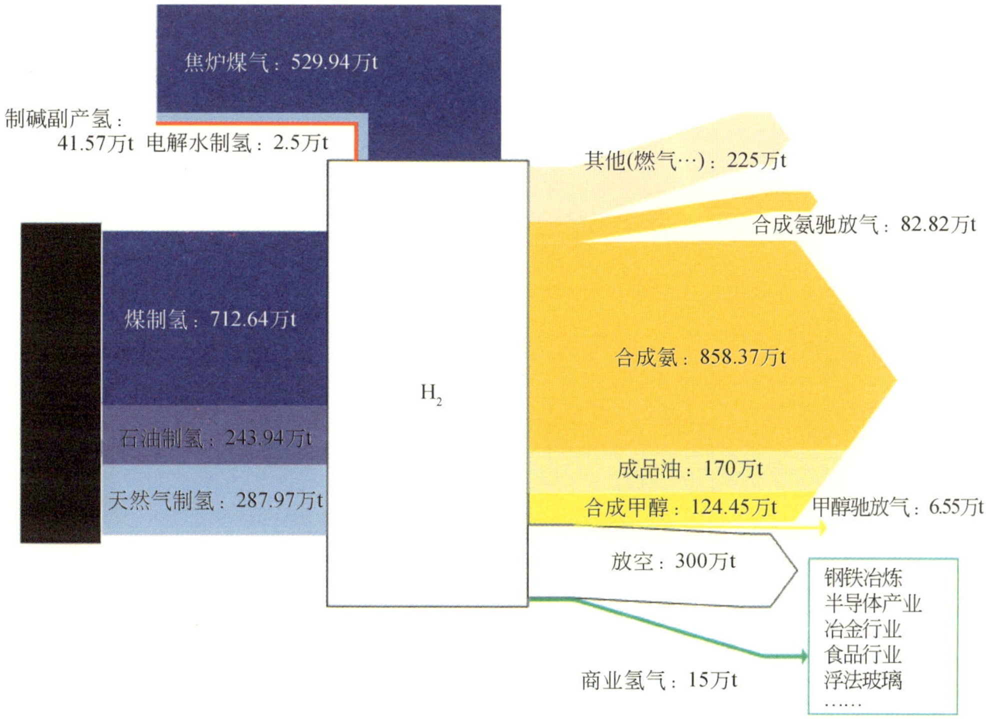

图 10-12　中国 2007 年氢能流动图谱

10.4　中国氢气作为交通能源的政策

10.4.1　《国家中长期科学和技术发展规划纲要(2006—2020 年)》——新能源汽车的基础研究规划

在中华人民共和国国务院 2006 年 2 月 9 日发布的《国家中长期科学和技术发展规划纲要（2006—2020 年)》中，结合氢能及其应用技术的发展程度，分别在 62 个优先发展主题、22 个前沿技术、10 项面向国家重大战略需求的基础研究等规划中进行了部署。将“低能耗与新能源汽车”列为交通运输业的 6 个优先发展主题之一，将“氢能及燃料电池技术”列为先进能源技术的 4 项前沿技术之一，将“高效能源材料技术”列为新材料技术的 3 项前沿技术之一，将“能源可持续发展中的关键科学问题”列为面向国家重大战略需求的基础研究的 10 个方向之一。

（1）62 个优先发展主题之 36：低能耗与新能源汽车

重点研究开发混合动力汽车、替代燃料汽车和燃料电池汽车整车设计、集成和制造技术，动力系统集成与控制技术，汽车计算平台技术，高效低排放内燃机、燃料电池发动机、动力蓄电池、驱动电机等关键部件技术，新能源汽车实验测试及基础设施技术等。

（2）22 个前沿技术之 15：氢能及燃料电池技术

重点研究高效低成本的化石能源和可再生能源制氢技术，经济高效氢储存和输配技术，燃料电池基础关键部件制备和电堆集成技术，燃料电池发电及车用动力系统集成技术，形成氢能和燃料电池技术规范与标准。

（3）22 个前沿技术之 11：高效能源材料技术

重点研究太阳能电池相关材料及其关键技术、燃料电池关键材料技术、高容量储氢材料技术、高效二次电池材料及关键技术、超级电容器关键材料及制备技术，发展高效能量转换与储能材料体系。

（4）10 项面向国家重大战略需求的基础研究之 6：能源可持续发展中的关键科学问题

重点研究化石能源高效洁净利用与转化的物理化学基础，高性能热功转换及高效节能储能中的关键科学问题，可再生能源规模化利用原理和新途径，电网安全稳定和经济运行理论，大规模核能基本技术和氢能技术的科学基础等。

10.4.2 中国的能源状况与政策

在中华人民共和国国务院新闻办公室 2007 年 12 月发布的《中国的能源状况与政策》中，结合中国的能源发展现状，制定了中国能源发展战略和目标，其中包括了氢能及其应用技术。在“加快推进能源技术进步”部分中将“可再生能源制氢”、“经济高效储氢及输配技术”、“燃料电池基础关键部件制备及电堆集成”、“燃料电池发电及车用动力系统集成技术”等作为前沿技术研究，将“规模利用核能、氢能技术等基础理论”作为基础科学研究。在“加强能源领域的国际合作”部分中提到将“推动国际社会加强可再生能源和氢能、核能等重大能源技术方面的合作，探讨建立清洁、经济、安全和可靠的世界未来能源供应体系”作为先进技术的研发推广的目标。

（1）加快推进能源技术进步

加强前沿技术研究。前沿技术是能源发展的潜力，能够引领能源产业和能源技术实现跨越式发展。中国重点研究化石能源、生物质能源和可再生能源制氢，经济高效储氢及输配技术；研究燃料电池基础关键部件制备及电堆集成、燃料电池发电及车用动力系统集成技术等。

开展基础科学研究。基础研究是自主创新的源头，决定能源发展的实力和后劲。中国重点研究化石能源高效洁净利用与转化的基础理论，高性能热功转换、高效节能储能的关键原理，规模化利用可再生能源的基础技术，规模利用核能、氢能技术等基础理论。

(2) 加强能源领域的国际合作

形成先进技术的研发推广体系。节约能源，促进能源多元发展，是实现全球能源安全的长远大计。国际社会应大力加强节能技术研发和推广，推动能源综合利用，支持和促进各国提高能效。积极倡导在洁净煤技术等高效利用化石燃料方面的合作，推动国际社会加强可再生能源和氢能、核能等重大能源技术方面的合作，探讨建立清洁、经济、安全和可靠的世界未来能源供应体系。国际社会要从人类社会可持续发展的高度，处理好资金投入、知识产权保护、先进技术推广等问题，使世界各国都从中受益，共同分享人类进步成果。

10.4.3　《中华人民共和国节约能源法》——鼓励开发使用可再生能源

《中华人民共和国节约能源法》由中华人民共和国第十届全国人民代表大会常务委员会第三十次会议于 2007 年 10 月 28 日修订通过，自 2008 年 4 月 1 日起施行。其中提到“国家鼓励、支持开发和利用新能源、可再生能源”，并将“国家鼓励开发和推广应用交通运输工具使用的清洁燃料、石油替代燃料”收录其中。

第七条　国家实行有利于节能和环境保护的产业政策，限制发展高耗能、高污染行业，发展节能环保型产业。

国务院和省、自治区、直辖市人民政府应当加强节能工作，合理调整产业结构、企业结构、产品结构和能源消费结构，推动企业降低单位产值能耗和单位产品能耗，淘汰落后的生产能力，改进能源的开发、加工、转换、输送、储存和供应，提高能源利用效率。国家鼓励、支持开发和利用新能源、可再生能源。

第四十五条　国家鼓励开发、生产、使用节能环保型汽车、摩托车、铁路机车车辆、船舶和其他交通运输工具，实行老旧交通运输工具的报废、更新制度。

国家鼓励开发和推广应用交通运输工具使用的清洁燃料、石油替代燃料。

10.4.4　《中国节能技术政策大纲（2006 年）》——氢能及其应用技术

国家发展和改革委员会、科学技术部 2006 年 12 月制定的《中国节能技术政策大纲》中，在工业节能和交通节能中提到氢能及其应用技术，分别在“石油化工生产节能技术”、“研发特殊高性能金属和金属基复合材料”、“推广汽车替代燃料技术”、“发展海上运输新技术”中进行了阐述。将“用氢装置发展氢能优化技术”收入“石油化工生产节能技术”，将“推进燃料电池”、推广“稀土贮氢材料”收入“研发特殊高性能金属和金属基复合材料”，将“开发研究电动汽车、氢气汽车等新型动力”收入“推广汽车替代燃料技术”，将“适度在船舶上推广应用燃料电池等清洁能源”收入“发展海上运输新技术”。

（1）石油化工生产节能技术

炼油常减压蒸馏装置，采用夹点技术优化换热和预闪蒸等节能型流程；催化裂化装置，推广降低焦炭产率和减少装置结焦技术；芳烃抽提工艺过程，推广高效溶剂（四乙二醇醚、环丁砜等）技术；用氢装置发展氢能优化技术；研究开发低能耗的过滤－吸附再生法；推广应用抽提蒸馏工艺。

研究开发加氢装置热高分流程的优化技术；采用液力透平回收压力能；开发、应用新型加氢催化剂、先进的反应器内构件和循环氢脱硫措施；推广延迟焦化装置大型化、双面辐射加热炉技术；推广装置间热联合技术。

（2）研发特殊高性能金属和金属基复合材料

研发新型高效能量转换与贮能装置及材料，推进燃料电池、太阳能电池、金属空气电池、超级电容器及相关材料的应用和发展。

研发、推广钕铁硼磁性材料、高性能稀土发光显示材料、稀土贮氢材料。

（3）推广汽车替代燃料技术

因地制宜推广汽车利用天然气、醇类燃料、合成燃料和生物柴油等替代燃料技术，开发研究电动汽车、氢气汽车等新型动力。

（4）发展海上运输新技术

研究、推广液化天然气（LNG）和压缩天然气（CNG）海上运输技术。研发、推广船舶新型替代燃料，适度在船舶上推广应用燃料电池等清洁能源。

10.4.5 《中国应对气候变化国家方案》——燃料电池和氢能技术

在国家发展和改革委员会2007年6月制定的《中国应对气候变化国家方案》中，将“燃料电池和氢能技术”作为“减缓温室气体排放技术”之一，相关表述如下。

中国正在进行大规模的基础设施建设，对减缓温室气体排放重大技术的需求十分强烈。主要技术需求包括：先进的能源技术和制造技术，环保与资源综合利用技术，高效交通运输技术，新材料技术，新型建筑材料技术等方面，其中高效低污染燃煤发电技术，大型水力发电机组技术，新型核能技术，可再生能源技术，建筑节能技术，洁净燃气汽车、混合动力汽车技术，城市轨道交通技术，燃料电池和氢能技术，高炉富氧喷煤炼铁及长寿命技术，中小型氮肥生产装置的改扩建综合技术，路用新材料技术，新型墙体材料技术等在中国的应用与推广，将对减缓温室气体排放产生重大影响。

10.5 氢能燃料电池汽车技术开发及示范进展

自2002年开始，在科学技术部“电动汽车重大专项”、“节能与新能源汽车重大项目”等国家项目的支持下，中国开始大力度地开展燃料电池汽车技术研究和开发。包括燃料电池城市客车和燃料电池轿车在内，开展了燃料电池系统、氢气储存系统、电驱动系统以及整车集成与控制技术的系统研究。

10.5.1　燃料电池城市客车研发与产品

从 2002 年开始，清华大学燃料电池城市客车研发团队研发了 4 代氢能燃料电池城市客车技术，截至 2010 年 12 月共在不同的企业生产不同结构形式的燃料电池客车 15 辆，并有 7 辆车投入了实际的商业运行。另外，上海汽车工业（集团）总公司（上汽集团）与同济大学也在 2010 年开发了燃料电池客车。图 10-13 是清华大学燃料电池客车技术开发的历程。

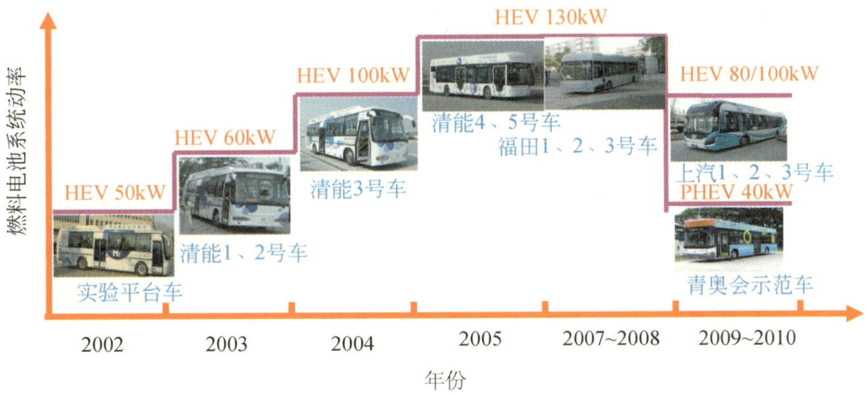

图 10-13　清华大学燃料电池客车技术开发历程

1）2002 年清华大学开发成功了“燃料电池 + 动力电池”的混合动力形式的城市客车实验平台车，燃料电池系统的功率为 50kW，采用镍氢电池，氢气储存压力 20MPa。

2）在此基础上于 2003 年开发成功了两辆燃料电池客车（清能 1 号和清能 2 号），燃料电池功率增加到 60kW，动力电池为容量 80Ah 的镍氢动力电池。

3）2004 年研制成功的清能 3 号燃料电池客车将燃料电池系统的功率增加到 100kW，动力电池的容量仍为 80Ah。

4）2005 年开发出第二代燃料电池客车，主要特点是车辆底盘结构采用低入口设计，共开发出两台样车（清能 4 号和 5 号）。燃料电池的功率进一步增加到 130kW。

5）2007 年，研发成功了第三代燃料电池客车，其主要特点是采用了低地板技术。生产的三辆燃料电池客车（福田 1、2、3 号）不仅完成了 2008 年的北京奥运服务任务，还实现了 1 年的公交路线的载客运行。

6）2009 年，研发成功了可以实现燃料电池系统单堆独立运行的新一代（第四代）燃料电池客车，燃料电池系统采用了双堆结构（两个 40kW 的燃料电池堆），燃料电池总功率有所降低，动力电池采用了锂离子动力电池（容量 130Ah），氢气储存压力 35MPa。开发的三辆客车（上汽 1、2、3 号）在 2010 年上海世界博览会（简称世博会）期间参与了载客服务。

7）2010 年，研发成功可充电的燃料电池混合动力客车（海格 1 号），采用一个功率 40kW 的燃料电池系统，动力电池为锂离子动力电池，氢气储存压力 35MPa。该燃料电池客车服务于首届青年奥林匹克运动会（简称青奥会，2010 年新加坡）。

在技术路线选择上，国内的燃料电池客车一开始就选择了燃料电池与动力电池结合的混合动力构型方式，同时随着燃料电池系统技术的提高，燃料电池的装机功率有所增加，如从 2003 年的 60kW 增加到 2008 年的 130kW，另外还探索成功了双燃料电池堆结构下的单堆独立运行模式（2010 年），目前的发展方向是基于成本和耐久性考虑的小功率燃料电池堆、可充电式混合动力结构（2010 年的青奥会示范车）。

目前已经列入示范运行许可的燃料电池客车有北汽福田汽车股份有限公司（北汽福田）的 BJ6123C6N4D 燃料电池混合动力城市客车、上海申沃客车有限公司（上海申沃）的 SWB6129FC 系列燃料电池城市客车。其主要技术参数见表 10-1［同时列出金龙联合汽车工业（苏州）有限公司（苏州金龙）的燃料电池客车参数］。

表 10-1　中国主要燃料电池城市客车性能比较

产品型号	BJ6123C6N4D	SWB6129FC	KLQ6129GQH2
生产企业	北汽福田	上海申沃	苏州金龙
批准年份	2008	2010	2009
车长（mm）	11 980	11 990	12 000
整备质量（kg）	14 000	14 500	14 500
燃料电池功率（kW）	100	80 或 100	100
动力电池及容量	镍氢 80Ah	磷酸铁锂 80/110Ah	磷酸铁锂 110Ah
最高车速（km/h）	≥80		80
续驶里程（km）	≥200		400
储氢压力（MPa）	20	35	35
载客能力（人）	49	53	50

10.5.2　燃料电池轿车开发与产品

中国燃料电池轿车的技术研发主要集中在同济大学、上海燃料电池汽车动力系统有限公司。截至 2010 年 12 月，先后开发成功了 4 代氢能燃料电池轿车技术，其技术应用于不同的企业生产不同结构形式的燃料电池轿车近百辆，并有多辆车参加了国内外的商业示范运行。燃料电池汽车动力系统有限公司燃料电池轿车技术开发的主要历程大致可表述为以下阶段。

1）2003 年开发出一辆基于桑塔纳 2000 车型的燃料电池轿车样车——“超越一号”。以 30kW 燃料电池发动机为主要动力，配以容量 50Ah 的高功率锂离子电池，是一种电 -

电混合的结构形式。

2）2004 年成功开发完成第二代燃料电池轿车样车——“超越二号”，该车参加了 2004 年“必比登”国际洁净汽车挑战赛。

3）2006 年参加法国“必比登”国际新能源汽车挑战赛的“超越三号”以奇瑞 B11 型轿车为原型车，集成和装备了第三代燃料电池轿车动力系统平台技术。燃料电池发动机功率增加到 50kW，锂离子动力电池容量降低到 15Ah。

4）2007 年开发的新一代燃料电池轿车以上汽集团荣威轿车为载体，锂离子动力蓄电池容量进一步降低到 8Ah，燃料电池功率增加到 55kW，最高车速达到 150km/h，续驶里程增加到 300km。

5）2010 年，包括上汽荣威 750、上海大众领驭、长安志翔、一汽奔腾、奇瑞东方之子在内的 90 辆燃料电池轿车在上海世博会期间进行了示范考核运行，表 10-2 为参加 2010 年上海示范考核运行的国内燃料电池轿车的主要性能。

表 10-2　中国燃料电池轿车主要性能（2010 年批准示范）

产品型号		CA7904FC	SC7003EV	SQR7000 FEB11	CSA7000FCEV	CSA7001FCEV （PHEV）	CSA7002FCEV
生产企业		一汽集团	重庆长安	奇瑞汽车	上海汽车		
整备质量（kg）		1 800	1 780	1 875	1 975	1 846	1 881
燃料电池	功率（kW）	55			45	25	55
	供应商/型号	上海神力/SLHC－55K			大连新源动力/STK-U-03A	大连新源动力/STK-U-06D	通用汽车/FCS 4.6
动力电池	容量（Ah）	7.5Ah/锰酸锂				22Ah/磷酸铁锂	7Ah/镍氢电池
	供应商	苏州星恒电源				江森自控	江森自控
储氢压力（MPa）		35	35	35	35	35	70

10.5.3　燃料电池系统开发

中国车用燃料电池系统同时沿着常压系统和加压系统两条线路进行技术研发和产品生产。加压燃料电池系统技术的研发力量以中国科学院大连化学物理研究所与新源动力股份有限公司为主，开展常压系统研发的还包括上海神力科技有限公司以及武汉理工大学。

经过多年的研究和开发，中国车用燃料电池系统的性能获得重大提高。特别是经过“十二五”节能与新能源汽车重大专项课题的开展和北京奥运会与上海世博会燃料电池汽车的示范考核运行，燃料电池系统的能量转换效率、单位质量功率、耐久性和可靠性以及环境适应性等都比 2005 年更加适应车辆严酷工况的要求，基本能够满足车辆在特定区域运行的需要。图 10-14 为两种燃料电池系统（常压系统和加压系统）能量效率和质量功率密度的结果比较（甄子健，2011）。由图可见，经过 5 年的研发，车用燃料电池系统的能量转换效率得到了显著的提高，其中加压系统的效率从 2005 年的 41% 上升到 2010 年的 49%，性能改善 20%；即使是系统效率较高的常压系统，其效率也从 46%~52% 上升到 61%，改善幅度也在 20% 以上；与此同时，燃料电池系统也更加紧凑，轻量化工作效果显著，如加压系统的质量比功率从 2005 年的 86W/kg 上升到 2010 年的 200W/kg，提高了一倍以上；而常压系统的质量比功率也有大约 40% 以上的提高。

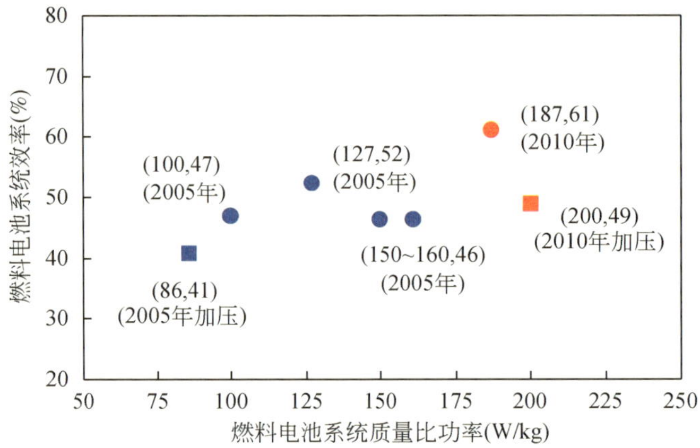

图 10-14 燃料电池系统性能比较

同时，对困扰燃料电池商业化的主要技术障碍——车用燃料电池系统的耐久性，也有所突破并探索了优先的解决对策（衣宝廉和侯明，2011）。在北京市 801 路公交线上作为公交车示范运营的燃料电池客车，单车运行寿命已超过 1500h，累计运行 20 000 多 km。通过模拟车用燃料电池动态载荷操作条件的快速评价方法，对燃料电池衰减机理进行剖析，发现启动、停车、怠速过程中的高电位和动态操作条件下电位扫描是引起催化剂及载体衰减的主要原因，为此提出了需要从系统控制策略和材料改进与创新两方面着手制定解决对策。系统控制策略方面可以采取柔性运行（欧阳明高等，2009），材料方面需要研究高稳定性的电催化剂、抗腐蚀的催化剂载体、抗氧化的质子交换膜、有序化膜电极组件（MEA）以及导电耐腐兼容的金属双极板等（衣宝廉和侯明，2011）。

在环境适应性方面，通过研究零度以下质子交换膜燃料电池中水结冰对材料与部件的影响，中国研究人员提出了零度以下保存和启动策略，实现了燃料电池系统低温（-10℃）储存与启动。同时也进行了环境条件研究，如空气中的 NO_x、硫氧化物（SO_x）等对燃料电池的影响与解决对策研究（衣宝廉和侯明，2011）。

10.5.4 氢能燃料电池汽车示范运行

为了研究氢能燃料电池技术在实际道路条件和不同地域环境条件下的适应性，国际上开展了包括燃料电池客车和轿车在内的技术考核示范，如欧洲的燃料电池电动汽车演示项目（Hyfleet：CUTE）计划、美国加利福尼亚州燃料电池伙伴合作计划（CaFCP）示范项目、日本的氢能和燃料电池汽车示范计划（JHFC）项目等。我国根据自身的经济发展和技术发展水平特点，自 2006 年开始在北京开展了国内外燃料电池城市客车的商业化示范、基于北京奥运会需要的特定服务，在上海开展了基于上海世博会场馆服务的示范运行，并于 2010 年在新加坡青奥会上示范运行。先后有 10 辆燃料电池城市客车和 110 辆燃料电池轿车参与示范活动。

（1）北京燃料电池客车商业化示范

北京燃料电池客车商业化示范是联合国发展计划署（UNDP）和全球环境基金（GEF）共同支持的项目，同时也是欧盟 HyFleet：CUTE 项目的一部分。项目于 2003 年 3 月启动，经过基础设施建设与车辆的生产，于 2006 年 6 月至 2007 年 10 月期间完成了 3 辆戴姆勒/克莱斯勒公司生产的奔驰 Citaro 低地板燃料电池公共汽车的载客运行；2008 年 8 月至 2009 年 7 月完成了 3 辆北汽福田汽车公司生产的 BJ6123C6N4D 低地板燃料电池混合动力公共汽车的载客运行。表 10-3 为示范车辆的基本性能参数。

表 10-3　北京示范用燃料电池城市客车主要性能指标

车辆型号	Citaro（奔驰）	BJ6123C6N4D（北汽福田）
车辆外形尺寸(长×宽×高)（m）	11. 95 ×2. 55 ×3. 688	11. 98 ×2. 55 ×3. 45
车辆整备质量（kg）	14 300	14 200
燃料电池系统功率（kW）	（Ballard HY205）/205	（新源动力、上海神力）/80 或 100
燃料电池系统效率（%）	43 ~38	
车载储氢系统	35MPa	25MPa
一次加氢行驶里程（km）	150 ~250	>200

3 辆 Citaro 燃料电池客车在 16 个月期间总计在公交线路上运行 92 116km（其中载客运行84 922km），载客 5. 6 万人次，燃料电池系统实际运行时间 5700h（除去调试的有效时间为 5358h），消耗氢气 16 621kg，平均百公里氢气消耗 19. 57kg。3 辆北汽福田燃料电池客车在 12 个月的示范运行时间内，在公交线路上运行 75 460km（其中载客运行 60 198km），运送乘客 4 万人次，平均百公里运送旅客 66. 4 人次，燃料电池系统运行时间 3646h，消耗氢气 5753kg，平均百公里氢气消耗 9. 56kg，详细示范运行数据见表 10-4（Lun，2008）。

表 10-4　北京燃料电池客车商业化示范数据汇总

统计指标	2006. 6 ~2007. 10（Citaro）	2008. 8 ~2009. 7（BJ6123C6N4D）
载客运行里程（km）	84 922	60 198
电堆运行时间（h）	5 358	3 646
客运量（人次）	56 851	39 995

续表

统计指标	2006.6～2007.10（Citaro）	2008.8～2009.7（BJ6123C6N4D）
燃料消耗（kg）	16 621	5 753
燃料消耗（kg/100km）	19.57	9.56
平均载客强度（人/100km）	66.9	66.4

两款示范运行的车辆在主要基本性能相当（车体长度、整备质量相当）、运行环境基本相同（同一条线路、历经春夏秋冬1年、平均百公里运送旅客人次近似）的情况下，两者的燃料经济性出现了显著的差异，后者9.56kg的百公里氢气消耗为前者19.57kg的48.9%，燃料经济性改善了50%以上。主要原因是Citaro采用了全燃料电池驱动的方案，而北汽福田汽车采用了燃料电池与动力电池混合驱动的方案。采用混合驱动方案能提高燃料经济性、降低百公里氢气消耗，主要得益于混合动力方案的几点优势：一方面降低了对燃料电池功率的需求，减少了大功率燃料电池系统所需要的辅助系统能量消耗；另一方面能够实现车辆制动过程中制动能量的有效回收利用。这一优点在Citaro的第二代产品中也得到了应用。

（2）2008年北京奥运会示范运行

2008年7月到9月的北京奥运会和残奥会期间，包括3辆燃料电池城市客车和20辆燃料电池轿车以及其他车辆（如混合动力汽车与纯电动汽车）等在内的共计595辆新能源汽车实施了大规模的服务示范活动，其中燃料电池电动汽车主要作为马拉松比赛的引导车和收容车使用，并为奥运官员的公务出行提供服务。表10-5为示范车辆的主要参数，表10-6为示范期间车辆使用数据的统计（来自于北京加氢站加注操作的记录数据）。

表10-5　2008年北京奥运会示范燃料电池汽车主要参数

车辆型号	PASSAT领驭燃料电池车（上海大众）	BJ6123C6N4D（北汽福田）
车辆外形尺寸(长×宽×高)（m）	4.789×1.765×1.44	11.98×2.55×3.45
车辆整备质量（kg）		14200
功率（燃料电池系统）（kW）	40	80或100（新源动力、上海神力）
动力电池容量（Ah）	8（锂离子）	80（镍氢）
车载储氢系统（MPa）	35	20
一次加氢行驶里程（km）	>300	>200
车辆数量	20	3

示范运行结果表明，20辆上海大众领驭燃料电池轿车运行里程7.3万km，3辆北汽福田燃料电池客车运行2.1万km，在统计的90天时间段内，平均每辆轿车每天运行40km，燃料电池客车平均每天运行78km，具有了一定的示范强度。燃料电池轿车的百公里氢气消耗为1.2kg，燃料电池客车在此期间的百公里氢气消耗为10.8kg。在氢气加注时间统计上，平均为燃料电池轿车加一次氢气的时间为3min（35MPa的加注压力），为燃料

电池客车加注一次氢气的时间平均为 10min。

表 10-6　奥运示范期间燃料电池汽车运行数据统计

统计指标	燃料电池轿车（7～9 月）	燃料电池客车（7～9 月）
车辆数量	20	3
运行总里程（km）	73 000	21 142
单车每天运行里程（km）	40	78
氢气加注压力（MPa）	35	20
氢气加注次数	712	115
平均每次加注时间（min）	3	10
燃料消耗（kg/100km）	1.2	10.8

（3）2010 年上海世博会示范运行

2010 年上海世博会期间，包括 6 辆燃料电池城市客车、90 辆燃料电池轿车和 100 辆燃料电池观光车等在内的共 196 辆燃料电池机动车参与了示范运行。其中，燃料电池轿车包括上汽荣威 750、上海大众领驭、长安志翔、一汽奔腾、奇瑞东方之子等车型，采用同济大学的新一代燃料电池动力系统技术平台技术，各款车型的主要性能指标见表 10-2；6 辆燃料电池城市客车均为上海申沃客车有限公司生产，采用的技术分别来自清华大学的第四代燃料电池客车动力技术和同济大学的双动力系统（双燃料电池系统）技术，图 10-15 为采用两种技术方案的燃料电池客车照片。

图 10-15　采用不同技术方案服务世博会的两款燃料电池客车（左图 - 清华技术，右图 - 同济技术）

王哲（2010）对上海世博会期间这 196 辆燃料电池汽车的运行情况进行了总结，基本情况为：燃料电池客车从 5 月 18 日开始参与园区内国展路线运营，其中采用清华技术的燃料电池客车从 2010 年 5 月到 2010 年 10 月共计运行 6550km，平均 100km 氢气消耗量 12kg。90 辆燃料电池轿车分别在上海济阳路基地和安亭基地承担世博会行政中心和市府接待办安排的贵宾用车任务。其中济阳路基地车辆为 50 辆荣威燃料电池轿车，安亭基地为 40 辆领驭、奔腾、志翔、东方之子等燃料电池轿车。100 辆燃料电池观光车在园区内高架步道及北环路运行，共计出车 8883 车次，载客运行 154.013 万人次，总行驶里程 48.7629 万 km。

10.6 能量流动图谱分析

始于2008年7月的北京燃料电池客车商业化示范项目，3辆国内企业（北汽福田）生产的燃料电池城市客车投入运营，持续1年。本次示范运行的燃料电池汽车混合动力大客车选用混合动力系统构型。示范车运行线路包括常规载客运行线路和奥运服务线路（图10-16）。其中，从颐和园北宫门到联想桥之间载客运行的801线路的公交载客运营，每日运营距离约为82km。根据运行数据（表10-7）进行统计分析，示范项目的运行时间为3834h，车辆运营里程57 453km，平均每日行驶时间6.15h、行驶里程92.07km，平均车速14.97km/h。

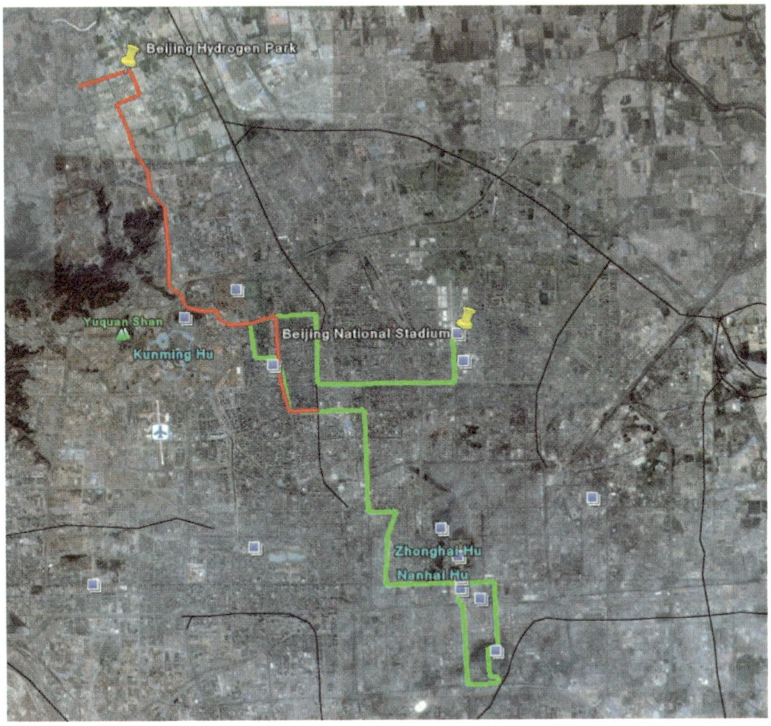

图10-16 北京燃料电池客车示范运行线路（红色－载客运行线路；绿色－奥运服务线路）

表10-7 燃料电池客车北京示范运行统计

试验车编号	运行天数（d）	运行时间（h）	行驶里程（km）
1号	205	1 243	18 907
2号	218	1 357	19 810
3号	201	1 234	18 736
合计	624	3 834	57 453

10.6.1　燃料经济性分析

基于车辆监测系统采集数据，计算了三辆燃料电池示范客车在这段运行时间的总燃料电池能量效率，分别为：1 号车 45.00%，2 号车 47.49%，3 号车 48.19%。三辆示范车在每一个正常运行工作日的百公里氢耗，以及整个示范运行过程中的平均 100km 氢耗。如表 10-8 所示。

表 10-8　基于车辆流量计算和实际氢气加注量的平均百公里氢气消耗

试验车编号	平均氢耗①（kg/100km）	平均氢耗②（kg/100km）
1 号车	9.66	11.50
2 号车	10.54	12.02
3 号车	9.14	11.06

注：①基于车载监测系统实测数据；②基于加氢站记录的氢气加注量数据

为了分析气候条件和技术方案变化对车辆燃料经济性的影响，对车辆的逐月的燃料经济性平均值分别进行了统计，同时也实现了对采取制动能量回馈技术前后燃料经济性变化的跟踪。具体结果如图 10-17。对于平均氢气消耗逐月变化的趋势，结合技术的变化，分析结果如下。

1）2008 年 8 月 ~2008 年 10 月，平均氢耗的下降主要是由于随着气温降低，冷风空调使用率随之降低。

2）2008 年 10 月 ~2008 年 12 月，平均氢耗的上升主要是由于随着气温进一步降低，暖风空调使用率随之升高。

3）2009 年 2 月 ~2009 年 3 月，平均氢耗下降的一个因素是从 2009 年 3 月 16 日起，3 号车开始使用制动能量回收技术。

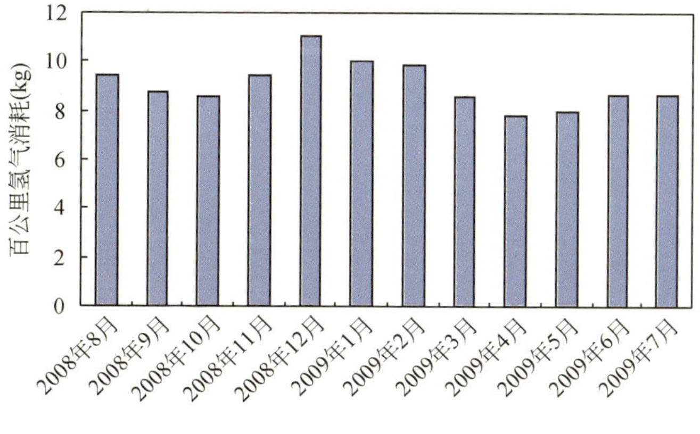

图 10-17　每月平均百公里氢耗

10.6.2 车内能量流动分析

邓学等对示范期间同一车辆在技术改进前后的车辆内各部件消耗的能量进行了计算和分析，获得了不同运行条件（开空调与否、制动能量是否反馈回收）下得整车能量流动图谱，为燃料电池客车进一步提高燃料利用效率提供了有益的参考（邓学，2010a）。图 10-18比较了两种条件下的能量流动图谱。基于能量图，可以很直观的发现通过加载能量回馈技术，燃料电池汽车的效率得到很大的提高，驱动功耗占比从 2008 年 8 月的 24.82% 提升 2009 年 4 月的 32.20%。

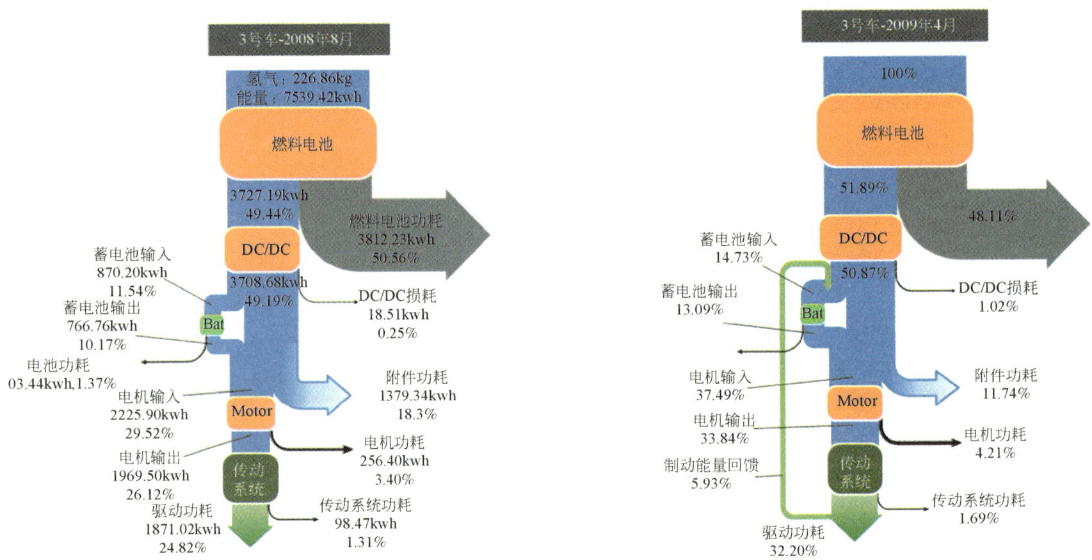

图 10-18 车内能量流动图

10.7 氢能汽车发展的情景分析

尽管可能存在少量氢内燃机或氢—天然气内燃机驱动的车辆，但从能效和排放的角度来看，未来氢能在车辆上的主要应用方式还是以高效率、零排放的燃料电池为主点。Wang 等（Wang et al. , 2005；Wang et al. , 2007）分析了氢能燃料电池汽车在 2020 年和 2050 年中国车用交通的地位，在技术成熟的前提下 2020 年后氢能燃料电池汽车会成为汽车技术的重要组成。邓学等针对燃料电池汽车技术发展的不同情景，分析了车用氢气的供应潜力及满足燃料电池汽车发展需求的能力（邓学，2010b）。

结果表明以 2007 年 600 万 t 的副产氢为前提，这部分氢气的能量相当于 1812 万 t 汽柴油，约占 2009 年我国车用汽柴油消耗量的 20%。如果应用于燃料电池乘用车，以一辆燃料电池乘用车年行驶里程 20 000km 消耗 240kg 氢气计算（每 100km 耗 1.2kg 氢气），可供应 2500 万辆燃料电池乘用车的运行，达到中国 2009 年汽车总保有量的 45%，是 2050 年车辆总保有量预测值的 6%。

如果未来燃料电池客车率先得到商业应用，假设燃料电池客车的燃料经济性从目前的 9.56kg 改善到 6.32kg/100km，以一辆燃料电池客车年行驶里程 14 400km 消耗 882.32kg 氢气计算，可供应 686 万辆燃料电池大客车的运行。远远超过中国目前 170 万辆营运客车的规模。

10.8　结论和建议

1）中国氢气生产仍然以化石燃料为主要原料，年产氢气量为 1243 万 t，其中以煤制氢为 712 万 t，天然气制氢 288 万 t，石油制氢 243 万 t。同时还有 600 万 t 的工业副产氢。

2）中国大部分的氢气生产和消费集中在大型的合成氨、炼油、精甲醇和氯碱化工业，2007 年合成氨消耗氢气 88 万 t、加工原油消耗氢气 170 万 t、甲醇生产消耗氢气 124 万 t。交通领域直接利用氢气量很小，只有示范的燃料电池汽车使用。

3）中国鼓励氢能燃料电池汽车技术研发，国家中长期科技发展计划纲要、中国能源政策、节能技术政策大纲以及国家应对气候变化方案等政策均有氢能与燃料电池技术开发项目。

4）中国氢能燃料电池汽车及燃料电池系统技术取得了重要进步。形成了分别以清华大学和同济大学为代表的燃料电池城市客车和燃料电池乘用车技术研发核心团队，形成了以燃料电池与动力电池联合驱动的混合动力技术特色技术。燃料电池汽车实现了北京和上海两地的示范运行。

5）中国车用燃料电池系统的效率和能量密度大幅度提高，加压燃料电池系统的效率达到 49%，常压系统的效率达到 62%；加压系统的质量比功率从 2005 年的 86W/kg 上升到 2010 年 200W/kg；燃料电池系统实现了 -10℃ 环境下的储存与启动。

6）燃料电池城市客车示范运行数据分析表明，中国燃料电池城市客车的每 100km 氢气消耗为 9.56kg，比在同一条线路上开展示范的国外第一代燃料电池客车燃油经济性改善 50% 以上。

7）中国 2007 年产 600 万 t 的工业副产氢气，可以满足 2500 万辆燃料电池乘用车或 686 万辆燃料电池大客车运行对氢气的需求。

参考文献

陈霖新 . 2002. 对我国氢气规模生产的分析研究//中国动力工程学会 . 中国动力工程学会成立四十周年文集.

邓学，王贺武，黄海燕 . 2010b. 中国车用氢能潜力分析 . 科技导报，28（9）：96-101.

邓学，叶雨明，王贺武，等 . 2010a. 北京奥运示范运行燃料电池大客车的能量分析 . 清华大学学报（自然科学版），50（5）：654-659.

侯震 . 2004. 加氢装置氢耗量模型的研究 . 化工设计，21（1）：31-34.

毛宗强 . 2006. 氢能——21 世纪的绿色能源 . 北京：化学工业出版社 .

欧阳明高，李建秋，杨福源，等 . 2009. 汽车新型动力系统：构型、建模与控制 . 北京：清华大学出版社 .

任洪理 . 2008. 加氢型炼厂总加工流程氢气资源的优化 . 化工设计，18（3）：15-21.

上官方钦 . 2009. 钢铁生产主要节能措施及其 CO_2 减排潜力分析 . 冶金能源，28（1）：3-8.

汤林，陈宝生 . 2002. 合成氨驰放气、排放气的氢气回收技术 . 化学工业与工程技术，23（4）：16-18.

王哲 . 2010. 上海世博会模式和后世博部署——上海崇明岛 . http：//iphe. net/docs/Events/China_ 9-10/2-1_ Wang% 20Zhe% 2009//. pdf［2011-11-05］

谢继东，李文化，陈亚飞 . 2007. 煤制氢发展现状 . 清洁煤技术，13（2）：77-82.

衣宝廉，侯明 . 2011. 车用燃料电池耐久性的解决策略 . 汽车安全与节能学报，2（2）：91-100.

张学镭，王松岭，陈海平，等 . 2006. 焦炉煤气利用项目的经济性评价 . 现代化工，26（1）：47-52.

赵骧、佟浚芳，蒋燕清 . 2004. 我国甲醇工业现状 . 化肥工业，31（3）：6-15.

甄子健 . 2011. 实现“三纵三横”关键技术突破 科技创新带动我国新能源汽车战略性新兴产业形成 . 中国科技财富，（07）：

朱起明，魏俊梅，徐柏庆 . 2011. 中国氢气的生产和应用——现状与前景 . http：//atmsp. whut. edu. cn/resource/doc/1885. doc［2011-12-02］

Deng X，Wang H W，Huang H Y，et al. 2010. Hydrogen flow chart in China. International Journal of Hydrogen Energy，7：6475-6481.

Hao H，Wang H W，Yi R. 2011. Hybrid modeling of China's vehicle ownership and projection through 2050. Energy，（36）：1351-1361.

Lun J G. 2008. Progress of the GEF-UNDP-CHINA Cooperation Project“Demonstration For Fuel Cell Bus Commercialization in China”. Reykjavik，Iceland：5th International Fuel Cell Bus Workshop.

Wang H W，Ouyang M G. 2007. Transition strategy of the transportation energy and powertrain in China. Energy Policy，35（4）：2313-2319.

Wang H W，Quyang M G. 2005. Hydrogen and fuel cell development in China towards 2020. Proceedings of the 3rd International Conference on Fuel Cell Science，Engineering，and Technology：667-671.

Wang M，et al. 2006. Projection of Chinese motor vehicle growth，oil demand，and CO_2 emissions through 2050. http：//www. transportation. anl. gov/pdfs/TA/398. pdf［2011-11-28］.

第11章 车用燃料技术路线全生命周期能耗及温室气体排放

11.1 国内外车用燃料全生命周期研究情况

由于能源使用和温室气体（GHG）排放的全生命周期分析（life cycle analysis，LCA）是车用燃料路线综合评价的重要方面，国内外学者较早就开始研究，并取得了一系列具有地域特征的研究成果（柴沁虎，2008；张阿玲等，2008）。

在过去近20年间，对于替代燃料/车辆，国际上除了在车辆和能源技术上进行大量科学研究和试验之外，对不同技术路线的能源使用与污染物排放情况，许多研究机构和专家学者也进行了研究，并建立起专门的LCA模型，如GREET（greenhouse gas，regulated emissions and energy use of transportation energy）和LEM（life-cycle emission model）模型（Delluchi，1991，2003；Wang，1999，2004）。基于这两种模型，有许多机构和学者进行了基于北美和欧洲等地区情况的技术路线的LCA研究（Concawe et al.，2007；Wallate et al.，2001），研究结论具有非常明显的地域差异性，不能简单地应用到其他地区。

国内LCA工作主要包括早年对车辆运行阶段（包括发动机台架试验）、新能源商用车和乘用车的单路线分析，和近几年来两条或者多条路线间的对比分析。在这些研究中，由于缺乏大量的、基础性的关于实际运行或者统计的数据支撑，许多结论主要是基于试验数据或者对未来情况的发展预测，因此很难简单地把来自不同文献的研究结果放到同一平台上进行比较而得到科学结论。

近年来清华大学和福特公司、中国汽车技术研究中心和通用公司分别通过科研机构和汽车厂商、燃料供应商合作的形式，主要利用GREET模型（该模型基于美国能源生产链结构开发，参数的默认赋值为美国情况），并进一步采用尽可能多的中国本地化数据，进行了基本反映中国实际情况、基于同一计算平台的多燃料/车辆路线的全生命周期综合比较，并取得了一系列研究成果（CATARC，2007；柴沁虎，2008；申威等，2006；张阿玲等，2008）。

11.2 车用燃料全生命周期分析模型

利用基于从矿井到车轮（well-to-wheels，WTW）方法的 LCA 工具，可对各种车用燃料路径的能量消耗、温室气体排放进行全面深入理解。

通过对基于美国情况开发的 GREET 模型（Wang，1999）进行最大努力地调整和完善，搭建起尽可能基于中国情况的 LCA 工作平台，开展中国本地化的车用燃料 WTW 分析（Ou et al.，2009，2010，2011）。因此本节内容主要阐述基于 GREET 模型的全生命周期计算方法（Wang，1999，2001）。

11.2.1 阶段划分和功能单位

国际上成熟的美国 ARGONNE 国家实验室 GREET 交通能源计算模型中能耗及污染物 WTW 分析模块主要研究车用燃料的能源使用和污染物排放问题，包括两个主要阶段：从矿井到加油泵（well to pump，WTP）和从加油机到车轮（pump to wheels，PTW）。前者的研究对象是车用燃料的上游生产阶段，包括资源开采、资源运输、燃料生产与燃料运输、分配和储存，以及燃料加注过程，后者的研究对象是车用燃料的下游使用阶段，也就是机动车行驶中的燃料燃烧和排放。如图 11-1 是以传统柴油路线为例的图示。

专栏 11-1 车用燃料全生命周期分析的阶段划分

主要车用燃料路线涵盖的 WTP 各子阶段如下表所示。

资源开采	资源运输	燃料生产	燃料运输、分配、储存和加注
原油开采	原油运输	炼制汽油、增氧剂炼制、含氧汽油调配	汽油运输、分配
		炼制柴油	柴油运输、分配
		炼制 LPG	LPG 运输、分配
天然气开采、净化处理	天然气运输	天然气压缩	CNG 运输、分配
		天然气制氢、氢气压缩	压缩氢气运输、分配
		天然气液化	LNG 运输、分配
煤炭开采、加工洗选	煤炭运输	煤炭气化、合成甲醇	甲醇运输、分配
		煤炭气化、合成 DME	DME 运输、分配
		生产 CTL	CTL 运输、分配

续表

资源开采	资源运输	燃料生产	燃料运输、分配、储存和加注
原油、天然气、煤炭和其他原料开采加工处理	原料运输	原料发电	电力运输、分配及电池充电
玉米、木薯和甜高粱种植和采收	玉米、木薯和甜高粱运输	生产燃料乙醇	燃料乙醇运输、分配
地沟油收集和麻风果种植	地沟油和麻风果运输	生产生物柴油（BD）	BD 运输、分配
农林废弃物采集	生物质运输	生物燃料制取	生物燃料运输、分配

资料来源：欧训民，2010

在 WTP 阶段，将功能单位统一设定为“在加油（气、氢）机或充电口，低热值为 1 MJ的燃料”；在 PTW 阶段，功能单位设定为“汽车行驶单位距离”，本研究中设定为“汽车行驶 1 km”。

两者之间通过汽车的燃料经济性数据建立联系，如：汽车行驶 1 km 的 WTW 能耗 = 汽车行驶 1 km 燃料消耗量 ×（单位燃料燃烧的能耗 + 生产单位燃料所导致的能耗）；汽车行驶 1 km 的 WTW 某种 GHG 排放 = 汽车行驶 1 km 燃料耗量 ×（单位燃料燃烧的该种 GHG 排放量 + 生产单位燃料所导致的该种 GHG 排放量）。

11.2.2　计算方法与逻辑

11.2.2.1　迭代计算得到准确测算

运用模型计算不同燃料路线的能耗及污染物排放的时候，会出现循环引用情况：如开采石油、运输石油的过程中都需要用到柴油，而柴油本身又是由石油开采、炼制后得到。在 GREET 模型中，利用 Excel 软件中的内嵌迭代计算功能实现准确测算（Wang，1999）。

11.2.2.2　从矿井到加油泵

（1）能耗计算逻辑

GREET 模型首先以具体某阶段产出单位热值为基准，计算该阶段的污染物排放和能量利用。模型最终整合 WTP 所有阶段的排放和能量利用，得到整个 WTP 阶段的结果（Wang，1999）。

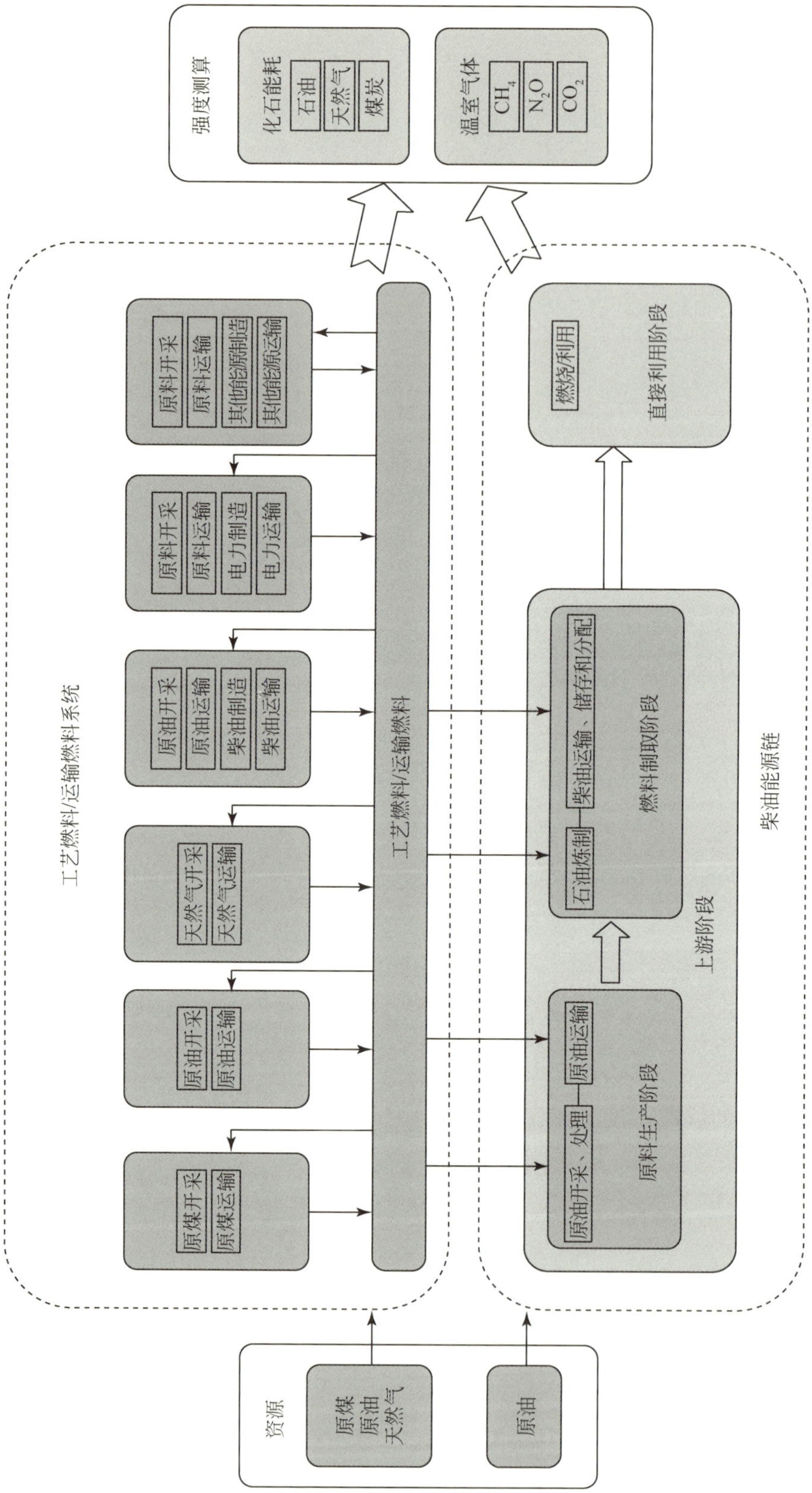

图11-1 车用燃料全生命周期能耗与碳排放示意图(以传统柴油路线为例)

(2) 排放物计算逻辑

GREET 模型针对某一特定阶段，可以利用能量效率和燃料份额来确定按燃料种类划分的能量使用情况。按燃料种类划分的能量使用情况、各种燃料的排放因子以及各种燃烧技术的排放因子，来计算排放物数量（Wang，1999），如图 11-2 所示。

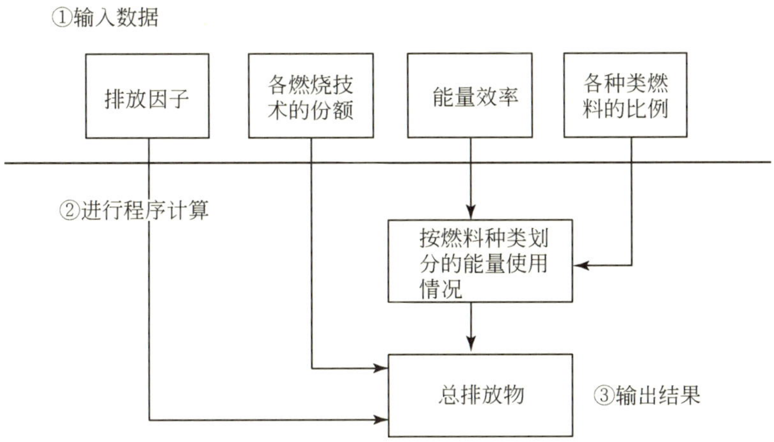

图 11-2 WTP 阶段排放计算逻辑示意图

11.2.2.3 从加油泵到车轮

GREET 模型 PTW 阶段各种驱动技术车辆的能耗和排放物的计算取决于外部输入的数据。其中与车辆能耗直接相关的外部参数就是燃油经济性（百公里油耗，L/100 km）。通过燃油经济性可以计算得到车辆行驶单位里程（km）所消耗的能量；并由此与 WTP 阶段的计算结果（获得每单位能量所消耗的能量）相衔接。

11.2.2.4 从矿井到车轮

通过 WTP 阶段的分析计算，可以得到上游阶段（原材料开采、运输，燃料生产、运输）的能量消耗和污染物排放结果；通过 PTW 阶段的分析计算，可以得到下游阶段（车辆运行）的能量消耗和污染物排放结果；WTW 整合就是将上游的 WTP 计算结果转化为车辆每行驶单位里程的能耗和污染物排放量并与下游的 PTW 计算结果进行对接，从而得到最终燃料/驱动技术组合技术途径的计算结果。

11.3 燃料与车辆路线

11.3.1 石油基燃料路线

11.3.1.1 石油开采、进口与炼制

如本书第 5 章所述，2009 年，中国自产原油 1.89 亿 t，而进口原油为 2.04 亿 t。

业内专家认为，相对于中东和墨西哥湾地区的油田来说，中国各油田的技术水平和所面临的开采难度不同。申威（2007）发现中国原油开采的能源效率比美国水平低一些，但差距在5%以内。CATARC（2007）经过充分调研，考虑到中国油田2%左右的开采损失率（高于美国0.3%和俄罗斯0.6%水平）中有少量油田自用，分析得到中国2005年的原油开采能源效率为91.28%。考虑到随着时间往后推移，油田通过提高管理水平降低能耗、物耗和采油难度增大导致能源利用效率下降双重效应，本书选择93%作为中国自产原油开采能效参数，并假定保持不变。

国内石油开采能耗构成则参考《中国能源统计年鉴2008》（国家统计局，2008）中石油和天然气开采业的终端能源消费情况，如图11-3所示。

中国石油进口主要来自中东和西非（参见第5章关于石油进口部分），这部分石油开采能效参考GREET默认的国际水平：98%。

石油炼制生产成品油的过程是一个多产品联产过程，因此需要考虑生产过程能耗在不同产品之间的分配问题。利用Wang（2004）介绍的“炼制过程级”能值法分配原则，申威（2007）核算出2005年中国典型炼厂的能效为87%，其中汽油85%、柴油87%、LPG 92%；CATARC（2007）求算出2004年汽油和柴油能效分别为90.79%和91.46%，并认为中长期来看，变化不明显。

本书取平均水平的能效：汽油88.0%、柴油89.0%和LPG 92.0%。炼制过程能耗结构则参考《中国能源统计年鉴2008》（国家统计局，2008）中国石油天然气集团公司（中石油）加工、炼焦及核燃料加工业的终端能源消费情况，如图11-4所示。

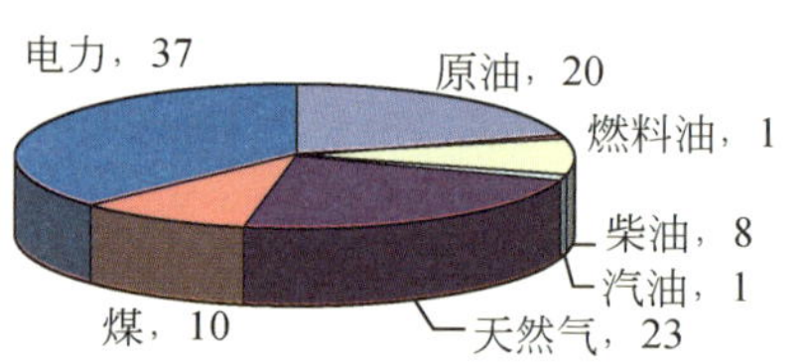

图11-3 国内石油开采能耗比例（%）

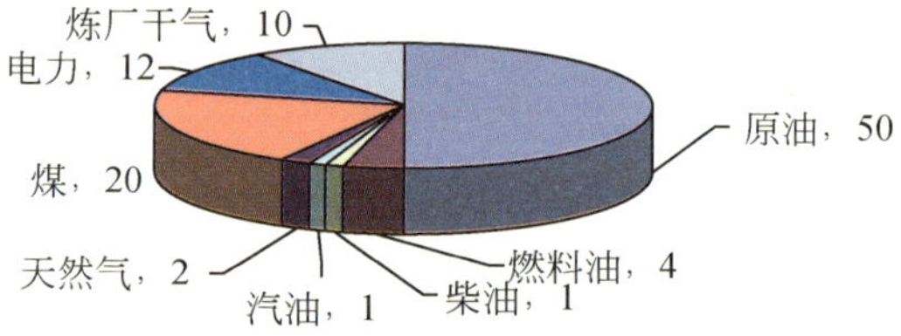

图11-4 国内石油炼制能耗比例（%）

将石油开采、进口、炼制能效相关参数汇总如表11-1所示，并与GREET模型中反映的美国情况进行比较，可知中国的能效水平相对较低。

表11-1 石油开采、进口、炼制能效相关参数

项目	数值	GREET1.8中美国参数（%）
国内原油开采效率	93.0	98.0
石油进口比例	46.7	60.0
进口原油开采效率	98.0	98.0
汽油生产能效	88.0	86.0
柴油生产能效	89.0	89.0
LPG生产能效	92.0	93.5

11.3.1.2　石油和成品油运输

石油和成品油运输过程的能源消耗量主要取决于运输比例、运输方式（对应于不同的以每吨公里货物消耗能量的运输能耗强度）和运输距离。由于各种运输方式存在接力现象，其运输比例之和可能超过 100%。

进口和国产的原油需要运输到国内各地炼油厂进行炼制。其中进口原油首先经过大型油轮进行远洋运输，以中东原油进口为代表，则其平均运距为 11 000km 左右；包括自产和进口的原油在国内的运输方式主要是管道、铁路和水运方式。80% 左右的原油需要通过管道运输，平均距离估计在 500km 左右；45% 左右的原油通过铁路进行运输，转运距离在 950km 左右；另有 10% 左右的原油经过水运方式运输，平均距离估计在 250km 左右。

同理，成品油的运输和分配情况如表 11-2 所示，汽油和柴油基本为国内自产，运输方式按占比大小依次是铁路、水运、管道和公路；LPG 则有部分通过原油运输而进口，国内主要通过铁路运输，水运和公路运输作为一定的补充方式。

表 11-2　成品油输配参数

项目	汽油、柴油		LPG	
运输方式	比例（%）	平均运输距离（km）	比例（%）	平均运输距离（km）
远洋	0	0	30	7 000
铁路	50	900	80	900
管道	15	160	0	0
水运	25	1 200	15	1 200
公路	10	50	10	50

如 Ou 等（2010b）研究，虽然中国由于管理和技术水平相对落后，上述各种交通工具的能耗强度基本上都比国际平均水平要高，但结合各运输方式所占比例测算的原油运输阶段和成品油输配阶段的能耗结果在能源链全生命周期过程中所占比例较小，此处不再赘述计算过程。并且为简化研究，未来各种交通模式的能耗情况以现值为准。

11.3.2　天然气基燃料路线

国产天然气开采、净化后，运输到工厂进行液体燃料或者氢气生产后输配车用，或者直接在加注站压缩成压缩天然气（compressed natural gas，CNG）后供汽车使用。

11.3.2.1 天然气开采与处理

CATARC（2007）以占全国总气量70%的中石油四大气田为样本，推算出2015年开采能效为96.4%左右，考虑到各年间该值变化不大，本书固定其为96%。又根据申威（2007）提到中国天然气开采和处理的能耗在10%左右，可测算出天然气净化（即处理）的能效为94%①。天然气开采、处理过程中主要使用天然气，并使用自备燃气电厂供电。

甲烷是温室气体之一，天然气开采和处理阶段的泄露能带来极为显著的温室效应；泄露水平也在一定程度上影响了天然气的节能效应。

11.3.2.2 压缩天然气生产

CNG加气站的能耗主要是电力、水耗和其他损耗，还有部分场站放空造成的天然气损耗，根据CATARC（2007）的研究，压缩能效为96.9%，其中天然气和其他损耗分别为0.038MJ/m^{3}和0.56MJ/m^{3}天然气。

11.3.2.3 液化天然气生产

液化天然气（liquefied natural gas，LNG）路线主要包括液化厂和接收站两个部分，能耗主要是电力、水耗和其他损耗，还有部分场站放空造成的天然气损耗。由于中国的LNG主要由进口供应，其生产能效和能耗可直接参考GREET模型数据：综合能耗为90.2%，能耗绝大部分为天然气（占比98%），还有2%的电力。

11.3.2.4 天然气液化制油生产

国内目前尚无天然气液化制油（gas to liquid，GTL）生产，其能耗数据直接参考GREET模型数据：综合能耗为54.2%，能耗绝大部分为天然气（99.7%），还有极少的正丁烷（0.3%）。

11.3.2.5 天然气产氢气

以天然气生产氢气的常用路线是天然气蒸汽重整制氢，这部分内容将在11.3.6“车用氢能路线”一节进行阐释。

11.3.2.6 天然气运输和天然气基燃料输配

如本书第6章所述，一般来说，经过净化处理的天然气主要通过长距离输气管道达到城市门站或者大型工业用户，达到中转站的天然气通过城市输配管网进一步输送、分配到

---

① 94% = （100% - 10%）/ 96%

每个用户。

考虑到近年来天然气管输平均运距迅速增长（1998 年 217km，2004 年 469km，2005 年约为 800km），以及国内西气东输（全长 3900km）和中哈管道（约 3000km）建设，本研究认为在中国天然气管输平均运距为 1500km。

由于车用的天然气基燃料的 WTW 分析对于天然气运输距离和运输方式比较敏感，对 CNG、LNG、GTL 和天然气制氢路线研究进行不同的运输距离的设定。

生产 CNG 的天然气的运输距离一般来说就是国内天然气管输平均运距；如果主要考虑在天然气资源丰富地区使用 CNG 汽车，生产 CNG 的天然气的运输距离则为 300km 左右（如开县气田供气给重庆），之后 CNG 直接车用，不存在进一步输配。

LNG 将主要从海外进口，采取申威（2007）分析的未来 20 年后平均到岸距离为 6700km。LNG 到港后认为直接提供给附近城市车用，进一步输配距离为 100km。

由于在气田附近建设工厂，生产 GTL 和其他液体燃料，再输配到用户的方式比较合理，可以假定天然气需要通过管道从气田运输 100 km 进厂。对于 GTL，可以认为其进一步输配方式同传统柴油，参见本章石油基成品油输配的相关内容。

天然气制氢部分在本章后面“车用氢能路线”一节进行阐释。

另外，在测算天然气运输能耗过程中，认为天然气管道的动力设备采用燃气轮机，并且消耗的能量 90% 为天然气，10% 为来自电网的外部电力；LNG 的海外运输能耗情况直接参考 GREET 模型数据。

11.3.3　煤炭及煤基燃料路线

11.3.3.1　煤炭开采与洗选

参考宋雯（2008）可得煤炭开采效率为 97%，洗选效率为 95%，因此煤炭开采洗选的综合效率为 92.15%①，所耗能源主要是煤炭（90%，包括部分煤炭自燃损失和洗选损耗）和电力（10%）。

11.3.3.2　煤基燃料生产

对以煤炭为原料，制取甲醇、二甲醚和煤液化合成成品油的路线的能效研究，麻林巍（2003）、张阿玲等（2008）和 CARTAC（2007）开展了比较多的调研和分析工作，认为国内煤制甲醇和二甲醚的工厂众多、水平参差不齐，如甲醇工厂能效从 32% 到 48% 不等；二甲醚工厂从 40% 到 45% 不等；煤制成品油路线主要还是示范工程，效率在 42% 到 60% 之间。本研究采用本书第 7 章“煤基车用燃料”数据，参见表 11-3。

---

① 综合效率(92.15%)＝煤炭开采效率（97%）×洗选效率(95%)

表 11-3 几种煤基液体燃料的能耗与能效数据

项目	煤制甲醇	煤制二甲醚	煤直接液化	煤间接液化
工厂年产量（万 t/a）	60	20	250	250
煤耗（tce/GJ）	0.064	0.067	0.065	0.076
电耗（kW·h/GJ）	19.2	24.11	12.80	18.53
能效（%）	50.22	47.46	50.31	41.41

煤炭制氢部分在 11.3.6 “车用氢能路线” 一节进行阐释。

11.3.3.3 煤炭运输及煤基燃料输配

作为电力生产的原料煤和作为煤基车用燃料的原料煤具有不同的运输模式，一般而言，煤基车用燃料生产厂都建在离煤矿较近的地区。根据中国煤炭资源分布的特点，绝大部分的煤炭资源分布在经济不发达地区，这种资源分布特征决定了煤炭生产基地远离消费市场的局面。

宋雯（2008）根据交通年鉴等相关国内资料，得出煤炭在中国的运输结构，本文进行参考并微调，结果如表 11-4 所示。

表 11-4 中国原煤运输相关参数

模式	运输量分担率（%）	运输距离（km）
铁路	75	1 000
水运	17	630
公路长途运输	8	310
公路短途运输	100	50

资料来源：宋雯，2008

一般而言，煤基燃料生产所用原料煤来自本地或距离煤炭资源较近的地区，根据对有关生产厂的了解，所需燃料煤从煤矿通过载货汽车运输 30km 到达煤场，再通过载货汽车运输 20km 到达工厂。甲醇、二甲醚和煤基液体燃料可以认为其进一步输配方式同传统柴油，参见成品油输配的相关内容。

煤炭制氢部分在 11.3.6 “车用氢能路线” 一节进行阐释。

11.3.4 生物燃料路线

本书重点对中国现有的玉米乙醇、木薯乙醇、甜高粱乙醇、麻风果生物柴油和地沟油制取生物柴油这五条一代技术路线进行全生命周期分析；并对未来的纤维素乙醇和生物质费 W 托（F-T）法合成柴油路线进行初步分析。值得指出的是，种植类生物质路线的全生命周期能源分析涉及原料种植阶段的各种能源相关投入、农机柴油和灌溉用电，以及化肥投入等内容；而全生命周期 GHG 分析还涉及土地用途变更造成的 CO_2 排放、氮肥使用过程中 N_2O 的排放等内容。

本书中，对土地变化造成的 GHG 排放情况暂不考虑，但对氮肥使用过程中氧化亚氮的排放进行了相关研究。

专栏 11-2　土地使用变化与温室气体排放

有学者认为，由生物燃料发展引起的直接的或者间接的土地使用变化，可导致森林采伐或其他生态变化，土壤中被固定的碳有可能被重新释放，造成了大量温室气体排放。

许多美国学者围绕美国玉米乙醇路线开展了较多的这方面的讨论；美国 Argonne 实验室的 Michael Wang 等在 2011 年就此问题发表了研究论文（Wang，et al.，2011），认为随着研究深入，学者们研究得出的土地变化率的数值随着研究年份或者发表年份而逐年变低（图 1），相应的土地变化导致的温室气体排放效应的数值同样逐渐降低（图 2）。

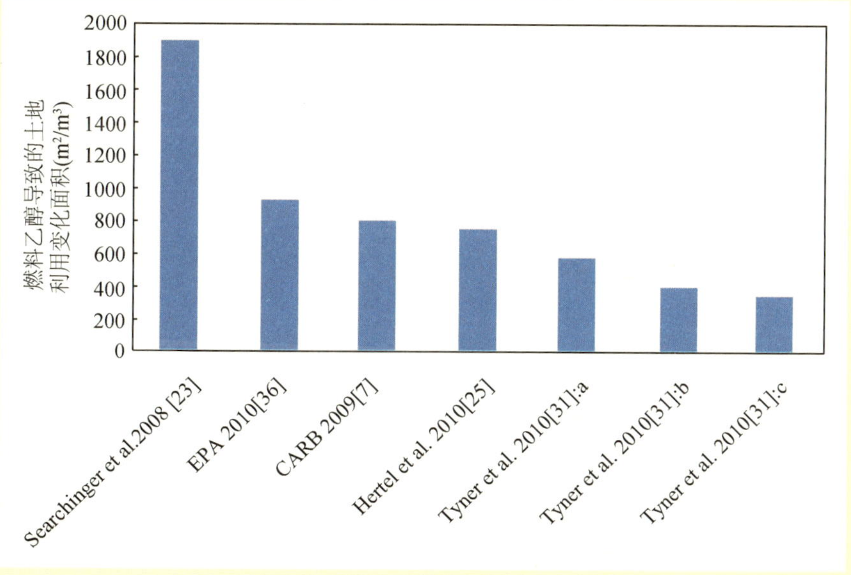

图 1　不同研究中的土地变化率数值

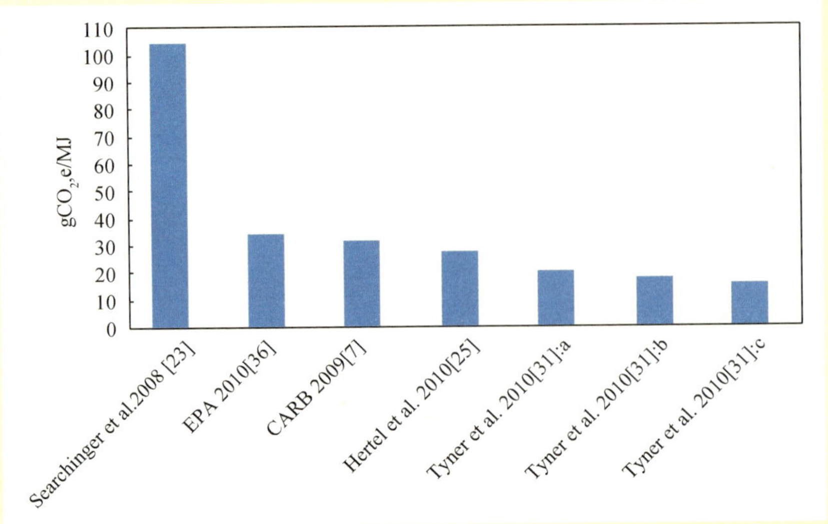

图 2　不同研究中的土地变化导致的温室气体排放量数值

资料来源：Michael Q. Wang，Jeongwoo Han，Zia Haq，Wallace E. Tyner，May Wu，Amgad Elgowainy. 2011. Energy and greenhouse gas emission effects of corn and cellulosic ethanol with technology improvements and land use changes. Biomass and Bioenergy，35（5）：1885-1896.

11.3.4.1　一代生物燃料技术路线

（1）玉米乙醇路线

结合中国现有玉米乙醇工厂情况调研，并参考若干公开文献，可确定主要参数如表 11-5 所示。可以初步判断出，中国玉米单产较低，但化肥农药投入较高，而工厂能耗也较高。其中乙醇输配距离均为四个工厂的加权平均值。对于乙醇工厂副产的玉米油和干酒糟及其可溶物（distillers dried grains，DDGS），拟采用最为保守的替代方法（Wang et al，2010），对整体的能耗和碳排放进行分摊。

表 11-5　玉米乙醇路线相关参数及来源

项目（单位）	数值	数据来源	备注
原料产量（t/hm^2）	5.36	丁文武，2010	中国平均
种植能耗（MJ/hm^2）	4478	丁文武，2010	能耗结构参考 CATARC（2007）汽油 7.16%；柴油：86.62%；电力：6.22%
N 肥投入（kg/hm^2）	162	柴沁虎，2008	
P 肥投入（kg/hm^2）	45	丁文武，2010	
K 肥投入（kg/hm^2）	131	柴沁虎，2008	
农药投入（kg/hm^2）	4	柴沁虎，2008	根据调研而更新
收集半径（km）	125	张阿玲等，2008 和 CATARC，2007	100 km 与 150 km 的平均值
转化率（t 原料/t 燃料）	3.4	丁文武，2010	全国平均值

续表

项目（单位）	数值	数据来源	备注
提炼能耗（GJ/t 燃料）	25	张阿玲等，2008	湿法
输配距离（km）	500	张阿玲等，2008	
副产品分摊比例（%）	16	Wang，2007	对玉米油和 DDGS，采用替代法

（2）木薯乙醇路线

结合中国现有木薯乙醇工厂情况调研，并参考若干文献，可确定主要参数如表 11-6 所示。其中木薯乙醇输配距离假设与玉米乙醇相同，如此假设将有利于各条生物乙醇技术路线结果对比的科学性。木薯乙醇工厂的提炼能耗相对玉米乙醇路线较少，副产品只有 DDGS，根据专家建议采用 5% 的比例，对能耗和碳排放进行分摊。

表 11-6　木薯乙醇路线相关参数及来源

项目（单位）	数值	数据来源	备注
原料产量（t/hm^2）	45	广西调研	鲜薯
种植能耗（MJ/hm^2）	1572	Dai et al.，2006	柴油为 1571 MJ/hm^2，电力为 1.1 MJ/hm^2
N 肥投入（kg/hm^2）	100	Dai et al.，2006	
P 肥投入（kg/hm^2）	100	Dai et al.，2006	
K 肥投入（kg/hm^2）	200	Dai et al.，2006	
农药投入（kg/hm^2）	0	董丹丹等，2008	
收集半径（km）	250	Dai et. al.，2006	50km 轻型卡车与 200km 重型卡车
转化率（t 原料/t 燃料）	7.5	广西调研	鲜薯
提炼能耗（GJ/t 燃料）	18	调研得知	能耗结构参考（Dai et al.，2006）：将近 100% 能耗为煤炭（仅有少量电力）
输配距离（km）	500	同玉米乙醇	
副产品分摊比例（%）	5	调研确定	对 DDGS，采用替代法

（3）甜高粱乙醇路线

结合中国现有甜高粱乙醇示范工程调研，并参考若干文献，可确定主要参数如表 11-7 所示。同样假设甜高粱乙醇输配距离与玉米乙醇相同。由于甜高粱茎秆压榨后的残渣可用作工厂燃料生产蒸汽，直接提供给乙醇生产工艺，因此乙醇工厂的副产品很少，可以忽略；而甜高粱所产籽实，数量也不是很大，因此也认为可以不对能耗和碳排放进行分摊。

表 11-7 甜高粱乙醇路线相关参数及来源

项目（单位）	数值	数据来源	备注
原料产量（t/hm²）	60	张艳丽等，2009	
种植能耗（MJ/hm²）	2 800	调研所得	其中 10% 汽油、80% 柴油和 10% 电力
N 肥投入（kg/hm²）	300	柴沁虎，2008	
P 肥投入（kg/hm²）	0	柴沁虎，2008	
K 肥投入（kg/hm²）	0	柴沁虎，2008	
农药投入（kg/hm²）	0	柴沁虎，2008	
收集半径（km）	50	调研所得	
转化率（t 原料/t 燃料）	16	张艳丽等，2009	
提炼能耗（GJ/t 燃料）	20	调研所得	其中 18GJ 为蒸汽生产用能，本案例中采用茎秆残渣为燃料；其余为电力
输配距离（km）	500	同玉米乙醇	
副产品分摊比例（%）	忽略	调研确定	茎秆残渣已经用作工厂燃料；甜高粱果实数量相对少

（4）地沟油制取生物柴油路线

目前中国的餐饮废油（地沟油）的主要流向有 3 个渠道：不法商贩用于炼制伪劣食用油、回收用于甘油或者肥皂生产，以及直接进入城市污水系统。结合福建调研了解，一般餐饮废弃物经过加热熬制、初步处理后得到地沟油，经过 1000 km 左右的较长距离运输，到生物柴油工厂进行生产，所产燃料就近使用（输配距离为 200 km 左右）。要处理得到 1 吨地沟油，要消耗大量的燃料，可达到 10 GJ；生物柴油工厂的能耗为 7 GJ/t 燃料（CATARC，2007 ）。工厂副产品主要为甘油和油渣，根据专家建议，基本采用替代法，以 10% 比例分摊能耗和碳排放。

相关参数总结如表 11-8 所示。

表 11-8 地沟油制生物柴油相关参数

项目	数值
地沟油处理能耗（GJ/t 地沟油）	10
地沟油运输半径（km）	1 000
转化率（t 地沟油/t 燃料）	1.1
提炼能耗（GJ/t 燃料）	7
输配距离（km）	200
副产品分摊比例（%）	8

（5）麻风果制取生物柴油路线

结合海南实地调研，可确定该路线主要参数如表 11-9 所示。麻风果制生物柴油工厂副产药品，具有很高的价值，根据专家建议，采用保守比例 15%，分摊能耗和碳排放。

表 11-9　麻风果制生物柴油相关参数

项目及单位	数据	备注
原料产量（t/hm^2）	5.0	调研所得
种植能耗（MJ/hm^2）	800	调研所得
N 肥投入（kg/hm^2）	97	调研所得
P 肥投入（kg/hm^2）	27	调研所得
K 肥投入（kg/hm^2）	18	调研所得
农药投入（kg/hm^2）	0	调研所得
收集半径（km）	250	调研所得
转化率（吨原料/吨燃料）	3.3	数据经（CATARC，2007）修正
提炼能耗（GJ/t 燃料）	11	数据经（CATARC，2007）修正
输配距离（km）	200	同地沟油乙醇
副产品分摊比例（%）	15	

11.3.4.2　二代生物燃料技术路线

利用秸秆等农林废弃物制取纤维物乙醇和合成柴油是未来生物质液体燃料重要路线。由于农林废弃物制取车用燃料是一种废弃物资源化利用的方式，因此对农林作物种植阶段的能耗和农化产品的消耗没有考虑其分摊情况。

对于纤维素燃料乙醇路线，原料预处理、纤维素水解等工序均需要消耗大量的电力、热力，并远远大于现有一代燃料乙醇技术路线的水平，但是由于存在大量的木质素作为燃料，该路线并不需要外购大量电力或者蒸汽。而对于生物质热化学工业合成生物柴油（biomass to liquid，BtL）路线，进入工厂的生物质不仅仅作为输入原料，还将用作生产工艺所需电力的动力燃料，因此整个路线基本不需要外部提供任何能量。

一般认为，上述两条路线方面中国技术水平和国外相差不大，因此借鉴 GREET 模型内置参数并根据中国能源结构特点进行调整（张阿玲等，2008），我们得到 2020 年左右纤维素乙醇路线和 BtL 生物柴油路线的基本数据如表 11-10。其中燃料输配距离与上面分析部分保持一致：燃料乙醇为 500km 和生物柴油为 20km。

表 11-10　二代生物液体燃料路线的基本参数

路线	纤维素乙醇		BtL 路线
原料	木质原料	草本原料	混合原料
原料热值（MJ/kg）	15.89	14.63	15.55
采集能耗（－）	忽略	忽略	忽略

续表

路线	纤维素乙醇		BtL 路线
运输半径（km）	100	100	100
运输能耗［L/(t·100km)］（柴油）	7.45	7.45	7.45
转化率（吨原料/吨燃料）	4.1	3.7	6
除生物质作为过程燃料还需电耗（GJ/t 燃料）	1.00	0.85	0
工艺燃料类型及比例	煤炭（100%）	煤炭（100%）	生物质原料（100%）
吨液体燃料电力副产（kW·h）	400	200	0
输配距离（km）	500	500	200

11.3.5 车用电力路线

电力不仅是其他车用燃料制取路线的重要的能源投入，也可以直接作为车用燃料，用于驱动纯电动汽车和插电式混合动力（Plug-in EV，PHEV）。

需要首先求算出各种电力路线从矿井到电表的能效和温室气体排放情况，再结合充电站充电效率和电动汽车能效分析，即可测算出各条电力路线的 WTW 分析结果。

11.3.5.1 现有电力路线

由于用户使用电动车时，获得电能的最直接方式是从国家电网购电，因此本研究主要基于研究网电的 WTW 情况。经测算，中国按照发电量的生产结构如下：火电 83%，大水电 15%，核电 2%，并有非常少量的风电、太阳能发电、小水电、生物质发电和其他方式发电。

火电中基本是煤电，并有极少量的油电和气电，分别占全国发电量 80%、2% 和 1%。考虑到厂用电，各种路线的供电能效如下：煤电 36%，油电 32%，气电 45%。在电力输配阶段，2008 年中国电网的综合线损比例为 6.5%。利用 GREET 模型，可求算出煤电、天然气发电和油电的从矿井到电表的全生命周期能耗和温室气体排放情况。

另外，对于水电而言，其化石能耗的投入可以忽略不计，但由于水库淹没会带来植被生物有机质腐败引起的 CO_2 和甲烷等温室气体排放，比较明显，此处根据（Weisser，2007）推荐，选用水电排放因子为 5g $CO_{2,e}$/MJ；对于核电而言，根据 Ou 等（2011）研究，由于核燃料获得与运输过程导致的能耗，全生命周期的煤炭、天然气和原油消耗量合计为 0.063 MJ/MJ 核电上网，分别占比 80%、10% 和 10% 左右，全生命周期温室气体排放为 6.506 g $CO_{2,e}$/MJ。

对于其他电力路线，以生物质发电为代表进行研究，参考 Ou 等（2011），基于以下主要假设：①原料热值为 15.89 MJ/kg。②原料运输距离为 100 km。③运输车辆的能耗为 0.0745 L/（t·km）。由此可以测算出全生命周期化石能耗为 0.076 MJ/MJ，其中煤为 0.010 MJ/MJ，天然气为 0.002 MJ/MJ，原油为 0.064 MJ/MJ；全生命周期温室气体排放为 5.846 g $CO_{2,e}$/MJ。

11.3.5.2　未来电力路线

在未来火电路线的发电效率将进一步提高同时，核能和可再生能源等清洁电力的占比也将逐渐增大；而且有可能在燃煤电厂应用二氧化碳捕获与封存（CO_2 capture and storage，CCS）技术。其中 CCS 技术以使煤电效率降低 10% 左右的代价捕获 90% 的电厂排放的 CO_2。另外，本研究假定未来线损将逐渐下降，如 2020 年线损率将改善到 5% 左右。

11.3.6　车用氢能路线

11.3.6.1　天然气制氢

本书研究的天然气制氢方式包括中央工厂集中制氢和加注站现场制氢两种方式，并且均可制得压缩氢气和液态氢气两种最终燃料产品。

申威（2007）调查表明，2005 年左右中国的天然气制氢装置的效率为 47% ~65%，低于国际平均水平（69% ~75%），但考虑到近 5 年来的技术进步，本书选取 71% 作为分析依据；考虑到技术水平差距不大，氢气压缩效率和氢气液化效率的参数直接参考 GREET 模型数据，分别是 92.5% 和 67.2%。

11.3.6.2　煤制氢

通过煤气化制备合成气，可以进行氢气或者液氢的生产，除了气化工艺外，基本类似于天然气制氢路线。煤气化需要大型的气化设备，并且需要规模化生产才能降低高成本，不适合于加注站现场制氢，只适合于中央工厂制氢。申威（2007）分析从 2010 到 2020 年，中国大型煤制氢设备的能源效率为 48% ~ 55%。本研究采用 CATARC（2007）的数据，煤制氢能源效率为 51.5%，氢气压缩效率为 92.5%。

11.3.6.3　电能水解制氢

利用各种不同来源的电能都能实现电解水制氢。在加注站现场制氢一般采用来自当地电网的电力，而如果大规模集中制氢，则可使用水力、风力、太阳能和核能制氢。制氢厂电解水阶段的能效数据采用 GREET 模型默认数据，为 80% 左右。各条具体路线的整体效率主要取决于发电阶段的效率，如 11.2.5.1 节所述。

11.3.6.4　生物质制氢

以木材和秸秆为原料，通过气化过程可以得到合成气，这个过程与煤气化过程基本相同。合成气则可以来生产氢气，但和煤制氢类似，需要大型的气化设备，并且需要规模化生产才能降低高成本，不适合于加注站现场制氢，只适合于中央工厂制氢。本书采用申威（2007）分析的42%～48%的制氢效率。

11.3.6.5 高温气冷堆—热化学裂解水制氢

当水被直接加热到超高温时，部分的水蒸气可以裂解为氢和氧。本书采用申威（2007）分析的数据，到2020年左右，并且仅有50%～60%的制氢效率。

11.3.6.6 氢能的运输

工厂制得的气态氢被压缩后，可以通过管道输送，长期来看，运输距离可达到1000 km左右（申威，2007）；液氢的输配距离相对较小，申威（2007）也认为在110 km左右。

11.3.7 其他相关技术

11.3.7.1 CCS技术

CCS是把CO_2从工业和能源过程的排放中分离出来，运输到特定的地点并长期贮存（IPCC，2005）。利用煤炭和生物质等资源制取多种车用燃料（如液体燃料、电和氢）的过程中，会形成富含碳的合成气。在这个合成气阶段可以比较容易地利用CCS技术，实现CO_2的捕获。

对于未来煤化工应用CCS技术，参考申威（2007）和Jaramillo等（2009）研究认为未来获得1t压缩CO_2需额外消耗电力80～160kW·h，此时工厂产生的CO_2捕获率能达到90%左右。

对于在燃煤电厂和生物质直燃发电厂应用CCS技术，本研究认为以使煤电效率降低10%左右的代价捕获90%的电厂所产CO_2。

对于CO_2的运输和存储阶段，本研究认为其能耗水平跟捕获阶段相比，完全可以忽略。

11.3.7.2 车用燃料/汽车技术组合

综合上述燃料路线分析，我们主要对表11-11所示的车用燃料路线进行研究。

表11-11 本书涵盖的车用燃料路线

能源＼车用燃料	汽油	柴油	LPG	CNG	LNG	甲醇	二甲醚	生物乙醇	生物柴油	电	氢
原油	◎	◎	◎							◎	
天然气		◎	◎	◎	◎						◎

续表

能源 \ 车用燃料	汽油	柴油	LPG	CNG	LNG	甲醇	二甲醚	生物乙醇	生物柴油	电	氢
煤炭		◎				◎	◎			◎	◎
生物质								◎	◎	◎	◎
水能、核能、风能、太阳能等										◎	◎

上述车用燃料同传统和先进的机动车驱动技术相配合，将产生不同的燃料/动力技术组合，如表 11-12 所示。

表 11-12　本书涵盖的车用燃料/动力技术组合

能源 \ 车用燃料	汽油	柴油	LPG	CNG	LNG	甲醇	二甲醚	生物乙醇	生物柴油	电	氢
点燃式内燃机	◎		◎	◎	◎	◎①		◎①			◎②
压燃式内燃机		◎					◎		◎		
点燃式内燃机（混合动力）	◎					◎①		◎①			◎②
压燃式内燃机（混合动力）		◎					◎		◎		
EV										◎	
PHEV③	◎					◎		◎		◎	
FCV											◎

①对于高比例醇类，可以进一步应用灵活燃料车（Flexible fuel vehicle，FFV），其借助所安装的传感器，FFV 可以自动辨识所加注的汽油燃料中混合的甲醇或者乙醇燃料的比例，保证车辆的正常高效运行；FFV 也可以进一步安装 HEV 装置；②氢能可以作为氢内燃机的燃料。氢内燃机的系统结构和工作原理与目前通用的点燃式内燃机没有根本区别，现有的内燃机经过调整后都可以燃烧氢气。不过由于氢气燃烧后产生大量的水蒸气，汽缸材料、润滑和点火系统都需要重新设计或者使用新材料。其优点是可以提供更高的发动机效率。氢内燃机汽车也可以使用 HEV 技术；③插电式混合动力汽车（PHEV）同时安装两套驱动系统，既可以使用内燃机，也可以使用电动机：简而言之，当使用电动机行驶时候，相当于纯电动车，当使用内燃机行驶时，则根据所用燃料不同，效率而不同

11.3.7.3　温室气体排放因子

温室气体 CO_2 排放因子遵照《京都议定书》推荐的方法按照能源碳含量及燃料氧化率情况进行计算：CO_2 排放量 =（能源消费量 × 能源含碳量 - 固碳量）× 燃料氧化率 × 44/12，对于燃料氧化率，天然气采用 0.99，LPG 和各种成品油采用 0.98，煤炭采用 0.90（中国气候变化国别研究组，2000）。

甲烷排放因子采用目前国内比较全面和权威的研究成果数据（清华大学能源环境经济研究院，2003）作为计算依据，该报告由国家科技部支持，中石油和中石化的专家直接参

与，对中国石油和天然气的开采、处理、运输和消费多个方面的甲烷排放进行了测算，得到相关排放因子（张阿玲等，2008）。

对于温室气体折合系数，按照 IPCC 报告推荐值（100 年尺度内各种 GHG 的影响力折合为当量二氧化碳影响力），甲烷（CH_4）和氧化亚氮（N_2O）的全球增温潜力（global warming potential，GWP）分别取 23 g $CO_{2,e}$/g 和 296 g $CO_{2,e}$/g。

11.4 多种车用燃料路线全生命周期能耗和碳排放

11.4.1 从矿井到加油泵

根据前面定义，WTP 阶段的转化效率定义为：所获得燃料的热值与 WTP 阶段投入的全生命周期化石能源量（包括作为原料投入的部分）的比值。该比值一般可用百分比表示；而对那些使用非化石能源为主要原料的路线而言，该转化效率可能超过 100%，因此采用产投比表示。各种路线的 WTP 阶段转化率（中值）如表 11-13 所示，并采用正负误差形式表示结果的可能变动区间。

表 11-13 中国各种车用燃料路线的 WTP 效率

路线	单位	WTP 效率	正误差	负误差	时效性
第一部分 以化石能源为原料的路线					
汽油	%	73.60	3.68	3.68	当前情况，预计未来变化不大
柴油	%	76.03	3.80	3.80	当前情况
LPG	%	78.84	3.94	3.94	当前情况
CNG	%	82.50	8.25	8.25	当前情况
LNG	%	78.99	3.95	3.95	当前情况
GTL	%	51.51	7.73	7.73	当前情况
煤制甲醇	%	44.90	8.98	6.74	当前情况
煤制 DME	%	42.45	8.49	6.37	当前情况
煤直接法制柴油	%	44.99	6.75	4.50	当前情况
煤 FT 法制柴油	%	37.06	5.56	3.71	当前情况
煤制甲醇 + CCS	%	35.30	8.83	7.06	预计技术成熟时候
煤制 DME + CCS	%	35.00	8.75	7.00	预计技术成熟时候
煤直接法制柴油 + CCS	%	40.96	8.19	6.14	预计技术成熟时候
煤间接法制柴油 + CCS	%	33.24	6.65	4.99	预计技术成熟时候
网电	%	34.20	3.42	3.42	当前情况
煤电	%	28.56	2.86	2.86	当前情况
油电	%	24.40	2.44	2.44	当前情况

续表

路线	单位	WTP 效率	正误差	负误差	时效性
气电	%	35.08	3.51	3.51	当前情况
煤电 IGCC + CCS	%	29.72	4.46	4.46	预计技术成熟时候
第二部分　以非化石能源为原料的路线					
核电	产投比	15.87	1.59	1.59	当前情况
大水电	产投比	无穷大	无	无	当前情况
生物质电	产投比	13.16	1.32	1.32	当前情况
玉米乙醇	产投比	0.65	0.13	0.13	当前情况
木薯乙醇	产投比	1.15	0.23	0.23	当前情况
甜高粱乙醇	产投比	1.38	0.14	0.69	当前情况
草本纤维素乙醇	产投比	7.29	0.73	1.46	预计技术成熟时候
木本纤维素乙醇	产投比	4.55	0.45	0.91	预计技术成熟时候
地沟油制 BD	产投比	1.03	0.31	0.10	当前情况
麻风果制 BD	产投比	1.33	0.13	0.13	当前情况
生物质 F-T 法制油	产投比	17.24	3.45	3.45	当前情况
天然气制氢（气氢）	产投比	0.53	0.05	0.05	当前情况
煤制氢（气氢）	产投比	0.40	0.04	0.04	当前情况
电解水制氢（气氢）	产投比	0.26	0.03	0.03	当前情况
生物质制氢（气氢）	产投比	3.37	0.34	0.34	预计技术成熟时候
核能制氢（气氢）	产投比	3.53	0.35	0.35	预计技术成熟时候
煤制氢 + CCS（气氢）	产投比	0.37	0.06	0.06	预计技术成熟时候
天然气制氢（液氢）	产投比	0.33	0.03	0.03	当前情况
煤制氢（液氢）	产投比	0.27	0.03	0.03	当前情况
电解水制氢（液氢）	产投比	0.20	0.02	0.02	当前情况
生物质制氢（液氢）	产投比	0.67	0.07	0.07	预计技术成熟时候
核能制氢（液氢）	产投比	0.68	0.07	0.07	预计技术成熟时候
煤制氢 + CCS（液氢）	产投比	0.25	0.06	0.06	预计技术成熟时候

11.4.2　从加油泵到车轮

对于不同动力技术与燃料的组合，其燃油经济性情况如表 11-14 所示。以点燃式发动机汽油车为基准路线，其他车用动力/燃料技术路线的燃油经济性与基准路线进行相对比较。

需要指出的是，对于 EV 路线、PHEV 路线和汽油机车路线的比较，均是在使用空调的假想工况下进行比较；内燃机驱动模式的实际运行工况的油耗比实验室标准工况测试油耗高

15%左右；纯电驱动模式的实际运行工况耗电比实验室标准工况测试耗电高30%左右。

表11-14 中国各种车用燃料/动力技术路线的PTW效率

动力技术路线/车用燃料	燃油经济性		备注
	单位能量行驶里程（基准为100%）	单位距离消耗能量（基准为1.00）	
点燃式发动机汽车/汽油	100.0%	1.00	
点燃式发动机汽车/CNG	95.0%	1.05	
点燃式发动机汽车/LNG	95.0%	1.05	
点燃式发动机汽车/LPG	100.0%	1.00	
点燃式发动机汽车/甲醇	107.0%	0.93	
FFV/甲醇	100.0%	1.00	
点燃式发动机汽车/乙醇	107.0%	0.93	
FFV/乙醇	100.0%	1.00	
氢内燃机汽车/氢	120.0%	0.83	
点燃式发动机HEV/液体燃料	143.0%	0.70	相对汽油基准车，节油率为30%
氢内燃机HEV/氢	160.0%	0.62	相对氢内燃机基准车，节油率为25%
压燃式发动机汽车/柴油	120.0%	0.83	
压燃式发动机汽车/DME	120.0%	0.83	
压燃式发动机汽车/BD	120.0%	0.83	
压燃式发动机汽车HEV/液体燃料	170.0%	0.59	相对柴油基准车，节油率为30%
EV/电	350.0%	0.29	
点燃式发动机PHEV/电动模式	300.0%	0.33	
点燃式发动机PHEV/内燃机模式	143.0%	0.70	
FCV/氢气	230.0%	0.43	

专栏11-3 通用汽车增程式电动汽车能耗指标

2010年11月15日，美国环境保护署公布了通用汽车增程电动汽车Volt的能耗指标：在纯电力模式驱动下，Volt的平均耗能可达到93MPGe的水平，这相当于百公里2.53L的等效油耗表现（所耗电量从充电电表读数）；在电池电量耗尽后，Volt启用增程模式行驶，此时，其平均油耗为37 MPG（英里每加仑），约等于百公里6.4L的油耗表现。进行简单计算，可以发现纯电模式下的能源效率是汽油增程模式下的2.5倍。应该指出的是，该车型的汽油增程模式是由小型内燃机做功为电动机提供动力，进而驱动汽车，并非传统的内燃机直接驱动方式。

资料来源：http：//www.webcars.com.cn/review/20101129/38057.html.

11.4.3　动力 - 燃料技术组合

如果以一辆中型乘用车为基准车型，其行驶 100km 消耗汽油假定为 8L，则可测算出各种车辆动力技术使用不同燃料行驶单位距离下的 WTW 分析结果，包括天然气基燃料、生物燃料、煤基燃料、电动汽车和燃料电池汽车（fuel cell vehicle，FCV）这五大类路线。其中，传统汽油机和柴油机路线的分析结果的误差，主要从石油开采效率、原油运输距离和石油提炼效率的各种误差累加得到，而其他路线的误差将分别阐释原因。

11.4.3.1　天然气基燃料

结果如图 11-5 和图 11-6 所示。与传统的汽油车相比，LPG 汽车、CNG 汽车和 LNG 汽车的 WTW 化石能源投入有所降低，降低率在 2% ~7%，其降低水平与这些天然气燃料的运输距离长短相关。温室气体排放方面，因为天然气本身的碳含量比石油要低，这些天然气基燃料驱动汽车比对应传统汽油车减排 15% 左右。这些气基燃料路线（LPG、CNG 和 LNG）的分析结果的误差主要来自运输距离的长短。

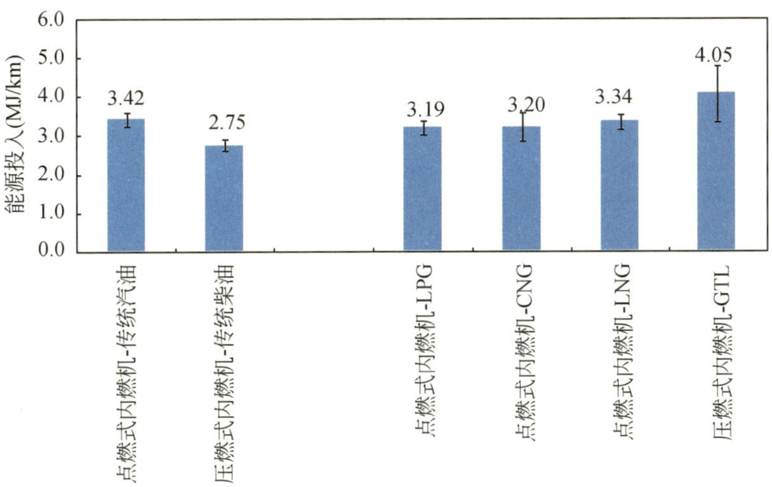

图 11-5　气体燃料的 WTW 化石能源投入

需要注意的是 GTL 汽车路线，其与传统的柴油车相比，由于 GTL 生产效率相对较低，WTW 化石能源投入要增加 50% 左右，但因为天然气本身的碳含量比石油要低，其温室气体排放基本与柴油车相比持平或略有增加。未来 GTL 工厂的生产效率的不确定性，给分析结果带来较大的“误差”区间。

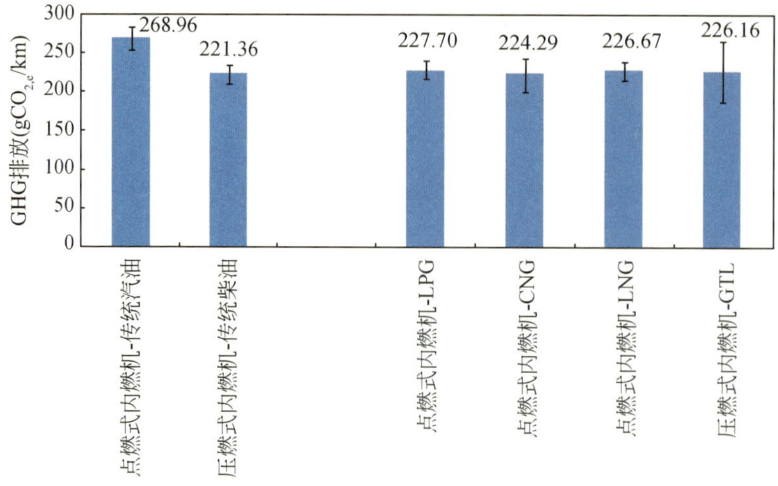

图 11-6　气体燃料的 WTW 的 GHG 排放

11.4.3.2　生物燃料

结果如图 11-7 和图 11-8 所示。如前面所讨论的，直接以生物质为原料的路线（即不含地沟油路线），其生物生长过程中吸收 CO_2，因此对生物燃料在车用阶段燃烧释放的 CO_2，可以认为是植物生长过程中从空气中吸收，此时只是重新释放回大气。

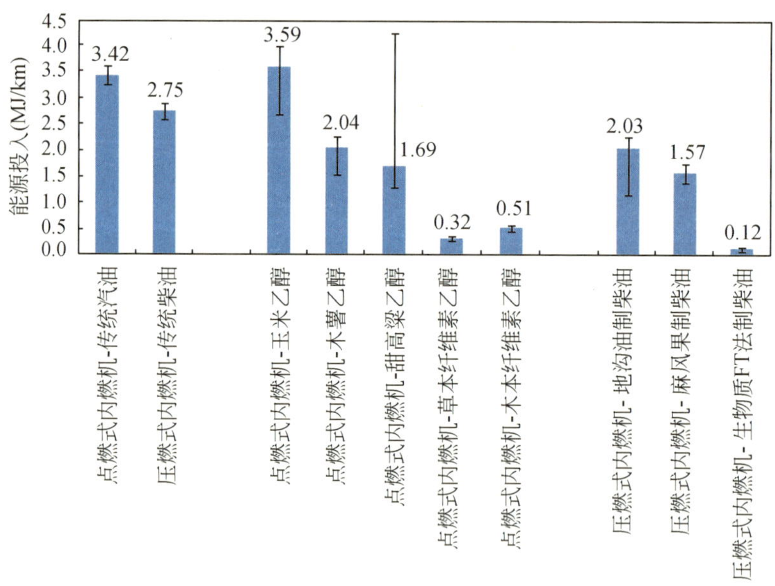

图 11-7　生物燃料的 WTW 化石能源投入

虽然原料是生物质，并非化石能源，但由于原料运输过程中要消耗一定量的汽柴油、燃料加工厂要消耗大量的煤炭燃料来完成生产过程的蒸煮、发酵和蒸馏，现有 1 代技术的

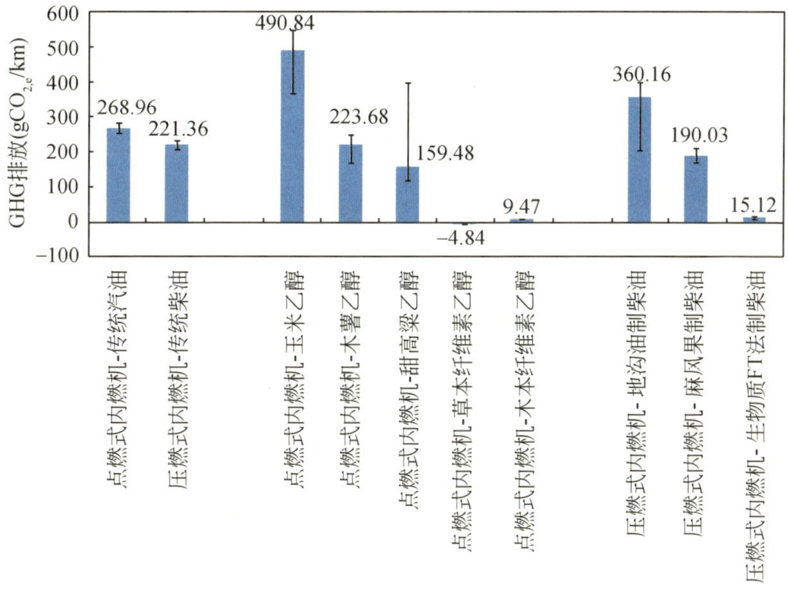

图 11-8　生物燃料的 WTW 的 GHG 排放

生物燃料驱动汽车的 WTW 化石能源投入和 GHG 排放水平均较大。与传统的汽油车路线相比，是否减少能量消耗或者减少 GHG 排放与原料路线相关：玉米乙醇路线多消耗 5% 的能源，多排放 82% 的 GHG，其中重要的原因是种植过程中施肥量大，而肥料制取过程的高能耗需计入全生命周期分析；木薯乙醇路线能降低能耗 40%，减少 GHG 排放 17%；由于甜高粱茎秆残渣可以用来作为工厂生产蒸汽和电力的燃料，以减少煤炭能源在乙醇工厂的使用量，甜高粱乙醇路线相对汽油车降低 50% 化石能耗，并降低 40% 左右的 GHG 排放。

值得指出的是因为工厂工艺、管理水平和是否综合利用副产品等因素差异很大，这些路线的分析存在很大的差异性。尤其是甜高粱路线，那些没有综合利用茎秆的工艺路线的能耗和 GHG 排放水平非常高，这一点可以从这条路线存在极大的可能变差的“误差区间”看出（甚至可以导致其成为图中所有燃料乙醇路线中最差的路线）。

1 代生物柴油路线所制燃料驱动汽车，与柴油车相比，WTW 化石能源投入结果要降低 26% ~43%；但由于地沟油原料中每单位热值就有较高的碳含量（g C/ MJ），并且该路线不像其他生物燃料路线存在种植阶段，无法用生物质种植阶段固碳作用抵消生物燃料燃烧过程中释放的 CO_2，如果认为不经处理的地沟油最终将自行氧化排放 CO_2，地沟油制取生物柴油路线的 WTW 的 GHG 排放相对柴油路线将减排 30% 左右；如果认为地沟油没有替代性用途而只是直接进入污水系统，则地沟油制取生物柴油路线的 WTW 的 GHG 排放相对柴油路线将增排 63% 左右；如果假设地沟油具有替代性用途（如制取甘油或者肥皂），则地沟油制取生物柴油路线的 WTW 的 GHG 排放相对柴油路线将更高，因为使用其他方法生产甘油或者肥皂将额外增排。此处，我们简单认为地沟油没有替代性用途而只是直接进入污水系统，并不会自行氧化。另外，对地沟油路线而言，原料的运输距离的长短也是带来结果“误差”的重要影响因素：如运输距离从现有平均1000km降低至100～200km，相关结果能降低约30%。

对于2代技术的燃料乙醇、生物柴油路线而言，主要由于生产过程的各项能源投入少且相关木质素、加工残渣可被利用为动力燃料或者副产发电，从而抵免不少煤炭的使用量，其WTW分析均有良好的节能减排效果：和基准车相比，化石能源投入量减少80%以上，GHG减排率在90%以上，甚至出现绝对的“负排放”。

11.4.3.3 煤基燃料

结果如图11-9和图11-10所示。对煤基燃料而言，相对基准车，没有采用CCS技术的路线的WTW化石能源投入和GHG排放急剧增加：化石能源投入增加50%～105%，GHG排放增加126%～174%。主要原因是煤基燃料工厂较低的转化效率以及煤炭本身的高含碳量。由于中国甲醇、二甲醚工厂分散、技术水平差异程度极大，相关分析结果的误差较大。

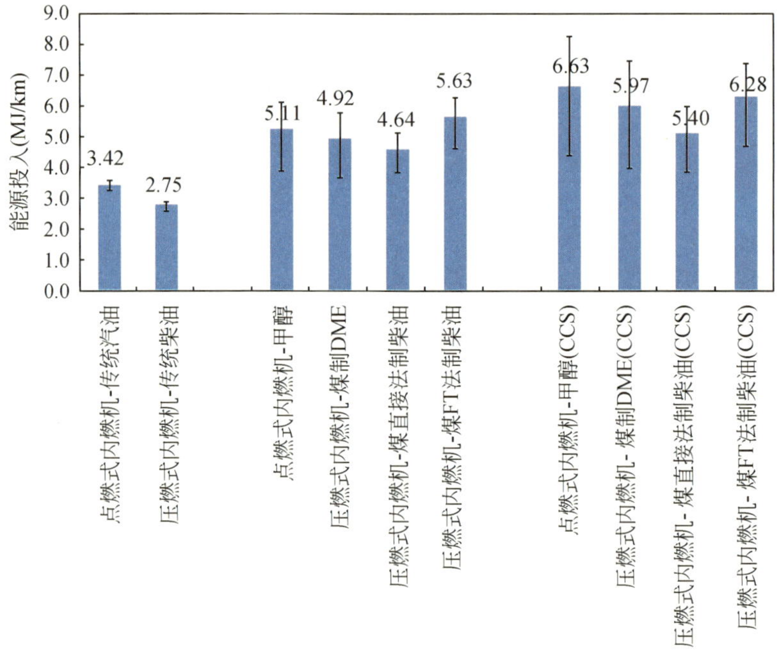

图11-9 煤基燃料的WTW化石能源投入（MJ/km）

如果应用CCS技术，则煤基燃料路线的WTW化石能源投入进一步增加，相对汽油、柴油基准车，全生命周期能耗升高90%～129%，而相对的GHG增排率降至50%～137%。由于CCS技术本身能耗及碳捕集率的不确定性，这些应用了CCS技术路线的结果的“误差”区间进一步扩大；但即使是最乐观的结果，也仍然改变了煤基燃料路线全生命

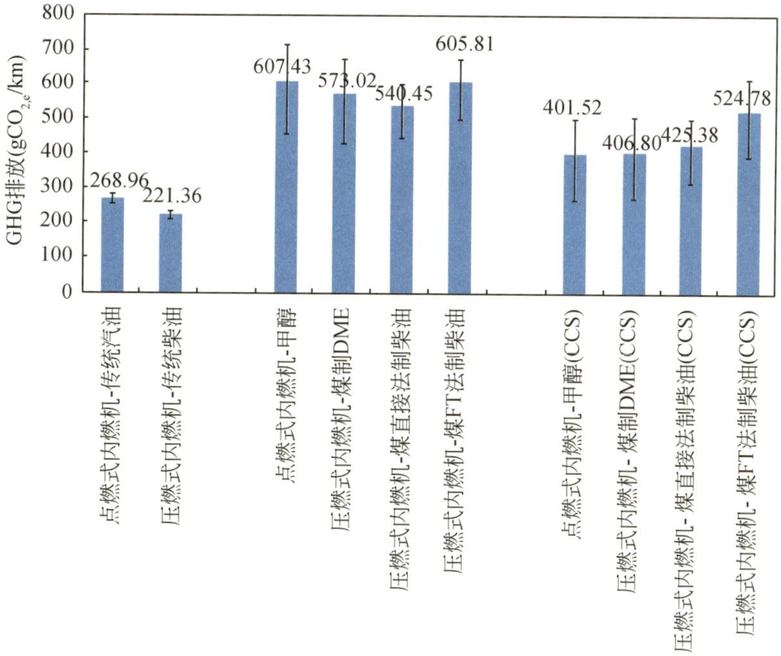

图 11-10　煤基燃料的 WTW 的 GHG 排放（g $CO_{2,e}$/km）

周期化石能耗投入量和 GHG 排放量都超过汽油、柴油路线的情况。

CCS 的应用无法改变煤基燃料相对石油基燃料要增排 GHG 的原因有两个方面：①煤炭开采、处理和运输过程的 GHG 排放相对原油路线要高；②煤基燃料工厂效率相对低、能耗高，并且煤炭的碳含量比石油提炼工厂消耗的油品的碳含量高，因此工厂所产 GHG 水平高，即使实现高达 90% 的厂产 CO_2 的捕获率，其 GHG 排放仍比石油提炼工厂要高。

11.4.3.4　电动汽车

结果如图 11-11 和图 11-12 所示。采用网电的纯电动汽车的 WTW 化石能源消费量仅为汽油基准车的 62% 和柴油基准车的 75%，主要原因是电动汽车的能源效率远远高于内燃机汽车；但由于中国供电中煤电比例超过 80%，该路线的 GHG 排放量比汽油车路线降低率只有 20% 左右，与柴油车路线相比降低率不到 10%。

当然，如果对电力来源进行细分，可以发现煤电和油电路线能恶化电动车的节能优势：尤其是油电驱动电动汽车，WTW 化石能耗与柴油路线相比要多出 10% 左右；煤电路线的 WTW 的 GHG 排放虽然比汽油车路线略有降低（7% 左右），与柴油路线相比却有所增加（13% 左右）。

如果对新建煤电厂采用联合循环集成发电（IGCC）与 CCS 共建的形式，由于 IGCC 的高效率和 CCS 技术捕集封存电厂部分所产二氧化碳的双重优势，其电力驱动电动汽车路线

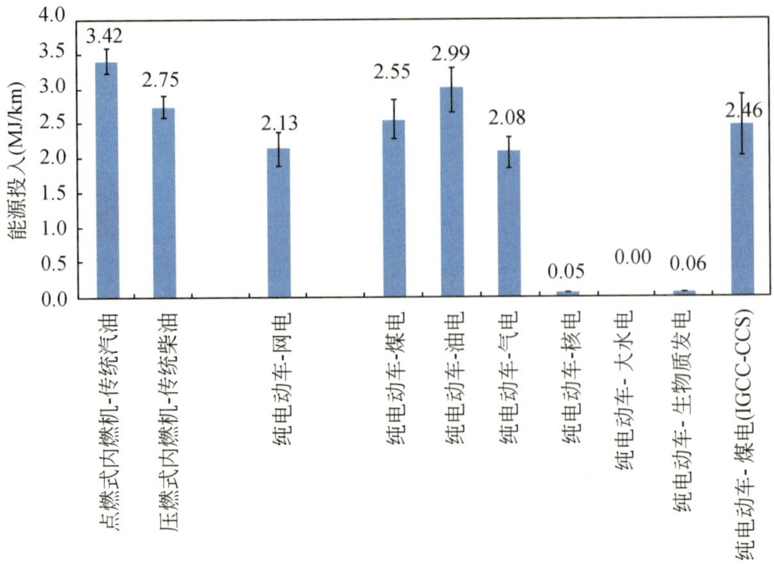

图 11-11　电动汽车的 WTW 化石能源投入

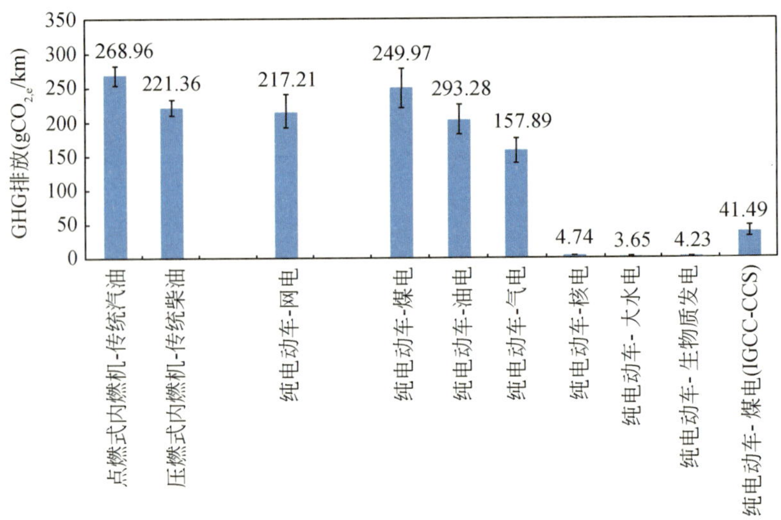

图 11-12　电动汽车的 WTW 的 GHG 排放

的 WTW 化石能源投入和 GHG 排放量都优于传统的汽油车和柴油车路线：节能 10% ~ 30% 和减碳 80% 左右。

对核电、水电、生物质发电等路线而言，其 WTW 的化石能源投入量和 GHG 排放量都只有传统汽、柴油车路线的 1% ~2%，几乎可以忽略。

11.4.3.5　燃料电池汽车

结果如图 11-13 和图 11-14 所示。由于燃料电池汽车 FCV 的效率远远高于内燃机车，现有的天然气制气氢驱动 FCV 的路线比基准汽油、柴油路线的 WTW 化石能源投入分别低 40%、26%，GHG 排放量少 49%、38%；而煤制气氢驱动 FCV 的路线结果却有所变化，比基准汽油、柴油路线的 WTW 化石能源投入低 20%、持平，GHG 排放量少 10%、多 10%；如果未来生物质制氢和核能制氢方式能商业化，其驱动 FCV 的技术路线的 WTW 化石能源投入量和 GHG 排放量都只有传统汽、柴油车路线的 1% ~2%，几乎可以忽略。

如果未来在煤制氢工厂进一步应用 CCS 技术的话，生产的气氢驱动 FCV 的路线与汽、柴油路线 WTW 的化石能耗投入相比，变为降低 15%、升高 5%；GHG 排放将变为减少 65%、60%。

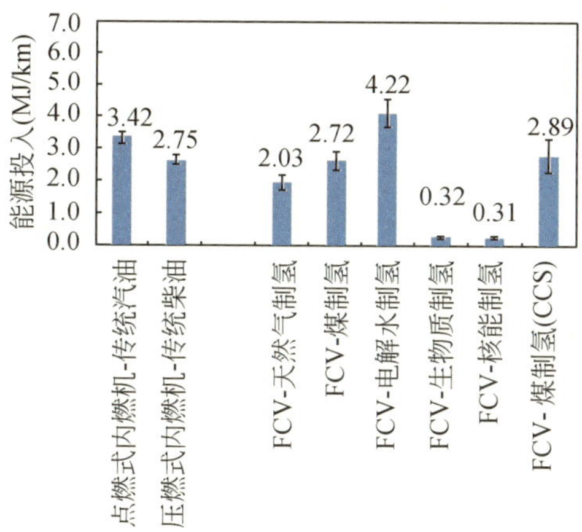

图 11-13　FCV 汽车的 WTW 化石能源投入

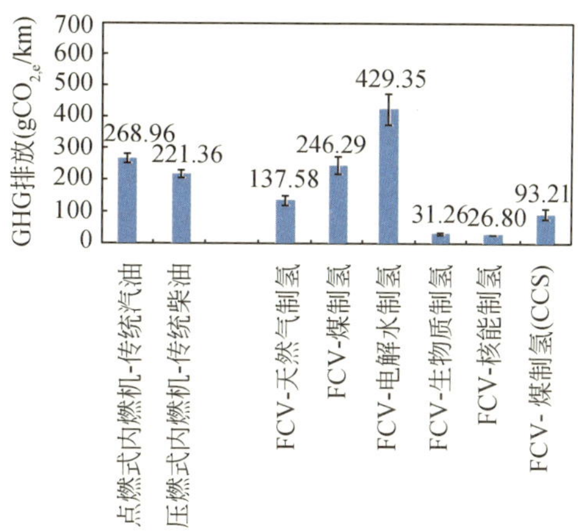

图 11-14　FCV 汽车的 WTW 的 GHG 排放

11.4.3.6　其他路线

通过混合动力（HEV）技术可以改善汽车能耗和碳排放（30%左右），且对于各种燃料掺烧和插电式混合动力的车辆，可以根据相关掺混比例［如 E10（乙醇体积占 10%）、BD5（生物柴油体积占 15%）、M15（甲醇体积占 15%）和灵活燃料车任意比例］或者行驶模式里程分配比例（如内燃机模式: 电动模式 =60: 40）综合测算这些动力 - 燃料组合路线下行驶单位距离的 WTW 分析结果。

（1）汽油基准车、混合动力车和 PHEV 的比较

结果如图 11-15 和图 11-16 所示。如前所述，采用网电的电动汽车相比传统汽油车路线的 WTW 结果，化石能源减少 38%，而 GHG 排放减少 19%；但与 HEV 汽油车（在传统车上节能 30%）技术路线比，WTW 结果的化石能源减少 11%，而 GHG 排放增加 15%。对于内燃机模式和电动模式分别驱动 60% 和 40% 里程的 PHEV 路线，虽然其 WTW 分析结果比传统汽油车路线肯定要优，但与 HEV 路线相比却能量增加、GHG 排放也增多，原因是存在两套动力系统，带来车辆总重增加、某一模式下的效率比单纯电动或者单纯 HEV

技术的内燃机车效率都低。

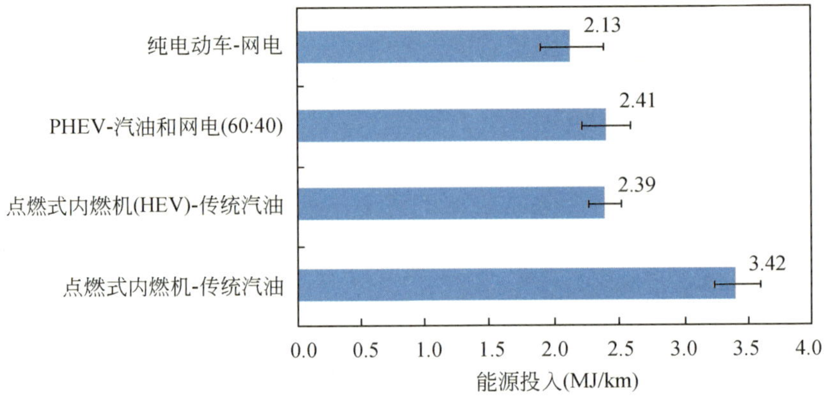

图 11-15　EV、HEV 和 PHEV 汽车的 WTW 化石能源投入

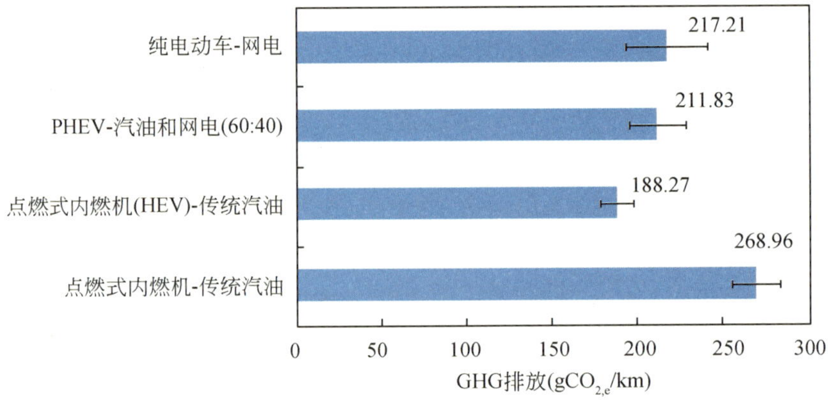

图 11-16　EV、HEV 和 PHEV 汽车的 WTW 的 GHG 排放

(2）点燃式内燃机基准车、燃用不同燃料的 FFV 和燃用掺混燃料车的比较

结果如图 11-17 和图 11-18 所示。与传统汽油车对比而言，可燃用灵活燃料的灵活燃料车辆（FFV）燃用煤基甲醇（即使带有 CCS 技术）或玉米乙醇的 WTW 分析结果差；FFV 车辆燃烧其他生物乙醇的 WTW 分析结果比较好；燃烧使用玉米乙醇和煤基甲醇（即使带有 CCS 技术）的 E10 和 M15 这些掺混燃料的车辆的 WTW 分析结果仍不容乐观，数值处于汽油纯烧或者替代燃料纯烧路线之间；燃烧其他生物乙醇的 E10 和 M15 这些掺混燃料的车辆的 WTW 分析结果，数值也处于汽油纯烧或者替代燃料纯烧路线之间。

(3）压燃式内燃机基准车和燃料掺混车的比较

结果如图 11-19 和图 11-20 所示。与传统柴油车对比而言，可燃用灵活燃料的 FFV 车辆燃用生物柴油的 WTW 分析的能耗结果较好，除了地沟油路线外 GHG 排放结果也较好；燃烧使用生物柴油的 BD5 这些掺混燃料的车辆的 WTW 分析结果，数值处于柴油纯烧或者替代燃料纯烧路线之间。

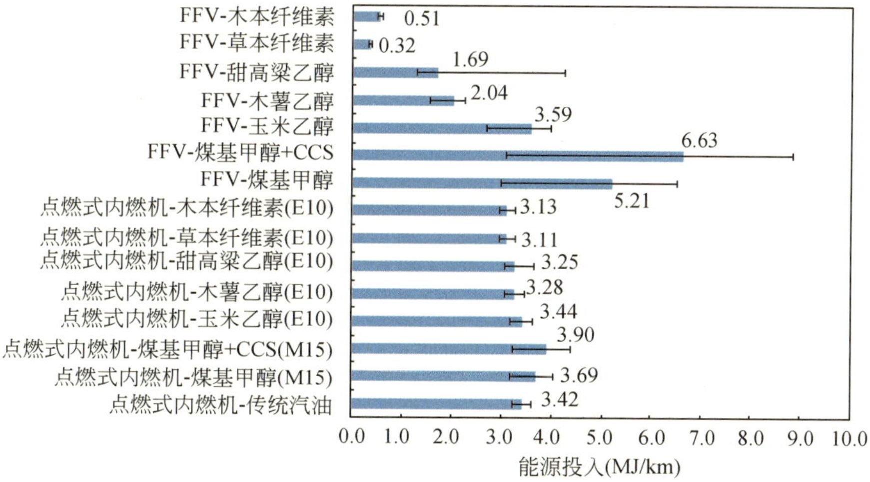

图 11-17　燃烧生物乙醇和煤基甲醇的汽车的 WTW 的化石能源投入

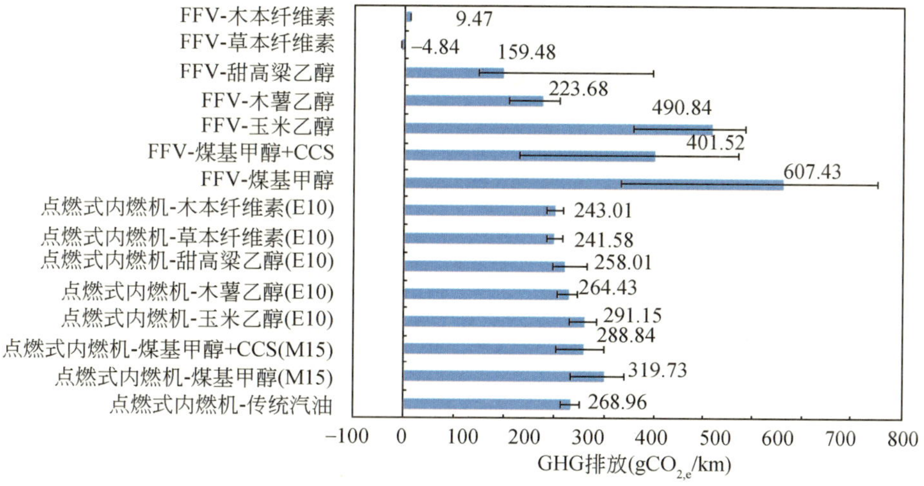

图 11-18　燃烧生物乙醇和煤基甲醇的汽车的 WTW 的 GHG 排放

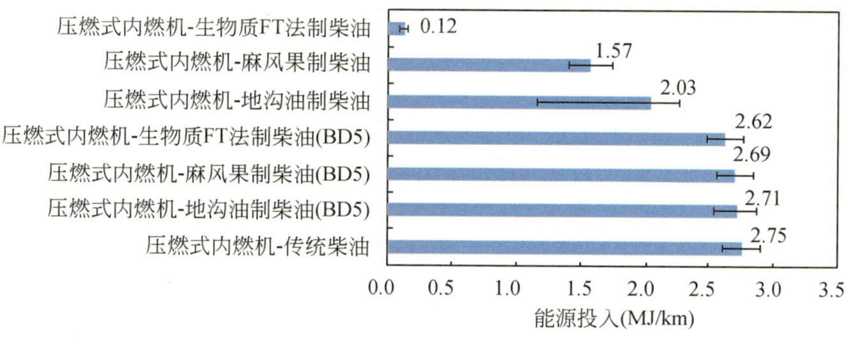

图 11-19　燃烧生物柴油的汽车的 WTW 的化石能源投入

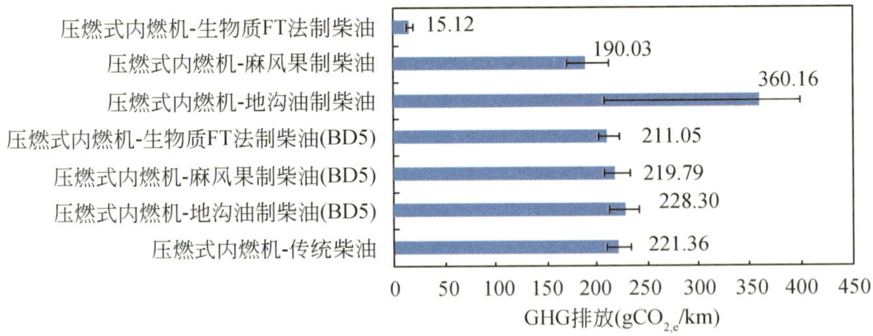

图 11-20　燃烧生物柴油的汽车的 WTW 的 GHG 排放

11.5　未来展望

结合本书第 12 章对参考情景和综合政策情景的定义，进行车用燃料技术的全生命周期分析结果的展望。首先，仅对车用燃料进行 WTP 分析，并不考虑车用动力的效率，而只计算未来各种车用燃料的能耗和碳强度结果，为本书第 12 章提供数据支撑；然后结合动力技术的发展展望，进行全面的 WTW 分析，展示各种车用动力技术－燃料技术组合路线在未来的全生命周期能耗和碳排放表现。

11.5.1　从矿井到加油泵

对于传统石化汽油、柴油、LPG、CNG、LNG 和 GTL 路线，基本假定从 2010 年到 2050 年的全生命周期 WTP 结果保持不变，参见表 11-13。而对于其他生物燃料、煤基液体燃料、车用电力和氢能路线，则采用全生命周期化石能源强度和碳强度结果（参见专栏 11-4）来展示未来不同年份的 WTP 情况。

专栏 11-4　终端能源的（全生命周期）化石能源强度和碳强度

（1）化石能源强度

终端能源（包括车用燃料）基于热值的全生命周期化石能源强度为 1 MJ 终端能源获取过程中包括原料投入的一次化石能源总消费量（MJ/MJ）；如果考虑到车辆驱动系统的能源利用效率的差异性，车用燃料基于交通服务的化石能源强度定义为车辆行驶 1 km的全生命周期能源总消耗量（MJ/km）。

化石能耗系数与终端能源的化石能源强度存在以下主要差别：前者一般只汇总计算生产、运输过程中的能量消耗，而后者还包含作为原料投入的化石能源，体现终端能源从获取到被使用的全生命周期中对化石能源的总体消费量。

（2）GHG 排放强度（碳强度）

终端能源（包括车用燃料）基于热值的全生命周期 GHG 排放强度为 1 MJ 终端能源获取和利用过程中导致的 GHG 排放量（g $CO_{2,e}$/MJ）；如果考虑到车辆驱动系统的能源利用效率的差异性，车用燃料基于交通服务的 GHG 排放强度定义为车辆行驶 1 km 的全生命周期 GHG 排放量（g $CO_{2,e}$/km）。此处，因 CO_2 为最主要 GHG，GHG 排放强度又被简称为碳排放强度或碳强度。终端能源的 GHG 排放强度中包含其被使用过程中的直接排放，体现其全生命周期排放情况。

资料来源：欧训民，2010

参考情景和综合政策情景下，不同展望结果如表 11-15 ~ 表 11-20 所示。

表 11-15　生物液体燃料全生命周期化石能源强度数据　（单位：MJ/MJ）

项目	2010 年	2015 年	2020 年	2030 年	2040 年	2050 年
参考情景						
一代生物乙醇	1.08	1.08	1.08	1.08	1.08	1.08
一代生物柴油	0.80	0.80	0.80	0.80	0.80	0.80
二代生物乙醇			-0.01	-0.01	-0.01	-0.01
二代生物柴油			0.07	0.07	0.07	0.07
综合政策情景						
一代生物乙醇	1.08	1.05	1.03	0.97	0.92	0.86
一代生物柴油	0.80	0.78	0.76	0.72	0.68	0.64
二代生物乙醇			-0.01	-0.01	-0.01	-0.01
二代生物柴油			0.07	0.07	0.07	0.07

注：二代生物乙醇的化石能源强度为负，是因为本路线副产电力以替代煤电，因而产生能量信用（energy credit）

表 11-16　生物液体燃料全生命周期碳排放强度数据　（单位：g $CO_{2,e}$/MJ）

项目	2010 年	2015 年	2020 年	2030 年	2040 年	2050 年
参考情景						
一代生物乙醇	115.0	115.0	115.0	115.0	115.0	115.0
一代生物柴油	79.0	79.0	79.0	79.0	79.0	79.0
二代生物乙醇			-3.0	-3.0	-3.0	-3.0
二代生物柴油			6.0	6.0	6.0	6.0
综合政策情景						
一代生物乙醇	115.0	112.1	109.3	103.5	97.8	92.0
一代生物柴油	79.0	77.0	75.1	71.1	67.2	63.2
二代生物乙醇			-3.0	-3.0	-3.0	-3.0
二代生物柴油			6.0	6.0	6.0	6.0

注：二代生物乙醇的碳强度为负，是因为本路线副产电力以替代煤电，因而产生排放信用（emission credit）

表 11-17　煤基液体燃料全生命周期化石能源强度数据　　（单位：MJ/MJ）

项目	2010 年	2015 年	2020 年	2030 年	2040 年	2050 年
参考情景						
煤基甲醇	2.38	2.19	2.00	2.00	2.00	2.00
煤基二甲醚	2.56	2.34	2.11	2.11	2.11	2.11
直接法煤变油	1.98	1.91	1.83	1.83	1.83	1.83
间接法煤变油	2.42	2.35	2.29	2.29	2.29	2.29
综合政策情景						
煤基甲醇	2.38	2.19	2.00	1.90	1.81	1.76
煤基二甲醚	2.56	2.34	2.11	2.00	1.91	1.86
直接法煤变油	1.98	1.91	1.83	1.74	1.65	1.61
间接法煤变油	2.42	2.35	2.29	2.17	2.07	2.02

注：在综合政策情景中，各路线从 2025 年开始采用 CCS，到 2050 年全部采用 CCS，工厂所排二氧化碳捕获率均为 90%

表 11-18　煤基液体燃料全生命周期碳排放强度数据　（单位：g $CO_{2,e}$/MJ）

项目	2010 年	2015 年	2020 年	2030 年	2040 年	2050 年
参考情景						
煤基甲醇	238.0	232.0	225.9	225.9	225.9	225.9
煤基二甲醚	293.4	267.6	241.8	241.8	241.8	241.8
直接法煤变油	236.3	227.2	218.1	218.1	218.1	218.1
间接法煤变油	285.5	278.0	270.4	270.4	270.4	270.4
综合政策情景						
煤基甲醇	238.0	232.0	225.9	189.1	145.7	95.8
煤基二甲醚	293.4	267.6	241.8	202.4	156.0	102.5
直接法煤变油	236.3	227.2	218.1	182.5	140.7	92.5
间接法煤变油	285.5	278.0	270.4	226.3	174.4	114.6

注：在综合政策情景中，各路线从 2025 年开始采用 CCS，到 2050 年全部采用 CCS，工厂所排二氧化碳捕获率均为 90%

表 11-19　车用电力全生命周期化石能源强度数据　　（单位：MJ/MJ）

项目	2010 年	2015 年	2020 年	2030 年	2040 年	2050 年
参考情景	2.83	2.68	2.50	2.40	2.30	2.20
综合政策情景	2.83	2.68	2.50	2.69	2.58	2.46

注：①在参考情景下，2020 年后煤电效率有所提升且电力结构中低碳原料发电增加；②在综合政策情景下，2025 年新建煤电厂开始采用 CCS，到 2035 年所有新建煤电厂全部采用 CCS，到 2050 年所有在用煤电厂都采用 CCS，工厂所排二氧化碳捕获率均为 90%

表 11-20　车用电力全生命周期碳排放强度数据　（单位：g $CO_{2,e}$/MJ）

项目	2010 年	2015 年	2020 年	2030 年	2040 年	2050 年
参考情景	286. 0	266. 5	243. 1	230. 1	217. 1	204. 1
综合政策情景	286. 0	266. 5	243. 1	199. 0	143. 4	87. 8

注：①在参考情景下，2020 年后煤电效率有所提升且电力结构中低碳原料发电增加；②在综合政策情景下，2025 年新建煤电厂开始采用 CCS，到 2035 年所有新建煤电厂全部采用 CCS，到 2050 年所有在用煤电厂都采用 CCS，工厂所排二氧化碳捕获率均为 90%

11. 5. 2　从矿井到车轮

结合未来动力技术（即车辆燃油经济性）发展趋势，可以对参考情景下和综合政策情景下的 WTW 分析结果进行展望。此处以第 12 章选择研究的代表性新售乘用车为基准车，进行 WTW 碳排放强度展望，主要包括煤基燃料车、电动汽车和氢燃料 FCV 等路线。

11. 5. 2. 1　参考情景

如图 11-21 所示，参考情景下随着车辆技术进步，各种路线碳排放逐渐下降，汽油车从 2010 年的 240g $CO_{2,e}$/km 下降到 2050 年的 170 g $CO_{2,e}$/km 水平以下；但电动汽车用电效率提高速度相对要低，因此相对传统柴、汽油车的减排优势逐渐减弱；而 FCV 路线从 2010 年直到 2050 年，如主要利用天然气制氢，均无法改变“增排”劣势；而以 CTL 为代表的煤基路线，虽然绝对排放量有所减少，但仍显示出相对基准车增排超过 100% 的结果。

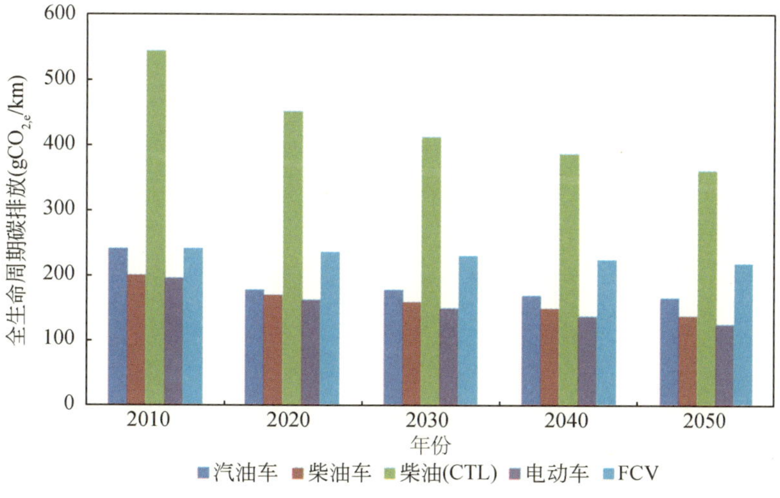

图 11-21　参考情景下几种主要车用燃料路线的全生命周期碳排放结果

11.5.2.2 综合政策情景

如图 11-22 所示，综合政策情景下车辆能源效率强于基准情景下的车辆能源效率，且各种路线碳排放下降速度更快，如汽油车从 2010 年的 240g $CO_{2,e}$/km 降低到 2050 年的 160g $CO_{2,e}$/km 水平以下；电动汽车所用电力逐步采用 CCS 技术，该路线相对传统柴、汽油车的全生命周期减排优势越来越明显，到 2050 年达到相对减排 70% 的优势；FCV 路线除采用天然气制氢之外，逐步加入带有 CCS 技术的煤制氢，就改变了“增排”劣势，可实现相对柴汽油路线 35% 的减排；而以 CTL 为代表的煤基路线，由于在 CTL 生产阶段逐步采用 CCS 技术，整个路线相对基准车而言，虽然仍然保持相对增排超过 10% 的劣势，但绝对排放量下降速度很快。

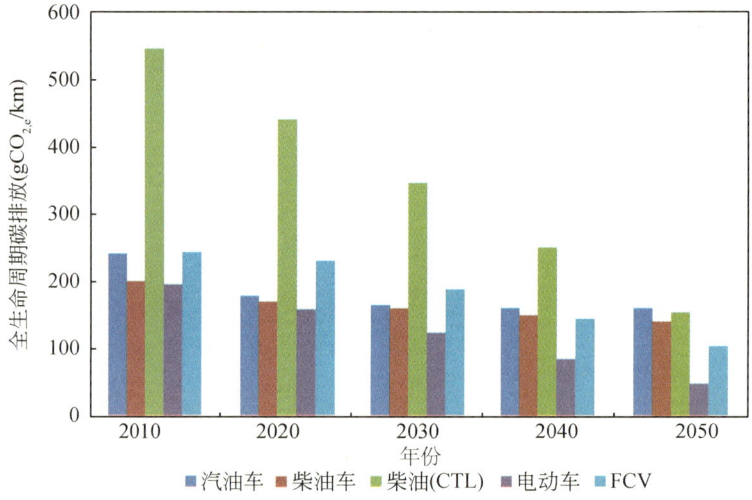

图 11-22 综合政策情景下几种主要车用燃料路线的全生命周期碳排放结果

11.6 结论和建议

11.6.1 主要结论

通过车用燃料技术路线的能耗和碳排放全生命周期分析，我们可以发现如下结论。

1）随着未来汽车能效提高，石油基燃料的 WTW 分析结果显著下降，中国代表性乘用车行驶 100 km（标准工况）全生命周期碳排放能从 2010 年的 240 g 左右降低到 2050 年的 160 ~ 170 g。

2）从 WTW 全生命周期化石能耗来看，各类车用燃料从高到低的大致排序是：煤基燃料、GTL、传统石油基燃料、粮食原料生物乙醇、网电、化石能源制氢、天然气燃料（气态）、非化石能源制氢、非粮生物燃料。

3）从 WTW 全生命周期 GHG 排放来看，各类车用燃料从高到低的大致排序是：煤基燃料、应用 CCS 的煤基燃料、GTL、粮食原料生物乙醇、传统石油基燃料、网电、化石能源制氢、天然气燃料（气态）、非粮 1 代生物燃料应用 CCS 的化石能源制氢、应用 CCS 的电力、非化石能源制氢、2 代技术生物燃料。

4）非石油基路线，从 WTW 全生命周期一次能源使用情况看，能实现明显的“石油替代”效应。

5）综合全生命周期的能耗和碳排放水平分析结果，可以初步判断出：煤基燃料路线和粮食原料生物乙醇路线是典型的现阶段的权宜性车用替代燃料路线；而应用 CCS 技术的网电、非化石能源制氢和 2 代技术生物燃料是典型的未来的方向性车用替代燃料；而没有采用 CCS 的天然气路线、网电和化石能源制氢是重要的过渡性路线。

11.6.2　政策建议

基于本章研究，为促进车用能源的全生命周期能效提升和碳排放水平降低，对有关部门提出以下建议。

1）出台措施进一步提升传统动力车辆的能源效率，显著降低车辆单位里程的碳排放水平。

2）支持加快 2 代生物燃料、非化石能源制氢和 CCS 技术的发展。

3）提供加强电动汽车和燃料电池汽车的技术研发和示范，为全生命周期低能耗、低 GHG 排放的车辆/燃料的发展，提供重要的备选方案。

4）对于天然气作为车用燃料，分来源选择合适的技术路线，如国产气体应压缩或者液化后直接车用，也可进口 GTL 供应车用。

5）将煤基燃料定位为权宜性的车用替代燃料，仅作为解决现有油品紧张而低碳车用能源技术发展尚需较长时间问题的过渡方案。

参考文献

柴沁虎 . 2008. 生物质车用替代能源产业发展研究 . 北京：清华大学 .

丁文武 . 2010. 玉米燃料乙醇生命周期能耗分析 . 哈尔滨工程大学学报，31：773-779.

董丹丹，赵黛青，廖翠萍，等 . 2008. 木薯燃料乙醇生产的技术提升及全生命周期能耗分析 . 农业工程学报，24（07）：160-164.

国家统计局 . 2008. 中国能源统计年鉴 2007. 北京：中国统计出版社 .

麻林巍 . 2003. 以煤气化为核心的甲醇、电多联产系统研究 . 北京：清华大学 .

欧训民 . 2010. 中国道路交通部门能源消费和 GHG 排放全生命周期分析 . 北京：清华大学 .

清华大学能源环境经济研究院 . 2003. 2000 年中国油气系统甲烷排放源与汇清单编制报告 . 北京：清华大学能源环境经济研究院 .

申威 . 2007. 中国未来车用燃料生命周期能源、GHG 排放和成本研究 . 北京：清华大学 .

宋雯，郭家强，王成 . 2008. 基于 WTW 燃料循环分析的中国煤基车用燃料能量消耗和二氧化碳排放研究. 汽车技术，(01)：5-9.

张阿玲，申威，韩维建 . 2008. 车用替代燃料全生命周期分析 . 北京：清华大学出版社 .

张艳丽，高新星，王爱华，等 . 2009. 我国生物质燃料乙醇示范工程的全生命周期评价 . 可再生能源，27（6）：63-68.

中国气候变化国别研究组 . 2000. 中国气候变化国别研究 . 北京：清华大学出版社 .

CATARC (China Automotive Technology and Research Center) . 2007. Well- to- Wheels analysis of energy consumption and GHG emissions of multi vehicle fuel in future China. Beijing：CATARC.

Concawe, EUCAR and EC Joint Research Centre. 2007. Well- to- wheels analysis of future automotive fuels and powertrains in the European context, http：//ies. jrc. ec. Europe. eu/WTW [2010-11-1].

Dai D, Hu Z, Pu G, et al. 2006. Energy efficiency and potentials of cassava fuel ethanol in Guangxi region of China. Energy Conversion and Management, 47：1686-1699.

Delluchi M A. 1991. Emissions of GHG from the use of transportation fuels and electricity- Volume1：Main text. Center for Transportation Research, Argonne National Laboratory .

Delluchi M A. 2003. A Lifecycle Emissions Model (LEM)：main texts, Institute of Transportation Studies. University of California, Davis.

Jaramillo P, Samaras C, Wakeley H, et al. 2009. Greenhouse gas implications of using coal for transportation：Life cycle assessment of coal- to- liquids, plug- in hybrids, and hydrogen pathways. Energy Policy, 37：2689-2695.

Ou X, Yan X, Zhang X. 2011. Life-cycle energy consumption and greenhouse gas emissions for electricity generation and supply in China. Applied Energy, 88 (1)：289-297.

Ou X, Zhang X, Chang S, et al. 2009. Energy consumption and GHG emissions of six biofuel pathways by LCA in (the) People's Republic of China. Applied Energy, 86 (S)：197-208.

Ou X, Zhang X, Chang S. 2010a. Alternative fuel buses currently in use in China：Life-cycle fossil energy use, GHG emissions and policy recommendations. Energy Policy, 38 (1)：406-418.

Ou X, Zhang X, Chang S. 2010b. Scenario analysis on alternative fuel/vehicle for China's future road transport：Life-cycle energy demand and GHG emissions. Energy Policy, 38 (8)：3943-3956.

Wallace J, Wang M, Weber T, et al. 2001. GM Studry：Well-to-Wheel Energy Use and Greenhouse Gas Emissions of Advanced Fuel/Vehicle Systems-North American Analysis. Technical report. http：//greet. es. anl. gov/publication-3plz9fyi.

Wang M Q, Weber T. 2001. Well- to- Wheels energy use and GHG emissions of advanced fuel/vehicles system-North American analysis. Center for Transportation Research, Argonne National Laboratory.

Wang M, Huo H, Arora S. 2010. Methods of dealing with co-products of biofuel in life-cycle analysis and consequent results within US context. Energy Policy, article in press, doi：10. 1016/j. enpol. 2010. 03. 052

Wang M, Wu M, Huo H. 2007. Life-cycle energy and greenhouse gas emission impacts of different corn ethanol plant types . Environmental Research Letters, 2：024.

Wang M. 1999. GREET 1. 5-Transportaion fuel-cycle model-volume 1：methodology, development, uses, and results. Center for Transportation Research, Argonne National Laboratory.

Wang M. 2001. Development and uses of GREET 1. 6. Center for Transportation Research, Argonne National Laboratory.

Wang M. 2004. Allocation of energy use in petrol refineries to petrol products. International Journal of Life Cycle Assessment, 9: 34-44.

Weisser D. 2007. A guide to life-cycle greenhouse gas (GHG) emissions from electric supply technologies. Energy, 32: 1543-1559.

第12章 车用能源情景分析

本书前面几章从汽车交通需求、汽车动力技术、车用燃料、汽车能源全生命周期能效和温室气体排放等几个方面分别讨论了中国车用能源问题。本章是在前面几章基础上的这一问题的进一步集成分析，并介绍本研究的综合分析框架和模型工具，重点对中国车用能源系统未来可能出现的几种情景进行分析和评估，目的在于改进对中国车用能源发展本质的认识，为中国可持续车用能源技术路线选择和可持续车用能源政策制定提供科学的技术支撑和结构化的信息支持。

本章给出了中国车用能源未来发展的五个情景——参考情景、电动汽车发展情景、燃料电池汽车发展情景、生物燃料发展情景和综合政策情景。通过实施五种情景分析，对纯电动汽车、燃料电池汽车、生物燃料、汽车节能等关键车用能源技术创新在构建中国可持续车用能源系统中的作用进行了系统和深入的分析，包括对改进能源安全、减少温室气体排放、减少汽车交通费用和提升车用能源产业等方面贡献的评估，同时也指出了上述情景实现的条件和可能引出的问题。另外，在综合政策情景中，我们也探讨了汽车交通需求管理在建立可持续车用能源体系中所可能发挥的作用。

12.1 车用能源模型

12.1.1 模型总体框架

清华大学中国车用能源模型（TCAEM）是由清华大学车用能源研究中心开发的中国车用能源技术路线与政策综合评估模型。TCAEM 由车用能源供应模型、汽车交通服务需求模型和集成与优化模型三大模块组成。车用能源供应模型和汽车交通服务需求模型又由许多子模块组成（图 12-1）。模型的输入是决定车用能源未来走向的经济发展、人口地理、技术进步和公共政策等车用能源情景驱动变量和结构变量，模型的输出为车用能源情景特征量，如汽车保有量、汽车交通服务量、车用能源消费量及构成、汽车动力技术构成、车用能源系统污染物排放等。模型的主要功能包括以下几点。

1）预测汽车保有量、汽车市场结构、客运周转量和货运周转量等；

2）对汽车动力和替代能源的技术进步和市场渗透路径进行综合评价；

3）模拟未来不同汽车动力技术和替代能源在满足汽车交通服务需求中的分担率；

4）模拟未来车用能源消费量及结构变化；

5）模拟未来汽车交通总费用；

6）模拟不同车用能源政策的效果。

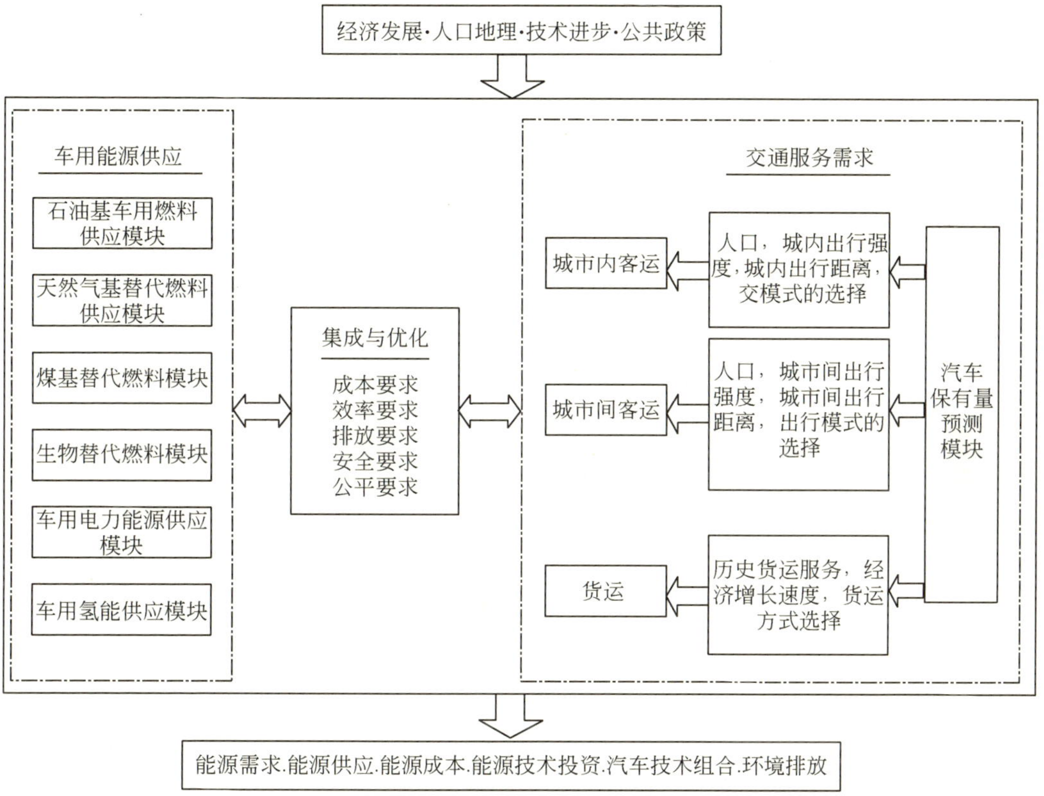

图 12-1　清华大学中国车用能源模型（TCAEM）

12.1.2　汽车交通需求预测模型

汽车交通需求预测模型由汽车保有量预测模型、城市汽车客运服务预测模型、城市间汽车客运服务预测模型和汽车货运服务预测模型四个子模块组成。汽车交通需求预测模型的驱动变量为宏观经济、人口地理、技术进步和公共政策。本书第 3 章已经对汽车交通需求预测的基本假设、模型方法和预测结果作了比较详细的阐述，本章不再重复。

12.1.3　车用能源供应模型

车用能源供应模型由石油基车用燃料、天然气基替代燃料、煤基替代燃料、生物替代燃料、车用电力能源、车用氢能六个子模块组成（图 12-1）。六个能源供应模块产生多条车用能源供应路径，形成车用能源系统能流网络（图 12-2）。能源供应模型六个子模块的特点和功能简述如下。

1）石油基车用燃料供应链：根据资源储量、开采能力、石油炼制能力、开采投资和成本、石油炼制投资和成本、石油运输能力、原油和成品油进口能力、产业政策等，估算车用成品油可供应量、成本和 CO_2 排放。

2）天然气车用燃料供应链：根据资源储量、开采能力、开采投资和成本、运输能力、天然气进口能力、产业政策等，估算车用 LPG（考虑到同为气体燃料，石油基 LPG 也放入该部分分析）、CNG 和 LNG 可供应量、成本和 CO_2 排放。

3）煤基替代燃料供应链：根据资源储量、开采能力、开采投资和成本、煤炭运输能力、煤炭进口能力、煤基替代燃料技术投资和成本、产业政策等，估算车用煤基甲醇、DME、煤制柴油可供应量、成本和 CO_2 排放。

4）生物替代燃料供应链：根据生物质资源量、运输能力、生物基替代燃料技术投资和成本、产业政策等，估算车用 1 代生物乙醇、1 代生物柴油、2 代生物乙醇和 2 代生物柴油的可供应量、成本和 CO_2 排放。

5）车用电力能源供应模块：根据电力生产能力、电源结构、新能源发电技术投资和成本、电网负荷特征、电力输配能力、充电基础设施和产业政策等，估算车用电力能源的可供应量、成本和 CO_2 排放。

6）车用氢能供应模块：根据氢生产能力、制氢技术投资和成本、氢输配能力、加氢基础设施和产业政策等，估算车用氢能的可供应量、成本和 CO_2 排放。

12.1.4 车用能源集成与优化模型

车用能源集成与优化模型构造是建立在车用能源系统能流网络图（图 12-2）和汽车燃料—汽车驱动技术—交通服务关系网络图（图 12-3）之上的。根据对车用能源系统在经济、能效、排放、安全、公平五个方面的不同要求，可以利用车用能源集成与优化模型对不同的车用能源供应路径和汽车动力技术进行组合优化选择，最终生成不同的车用能源发展情景。所以，我们可以把 TCAEM 当做一个车用能源发展情景生成器，它既可以生成车用能源发展的参考情景，也可以生成车用能源发展的替代政策情景。本次情景分析应用的车用能源集成与优化模型是在 IIASA（International Institute for Applied Systems Analysis）的 MESSAGE 模型平台上开发的，经济目标体现在从能源开采到满足交通需求的能源—汽车驱动技术—交通服务系统成本最小化，能源与环境排放方面的目标要求通过约束方程加以体现。

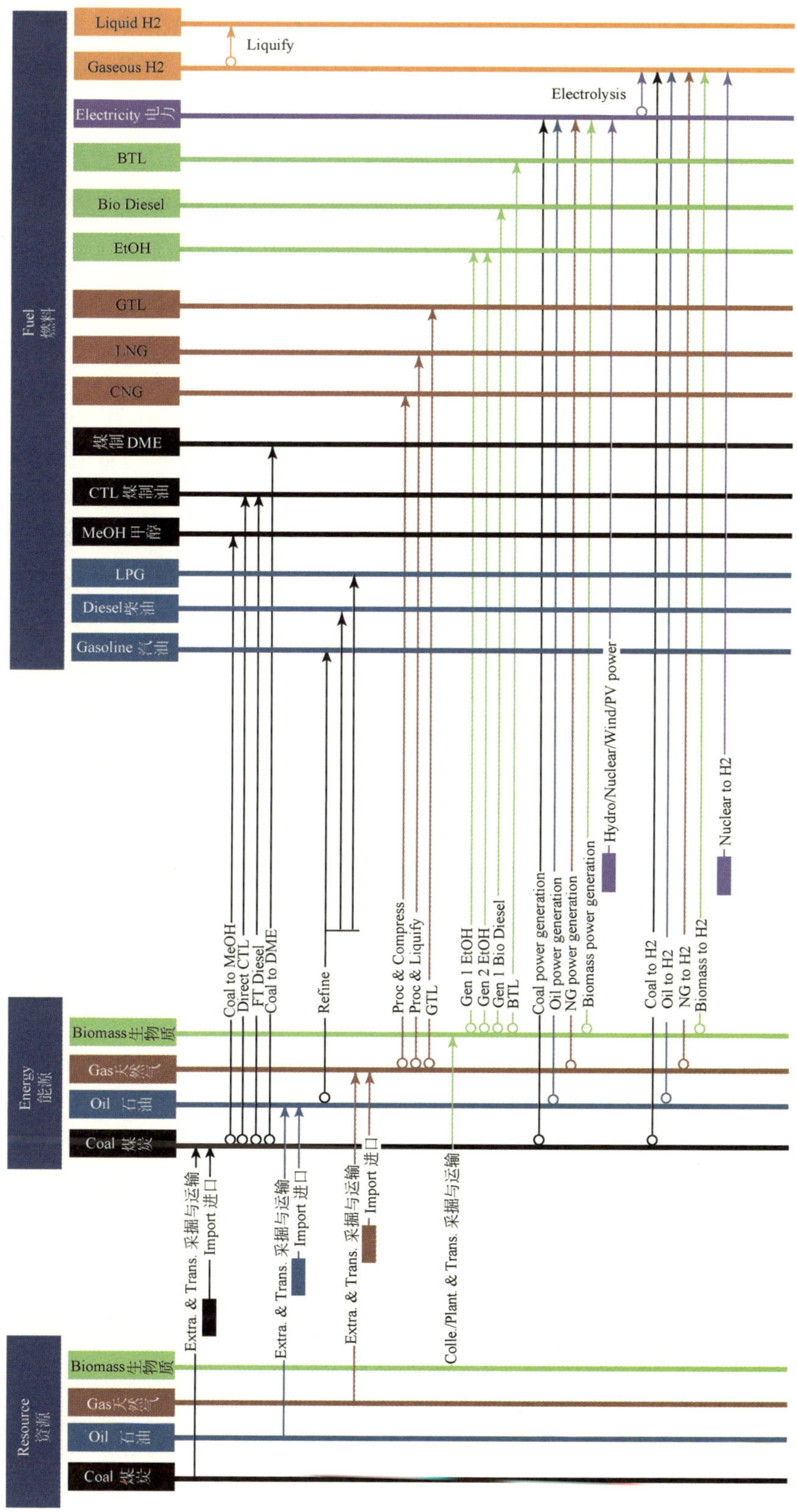

图12-2　车用能源系统能流网络图

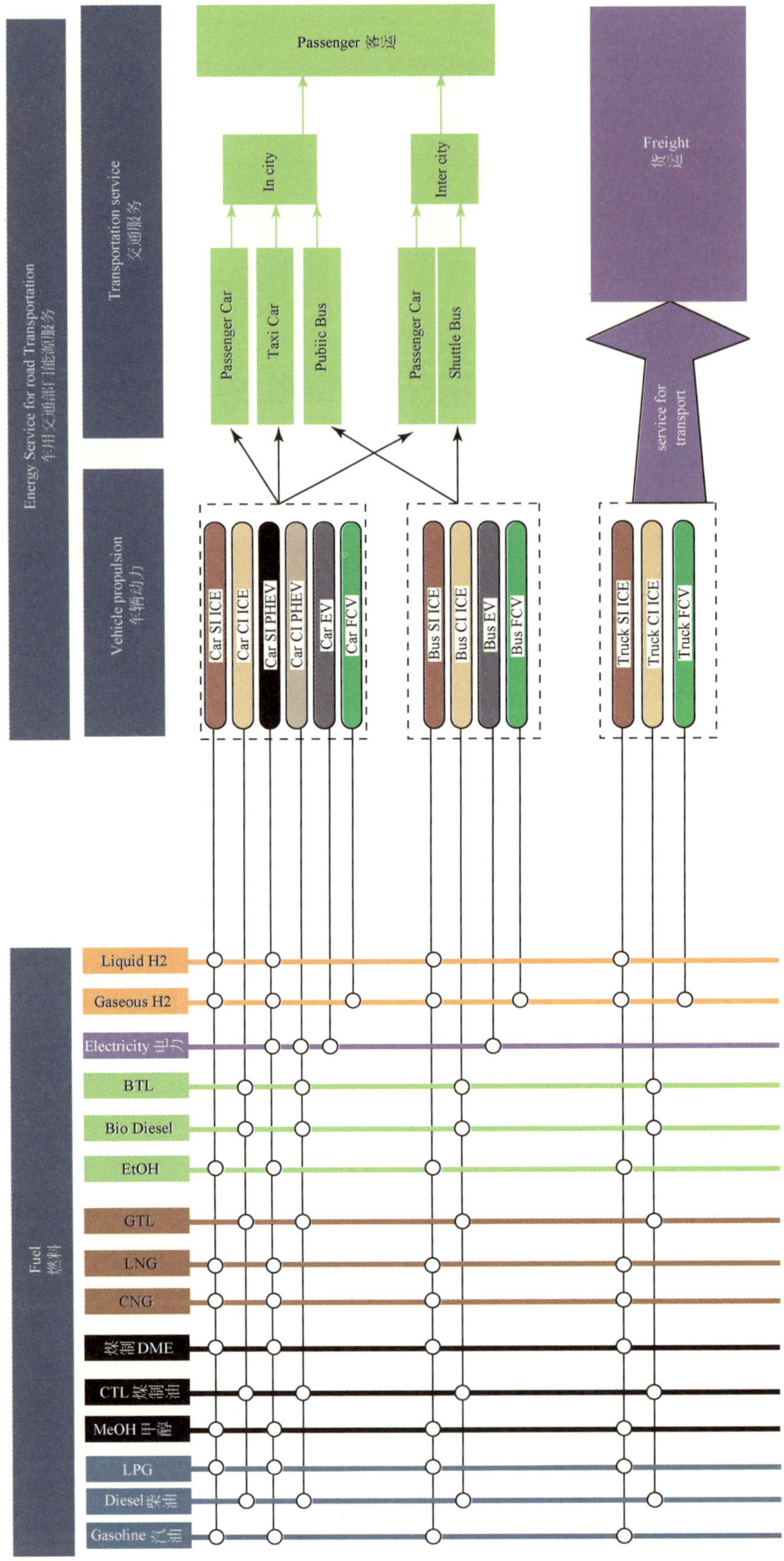

图12-3 汽车燃料—驱动技术-交通服务关系网络图

专栏 12-1　未来车用动力技术—交通服务匹配关系

基于续驶里程、功率大小、燃料加注基础设施建设等条件，不少行业专家和产业公司分析了未来车用动力技术和交通服务细分之间的优化匹配关系，参见图 1 和图 2。

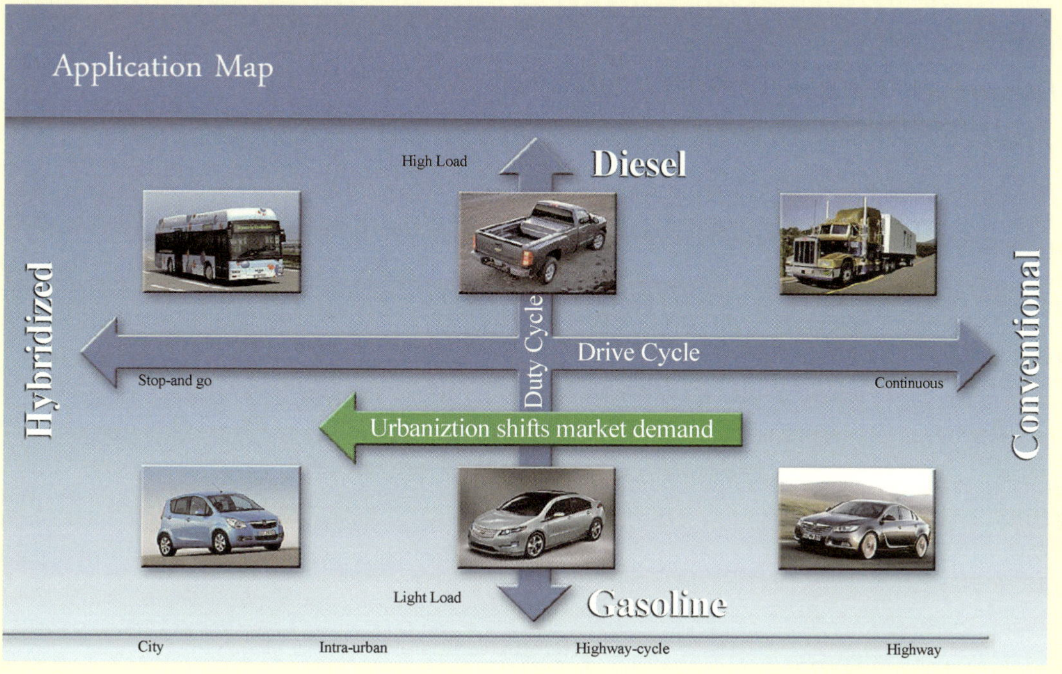

图 1　某美国汽车公司关于未来车用动力技术和交通服务细分的匹配关系

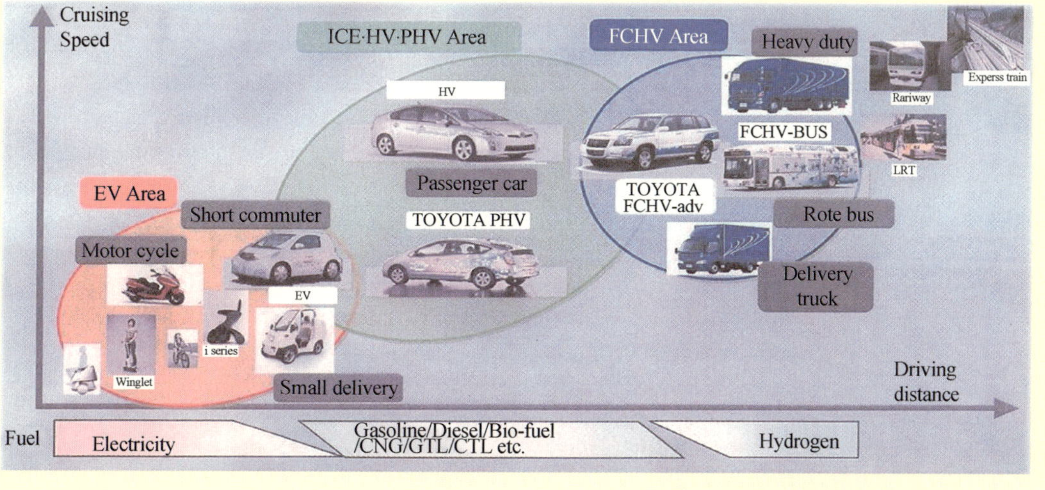

图 2　某日本汽车公司关于未来车用动力技术和交通服务细分的匹配关系

以 $c(q, t, f, x)$ 表示到2050年我国汽车交通综合成本函数，主要包括汽车交通非能源成本与汽车交通能源成本两大部分。汽车交通非能源成本包括汽车购买、维修、保险和税费等费用，而汽车交通能源成本则为汽车加注燃料成本（该成本包括了从开采到加注的资源成本、运输成本、基础设施投资成本、转换成本以及加注成本）。$q \in \{1, 2, \cdots, 8, 9\}$ 表示汽车类型，具体对应关系见表12-1。

表12-1 机动车类型与编号对应表

类别	乘用车				客车		货车		
q	1	2	3	4	5	6	7	8	9
说明	微型	小型	中型	大型	中巴	大巴	轻卡	中卡	重卡

$t \in \{1, 2, 3, 4, 5\}$ 表示汽车动力技术类型，模型中主要考虑了五种动力技术，具体对应关系见表12-2。

表12-2 机动车动力技术与编号对应表

t	1	2	3	4	5
动力技术	液体燃料点燃（SI）	液体燃料压燃（CI）	气体燃料发动机（GE）	纯电动（EV）	氢能燃料电池（FCV）

在此模型中，混合动力技术（包括弱混和中混）没有被单独列出，而是包含到SI和CI这两种动力技术进步中。燃料电池车主要用于大型客车与大型乘用车（如SUV）；纯电动车及插入式混合动力主要用于客运领域，包括乘用车（出租车）与大型客车（城市内公共交通）。由此得出 q 与 t 有如表12-3所示的对应关系。

表12-3 机动车类型与动力技术关系表

t \ q	1	2	3	4	5	6	7	8	9
1	√	√	√	√	√		√		
2		√	√	√	√	√		√	√
3	√	√	√		√	√	√	√	
4	√	√	√	√	√	√			
5				√	√	√		√	√

$f \in \{1, 2, \cdots, 12\}$ 表示机动车燃料种类，模型中主要考虑了12种车用燃料，具体对应关系见表12-4。

表 12-4　机动车加注燃料与编号对应表

f	1	2	3	4	5	6	7	8	9	10	11	12
燃料	汽油	柴油	LPG	CNG	LNG	甲醇	二甲醚	生物乙醇	生物柴油	煤制柴油	氢能	电能

由于不同的汽车动力技术所使用的燃料也不尽相同，模型中主要考虑了如表 12-5 所示的动力技术与加注燃料组合方式。

表 12-5　机动车动力技术与加注燃料组合关系表

技术＼燃料	汽油	柴油	LPG	CNG	LNG	甲醇	二甲醚	生物乙醇	生物柴油	氢能	电能
SI	√					√		√			
CI		√					√		√		
GE			√	√	√						
FCV										√	
EV											√

模型的运行机理为：在满足各种能源资源限制、温室气体排放目标和基础设施配备特征条件下，寻求以最小的综合汽车交通费用来满足汽车交通服务需求的汽车动力技术与能源技术组合。该模型的数学简要描述如下：

$$\text{Min } c(q,t,f,x)=\sum_i\sum_q\sum_t\sum_f \text{Auto}_i(q,t,f)\cdot x_i(q,t,f) \tag{12-1}$$

$$\text{s. t.}\quad \sum_{t,f} x_i(q,t,f)\geqslant d_i(q),x_i(q,t,f)\geqslant 0,d_i(q)\geqslant 0;$$

$$\sum_{q,t} x_i(q,t,f)\cdot F_i(q,t,f)\leqslant E_i(f),F_i(q,t,f)\geqslant 0,E_i(f)\geqslant 0$$

$$\sum_{q,t,f} x_i(q,t,f)\cdot M_i(q,t,f)\leqslant \varphi_i,M_i(q,t,f)\geqslant 0,\varphi_i\geqslant 0;$$

$$\sum_f E_i(f)\cdot N_i(f)\leqslant \psi_i,N_i(f)\geqslant 0,\psi_i\geqslant 0$$

式中，$i\in\{2005, 2010, 2015, \cdots, 2050\}$ 表示时间年份；Auto_i（q，t，f）表示汽车类型 q 配备动力技术 t 加注燃料 f 在时间段 i 完成单位交通服务量成本；x_i（q，t，f）表示汽车类型 q 配备动力技术 t 加注燃料 f 这一机动车组合方式在时间段内承担的交通服务量；d_i（q）表示机动车类型 q 在时间段 i 的总交通服务量；F_i（q，t，f）表示机动车（q，t，f）的单位燃油经济性；E_i（f）表示燃料 f 的供应上限；M_i（q，t，f）表示机动车（q，t，f）的全生命周期（WTW）的单位温室气体排放因子；φ_i 表示第 i 年道路交通全生命周期的温室气体排放限额；N_i（f）表示燃料 f 生产供应环节的单位温室气体排放因子；ψ_i 表示第 i 年燃料生产供应过程总的温室气体排放限额。

成本函数 Auto_i（q，t，f）为汽车交通系统综合成本，具体含义为汽车类型 q 配备动

力技术 t 加注燃料 f 在时间段 i 完成单位交通服务量的总成本。函数 Auto_i（q，t，f）内含了两部分成本，即汽车单位拥有成本与汽车使用成本。

模型中成本测算均为考虑贴现率因素的动态平准化成本，如公式（12-2）所示。

$$\text{Auto}_i(q,t,f) = \overline{\text{Auto}_i}(q,t,f) + \text{Energy}_i(f) \tag{12-2}$$

式中，$\overline{\text{Auto}_i}$（q，t，f）表示汽车交通第 i 年的非能源平准化成本；Energy_i（f）表示燃料 f 在第 i 年的平准化成本。

$\overline{\text{Auto}_i}$（q，t，f）其扩展式如公式（12-3）所示：

$$\begin{aligned}\overline{\text{Auto}_i}(q,t,f) = & \sum_{j=1}^{T_1} w_{i-j}(q,t,f) \cdot \overline{\text{Auto}_{i-j}}(q,t,f) \\ & + w_{\text{new}}(q,t,f) \cdot \overline{\text{Auto}_{\text{new}}}(q,t,f)\end{aligned} \tag{12-3}$$

式中，T_1 表示机动车使用年限；w_{i-j}（q，t，f）表示第（$i-j$）年新购置的（q，t，f）类汽车占第 i 年总的（q，t，f）类机动车的比例；w_{new}（q，t，f）表示当年（即第 i 年）（q，t，f）类机动车新车占第 i 年总的（q，t，f）类机动车的比例；$\overline{\text{Auto}_{\text{new}}}$（$q$，$t$，$f$）表示（$q$，$t$，$f$）类机动车新车的平准化成本。

进一步，根据平准化公式可分别得出机动车新车非能源成本，如公式（12-4）所示。

$$\overline{\text{Auto}_{\text{new}}}(q,t,f) = \frac{\sum_{i=0}^{T_1}(\text{Auto}I_i + \text{Auto}O_i)(1+r)^{-i} \cdot \dfrac{r \cdot (1+r)^{T_1}}{(1+r)^{T_1}-1}}{Q} \tag{12-4}$$

式中，$\text{Auto}I_i$ 表示机动车在第 i 年的投资成本，如微型纯电动汽车当年的购置成本、获取牌照成本、税费、未来换取电池成本等；$\text{Auto}O_i$ 表示机动车第 i 年运行成本，如强制保险、维修费用等；r 表示利率；Q 表示机动车平均总行驶里程。

Energy_i（f）其扩展式如公式（12-5）所示。

$$\text{Energy}_i(f) = \sum_{j=1}^{T_2} m_{i-j}(f) \cdot \text{Energy}_{i-j}(f) + m_{\text{new}}(f) \cdot \text{Energy}_{\text{new}}(f) \tag{12-5}$$

式中，T_2 表示能源供应基础设施使用年限；m_{i-j}（f）表示第（$i-j$）年新建的 f 类燃料供应设施产的燃料占第 i 年总的 f 类燃料的比例；m_{new}（f）表示当年（即第 i 年）新建的 f 类燃料供应设施供应的燃料占第 i 年总的 f 类燃料的比例；$\text{Energy}_{\text{new}}$（$f$）表示新建 f 类燃料供应的燃料 f 的平准化成本。

进一步，根据平准化公式可分别得出机动车新车能源成本，如公式（12-6）所示。

$$\text{Energy}_{\text{new}}(f) = \frac{\sum_{i=0}^{T_2}(\text{Energy}I_i + \text{Energy}O_i)(1+r)^{-i} \cdot \dfrac{r \cdot (1+r)^{T_2}}{(1+r)^{T_2}-1}}{P} \tag{12-6}$$

式中，$\text{Energy}\ I_i$ 表示燃料 f 在第 i 年的投资成本，如电厂初始投资、充电站投资等；$\text{Energy}\ O_i$ 表示生产燃料第 i 年运行成本，如资源本身的成本、维修费用等；P 表示燃料总的供应量。

燃料供应成本是 WTT 成本，除了固定投资那一部分，还要考虑转化效率的问题，EnergyO_i 扩展式如公式（12-7）所示。

$$\mathrm{Energy}O_i = \frac{\mathrm{CERS}_i}{\beta_i} + \mathrm{CCUR}_i + \mathrm{CARC}_i - \mathrm{CEXP}_i \quad (12\text{-}7)$$

式中，β_i 表示效率，为各个环节效率在第 i 年的乘积；CCUR 表示维护与运营成本不包括消耗的原料成本；CERS 表示原料成本；CEXP 表示出口燃料获得的利润；CARC 表示各种限制成本，如未来的碳税。

12.2 参考情景

参考情景是车用能源发展分析的基准情景。在参考情景下，政府对中国车用能源未来的发展没有明确的目标要求，不会出台新的政策改变汽车技术和能源技术创新速度和趋势，当前的汽车动力技术和车用能源技术发展趋势和市场条件会延续下去。因此，在某种程度上说，参考情景是认为车用能源技术在近、中期不会出现根本性变革的车用能源发展情景。构建参考情景和进行参考情景分析的主要目的是要考察，如果中国车用能源不进行积极的技术创新和不实施更加严格的节能政策，那么未来中国车用能源消费和温室气体排放是什么图景？中国会为此付出多大的经济代价？这样的图景是否是中国和世界可以承受和接受的？

12.2.1 情景主要假设

（1）汽车交通服务需求

参考情景下的未来不同类型的汽车交通服务增长率来自本书的第 3 章，如表 12-6 所示。在参考情景下，对客运而言，既没有考虑出台特别强的限制私人汽车交通需求政策，也没有考虑出台更加积极的公交政策，以促进公共交通服务有十分显著的改善，实现私人汽车交通向公共交通（包括公共汽车和轨道交通）的有效转移；对货运而言，也没有汽车货运向铁路的快速有效转移。

表 12-6　参考情景下的汽车交通服务年均增长率　（单位:%）

类型	2010～2020 年	2020～2030 年	2030～2050 年
乘用车	15.33	3.84	0.02
客车	6.43	3.35	0.99
货车	9.96	5.55	1.59

(2) 乘用车燃油经济性

延续现有的汽车节能技术发展趋势，乘用车的燃油经济性也会有一定程度的改善，但改善幅度不大。在参考情景下，微型、小型、中型和大型乘用车的新车燃油经济性的假设如表 12-7 所示。

表 12-7　乘用车新车燃油经济性　（单位：L/100km）

乘用车类型	2010 年	2020 年	2030 年	2050 年
微型乘用车（排量为 1L 及以下）	5.5	4.5	4.0	3.8
小型乘用车［排量为 1L（不含）到 1.6L（含）］	7.0	5.8	5.0	4.7
中型乘用车［排量为 1.6L（不含）到 2.5L（含）］	9.0	8.0	7.0	6.3
大型乘用车（排量大于 2.5L）	12.0	10.5	9.5	8.8

(3) 客车燃油经济性

延续现有的汽车节能技术发展趋势，客车的燃油经济性也会有一定程度的改善。在参考情景下，客车车队燃油经济性的改善情况的假设如表 12-8 所示。

表 12-8　客车车队燃油经济性相对 2010 年的降低率　（单位：%）

年份	2020	2030	2040	2050
降低率	3	6	9	12

(4) 货车燃油经济性

延续现有的汽车节能技术发展趋势，货车的燃油经济性也会有一定程度的改善。在参考情景下，货车车队燃油经济性［L/(100km · t)］的改善情况的假设如表 12-9 所示。

表 12-9　货车车队燃油经济性相对 2010 年的降低率　（单位：%）

年份	2020	2030	2040	2050
降低率	5	10	15	20

(5) 乘用车电动化

电动汽车是一种重要的汽车技术创新，同其他技术创新一样，其推广需经过三个过程，市场渗透率呈 S 型曲线（专栏 12-2）。参考情景下，纯电动车的电池、电机和电控等成本降低缓慢，电动微型乘用车综合成本与石油基乘用车综合成本对比如图 12-4 所示，到 2040 年以前基本上该车型电动汽车无法与石油基乘用车竞争；同理，纯电动小型乘用车的情况与微型车相似；而对于中型和大型乘用车，纯电动模式无法满足其较高的续驶里程要求，需要采用插电式混合动力汽车（PHEV）或者增程式纯电动汽车（EREV），其综合成本到 2050 年也仍然无法和石油基乘用车持平。

专栏 12-2　电动汽车发展的 S 型曲线规律

S 型曲线创新扩散理论表明了一项创新（如一项新技术）以一种可以预测的模式在整个社会中传播的过程。少数人在刚开始的时候就可以接受它，而有些人会花稍长时间来尝试这些新事物，还有一些人则需要更长时间。我们假定电动汽车等新能源汽车技术创新的扩散遵循逻辑斯蒂增长模型（Logistic growth model）曲线，创新扩散过程分为三个时期：起步期、高速期和平稳期。

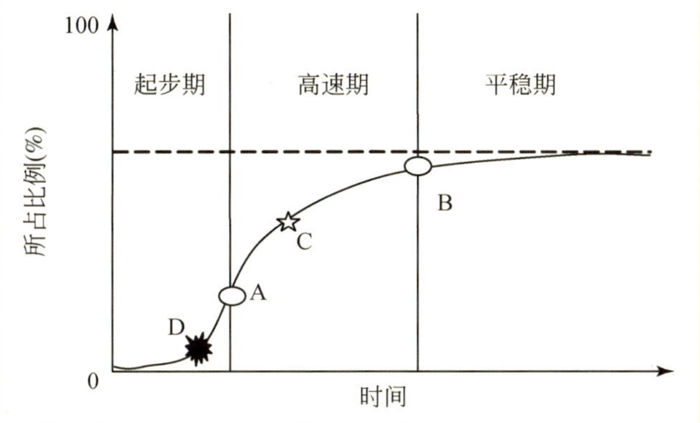

图 1　新技术 S 型曲线图

D 点是一项技术能否跨越起步进入高速发展的关键起飞点。当大众消费者使用一项新技术的成本开始与原有传统技术使用成本相当的时候，新技术就达到起飞点 D 了。比如，2 代生物燃料乙醇相对汽油一旦具有价格优势，该技术就达到起飞点 D；消费者在某个时间点购置电动汽车或者 FCV 汽车技术，从全生命周期成本分析，与传统汽油车相比开始具有优势，那么电动汽车或者 FCV 技术就开始到达逻辑曲线的起飞点 D 了。

（6）客车电动化

在参考情景下，在电池、电机和电控等成本降低缓慢情况下，纯电动客车的交通综合成本到 2040 年以前无法与石油基乘用车竞争（图 12-5）。

（7）燃料电池汽车

参考情景下，燃料电池汽车技术成本降低缓慢，其交通综合成本到 2050 年以前无法与石油基汽车竞争（图 12-6）。

（8）生物燃料

2025 年以前 2 代生物燃料技术不会有根本性突破，主要是利用 1 代生物燃料，数量有限；2035 年以后 2 代生物燃料成本才可能有较大的降低。生物燃料与石油基燃料成本比较如图 12-7 所示。

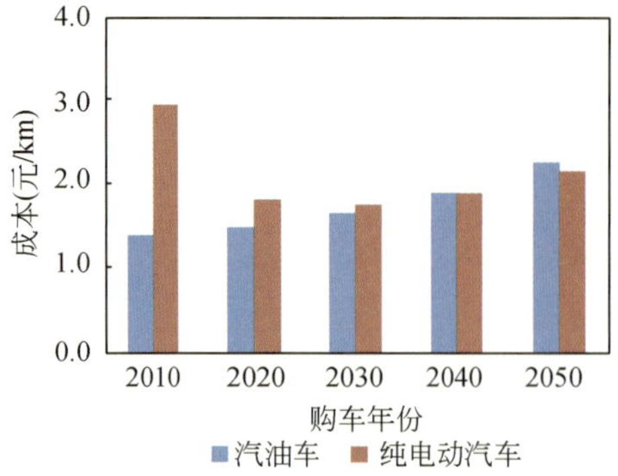

图 12-4 参考情景下汽油微型乘用车与 EV 交通综合单位成本

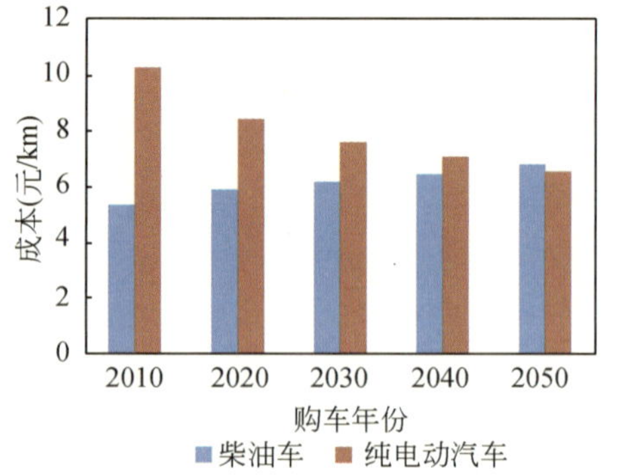

图 12-5 参考情景下柴油城市客车与 EV 交通综合单位成本

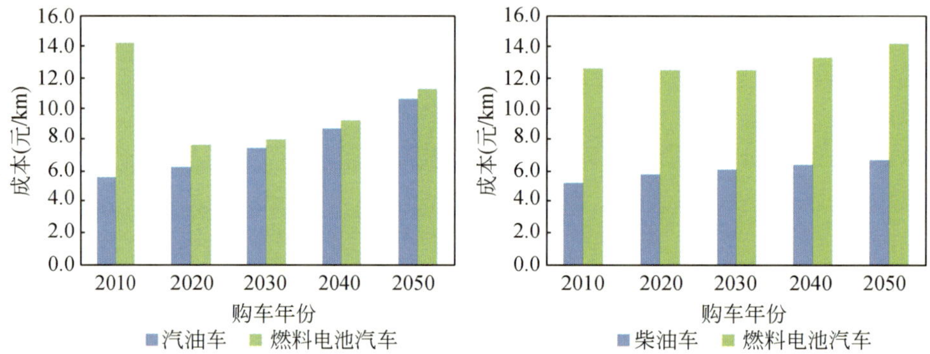

(a)大型乘用车 (b)市内客车

图 12-6 参考情景下大型汽油乘用车、柴油市内客车与燃料电池汽车交通综合单位成本

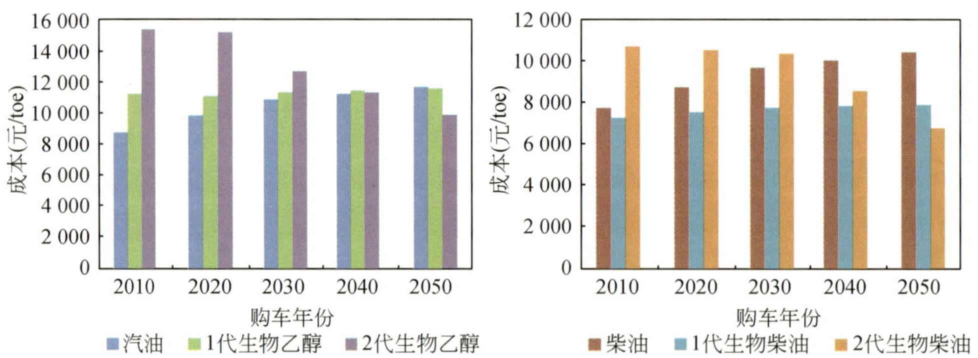

(a)生物乙醇与汽油成本 (b)生物柴油与柴油成本

图 12-7 参考情景下生物燃料与石油基燃料的成本比较

12.2.2　情景结果

12.2.2.1　乘用车驱动技术

参考情景下，未来不同驱动技术的乘用车保有量如图 12-8 所示，未来不同驱动技术的乘用车客运分担率如图 12-9 所示。由这些图形不难发现，在参考情景下，汽油车在乘用车队和客运分担中都一直处于绝对主导地位，气体燃料车比例预计 2020 年以后有明显增加。不论就乘用车保有量而言，还是就乘用车客运分担而言，电动汽车和燃料电池汽车的比例都很小。在乘用车保有量中，2020 年、2030 年和 2050 年电动车的比例分别为 0.7%、2.2% 和 2.8%，气体发动机比例分别为 5.6%、8.2% 和 7.4%，燃料电池车的比例微不足道。在参考情景下，因为新能源汽车比例过小，中国乘用车产业将缺乏产业升级和竞争力提升所需的动力和市场条件。

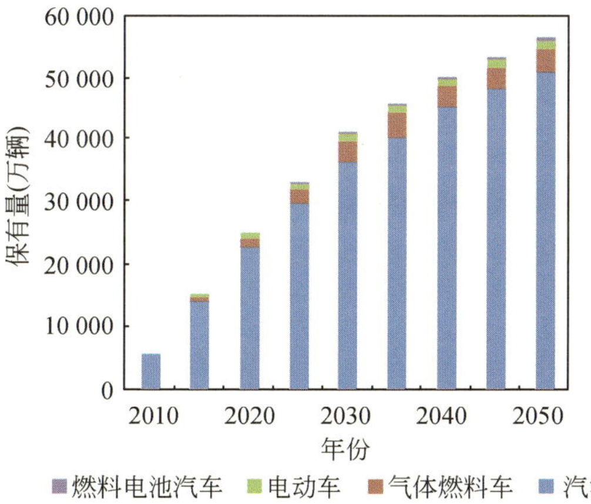

图 12-8　参考情景下乘用车驱动技术发展图景

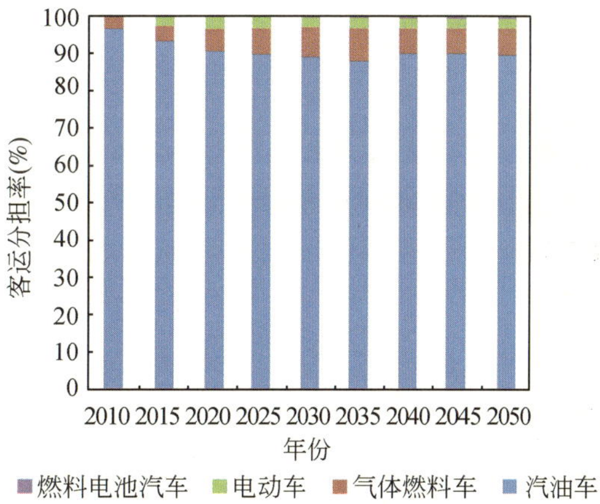

图 12-9　参考情景下乘用车驱动技术分担率

12.2.2.2　客车驱动技术

参考情景下，未来不同驱动技术的客车保有量如图 12-10 所示，未来不同驱动技术的客车客运分担率如图 12-11 所示。在参考情景下，柴油发动机和汽油发动机在客车车队和客运分担中都一直处于绝对主导地位。不论就客车保有量而言，还是就客运分担而言，电动汽车和燃料电池汽车的比例都很小。参考情景下，客车车队中的汽油车和气体车的比例都呈现上升趋势，柴油车比例呈现下降趋势。汽油车的比例由 2010 年的 24% 上升到 2030 年的 31%，以后基本稳定；气体燃料车的比例由 2010 年的 2.2% 上升到 2030 年的 3.9%，以后基本稳定；柴油车的比例由 2010 年的 74% 下降到 2030 年的 62%，以后基本稳定。在客车保有量中，2030 年和 2050 年电动车的比例分别为 2.8% 和 4.4%，燃料电池车的比例微不足道。在参考情景下，因为新能源汽车比例过小，中国客车产业将缺乏产业升级和竞争力提升所需的动力和市场条件。

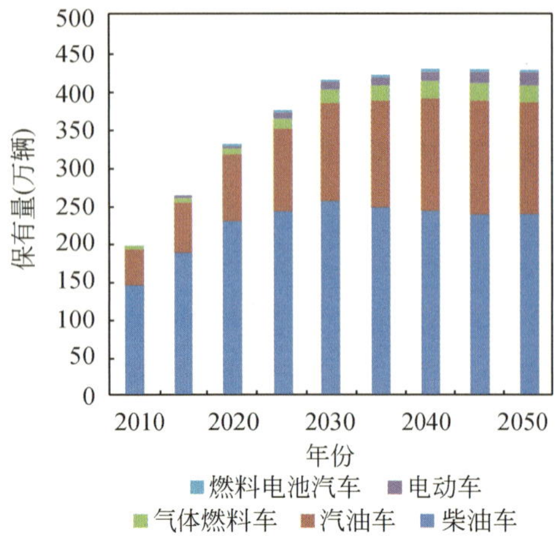

图 12-10　参考情景下客车驱动技术发展图景

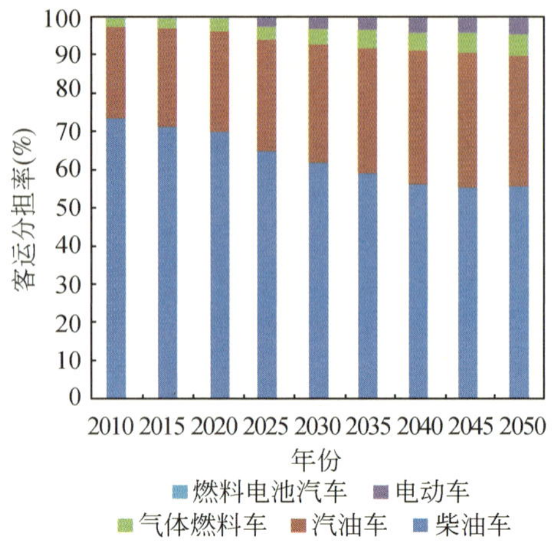

图 12-11　参考情景下客车驱动技术分担率

12.2.2.3　货车驱动技术

参考情景下，未来不同驱动技术的货车保有量如图 12-12 所示，未来不同驱动技术的货车货运分担率如图 12-13 所示。由此不难发现，在参考情景下，柴油车在货车车队和道路货运分担中都一直处于绝对主导地位，柴油货车的道路货运分担率一直维持在 80% 左右。货车车队中汽油车和气体车比例有所上升，汽油车比例由 2010 年的 18.35% 提高到 2030 年的 19.49% 和 2050 年的 18.36%，气体燃料车比例由 2010 年的 0.96% 提高到 2030 年的 1.14% 和 2050 年的 1.6%。在参考情景下，新能源汽车的市场份额微不足道，中国货车产业将缺乏产业升级和竞争力提升所需的动力和市场条件。

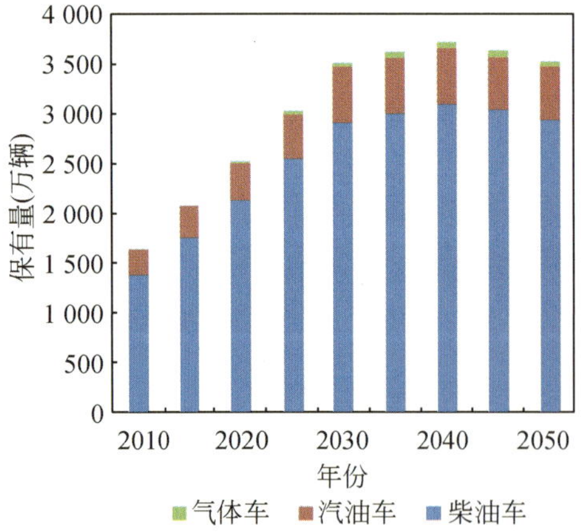

图 12-12　参考情景下货车驱动技术发展图景

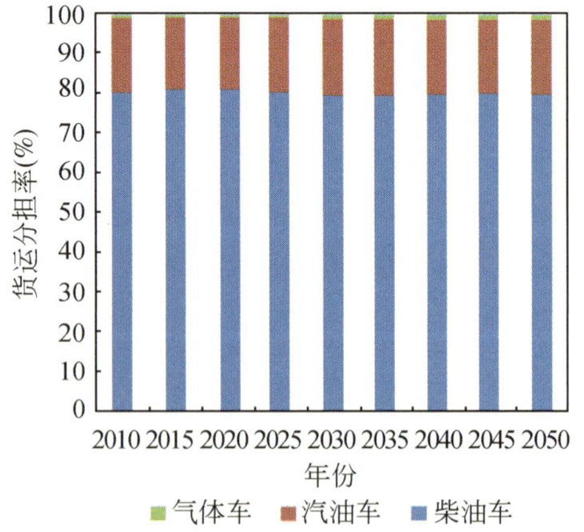

图 12-13　参考情景下货车驱动技术分担率

12.2.2.4　汽车能源

图 12-14 给出了参考情景下到 2050 年的中国车用能源消费。在参考情景下，中国车用燃料消费在 2050 年之前一直保持着上升的趋势。2010 ~ 2020 年是车用燃料消费增长最快的时期，年均增长率 11.3% 左右；2020 ~ 2030 年年均增长率为 3.5% 左右；2030 ~ 2050 年年均增长率为 0.6% 左右。中国车用燃料消费总量 2020 年、2030 年和 2050 年分别达到 3.52 亿 toe、4.79 亿 toe 和 5.39 亿 toe，分别为 2010 年的 2.6 倍、3.6 倍和 4.0 倍。

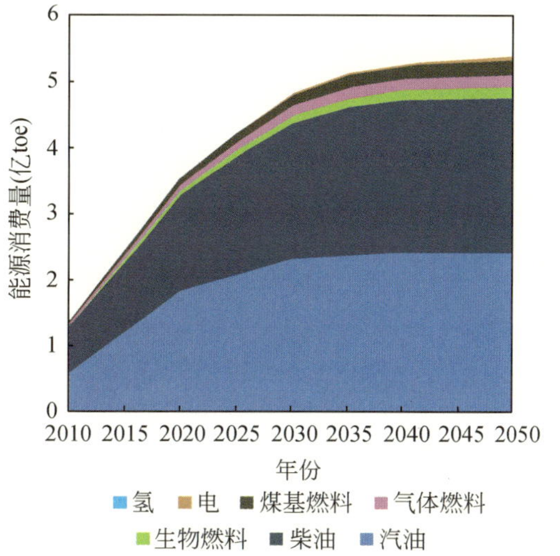

图 12-14　参考情景下车用能源消费

从车用燃料消费结构看，石油基柴油和汽油消费量合计 2020 年、2030 年和 2050 年分别达到 3.28 亿 toe、4.37 亿 toe 和 4.75 亿 toe，分别占车用能源消费量的 93%、91% 和 88%。在参考情景下，中国车用能源是由石油基燃料主导的。汽油消费量由 2010 年的 0.57 亿 toe 上升到 2020 年的 1.82 亿 toe、2030 年的 2.31 亿 toe 和 2050 年的 2.40 亿 toe。柴油消费量由 2010 年的 0.71 亿 toe 上升到 2020 年的 1.46 亿 toe、2030 年的 2.06 亿 toe 和 2050 年的 2.35 亿 toe。

尽管当前我国石油冶炼部门的柴油和汽油的产出比已经提高到 2∶1 左右，但仍然存在柴油短缺的问题。2010 年中国汽车交通柴油、汽油消费量的比值为 1.26。在参考情景下，车用柴油、汽油消费比例预计 2035 年为 1∶1，2030 年以后此比例基本保持不变。由此我们可以知道，在参考情景下，车用能源未来的发展并不能对中国柴油、汽油供需不匹配的矛盾起到缓解作用。

在参考情景下，各种对石油的替代燃料在车用燃料消费中的比例由 2010 年的 5% 上升到 2020 年的 7%、2030 年的 9% 和 2050 年的 12%。作为一种战略性对石油基燃料的替代燃料，生物燃料 2020 年、2030 年和 2050 年的消费总量分别为 534 万 toe、1135 万 toe 和 1846 万 toe，分别占当年车用燃料消费量的 1.5%、2.4% 和 3.4%。生物燃料的发展在 2025 年以前以 1 代生物燃料为主，2030 年后新增的生物燃料主要为 2 代生物燃料，如图 12-15 所示。在参考情景下，因为 2 代生物燃料到 2050 年的市场份额仍然不足 2%，中国生物燃料产业将缺乏产业升级和竞争力提升所需的动力和市场条件。

图 12-16 给出了参考情景下到 2050 年中国车用化石能源“从油井到车轮”全生命周期消费量（WTW）。在参考情景下，中国车用石油消费量 2020 年、2030 年和 2050 年分别为 3.7 亿 toe、5.0 亿 toe 和 5.4 亿 toe，分别为当年车用化石能源消费量的 79%、78% 和

76%，说明中国车用能源供应过分依赖石油的局面未来不会有根本性的改变。根据前边第5章的分析，中国国内石油产量的峰值也只有2亿t左右，按国产石油的一半即1亿t用于汽车交通计，2020年、2030年和2050年汽车交通石油对外依存度分别为73%、80%和82%，有比较大的能源供应安全风险问题。

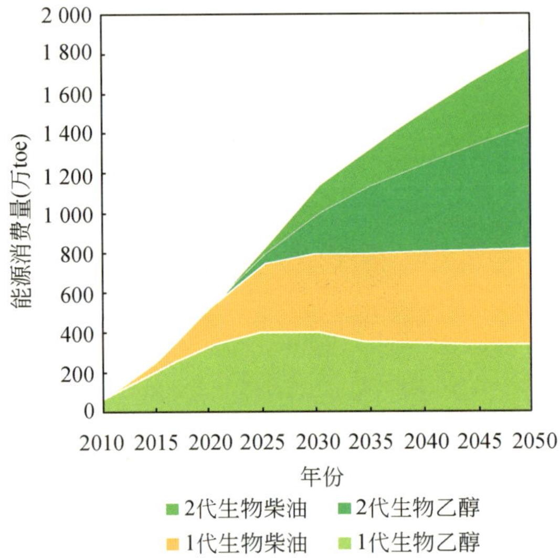

图 12-15　参考情景下生物燃料车用消费量

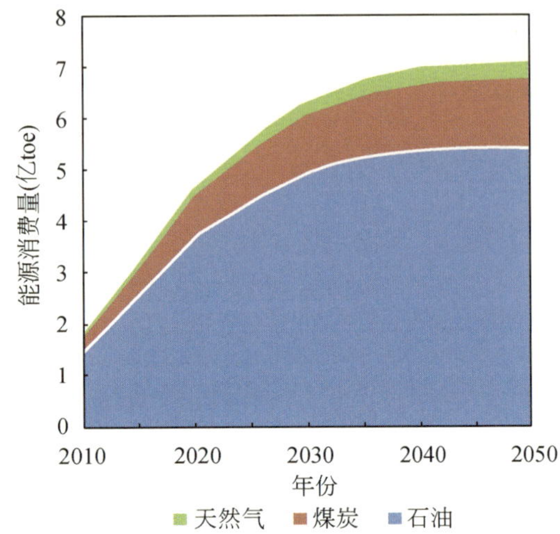

图 12-16　参考情景下汽车交通 WTW 化石能源消费

12.2.2.5　温室气体排放

图12-17给出了参考情景下到2050年汽车使用阶段和WTW CO_2 排放情形。在参考情景下，和能源相关的 CO_2 排放在2050年之前一直保持着上升的趋势。2010～2020年是道路交通部门 CO_2 排放增长最快的时期，直接排放和WTW排放的年均增长率均为11.4%左右，2030～2040年，增速放缓，并进入平稳增长阶段。2050年汽车和WTW CO_2 排放量分别达到约16.5亿t和23.8亿t CO_2，与2010年相比均上升了300%。根据全球2℃温升控制目标，2050年全球允许的 CO_2 也只有110亿t左右，中国汽车交通部门近24亿t CO_2 排放是无法被国内和世界接受的。

图12-18给出了参考情景下到2050年汽车交通WTW CO_2 排放组成。乘用车引起的 CO_2 排放预计到2030年左右达到峰值，然后保持稳定。而汽车货运 CO_2 排放则处于不断增长的态势，2030年以后新增的汽车交通排放主要来自于货运。大型客运的 CO_2 排放略有增加，但增幅不大。2030年以后乘用车数量增加但排放 CO_2 保持稳定，主要原因是因发展混合动力等乘用车节能技术而导致的车队燃油经济性持续改善以及乘用车年行驶里程持续降低。

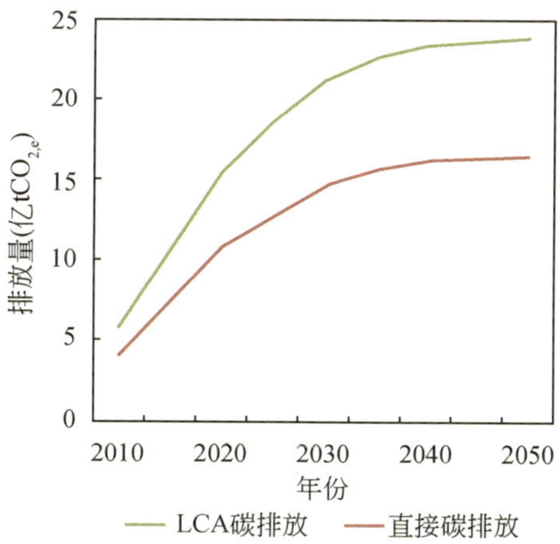

图 12-17　参考情景下汽车温室气体排放

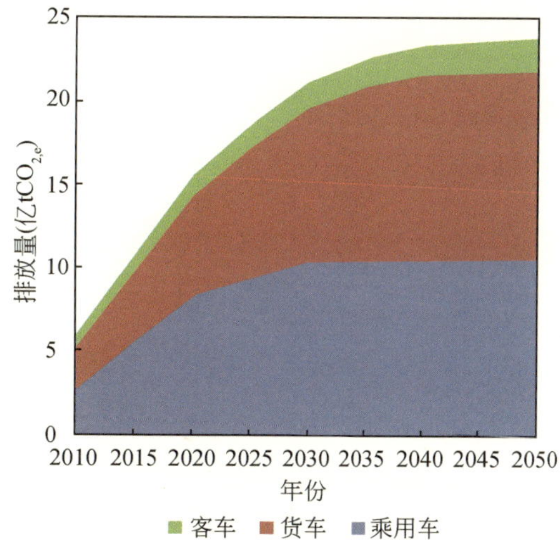

图 12-18　参考情景下的分车型 WTW 温室气体排放

12. 2. 2. 6　汽车交通经济

图 12-19 显示了参考情景下汽车交通综合费用。与 2010 年相比，2020 年、2030 年和 2050 年汽车交通费用将分别增加 2. 5 倍、4. 5 倍和 7. 2 倍。其中，私人小汽车交通花费占汽车交通费用的比例 2020 年为 69%，2030 年为 67%，2050 年为 71%。在汽车交通综合费用中，汽车燃料费用比例 2020 年为 29%，2030 年为 31%，2050 年为 26%。2020 年、2030 年和 2050 年汽车交通支出分别占当年 GDP 的 16%、16% 和 11%。

图 12-20 显示了参考情景下汽车交通能源费用，包括对汽油、柴油、天然气基燃料、生

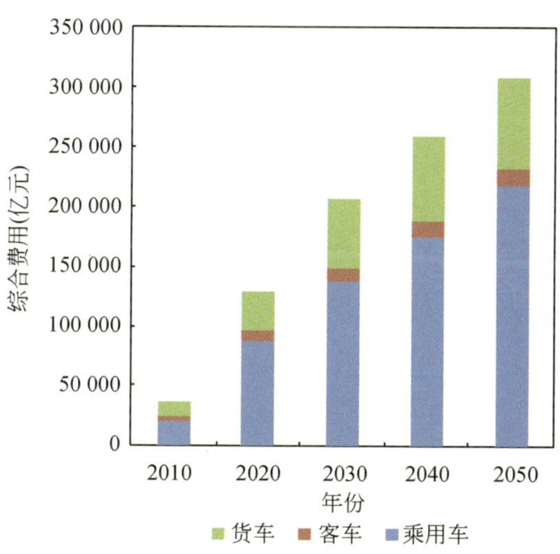

图 12-19　参考情景下汽车交通综合费用

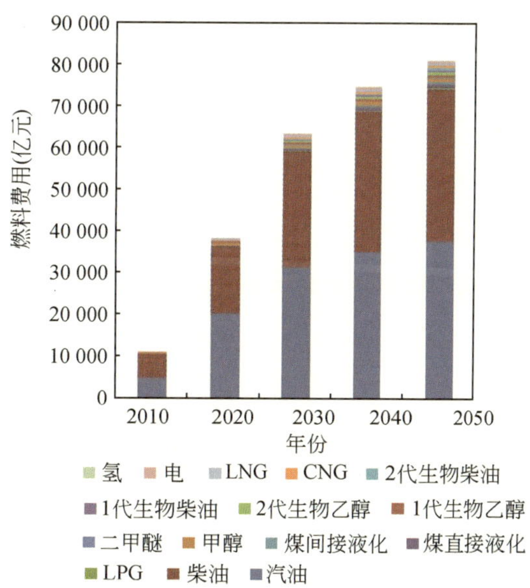

图 12-20　参考情景下汽车交通燃料费用

物基燃料、煤基燃料、电和氢的支付费用。2020年、2030年和2050年石油基燃料花费分别占总车用能源费用的95%、93%和91%。按国产石油1亿t用于汽车交通计，2020年、2030年和2050年汽车交通燃料石油进口分别为2.7亿t、4.0亿t和4.4亿t，汽车交通石油进口花费分别达到1.35万亿元、2.26万亿元和3.3万亿元，分别占当年GDP的1.7%、1.8%和1.2%。

12.2.3 情景要点总结

从以上参考情景分析的结果，我们不难归纳得出以下几点。

1）能源：中国车用燃料消费量将保持增长，尽管2030年以后增速大大减缓，但2050年以前不会达到峰值。车用燃料消费集中在柴油和汽油，两者消费总量2050年达到4.75亿toe，占车用燃料消费量的88%，2代生物燃料的市场份额仍然不足2%。2050年车用WTW石油消费量超过5.4亿t，汽车交通石油对外依存度超过80%。车用能源未来的发展本身不能缓解我国柴油、汽油供需不匹配的矛盾。

2）汽车：到2050年新能源乘用车在乘用车车队中的比例不到4%，新能源客车在客车车队中的比例不到5%，新能源货车在货车车队中的比例更是微不足道。由于新能源汽车市场规模太小，中国汽车产业转型和升级缺乏必要市场支撑。气体燃料发动机汽车的比例提高有限，到2050年气体发动机乘用车在乘用车车队中的比例为7%，气体燃料客车在客车车队中的比例为5%，气体燃料货车在货车车队中比例为2%。

3）环境：中国汽车交通部门造成的温室气体排放不断增长，2050年将接近24亿t。实现2℃温升控制目标全球允许排放总量为110亿t左右，中国汽车交通温室气体排放是很难为国内和国际社会所接受的。

4）经济：与2010年相比，2020年、2030年和2050年汽车交通综合费用将分别增加2.5倍、4.5倍和7.2倍。2020年、2030年和2050年汽车交通部门用于石油进口的费用分别占当年GDP的1.7%、1.8%和1.2%。

12.3 电动汽车发展情景

根据本书第11章车用燃料技术路线全生命周期能效和温室气体排放分析，与传统石油基技术路线相比，电力技术路线具有较明显的降低能耗和减少温室气体排放的潜力。构建电动汽车发展情景的目的是考察发展纯电动汽车在解决中国车用能源问题中可能发挥多大的作用。具体地讲，电动汽车发展情景分析主要回答以下问题：①电动汽车发展可以使中国车用能源的供应安全问题在多大程度上得到缓解？②电动汽车发展在汽车交通部门带来多少的温室气体减排？③电动汽车发展对减少中国车用化石能源消耗可以发挥多大的作用？④电动汽车发展对中国成品油市场供需结构有什么样的影响？⑤电动汽车发展对中国汽车工业产业升级和竞争力提升有何影响？⑥电动汽车发展对汽车交通经济有什么样的含义？

12.3.1　情景主要假设

1）汽车交通服务需求：电动汽车发展情景下的汽车交通服务需求与参考情景相同。

2）乘用车燃油经济性：电动汽车发展情景下的新售乘用车燃油经济改进与参考情景相同。

3）客车燃油经济性：电动汽车发展情景下的客车车队燃油经济改进与参考情景相同。

4）货车燃油经济性：电动汽车发展情景下的货车车队燃油经济改进与参考情景相同。

5）乘用车电动化：电动车发展情景下，假定纯电动车的电池、电机和电控等关键技术的研发、示范和推广近中期有重大的突破，成本降低迅速。纯电动微型乘用车交通综合成本与石油基乘用车交通综合成本对比如图 12-21 所示，到 2025 年左右该车型纯电动汽车实现与石油基乘用车竞争，进入快速发展期；纯电动小型乘用车的情况与微型车相似；而对于中型和大型乘用车而言，基于汽车用途需采用插电式 PHEV 或者增程式 EREV 电动模式，其交通综合成本到 2025 年左右也实现与石油基乘用车持平，进入快速发展期。

6）客车电动化：在客车运输中，纯电动汽车的应用主要在大型客运汽车。在电动汽车发展情景下，大型纯电动客车交通综合成本与相应的石油基车综合成本变化趋势如图 12-22 所示。客车电动车 2025 年左右开始与柴油车成本相当，进入快速发展期。

7）燃料电池汽车：电动汽车发展情景下的燃料电池汽车假设与参考情景相同。

8）生物燃料：电动汽车发展情景下的生物燃料假设与参考情景相同。

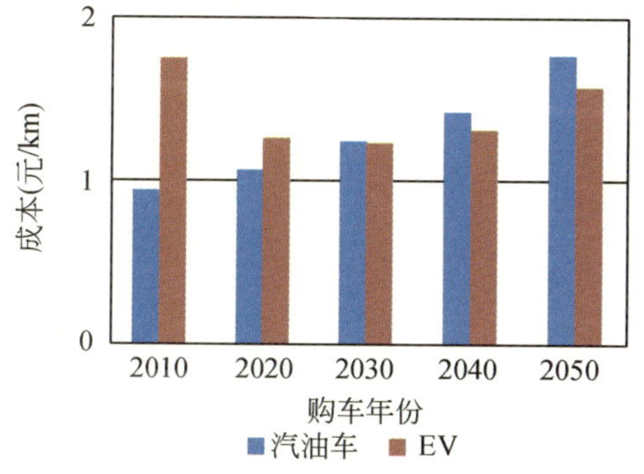

图 12-21　电动汽车发展情景下汽油微型乘用车与 EV 交通综合成本

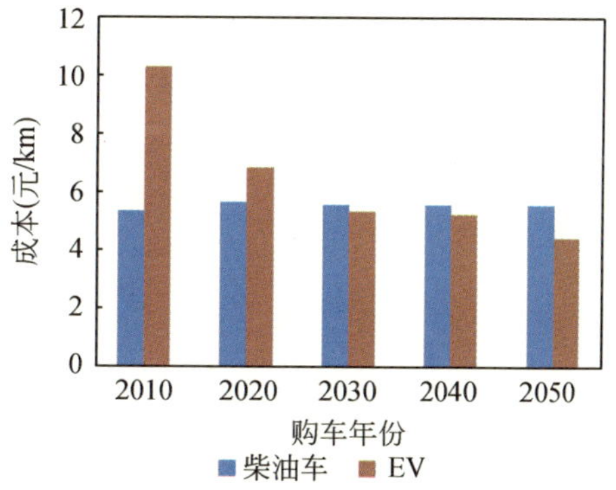

图 12-22　电动汽车发展情景下大型电动客车与大型石油基客车交通综合成本

12.3.2　情景结果

12.3.2.1　乘用车驱动技术

电动汽车加速发展情景下，未来不同驱动技术的乘用车保有量如图 12-23 所示，未来不同驱动技术的乘用车交通分担率如图 12-24 所示。电动汽车在微型、小型、中型和大型乘用车新车销售中的比例如图 12-25 所示。电动汽车发展情景下，在乘用车保有量中，2020 年、2030 年和 2050 年电动车的比例分别为 2%、14% 和 60%，与参考情景相比，份额分别提高 1.3%、11.8% 和 57.2%。汽油车保有量在 2030 年达到峰值，而后快速下降。2050 年，汽油车在乘用车车队中的比例下降到 30% 以下，汽油车的个人交通分担率也下降到 30%。到 2050 年，在乘用车新车销售中，微型电动汽车、小型电动汽车、中型电动汽车、大型电动汽车的比例预计可分别达到 90%、70%、45% 和 40%。在电动汽车发展情景下，由于电动乘用车发展有相当大的规模，为中国乘用车产业升级和转型提供了必要的市场支撑，为中国电动汽车工业发展提供了良好的机遇。燃料电池乘用车和气体发动机乘用车的作用与参考情景基本相同。

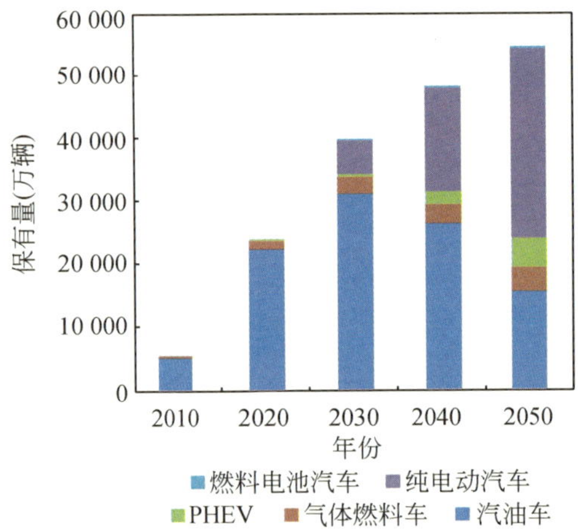

图 12-23　电动汽车发展情景下乘用车驱动技术发展图景

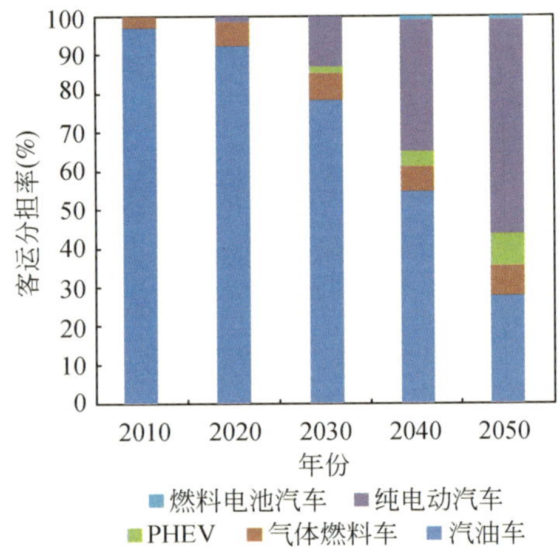

图 12-24　电动汽车发展情景下不同驱动技术乘用车交通分担率

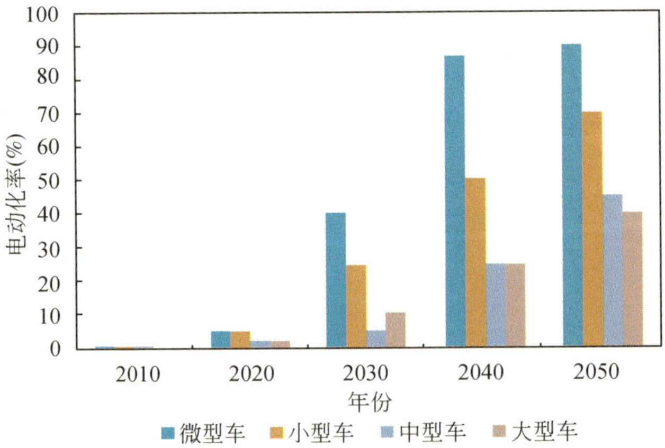

图 12-25　电动汽车发展情景下不同类型电动乘用车新车市场渗透率

12.3.2.2　客车驱动技术

电动汽车发展情景下，未来不同驱动技术的客车保有量如图 12-26 所示，未来不同驱动技术的客车客运分担率如图 12-27 所示。电动汽车发展情景下，在客车保有量中，2020 年、2030 年和 2050 年电动汽车的比例分别达为 1%、5% 和 30%，与参考情景相比，份额分别提高 0.5%、2.2% 和 25.6%。柴油车保有量在 2030 年达到峰值，而后不断下降。2050 年，柴油车在客车车队中的比例下降到 40% 以下，柴油车的客运交通分担率也下降到 40% 以下。在客车车队中和大型客运分担率中，汽油车的比例均由 2010 年的 24% 上升到 2030 年的 32%，2030 年以后变化不大。在电动汽车发展情景下，发展客车电驱动技术为中国客车产业升级和转型提供了必要的市场支撑，为中国电动汽车工业发展提供了良好的机遇。燃料电池客车和气体燃料客车的作用与参考情景基本相同。

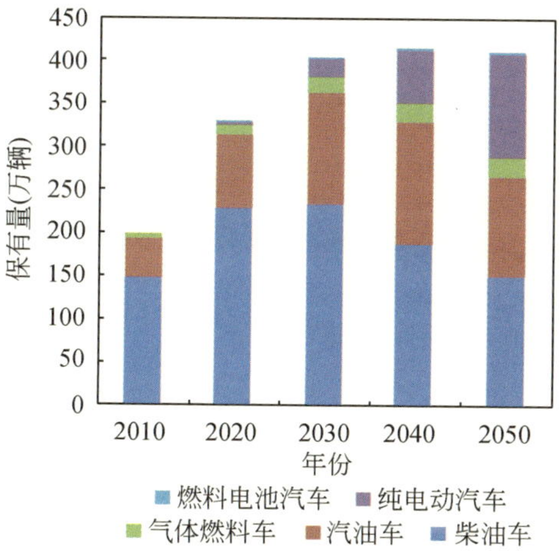

图 12-26　电动汽车发展情景下客车驱动技术发展图景

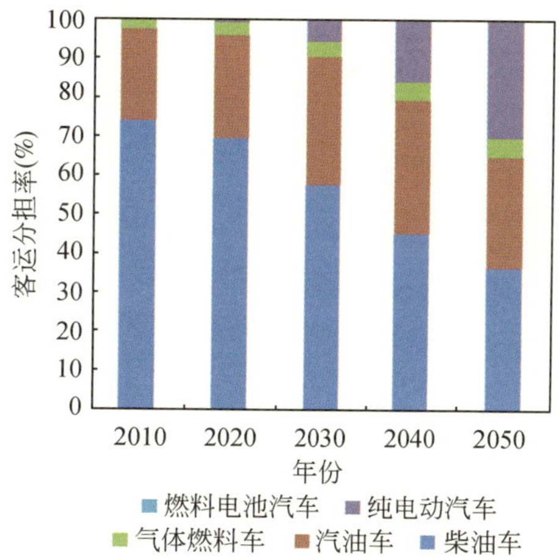

图 12-27　电动汽车发展情景下不同驱动技术货车交通分担率

12.3.2.3　货车驱动技术

受技术和用途限制，货车不适宜电动化。与参考情景相比，电动汽车发展情景下的货车驱动技术构成与货运分担率基本上与参考情景相同。

12.3.2.4　汽车能源

图 12-28 给出了电动汽车发展情景下到 2050 年中国车用能源消费。在电动汽车发展情景下，中国车用燃料消费总量 2020 年、2030 年和 2050 年分别为 3.5 亿 toe、4.6 亿 toe 和 4.5 亿 toe，在 2040 年前后达到峰值。与参考情景相比，电动汽车发展情景 2030 年和 2050 年车用燃料当年消费量分别减少 4.5% 和 17.1%。车用汽油消费量 2020 年以前增速较快，2030 年达到峰值 2.06 亿 toe，然后下降到 2050 年的 1.27 亿 toe。与参考情景相比，电动汽

车发展情景2030年和2050年车用汽油消费量分别减少11%和47%，车用柴油消费量分别减少1.5%和3.0%。说明汽车电动化主要是减少了汽油的使用量。

图12-29给出了电动汽车发展情景下中国车用WTW化石能源消费量。与参考情景相比，电动汽车发展情景2030年和2050年中国车用交通WTW化石能源消耗分别减少2%和12%，其中石油基化石燃料消耗分别减少5%和26%。石油消费在2030年达到峰值，然后下降。这表明电动汽车的发展能够使整个车用能源系统的效率有显著的提高。到2050年，电动汽车发展情景下汽车交通部门石油进口依存度由参考情景下的82%下降到52%。

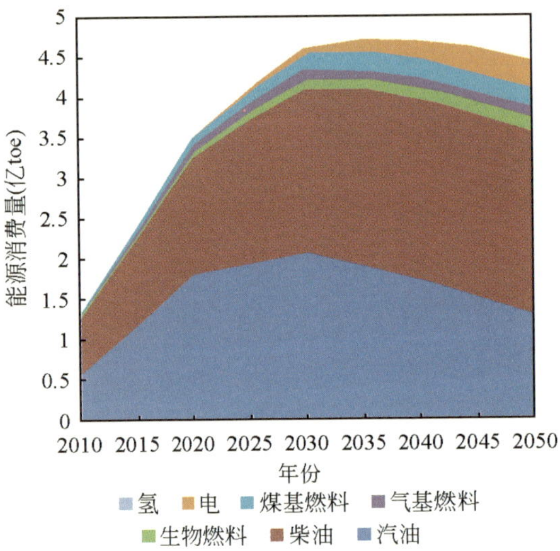

图12-28 电动汽车发展情景下车用燃料消费

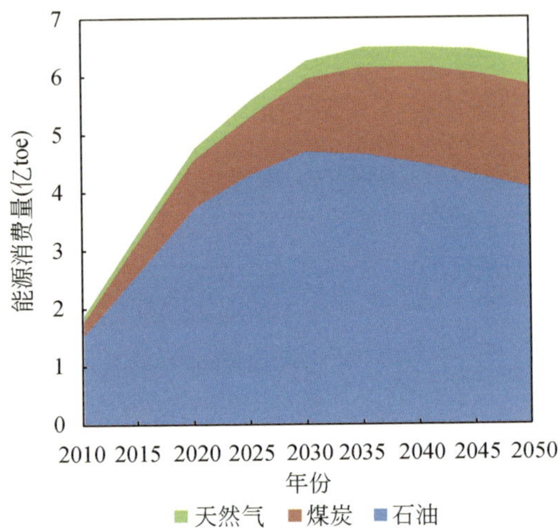

图12-29 电动汽车发展情景下汽车WTW化石能源消费

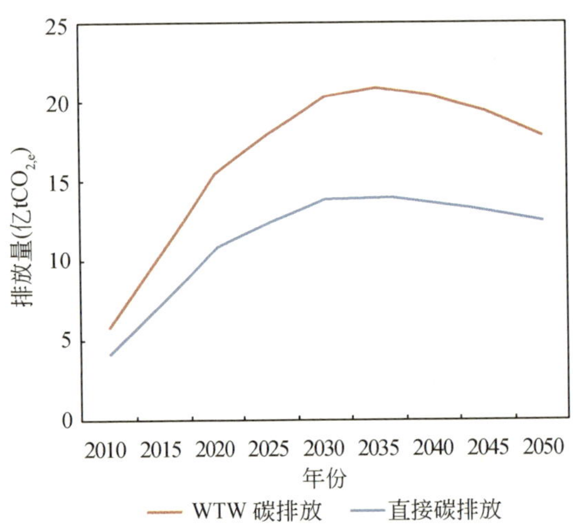

图12-30 电动汽车发展情景下车用能源温室气体排放

在电动汽车发展情景下，2020年、2030年和2050年车用柴油和汽油的需求比分别为0.8、1.0和1.8，而在参考情景下车用柴油和汽油的需求比分别为0.8、0.9和1.0。这表明，在其他条件基本不变的情况下，电动汽车技术路线的引入将可能进一步加剧中国柴油、汽油供需不匹配的矛盾。

12.3.2.5 温室气体排放

图12-30给出了电动汽车发展情景下到2050年汽车温室气体排放情形。在电动汽车发展情景下，中国汽车温室气体排放总量2020年、2030年和2050年分别为

10. 74 亿 t、13. 84 亿 t 和 12. 55 亿 t。与参考情景相比，2030 年和 2050 年汽车温室气体排放总量当年分别减少 5. 1% 和 23. 3% 。

图 12-30 同样给出了电动汽车发展下到 2050 年汽车交通 WTW 温室气体排放情形。在电动汽车发展情景下，中国汽车交通 WTW 温室气体排放总量 2020 年、2030 年和 2050 年分别为 15. 50 亿 t、20. 35 亿 t 和 17. 91 亿 t。与参考情景相比，2030 年和 2050 年汽车 WTW 温室气体排放总量当年分别减少 2. 9% 和 24% 。

12. 3. 2. 6　汽车交通经济

图 12-31 显示了电动汽车发展情景下汽车交通综合费用，包括购车、能源使用和车辆养护费用。与参考情景相比，电动汽车发展情景下汽车交通综合费用 2020 年、2030 年和 2050 年分别减少 6. 6% 、16. 4% 和 21. 4% 。

图 12-32 显示了电动汽车发展情景下燃料费用。与参考情景相比，电动车发展情景下车用燃料费用 2030 年和 2050 年分别减少 3. 2% 和 28. 7% ，石油基燃料花费分别减少 6. 5% 和 35. 4% 。与参考情景相比，2030 年和 2050 年电动车发展情景石油进口费用分别减少 6. 3% 和 29. 6% 。

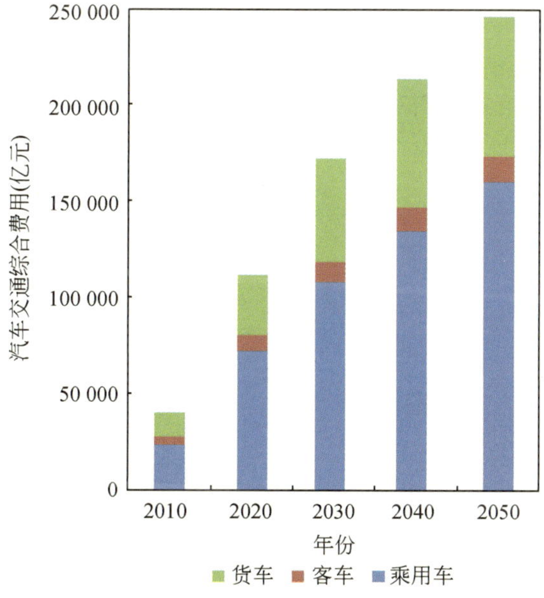

图 12-31　电动汽车发展情景下汽车交通综合费用

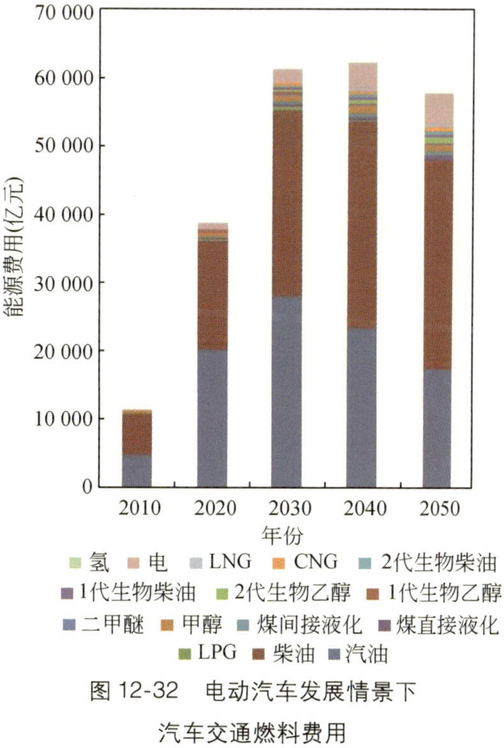

图 12-32　电动汽车发展情景下汽车交通燃料费用

12. 3. 3　情景要点总结

从以上电动汽车发展情景分析的结果，我们不难归纳得出以下几点。

1）能源：在电动汽车发展情景下，车用燃料和车用 WTW 石油都在 2030 年达到峰值，以后呈现下降趋势。与参考情景相比，2050 年电动汽车发展情景下车用燃料、车用汽油、车用 WTW 石油的消费量分别下降 17%、47% 和 26%，但车用柴油的消费量只下降 3%。这说明电动汽车的引入的确能显著提高整个车用能源系统的效率，同时可以显著地减少石油的对外依存度。但需要注意的是电动汽车带来的车用燃料消减主要发生在汽油上，对柴油影响有限，这就有可能进一步加剧中国柴油、汽油供需不平衡的矛盾。

2）汽车：汽油乘用车保有量在 2030 年达到峰值，而后快速下降。2050 年，汽油车在乘用车车队中的比例下降到 30% 以下，汽油车的个人交通分担率也下降到 30%。到 2050 年，在乘用车新车销售中，微型电动汽车、小型电动汽车、中型电动汽车、大型电动汽车的比例预计可分别达到 90%、70%、45% 和 40%。柴油客车保有量在 2030 年达到峰值，而后不断下降。2050 年，柴油车在客车车队中的比例下降到 40% 以下，而电动客车的比例会超过 30%。中国乘用车和客车产业都有发展电动车的市场支撑。

3）环境：汽车交通 WTW 温室气体排放 2035 年左右达到峰值，然后不断下降。与参考情景相比，2050 年电动汽车发展情景下汽车交通 WTW 温室气体排放减少 24%。

4）经济：与参考情景相比，到 2050 年电动车发展情景下汽车交通综合费用减少 21.4%、石油基燃料费用减少 35.4%、石油进口花费减少 29.6%。

12.4 燃料电池汽车发展情景

根据本书第 11 章车用燃料技术路线全生命周期能效和温室气体排放分析，与传统石油基燃料技术路线相比，燃料电池汽车也具有降低能耗和减少温室气体排放的潜力。构建燃料电池汽车加速发展情景的目的是考察发展燃料电池汽车在解决中国车用能源问题中可能发挥多大的作用。具体地讲，燃料电池汽车发展情景分析主要回答以下问题：①燃料电池汽车发展可以使中国车用能源的供应安全问题在多大程度上得到缓解？②燃料电池汽车发展在汽车交通部门带来多少的温室气体减排？③燃料电池汽车发展对减少中国车用化石能源消耗可以发挥多大的作用？④燃料电池汽车发展对中国车用燃料品种供需平衡有什么样的影响？⑤燃料电池汽车发展对中国汽车工业产业转型和升级有何影响？⑥燃料电池汽车发展对汽车交通经济有什么样的含义？

12.4.1 情景主要假设

1）汽车交通服务需求：燃料电池汽车发展情景下的汽车交通服务需求与参考情景相同。

2）乘用车燃油经济性：燃料电池汽车发展情景下的新乘用车燃油经济改进与参考情景相同。

3）客车燃油经济性：燃料电池汽车发展情景下的客车车队燃油经济改进与参考情景相同。

4）货车燃油经济性：燃料电池汽车发展情景下的货车车队燃油经济改进与参考情景相同。

5）燃料电池乘用车：适宜以燃料电池为动力的乘用车是大中型乘用车。采用煤制氢与 CCS 相结合的供氢技术路线。在燃料电池汽车发展情景下，2035 年左右中型燃料电池乘用车和大型燃料电池乘用车进入快速发展阶段，大型燃料电池乘用车与石油基乘用车交通综合成本变化趋势如图 12-33 所示。

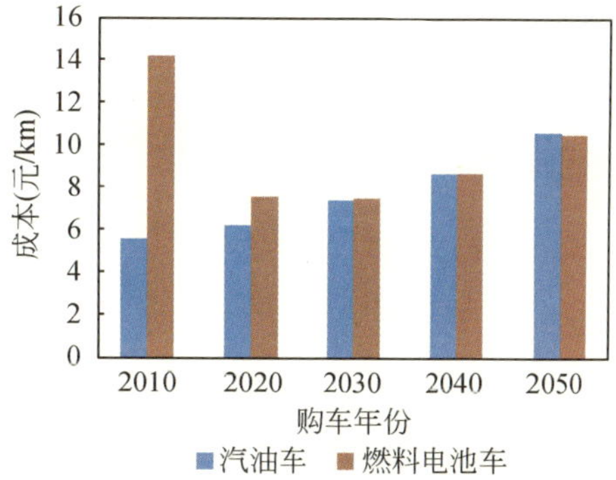

图 12-33　燃料电池汽车发展情景下大型汽油乘用车与燃料电池汽车交通综合成本

6）燃料电池客车：适宜以燃料电池为动力的客车是大型客车。采用煤制氢与 CCS 相结合的供氢技术路线。在燃料电池汽车发展情景下，2035 年大型燃料电池客车进入快速发展阶段，燃料电池大型客车与石油基大型客车交通综合成本变化趋势如图 12-34 所示。

7）燃料电池货车：适宜以燃料电池为动力的货车是中型货车。采用煤制氢与 CCS 相结合的供氢技术路线。燃料电池汽车发展情景下，2030 年燃料电池中型货车进入快速发展阶段，燃料电池中型货车与石油基中型货车交通综合成本变化趋势如图 12-35 所示。

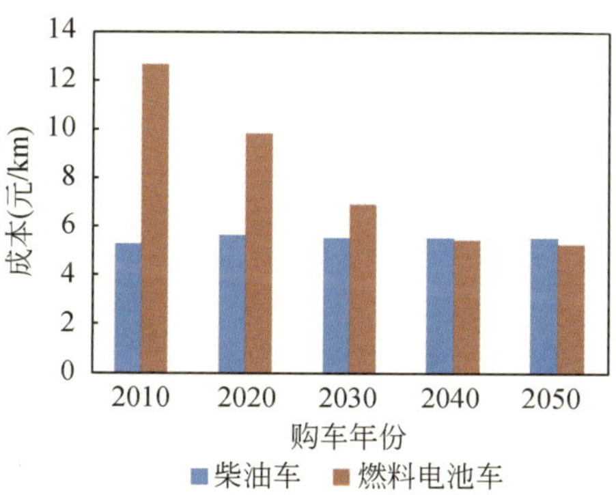

图 12-34　燃料电池汽车发展情景下燃料电池大型客车与石油基大型客车交通综合成本

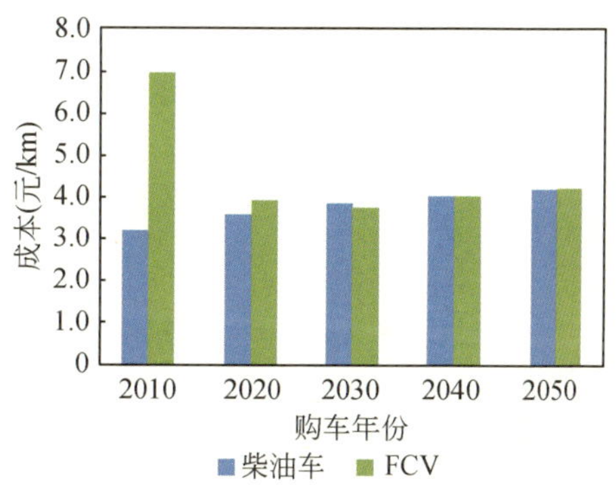

图 12-35　燃料电池汽车发展情景下燃料电池中型货车与石油基中型货车交通综合成本

8）纯电动汽车：燃料电池汽车发展情景下的电动汽车假设与参考情景相同。

9）生物燃料：燃料电池汽车发展情景下的生物燃料假设与参考情景相同。

12.4.2　情景结果

12.4.2.1　乘用车驱动技术

燃料电池汽车发展情景下，未来不同驱动技术的乘用车保有量如图 12-36 所示。燃料

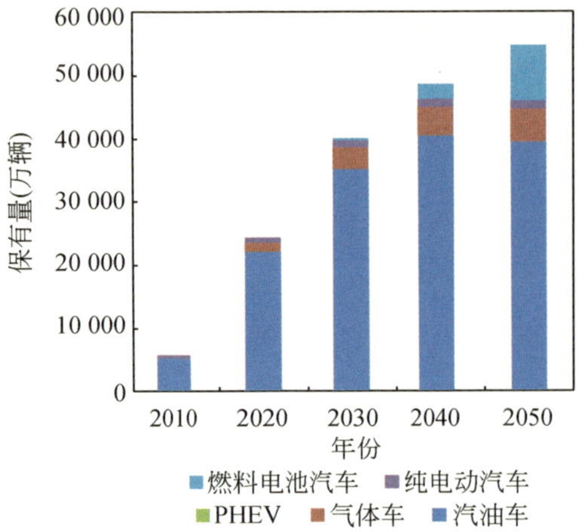

图 12-36　燃料电池汽车发展情景下乘用车驱动技术发展图景

电池汽车发展情景下，2050 年燃料电池汽车在整个乘用车车队中比例达到 16%，与参考情景相比提高了 15%。未来不同驱动技术的乘用车客运分担率如图 12-37 所示。燃料电池汽车在私人交通中的分担率超过 16%，与参考情景相比提高了 15%。在燃料电池汽车发展情景下，不同车型乘用车的燃料电池汽车新车渗透率情况如图 12-38 所示。到 2050 年，在乘用车新车销售中，微型燃料电池汽车、小型燃料电池汽车、中型燃料电池汽车、大型燃料电池汽车的比例预计可分别达到 10%、30%、50%和 50%。在燃料电池汽车发展情景下，由于燃料电池乘用车发展有相当的规模，为中国燃料电池汽车产业发展提供了良好的机遇。电动乘用车和气体燃料乘用车的作用与参考情景基本相同。

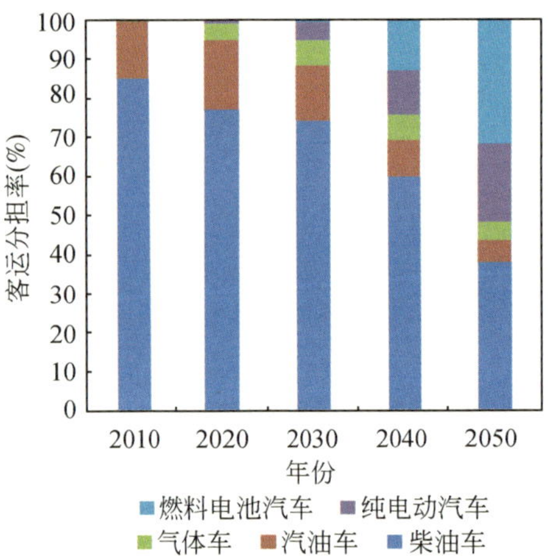

图 12-37　燃料电池汽车发展情景下不同驱动技术乘用车交通分担率

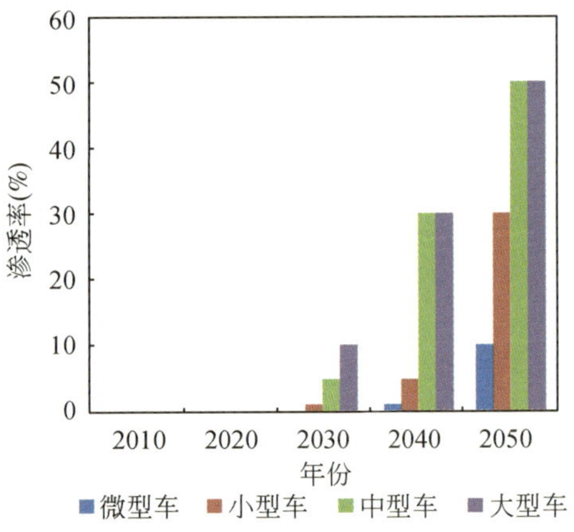

图 12-38　燃料电池汽车发展情景下不同类型燃料电池乘用车新车市场渗透率

12.4.2.2　客车驱动技术

燃料电池汽车发展情景下，未来不同驱动技术的客车保有量如图 12-39 所示。在整个客车车队中，2030 年和 2050 年燃料电池汽车的比例分别为 4% 和 36%，与参考情景相比分别提高了 4% 和 35.9%。未来不同驱动技术的客车客运分担率如图 12-40 所示。在客运服务中，2030 年和 2050 年燃料电池汽车的分担率分别为 4% 和 36%，与参考情景相比分别提高了 4% 和 36%。燃料电池汽车发展情景下，2030 年和 2050 年客车新车销售中燃料电池汽车的渗透率分别达到 10% 和 50%，如图 12-41 所示。在燃料电池汽车发展情景下，由于燃料电池客车发展有相当的市场规模，中国燃料电池客车产业发展有比较好的机遇。电动客车和气体发动机客车的作用与参考情景基本相同。

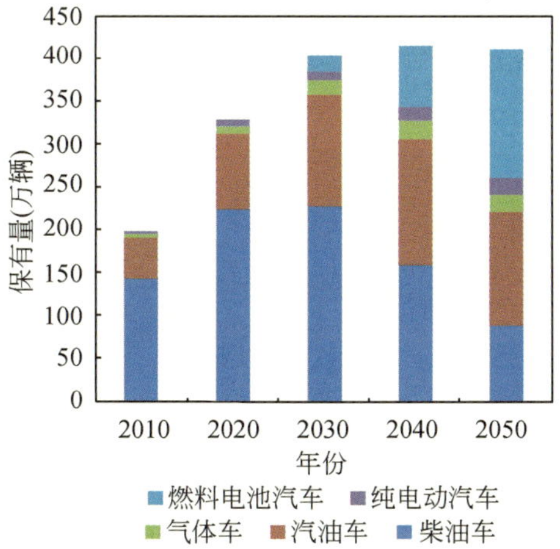

图 12-39　燃料电池汽车发展情景下客车驱动技术发展图景

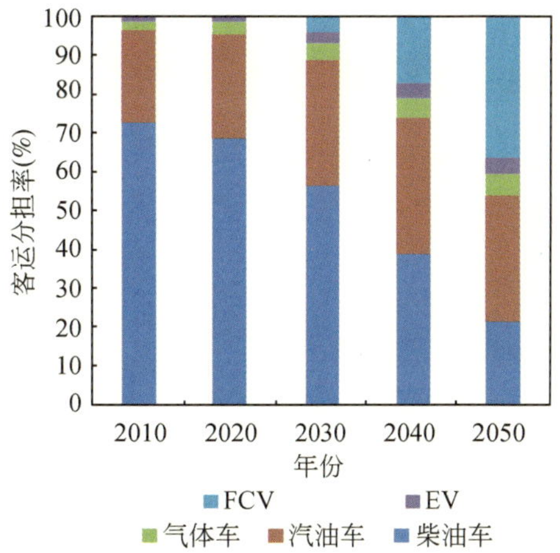

图 12-40　燃料电池汽车发展情景下不同驱动技术客车的交通分担率

12.4.2.3　货车驱动技术

燃料电池汽车发展情景下，未来不同驱动技术的货车保有量如图 12-42 所示。在整个货车车队中，2030 年和 2050 年燃料电池汽车的比例分别为 1% 和 16%，与参考情景相比分别提高了 0.8% 和 15.5%。燃料电池汽车发展情景下，未来不同驱动技术的货车的货运分担率如图 12-43 所示。在货运服务中，2030 年和 2050 年燃料电池汽车的分担率分别为 1% 和 16%，与参考情景相比分别提高了 0.8% 和 15.5%。燃料电池汽车发展情景下，2030 年和

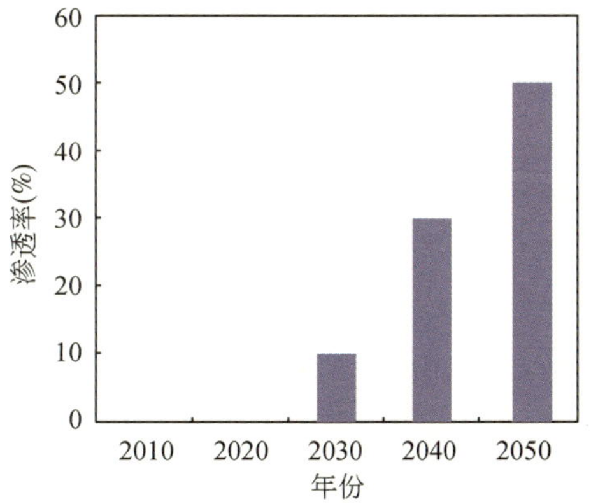

图 12-41　燃料电池汽车发展情景下客车 FCV 新车渗透率

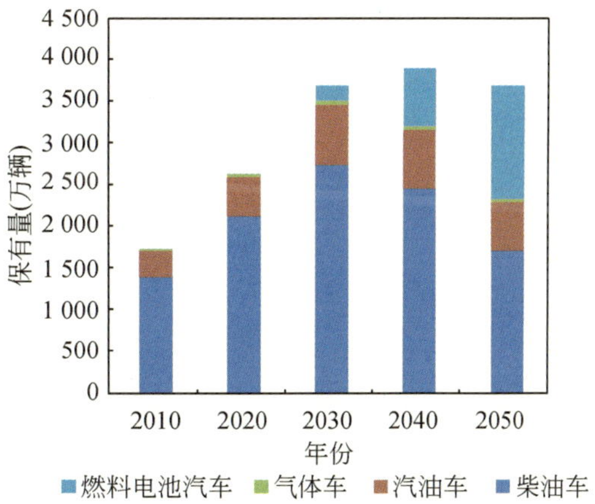

图 12-42　燃料电池汽车发展情景下货车驱动技术发展图景

2050 年货车新车销售中燃料电池汽车的渗透率分别达到 10% 和 50%，如图 12-44 所示。在燃料电池汽车发展情景下，由于燃料电池货车发展有相当的市场规模，中国燃料电池货车产业发展有比较好的机遇。电动货车和气体燃料货车的作用与参考情景基本相同。

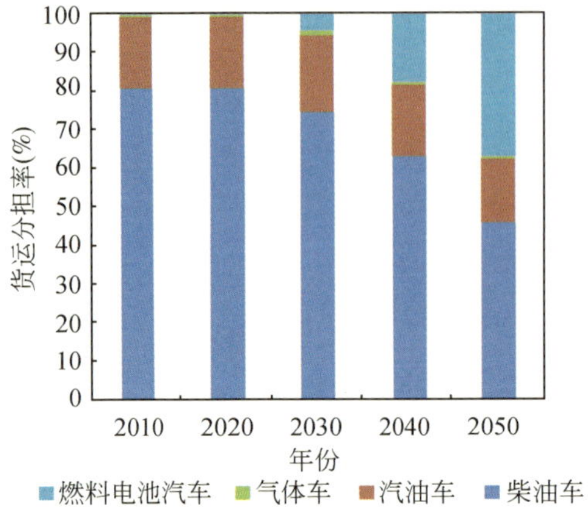

图 12-43　燃料电池汽车发展情景下不同驱动技术货车交通分担率

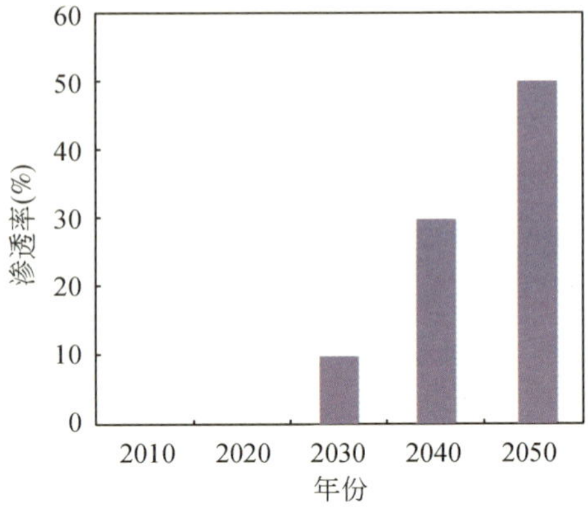

图 12-44　燃料电池汽车发展情景下 FCV 货车新车市场渗透率

12.4.2.4　汽车能源

图 12-45 给出了燃料电池汽车加速发展情景下到 2050 年中国车用能源消费。在燃料电池汽车发展情景下，中国车用燃料消费总量 2020 年、2030 年和 2050 年分别为 3.50 亿 toe、4.78 亿 toe 和 4.85 亿 toe，在 2035 年前后达到峰值 5.1 亿 toe。与参考情景相比，燃料电池汽车发展情景下 2030 年、2050 年车用燃料消费量分别减少 1.4% 和 9.7%。车用汽油消费量 2020 年以前增速较快，2030 年达到峰值 2.25 亿 toe，然后缓慢下降到 2050 年的 1.87 亿 toe。与参考情景相比，燃料电池汽车发展情景 2030 年和 2050 年车用汽油消费量分别减少 2.6% 和 22.1%。车用柴油消费量 2035 年达到峰值 1.96 亿 toe，然后下降到 2050 年的 1.57 亿 toe。与参考情景相比，燃料电池汽车发展情景 2030 年和 2050 年车用柴油消费量分别减少 9.2% 和 33.2%。

图 12-46 给出了燃料电池汽车加速发展情景下中国车用 WTW 化石能源消费量。与参考情景相比，由于采用煤制氢加 CCS 供氢技术路线，燃料电池汽车发展情景下 2030 年、2050 年中国车用交通 WTW 化石能源消耗分别增加 2.9% 和 5.3%，但其中石油消耗分别减少 3.7% 和 27.4%，增加的化石能源消费来自煤炭。到 2050 年，燃料电池汽车发展情景下汽车交通部门石油进口依存度由参考情景下的 82% 下降到 75%。这表明，燃料电池汽车技术路线远期有显著的改善石油供应安全的作用。

在燃料电池汽车发展情景下，2020 年、2030 年和 2050 年车用柴油和汽油的需求比值分别为 0.8、0.8 和 0.8，而参考情景下车用柴油和汽油的需求比值分别为 0.8、0.9 和 1.0。这表明，在其他条件不变的情况下，燃料电池汽车技术路线的引入可以在一定程度上缓解中国柴油、汽油供需不平衡的矛盾。

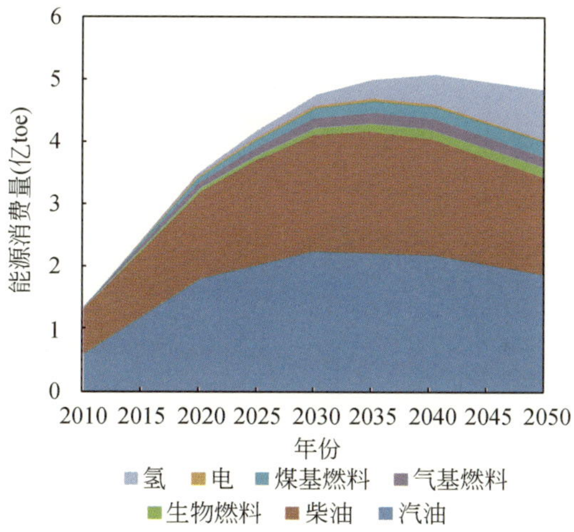

图 12-45 燃料电池汽车发展情景下车用燃料消费

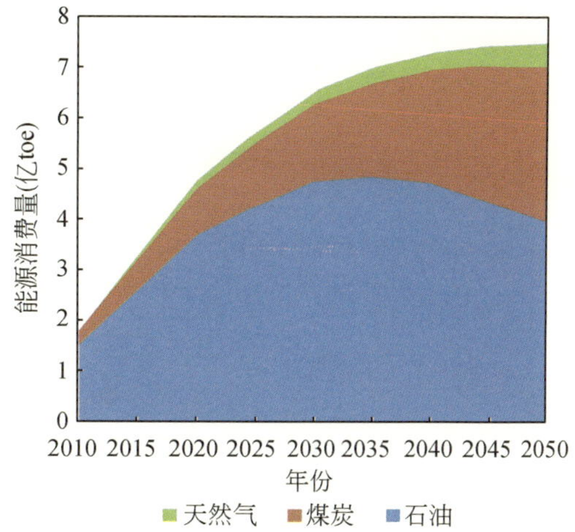

图 12-46 燃料电池汽车发展情景下汽车交通 WTW 化石能源消费

12.4.2.5 温室气体排放

图 12-47 给出了燃料电池汽车加速发展情景下到 2050 年汽车温室气体排放情形。在燃料电池汽车发展情景下，中国汽车温室气体排放总量 2020 年、2030 年和 2050 年分别为 10.54 亿 t、13.94 亿 t 和 12.22 亿 t。与参考情景相比，2020 年、2030 年和 2050 年汽车温室气体排放总量当年分别减少 1.7%、4.4% 和 25.3%。

图 12-47 也给出了燃料电池汽车发展情景下到 2050 年汽车交通 WTW 温室气体排放情形。在燃料电池汽车发展情景下，中国汽车 WTW 温室气体排放总量 2020 年、2030 年和 2050 年分别为 15.4 亿 t、20.8 亿 t 和 17.5 亿 t。与参考情景相比，燃料电池汽车发展情景下 2030 年、2050 年汽车交通 WTW 温室气体排放总量当年分别减少 0.6% 和 25.9%。

12.4.2.6 汽车交通经济

图 12-48 显示了燃料汽车发展情景下汽车交通综合费用，包括购车、能源使用和车辆养护等费用。与参考情景相比，燃料汽车发展情景下 2020 年、2030 年和 2050 年汽车交通综合费用分别减少 6.4%、9.9% 和 17.6%。

图 12-49 显示了燃料电池汽车加速发展情景下能源费用。与参考情景相比，燃料汽车发展情景下车用燃料费用 2020 年增加 0.7%，但从 2030 年开始下降，2030 年和 2050 年分别减少 1.1% 和 45.4%，与参考情景相比，2030 年和 2050 年石油基燃料花费分别下降 5.7% 和 57.2%，2030 年和 2050 年分别节约石油进口费用 8.0% 和 56.2%。

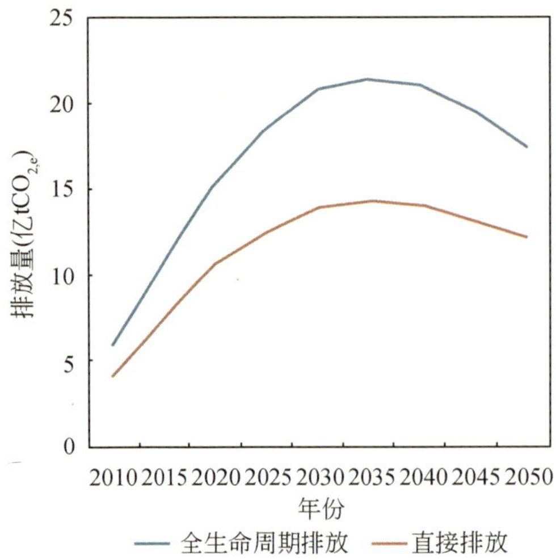

图 12-47　燃料电池汽车发展情景下汽车交通温室气体排放

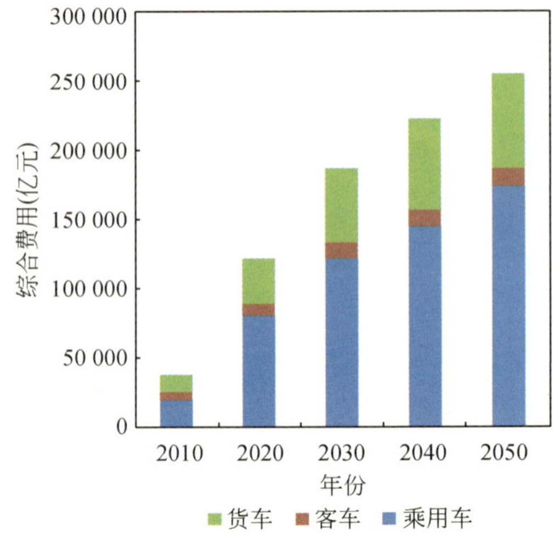

图 12-48　燃料电池汽车发展情景下汽车交通综合费用

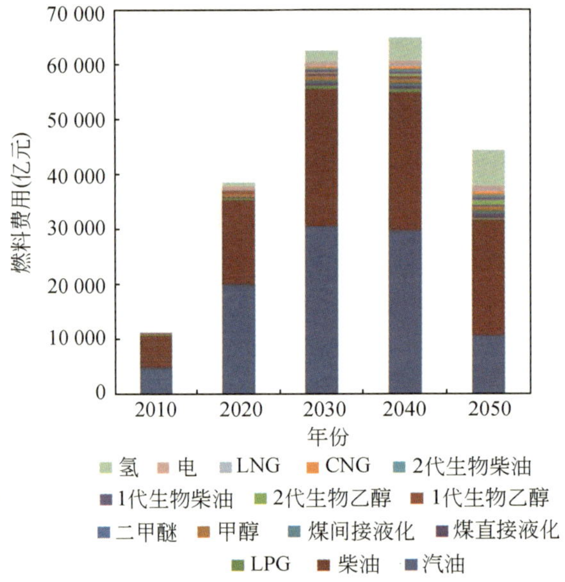

图 12-49　燃料电池汽车发展情景下汽车交通燃料费用

12.4.3　情景要点总结

1）能源：在燃料电池汽车发展情景下，车用燃料和车用 WTW 石油都在 2035～2040 年达到峰值，以后呈现下降趋势。与参考情景相比，2050 年燃料电池汽车发展情景下车用燃料、车用汽油、车用柴油、车用 WTW 石油消耗分别下降 9.7%、22.1%、33.2% 和 27.4%，但车用 WTW 化石能源的消费量增加 5.3%。说明燃料电池汽车的引入能显著提高汽车环节的效率，同时可以显著地减少石油对外依存度；但由于采用煤制氢加 CCS 供氢技术路线，整个车用能源系统的效率有所降低。另外，燃料电池汽车技术路线引入使车用柴油、汽油需求比例有一定的降低，可以在一定程度上减缓中国柴油、汽油供需平衡的矛盾。

2）汽车：汽油乘用车保有量在2040 年达到峰值，而后下降。2050 年，汽油车在乘用车车队中的比例下降到 72% 以下，汽油车的个人交通分担率也下降到 70% 以下。到 2050 年，在乘用车新车销售中，微型燃料电池汽车、小型燃料电池汽车、中型燃料电池汽车、大型燃料电池汽车的比例预计可分别达到 10%、30%、50% 和 50%。2050 年客车和货车新车销售中燃料电池汽车的渗透率都有望达到 50%。中国乘用车、客车和货车都有发展燃料电池汽车的市场支撑。

3）环境：汽车交通 WTW 温室气体排放 2035 年左右达到峰值，然后不断下降。与参考情景相比，2050 年电动汽车发展情景下汽车交通 WTW 温室气体排放减少 26% 左右。

4）经济：与参考情景相比，到 2050 年电动车发展情景下汽车交通综合费用减少 21.4%、石油基燃料费用减少 35.4%、石油进口花费减少 29.6%。

12.5　生物燃料发展情景

根据本书第 11 章车用燃料技术路线全生命周期能效和温室气体排放分析，与传统石油基技术路线相比，生物燃料技术特别是 2 代生物燃料技术具有降低化石能耗和减少温室气体排放的潜力，是一种战略性车用能源技术路线。构建生物燃料加速发展情景的目的是考察 2 代生物燃料发展在解决中国车用能源问题中可能发挥多大的作用。具体地讲，生物燃料发展情景分析主要回答以下问题：①发展生物燃料可以在多大程度上解决中国车用能源的供应安全问题？②发展生物燃料在汽车交通部门带来多大的温室气体减排效益？③发展生物燃料对减少中国车用化石能源消耗可以发挥多大的作用？④发展生物燃料对中国车用燃料品种平衡有什么样的意义？⑤发展生物燃料对中国能源产业转型与升级有何影响？⑥发展生物燃料对汽车交通经济有什么样的含义？

12.5.1　情景主要假设

1）汽车交通服务需求：生物燃料发展情景下的汽车交通服务需求与参考情景相同。

2）汽车燃油经济性：生物燃料发展情景下的汽车燃油经济改进与参考情景相同。

3）汽车驱动技术：生物燃料发展情景下的汽车驱动技术进步与参考情景相同。

4）生物燃料：在生物燃料发展情景下，2025 年 2 代生物乙醇和 2 代生物柴油进入快速发展阶段，生物燃料与石油基燃料交通综合成本变化趋势如图 12-50 所示。

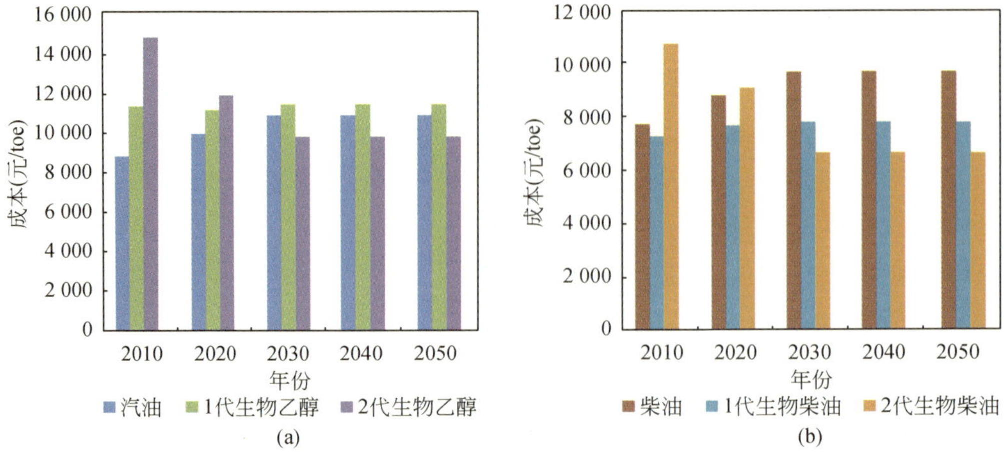

图 12-50　生物燃料与石油基燃料使用成本

12.5.2　情景结果

12.5.2.1　汽车驱动技术

根据情景假定，生物燃料加速发展情景下各种汽车驱动技术未来情景与参考情景相比没有明显的变化，这里不再重复。

12.5.2.2　汽车能源

图 12-51 给出了生物燃料发展情景下到 2050 年中国车用燃料消费情形。在生物燃料加速发展情景下，2020 年、2030 年和 2050 年生物燃料消费量分别为 1670 万 toe、4880 万 toe 和 7350 万 toe，分别占当年车用燃料消费总量的 4.7%、10.1% 和 13.6%。与参考情景相比，生物燃料比例 2020 年、2030 年和 2050 年分别增加 3.2%、7.8% 和 10.2%。图 12-52 给出了生物燃料发展情景下不同生物燃料在车用燃料消费中的市场渗透率。在生物燃料发展情景下，2020 年以后生物燃料供应主要来自 2 代生物燃料，生物燃料有比较大的产业升级机会。但也应注意到，生物燃料发展并不能从根本上改变车用燃料消费的格局。

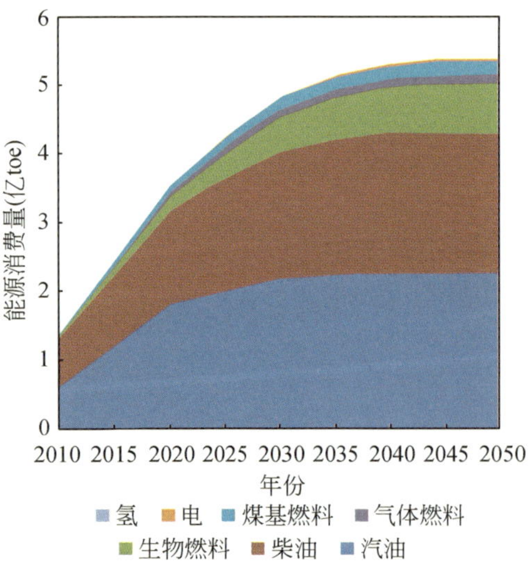

图 12-51　生物燃料发展情景下车用燃料消费

图 12-53 给出了生物燃料发展情景下中国车用交通 WTW 化石能源消费量。与参考情景相比，生物燃料发展情景下 2020 年、2030 年和 2050 年中国车用 WTW 化石能源消耗分别减少 0.6%、4.3% 和 8.6%，其中石油消耗分别减少 2.1%、6.6% 和 9.8%。到 2050 年，生物燃料发展情景下汽车交通部门石油进口依存度由参考情景下的 82% 下降到 79%。这表明，生物燃料在中、远期替代石油方面可以发挥一定的作用，在一定程度上起到改善车用能源供应安全的作用。

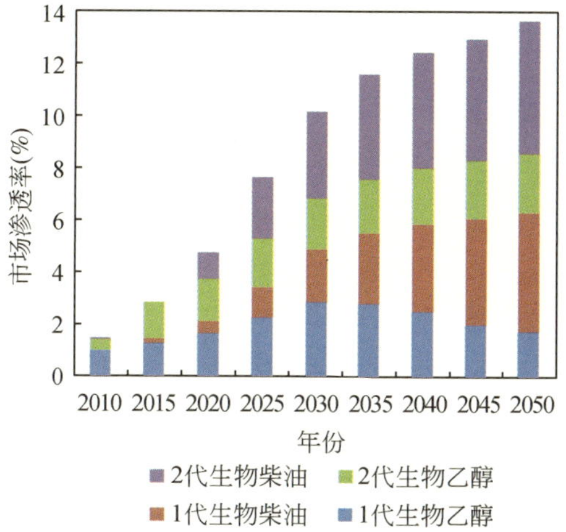

图 12-52 生物燃料发展情景下生物燃料市场渗透率

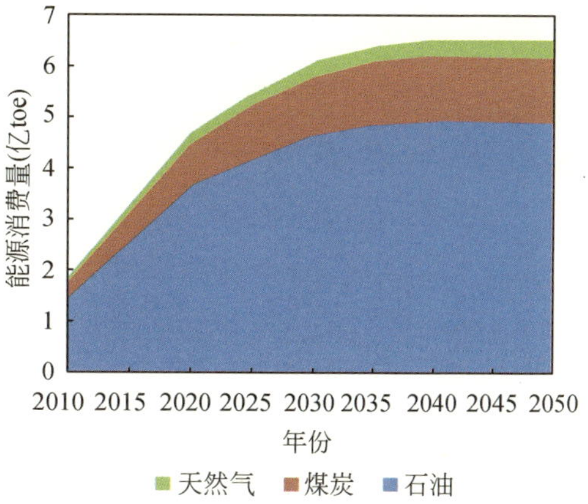

图 12-53 电动汽车发展情景下汽车 WTW 化石能源消费

在生物燃料发展情景下，2020 年、2030 年和 2050 年车用柴油和汽油的需求比值分别为 0.9、0.8 和 0.8，而参考情景下车用柴油和汽油的需求比值分别为 0.8、0.9 和 1.0，表明柴汽比问题基本没有解决。这表明，在其他条件不变的情况下，生物燃料技术路线的引入可以在一定程度上缓解我国柴油、汽油供需不平衡的矛盾。

12.5.2.3 温室气体排放

生物燃料发展情景下到 2050 年汽车交通 WTW 温室气体排放情形如图 12-54 所示。在生物燃料发展情景下，中国汽车交通 WTW 温室气体排放总量 2020 年、2030 年和 2050 年分别为 15.3 亿 t、20.0 亿 t 和 20.3 亿 t。与参考情景相比，2020 年、2030 年和 2050 年汽车交通 WTW 温室气体排放总量当年分别减少 1.1%、4.9% 和 14.2%。这表明，生物燃料远期有显著的温室气体减排作用。

12.5.2.4 汽车交通经济

图 12-55 显示了生物燃料加速发展情景下汽车交通综合费用，包括购车、能源使用和车辆养护费用等。与参考情景相比，2020 年、2030 年和 2050 年汽车交通综合费用分别减

少 6.7%、10.4% 和 17.3%。

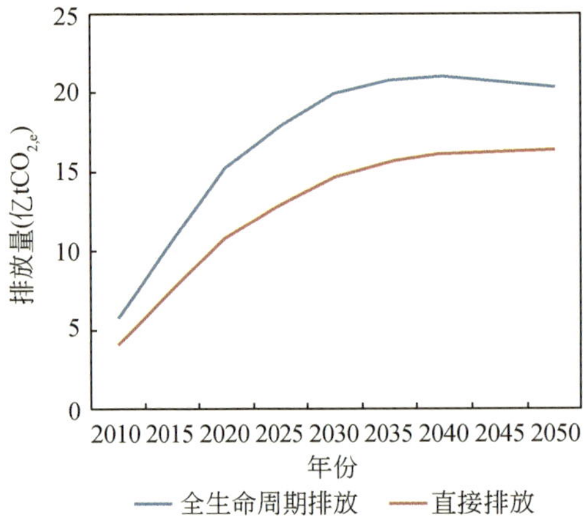

图 12-54　生物燃料发展情景下的分车型 WTW 温室气体排放

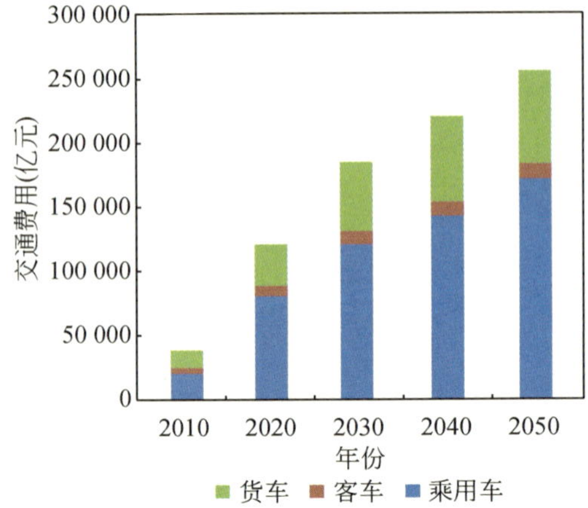

图 12-55　生物燃料发展情景下汽车交通费用

图 12-56 显示了生物燃料发展情景下燃料费用。与参考情景相比，生物燃料发展情景下车用燃料费用 2020 年、2030 年和 2050 年分别增加 1.7%、增加 0.1% 和减少 13.5%，但石油基燃料费用分别下降 3.4%、7.4% 和 21.4%。与参考情景相比，生物燃料发展情景 2020 年、2030 年和 2050 年分别节约石油进口费用 5.2%、14.3% 和 20.1%，表明发展生物燃料中、远期有显著的宏观经济效益。

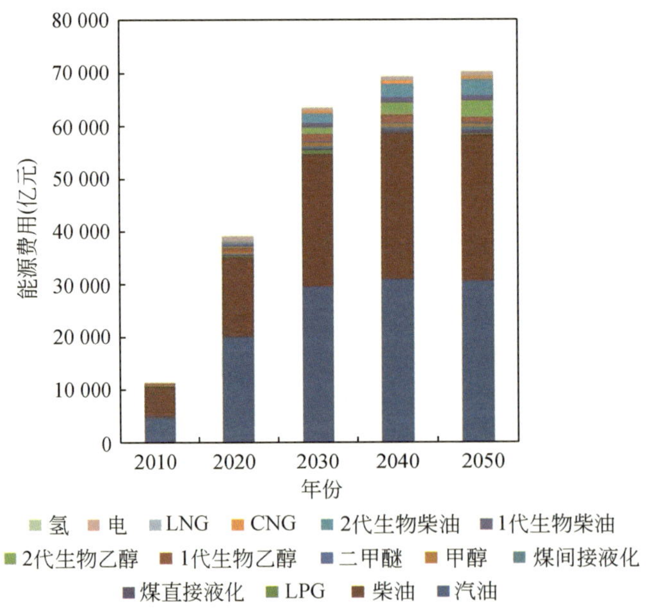

图 12-56　生物燃料发展情景下汽车交通燃料费用

12.5.3　情景要点总结

1）能源：2020 年、2030 年和 2050 年生物燃料消费量分别为 1670 万 toe、4880 万 toe 和 7350 万 toe，分别占当年车用燃料消费总量的 4.7%、10.1% 和 13.6%。与参考情景相比，生物燃料发展情景下 2020 年、2030 年和 2050 年中国车用交通 WTW 化石能源消耗分别减少 0.6%、4.5% 和 8.6%，其中石油基能源消耗分别减少 2.1%、6.6% 和 9.8%。远期具有一定的改善车用能源供应安全的作用。另外，生物燃料技术路线引入使车用柴油、汽油需求比例有一定的降低，可以在一定程度上缓解中国柴油、汽油供需不平衡的矛盾。

2）汽车：发展生物燃料替代汽油和柴油，并不会带来汽车动力技术组合明显的变化。

3）环境：汽车交通 WTW 温室气体排放 2040 年左右达到峰值，然后缓慢下降。与参考情景相比，2050 年生物燃料情景下汽车交通 WTW 温室气体排放减少 14% 左右。

4）经济：与参考情景相比，2020 年、2030 年和 2050 年生物燃料发展情景下汽车交通综合费用分别减少 6.7%、10.4% 和 17.3%。与参考情景相比，生物燃料发展情景 2020 年、2030 年和 2050 年分别节约石油进口费用 5.2%、14.3% 和 20.1%。

12.6　综合政策情景

综合政策情景是车用能源发展的一个目标情景。综合政策情景对 2050 年中国车用能源系统在能源效率、温室气体排放、能源供应安全、燃料品种供需匹配、汽车交通经济以及产业体系发展方面都有明确的目标要求。综合政策情景除了考虑汽车动力技术创新和能源技术创新外，也考虑了引入交通服务需求管理。开展综合政策情景分析的主要目的是识别实现 2050 年车用能源多重政策目标的技术路径组合，为制定具体的促进车用能源体系向可持续方向转型的政策措施提供科学支撑。

12.6.1　情景主要目标与假设

1）车用能源政策目标：综合政策情景的总体政策目标为到 2050 年中国车用能源完成了向可持续车用能源体系的转型。根据这一总体目标要求，本书对 2050 年中国车用能源系统提出了几个主要的具体政策目标指标，如表 12-10 所示。

2）汽车交通需求：综合政策情景下的汽车交通需求增长率来自本书的第 3 章，如表 12-11 所示。有关综合政策情景与参考情景下的汽车交通需求的比较说明，请见本书第 3 章。

表 12-10　2050 年中国车用能源系统主要政策目标

政策目标	表征指标	表征指标量纲说明	2050 年表征指标值
能源效率	客运 WTW 化石能源消耗	MJ/(100km·人)[汽油当量 L/(100km·人)]	≤75（2.4）
	货运 WTW 化石能源消耗	MJ/(100km·t)[柴油当量 L/(100km·t)]	≤55（1.6）
能源安全	汽车交通石油对外依存度	车用石油进口量与车用石油消费量之比（%）	≤50
温室气体排放	人均汽车温室气体排放	t CO_2/人	≤0.7
	人均 WTW 汽车交通温室气体排放	t CO_2/人	≤1
燃料品种供需匹配	车用柴汽油用量	车用柴汽油用量之比	≤1.2
交通经济	汽车交通综合费用	占 GDP 的比重（%）	≤10
	汽车交通石油进口费用	占 GDP 的比重（%）	≤1

表 12-11　综合情景下的汽车交通服务年均增长率　　（单位:%）

时间段	2010～2020 年	2020～2030 年	2030～2050 年
乘用车	12.51	3.64	0.36
客车	6.43	3.35	0.99
货车	9.51	4.97	1.07

3）乘用车燃油经济性：与参考情景相比，综合政策情景下的乘用车的燃油经济性有进一步的改善，如表 12-12 所示。

表 12-12　乘用车新车燃油经济性　　（单位：L/100km）

年份	2010	2020	2030	2050
微型乘用车（排量为 1L 及以下）	5.5	4.5	3.5	3.5
小型乘用车［排量为 1L（不含）到 1.6L（含）］	7.0	5.75	4.5	4.5
中型乘用车［排量为 1.6L（不含）到 2.5L（含）］	9.0	8.0	7.0	6.0
大型乘用车（排量大于 2.5L）	12	10.5	9.5	8.5

4）客车燃油经济性：与参考情景相比，综合政策情景下的客车车队的燃油经济性有较大幅度的提高。货车车队燃油经济性的改善情况的假设如表 12-13 所示。

表 12-13　客车车队燃油经济性相对 2010 年的降低率　（单位:%）

年份	2020	2030	2040	2050
降低率	5	10	15	20

注：客车降低率比参考情景有较大提升（比较表 12-8）

5）货车燃油经济性：与参考情景相比，综合政策情景下货车的燃油经济性有较大幅度的提高。货车车队燃油经济性的改善情况的假设如表 12-14 所示。

表 12-14　货车车队燃油经济性相对 2010 年的降低率　（单位:%）

年份	2020	2030	2040	2050
降低率	20	30	35	40

6）汽车电动化：综合政策情景下，各类汽车的电动化假定同电动车发展情景一样，具体见电动车加速发展情景。

7）燃料电池汽车：综合政策情景下，各类燃料电池汽车发展假定同燃料电池汽车发展情景一样，具体见燃料电池汽车加速发展情景。

8）生物燃料：综合政策情景下，生物燃料发展假定同生物燃料发展情景一样，具体见生物燃料加速发展情景。

12.6.2　情景结果

12.6.2.1　乘用车驱动技术

在综合政策情景下，未来不同驱动技术的乘用车保有量如图 12-57 所示。汽油车保有量在 2030 年达到峰值，而后快速下降。2050 年，汽油车在乘用车车队中的比例下降到 30% 以下。气体发动机乘用车 2030 年以前有比较大的增长，在乘用车车队中的比例由 2010 年的 3% 提高到 2030 年的 9%，在 2030 年达到峰值，而后下降到 2050 年的 4%。

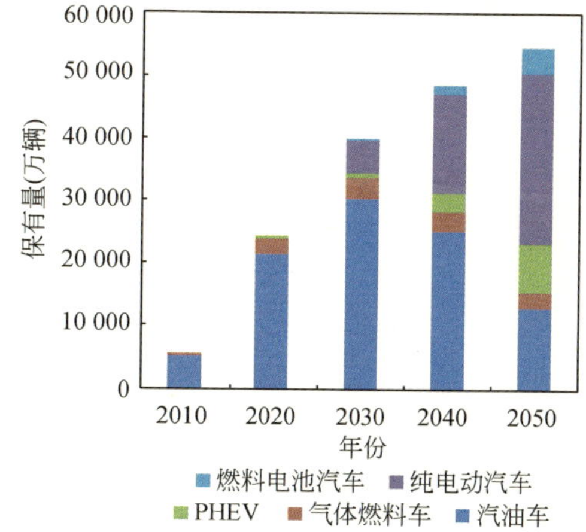

图 12-57　综合政策情景下乘用车驱动技术发展图景

综合政策情景下，2030 年和 2050 年电动车在乘用车车队中的比例分别达到 14% 和 57%，与参考情景相比，份额分别提高 11.8% 和 54%。图 12-58 给出了微、小、中、大型电动乘用车的市场渗透发展图景。2050 年，微型、小型、中型和大型电动车在乘用车新车销售中的比例分别达到90%、70%、20%和25%。需要注意的是，在乘用车车队中，PHEV在2030年以后开始发挥越来越重要的作用，比例由2030年的2%提高到2050年的14%。

2030年和2050年燃料电池汽车在乘用车车队中的比例分别达到0.5%和7.8%，与参考情景相比，份额分别提高0.4%和7.4%。图12-59给出了微型、小型、中型和大型燃料电池乘用车的市场渗透发展图景。2050年，微型、小型、中型和大型燃料电池车在乘用车新车销售中的比例分别达到2%、5%、40%和40%。

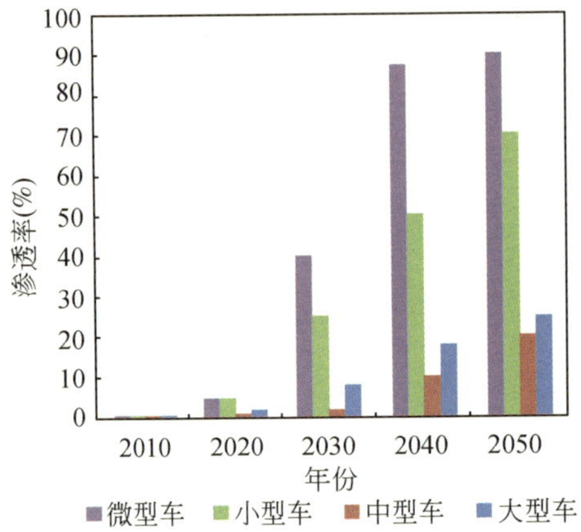

图12-58 综合政策情景下不同类型电动乘用车（含PHEV）新车市场渗透率

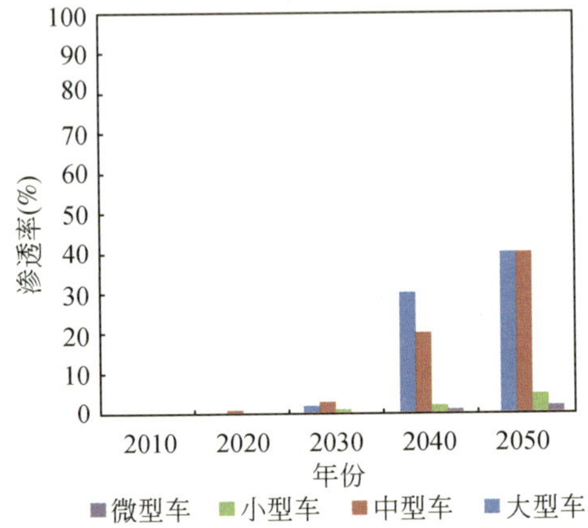

图12-59 综合政策情景下不同类型FCV乘用车新车市场渗透率

图12-60显示了综合政策情景下未来不同驱动技术的乘用车客运分担情形。汽油车的分担率一直处于下降态势，其交通分担率由2010年的96%下降到2050年的24%。气体发动机乘用车的分担率2030年以前有比较大的增长，由2010年的3%提高到2030年的9%，在2030年达到峰值，而后下降到2050年的4%。电动汽车和燃料电池汽车2030年以后开始发挥作用，以后分担率增加迅速，由2030年的15%提高到2050年的72%。

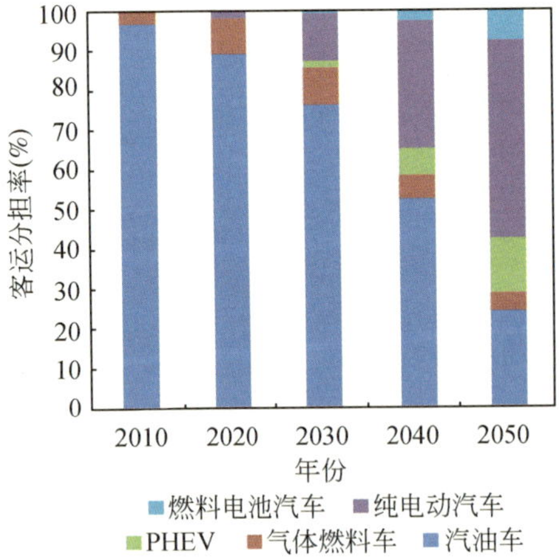

图12-60 综合政策情景下不同驱动技术乘用车的交通分担率

12.6.2.2 客车驱动技术

在综合政策情景下，未来不同驱动技术的客车保有量如图12-61所示。柴油车保有量在2030年达到峰值，而后快速下降。2050年柴油车在乘用车车队中的比例下降到40%以下。

气体发动机客车2030年以前有比较大的增长，在客用车车队中的比例由2010年的0.4%提高到2030年的6.2%，在2030年达到峰值，而后下降到2050年的4.8%。

汽油客车2030年以前基本保持在15%左右，而后下降到2050年的5.4%。

电动客车2030年以后开始发挥作用。2030年和2050年电动车在客车车队中的比例分别达到5%和20%，与参考情景相比，份额分别提高2.2%和16%。图12-62给出了电动客车和燃料电池客车的市场渗透发展图景。2050年电动车在客车新车销售中的比例达到25%。

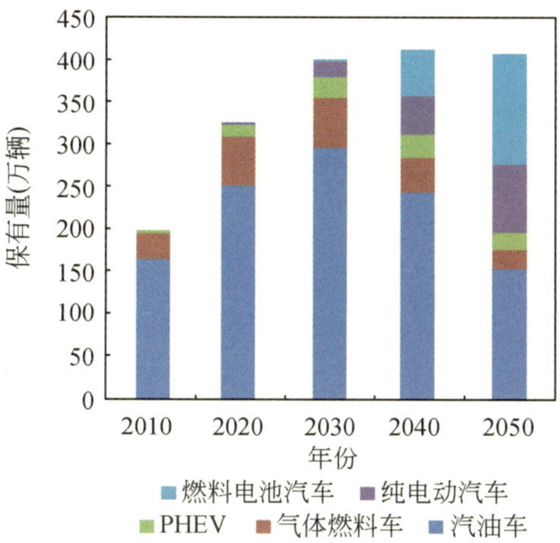

图12-61　综合政策情景下客车驱动技术发展图景

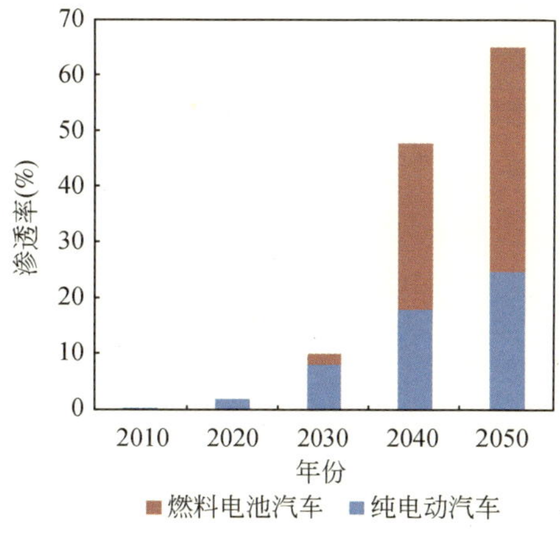

图12-62　综合政策情景下电动客车和燃料电池客车新车市场渗透率

燃料电池客车2030年以后开始发挥作用。2030年和2050年燃料电池车在客车车队中的比例分别达到1%和32%，与参考情景相比，份额分别提高1%和32%。2050年燃料电池车在客车新车销售中的比例达到40%。

图12-63显示了综合政策情景下未来不同驱动技术的客车客运分担情形。柴油车和汽油车的分担率一直处于下降态势，其交通分担率由2010年的85%和15%下降到2050年的40%和5%。气体发动机乘用车的分担率2030年以前有比较大的增长，由2010年的0.4%提高到2030年的6.2%，在2030年达到峰值，而后下降到2050年的4.8%。电动汽车和燃料电池汽车2030年以后开始发挥作用，以后分担率增加迅速，由2030年的5%提高到2050年的52%。

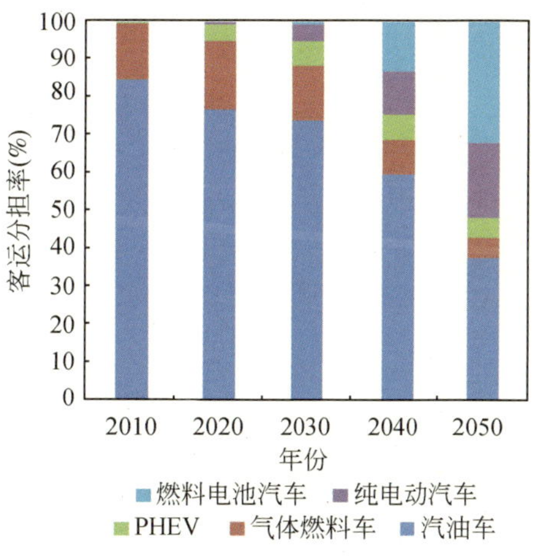

图12-63　综合政策情景下不同汽车驱动技术客车的交通分担率

12.6.2.3　货车驱动技术

在综合政策情景下，未来不同驱动技术的货车保有量如图12-64所示。柴油车保有量在2030

年达到峰值，而后快速下降。2050 年柴油车在乘用车车队中的比例下降到 42% 以下。

汽油货车 2030 年以前有比较大的增长，在货车车队中的比例由 2010 年的 27% 提高到 2030 年的 31%，在 2030 年达到峰值，而后缓慢下降到 2050 年的 23%。

气体燃料货车 2030 年以前份额很小，2030 年以后开始发挥较大的作用，在货车车队中的比例保持在 3.5% ~4.5%。

燃料电池货车 2030 年以后开始发挥作用。2030 年和 2050 年燃料电池车在货车车队中的比例分别达到 1% 和 32%，与参考情景相比，份额分别提高 1% 和 32%。图 12-65 给出了燃料电池车在货车新车市场的渗透图景。2050 年燃料电池货车在货车新车销售中的比例达到 40%。

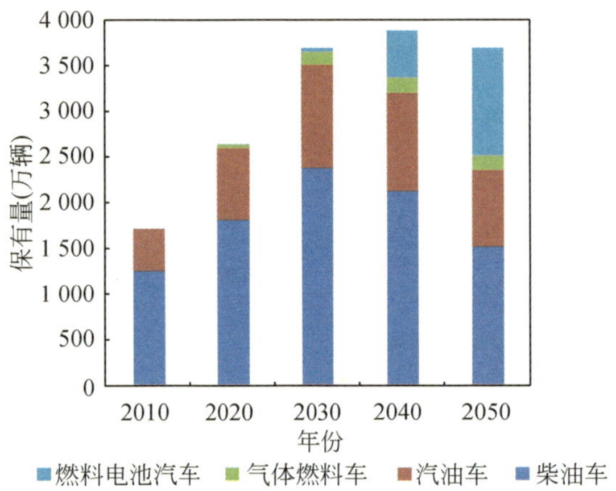

图 12-64　综合政策情景下货车驱动技术发展图景

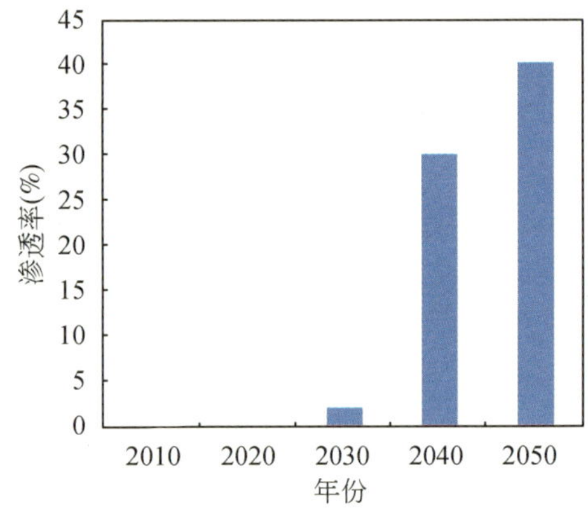

图 12-65　综合政策情景下燃料电池货车新车市场渗透率

图 12-66 显示了综合政策情景下未来采用不同驱动技术的货车交通分担情形。柴油车的分担率一直处于下降态势，其交通分担率由 2010 年的 73% 下降到 2050 年的 42%。气体燃料货车 2030 年开始发挥较大的作用，以后其分担率维持在 3.5%~4.5%。2030 年以前汽油车的分担率维持在 30% 左右，2030 年以后出现明显降低，2050 年降到 22%。燃料电池汽车 2030 年以后开始发挥作用，以后分担率增加迅速，由 2030 年的 1% 提高到 2050 年的 32%。

12.6.2.4　汽车能源

图 12-67 给出了综合政策情景下到 2050 年中国车用燃料消费情形。在综合政策情景下，中国车用燃料消费总量 2020 年、2030 年和 2050 年分别为 2.82 亿 toe、3.58 亿 toe 和 3.06 亿 toe。与参考情景相比，综合政策情景下 2020 年、2030 年和 2050 年车用燃料消费总量分别减少 23.2%、27.6% 和 45.8%。

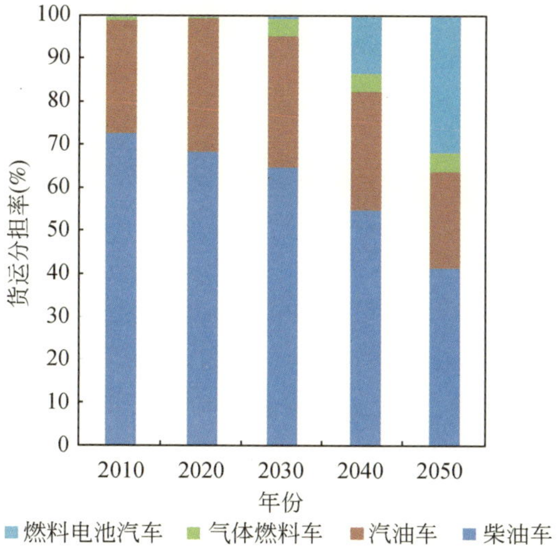

图 12-66　综合政策情景下货车驱动技术分担率

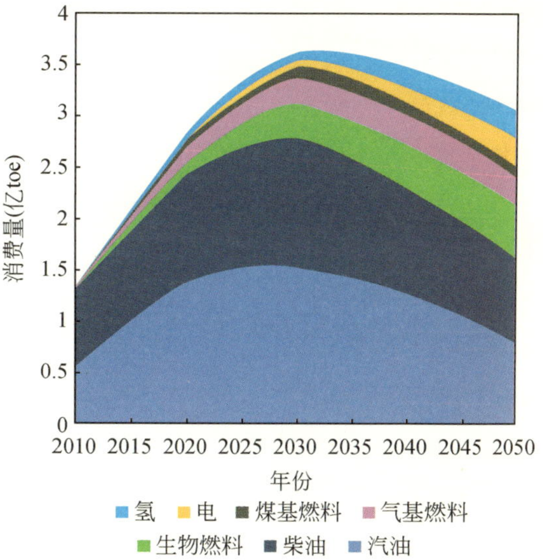

图 12-67　综合政策情景下车用能源消费

2030 年以前，中国车用燃料消费总量保持比较快的增长，2010～2030 年年平均增幅为 5.4%。2030 年车用燃料消费总量达到峰值，然后呈现下降的趋势，2030～2050 年年平均降幅为 1%。

柴油和汽油消费呈现相似的特征。2030 年以前，柴油和汽油消费呈现增长的趋势，2010～2030 年年平均增幅分别为 3.1% 和 5.4%。2030 年车用柴油和汽油都达到峰值，然后都呈现较快的下降，2030～2050 年年平均降幅分别为 2.0% 和 3.4%。在车用燃料消费总量中，柴油、汽油所占比例由 2010 年的 53% 和 42% 分别下降到 2050 年的 28% 和 26%，两者之和下降了 41%。

作为一种替代石油基燃料的战略性燃料，生物燃料 2030 年以后发挥着越来越重要的作用。生物燃料供应量由 2010 年的 60 万 toe 增加到 2050 年的 4800 万 toe，其贡献率也由 2010 年的 0.45% 增加到 2050 年的 15.8%。需要注意的是，2030 年以后新增加的生物燃料供应主要用于对柴油的替代（图 12-68），旨在缓解车用燃料市场中柴油和汽油供需不匹配的矛盾。

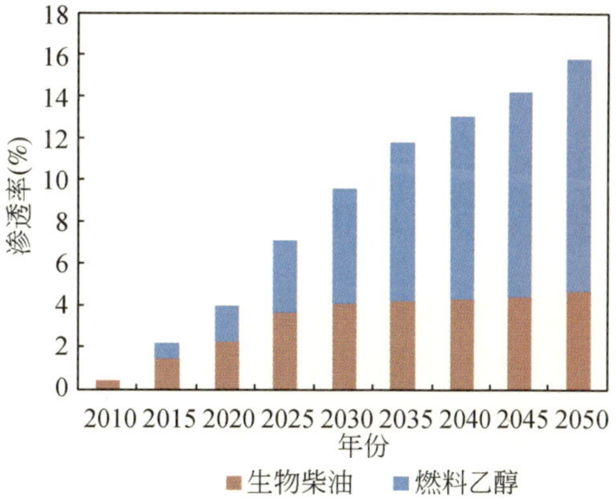

图 12-68　综合政策情景下生物燃料在车用燃料市场中的渗透率

天然气基的车用燃料在 2030 年以前保持较快的增长，其供应量由 2010 年的 50 万 toe 增加到 2030 年的 238 万 toe，其贡献率也由 2010 年的 0.4% 增加到 2030 年的 6.6%。2030 年以后天然气基的车用燃料供应量没有明显的提高。天然气基车用燃料呈现过渡性车用燃料的特征。

煤基车用燃料的供应呈现与天然气基车用燃料相似的特征，但其贡献率只有天然气基车用燃料的1/3左右。另外，2030年以后增加的煤基燃料供应也主要用于替代柴油。煤基车用燃料是一种辅助性的车用燃料。

作为车用燃料，2030年以前电和氢的供应量很小，2030年两者供应量合计只有1400万toe，对车用燃料的贡献率只有4%。2030年以后，氢和电的供应量增长很快，2050年供应分别达到2756万toe和2783万toe，分别占车用燃料消费的9.0%和9.1%。2050年电和氢的供应量之和占车用燃料消费总量的18%，成为最重要的石油基车用燃料的替代燃料。

图12-69给出了综合政策情景下中国车用交通WTW化石能源消费量。中国车用交通WTW化石能源消费量2030年达到峰值。与参考情景相比，综合情景下2020年、2030年和2050年中国车用WTW化石能源消耗分别减少17.8%、24.1%和39.0%，其中石油消耗分别减少23.7%、34.0%和63.4%。到2050年客运和货运WTW化石能源消耗分别为71MJ/(100km·人）和51MJ/(100km·t)。2050年综合政策情景下汽车交通部门石油进口依存度由参考情景下的82%下降到48%。

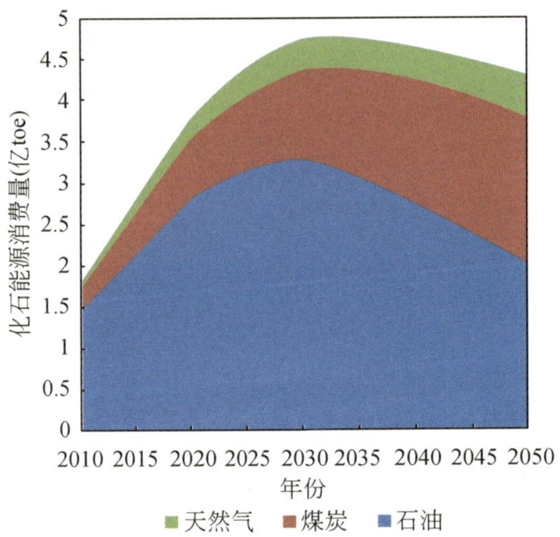

图12-69 综合政策情景下汽车交通WTW化石能源消费

12.6.2.5 温室气体排放

图12-70给出了综合政策情景下到2050年汽车温室气体直接排放情形。在综合政策情景下，中国汽车温室气体排放总量2020年、2030年和2050年分别为8.52亿t、10.62亿t和7.61亿t。与参考情景相比，2020年、2030年和2050年汽车温室气体排放总量当年分别减少20.1%、27.1%和53.5%。若以2050年中国14.6亿总人口测算，2050年中国人均汽车交通温室气体排放为0.52t。

图12-70也给出了综合政策情景下到2050年汽车交通WTW温室气体排放情形。在综

合政策情景下，中国汽车交通 WTW 温室气体排放总量 2020 年、2030 年和 2050 年分别为 12.15 亿 t、14.78 亿 t 和 9.98 亿 t。与参考情景相比，2020 年、2030 年和 2050 年汽车交通 WTW 温室气体排放总量当年分别减少 20.9%、29.7% 和 57.9%。若以 2050 年中国 14.6 亿总人口测算，2050 年中国人均汽车交通 WTW 温室气体排放为 0.68t。

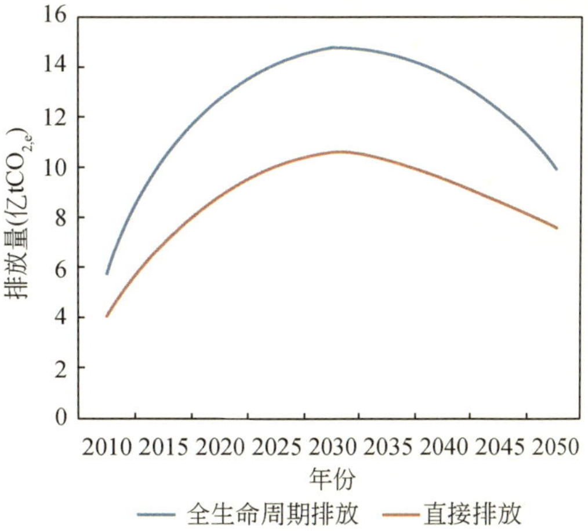

图 12-70　综合政策情景下汽车交通温室气体排放

12.6.2.6　汽车交通经济

图 12-71 和图 12-72 分别显示了综合政策情景下到 2050 年汽车交通综合费用和汽车交通燃料费用。2050 年汽车交通综合费用为 18.7 万亿元，占 GDP 的 7%。2050 年汽车交通石油进口费用为 0.26 万亿元，占 GDP 的 0.1%。与参考情景相比，2050 年综合政策情景下的石油进口费用下降 77.7%。

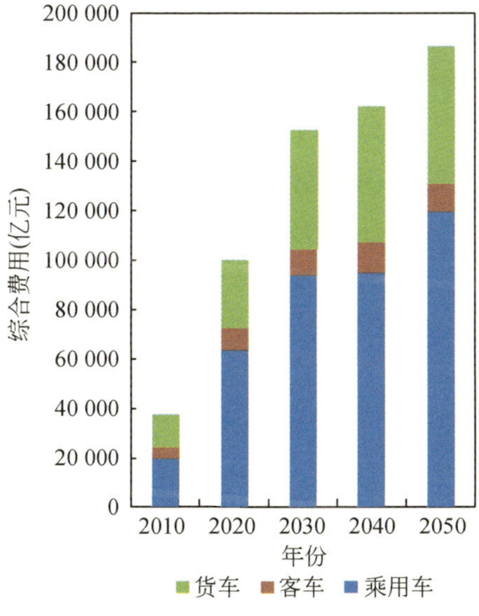

图 12-71　综合政策情景下汽车交通综合费用

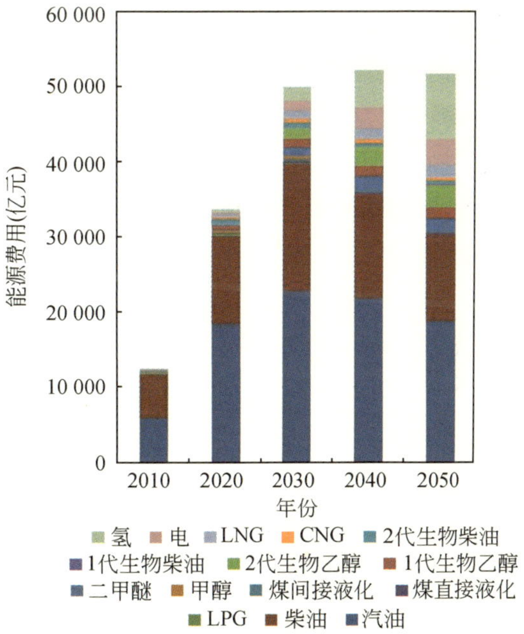

图 12-72　综合政策情景下汽车交通燃料费用

图 12-73 和图 12-74 分别显示了到 2050 年综合政策情景下单位客运交通服务综合费用和单位货运交通服务综合费用。与参考情景相比，2050 年综合政策情景下的客运成本和货运成本分别下降 39.0% 和 27.0%。

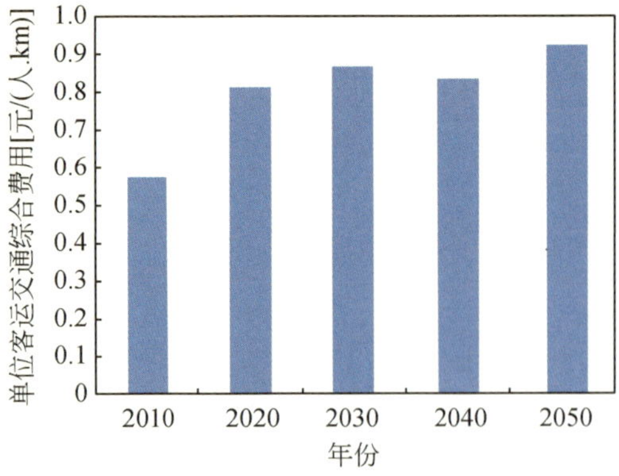

图 12-73　综合政策情景下单位客运综合费用

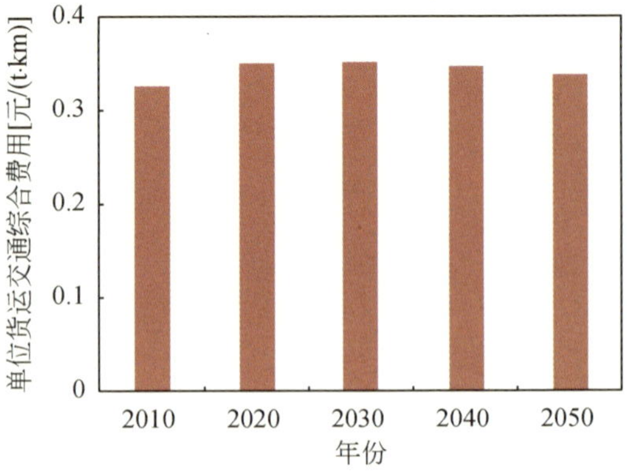

图 12-74　综合政策情景下单位货运综合费用

12.6.3　情景要点总结

1）能源：车用交通 WTW 化石能源、车用燃料消费总量、柴油消费量和汽油消费在 2030 年以前增长比较快，在 2030 年同时达到峰值，以后都呈现较快下降的态势。柴油和汽油供应对车用燃料的贡献由 2010 年的 42% 和 53% 分别下降到 2050 年的 26% 和 28%。生物燃料、电和氢 2030 年以后在对石油基燃料替代中发挥越来越重要的作用。生物燃料、电和氢供应对车用燃料的贡献由 2030 年的 10%、2% 和 2% 分别上升到 2050 年的 16%、9% 和 9%。天然气基燃料和煤基燃料供应对车用燃料的贡献比例由 2010 年的 0.5% 和 2.3% 分别上升到 2050 年的 8.9% 和 3.3%。2050 年车用石油进口依存度约 48%。2050 年车用柴油和汽油需求之比为 1.1∶1。

2）汽车：电动车和燃料电池汽车 2030 年开始发挥重要的作用。汽油车在乘用车车队中的比例由 2030 年的 76% 下降到 2050 年的 24%，而电动车和燃料电池汽车的比例由 2030 年的 14% 和 1% 分别上升到 2050 年的 64% 和 8%。柴油车和汽油车在客车车队中的比例由 2030 年的 74 % 和 15% 分别下降到 2050 年的 38% 和 5%，而电动车和燃料电池汽车的比例由 2030 年的 5% 和 1% 分别上升到 2050 年的 20% 和 32%。柴油车和汽油车在货车车队中的比例由 2030 年的 64% 和 31% 分别下降到 2050 年的 41% 和 23%，而燃料电池汽车的比例由 2030 年的 1% 上升到 2050 年的 32%。

3）环境：汽车交通 WTW 温室气体排放 2030 年左右达到峰值，然后以较快的速度下降。与参考情景相比，2050 年综合政策情景下汽车交通 WTW 温室气体排放减少 53.5% 左右。2050 年人均汽车交通 WTW 温室气体排放为 0.68t。

4）经济：2050 年汽车交通综合费用为 18.7 万亿元，占 GDP 的 7%。2050 年汽车交通石油进口费用为 0.26 万亿元，占 GDP 的 0.1%。与参考情景相比，2050 年综合政策情景下的石油进口费用下降 77.7%。

第13章 政策建议：中国车用能源可持续转型之路

中国车用能源发展的最终目标是要建立起可持续的车用能源体系。可持续车用能源体系是一种理想的政策目标情景。交通经济、能源效率、温室气体排放、能源供应安全性、燃料品种供需匹配和汽车工业竞争力是衡量中国车用能源系统是否具有可持续性的六个最基本的标准。本书第12章进行了车用能源情景分析，特别是构建了车用能源的参考情景和综合政策情景。本章总结提炼了由参考情景转向政策目标情景的中国车用能源可持续转型之路。

（1）长期坚持汽车技术节能，不断提高汽车燃油经济性，不断提高汽车燃料品质

提高汽车燃油经济性也是近、中、远期控制车用石油基燃料消费增长和温室气体排放皆十分有效的措施之一，也是2030年以前第二位最有效的措施（图13-1、图13-2和图13-3）。在2050年以前乘用车、客车和货车都有不断提高燃油经济性的潜力。根据第12章

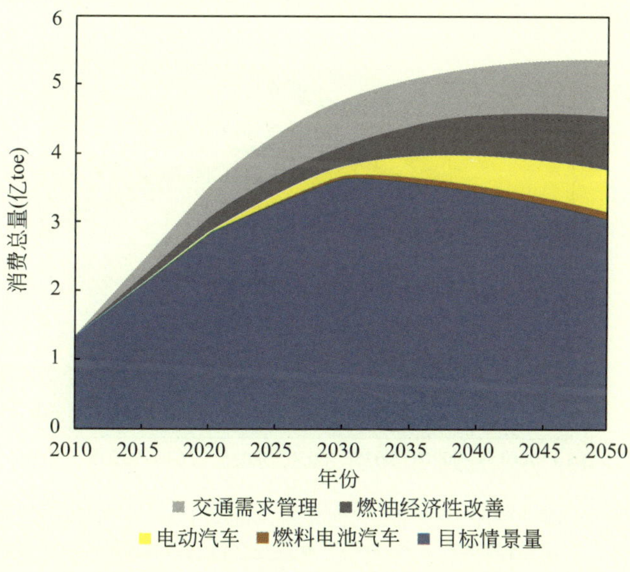

图13-1　车用燃料消费消减措施贡献图

注：交通需求管理包括客货交通的需求管理和模式优化，如乘用车客运向公共客运的转移和道路货运向其他货运方式的转移；燃油经济性改善包括乘用车燃油经济性改善、小型化和轻量化，商用车的燃油经济性改善、货车大型化和物流优化；电动汽车包括纯电动汽车、插电式混合动力汽车和增程式电动汽车

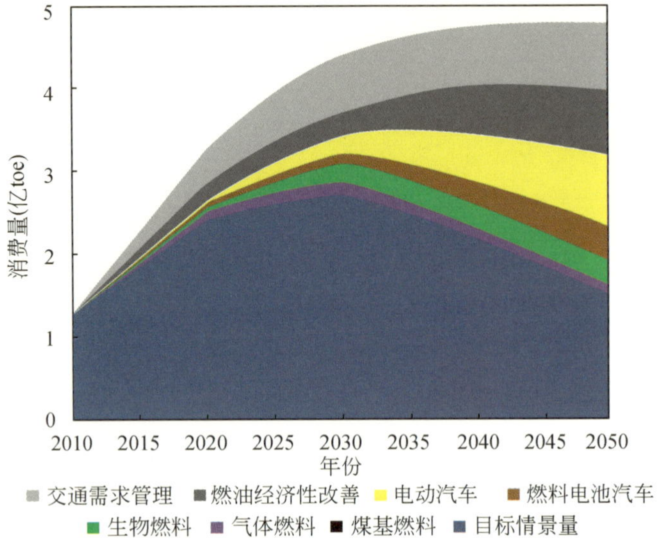

图 13-2 石油基车用燃料消费消减措施贡献图

注：交通需求管理包括客货交通的需求管理和模式优化，如乘用车客运向公共客运的转移和道路货运向其他货运方式的转移；燃油经济性改善包括乘用车燃油经济性改善、小型化和轻量化，商用车的燃油经济性改善、货车大型化和物流优化；电动汽车包括纯电动汽车、插电式混合动力汽车和增程式电动汽车

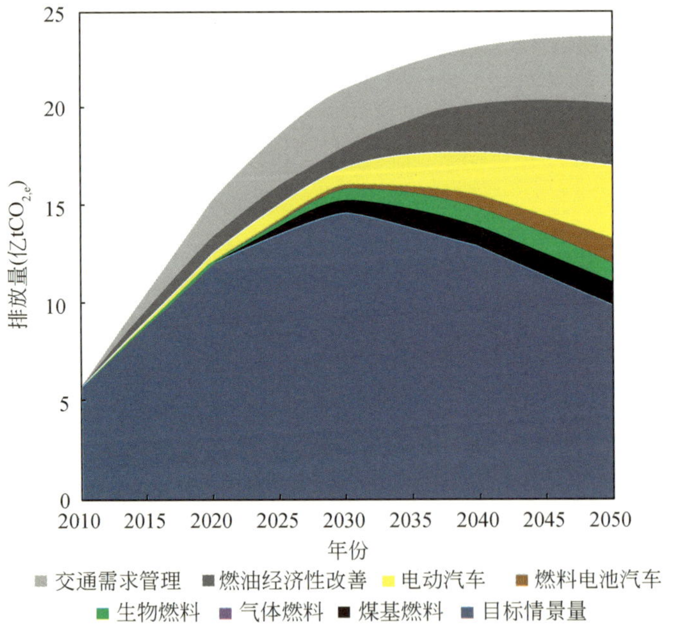

图 13-3 汽车交通全生命周期温室气体减排措施贡献图

注：交通需求管理包括客货交通的需求管理和模式优化，如乘用车客运向公共客运的转移和道路货运向其他货运方式的转移；燃油经济性改善包括乘用车燃油经济性改善、小型化和轻量化，商用车的燃油经济性改善、货车大型化和物流优化；电动汽车包括纯电动汽车、插电式混合动力汽车和增程式电动汽车

的情景分析测算，提高乘用车、客车和货车的燃油经济性在 2020 年、2030 年和 2050 年车用燃料消减中的贡献分别为 31%、23% 和 33%（图 13-1），在石油基车用燃料消减中的贡献分别为 25%、17% 和 24%（图 13-2），在温室气体减排中的贡献分别为 28%、18% 和 23%（图 13-3）。因此，需要长期坚持汽车技术节能，不断提高汽车燃油经济性。根据测算，商用车（包括客车和货车）的燃油经济性大力和持续改善带来的车用燃料消费减少和温室气体减排的贡献在整个车队中均占到 2/3 以上，需要重点关注。

另外，为了应用提高汽车燃油效率的先进技术，需要相应汽车燃料品质的不断提高。石油化工行业应积极布局，推进化工设施的升级换代。

（2）2025 年以前电动汽车进入快速发展阶段，建立起完整、方便的充电基础设施体系

电动汽车（含插电式电动汽车和增程式混合动力汽车）是中远期实现车用能源系统效率提高、能源供应安全改善和温室气体减排的关键支撑技术，因而是最终实现车用能源可持续转型的关键支撑技术。积极推动电动汽车技术的研发、示范和商业化，使电动汽车在 2025 年以前引入快速增长期。电动汽车在乘用车和客车中都有很大的推广潜力，2050 年在乘用车和客车车队中的比重可达到 64% 和 20%。根据第 12 章的情景分析测算，电动车在 2050 年车用燃料消减、石油基车用燃料消减和温室气体减排中的贡献分别为 27%、29% 和 27%。大规模发展电动汽车的一个不利的因素是有可能导致汽油供应有余、柴油短缺加剧的局面的出现，需要发展生物柴油等石油基柴油替代品加以平衡。

电力供应不是电动汽车大规模发展制约因素，电动汽车大规模发展的瓶颈为电池关键技术尚未实现突破。完整、方便的充电基础设施是电动汽车大规模发展的一个前提条件。政府部门应协调汽车行业与电力行业的产业发展，制定相应的充电设施标准，并积极推进充电基础设施的建设。

（3）2025 年以前 2 代生物柴油进入快速发展阶段，解决好生物原料的供应问题

发展 2 代生物柴油不仅能源直接替代石油基柴油和减少温室气体排放，而且也是校正电动汽车大规模发展带来的柴油/汽油消费比失衡的有效手段，因而也是支撑车用能源可持续转型的关键技术。发展生物燃料是中远期减少石油基车用燃料消耗和减少温室气体的重要的手段（图 13-2）。与电动汽车的发展相配合，2030 年以后新增的生物燃需求主要是生物柴油。积极推动 2 代生物柴油技术的研发、示范和商业化，使其在 2025 年以前引入快速增长期。2050 年生物柴油对常规石油基柴油替代率可达到 28. 5%。2 代生物柴油大规模发展的瓶颈为原料供应问题和制备技术尚未实现突破。低廉、充裕的原料供应是大规模发展生物柴油的前提条件。在保障粮食生产、保证农业土地供应的前提下，充分利用边际土地及研发先进的种植作物技术及耕作技术，为生物燃料提供稳定、充足的原料供应。

（4）2035 年以前燃料电池汽车进入快速发展阶段，解决好氢的供应问题

燃料电池汽车是远期实现能源供应安全改善和温室气体减排的重要技术，也可以在一定程度上校正电动车大规模发展造成的柴油/汽油消费比失衡，也是促进车用能源可持续转型的重要技术。加强氢气供应体系研究，支持电动汽车技术的研发、示范和商业化，使电动汽车在2035年以前引入快速增长期。燃料电池汽车在乘用车、客车和货车中都有比较大的应用潜力，2050年在乘用车、客车和货车车队中的比例可达到16%、36%和16%。根据第12章的情景分析测算，燃料电池汽车在2050年车用石油基车用燃料消减和温室气体减排中的贡献分别为12%和9%。燃料电池汽车大规模发展的瓶颈为燃料电池技术尚未实现突破。氢制备和运输过程中的能耗和CO_2排放问题为燃料电池汽车的大规模发展带来了不确定性。

（5）重视天然气在车用燃料多元化和温室气体减排中的作用

天然气在中近期实现车用燃料多元化和温室气体减排中可以发挥重要的作用，在远期也可以发挥一定的作用。2020年以前，天然气是居交通运输方式优化和汽车技术节能之后第三位的车用燃料多元化和温室气体减排的措施。天然气在2020以后，甚至在2030年以后在车用燃料多元化和温室气体减排中也有一定的作用。天然气在中国远期车用燃料替代中的作用同天然气国际市场供应状况和生物燃料能否真正突破有关。

（6）重视交通运输方式优化，充分发挥交通结构节能的效益

根据本书第12章的情景分析测算，实施私人客运向公交转移、汽车货运向铁路转移货运等交通方式优化措施在2020年、2030年和2050年车用燃料消减中的贡献分别为65%、60%和36%（图13-1），在石油基车用燃料消减中的贡献分别为52%、44%和26%（图13-2），在温室气体减排中的贡献分别为56%、46%和25%（图13-3）。交通运输方式优化不仅是近、中、远期控制车用石油基燃料消费增长和温室气体排放皆十分有效的措施之一，而且也是2030年以前最有效的措施，因此需要大力发展公共交通，不断提高铁路在我国货运的比重。

（7）加大对车用能源重大关键技术研发和示范的支持力度，力争尽快实现技术上的重大突破

中国车用能源可持续转型最终依靠技术的不断创新和进步来实现。必须加大对中国车用能源关键技术研发和示范的支持力度，力争尽快实现技术上的重大突破。中国车用能源可持续转型的重大关键技术包括：①电动汽车电池技术；②燃料电池技术；③2代生物柴油原料与制备技术；④高效环境友好的先进制氢技术，如生物质基多联产制氢、煤基多联产制氢和核能制氢。

（8）明确中长期中国车用能源系统效率提高的指导性目标，进一步提高和完善现有的乘用车燃油经济性标准

车用燃料消耗标准对落实汽车节能和鼓励技术创新至关重要。要明确提出中国中长期车用能源系统效率提高的指导性目标，本研究政策目标情景下2050年汽车客运全生命周期WTW能耗目标为汽油当量2.4L/(100km·人)，货运全生命周期WTW能耗目标为柴油当量1.6L/(100km·t)。要进一步提高和完善现有的乘用车燃油经济性标准，尽早提出中国到2050年的乘用车和商用车的燃油经济性标准以及实施路线图。

（9）建立公平有效的车用能源财税政策体系，不断提高经济手段的使用效果和效率

财税政策是基于市场的政策工具，可以为可持续车用能源系统转型提供动态的激励。要建立公平有效的车用能源财税政策体系，不断提高经济手段的使用效果和效率。具体建议包括：①为电动汽车、燃料电池汽车和二代生物燃料技术的示范项目提供投资补贴；②改革现有的燃油税税制，使燃油税的征收和使用与中国车用能源可持续转型紧密结合起来；③免除电动汽车和燃料电池汽车购买环节的一切税费；④研究减免电动汽车和燃料电池汽车在使用环节税费的方案与实施路线图；⑤研究在交通运输部门征收碳税的方案与实施路线图。